大学赤本シリーズ

491

関西学院大学

文学部・法学部・
商学部・人間福祉学部・
総合政策学部 − 学部個別日程

は　し　が　き

おかげさまで，大学入試の「赤本」は，今年で創刊70周年を迎えました。

これまで，入試問題や資料をご提供いただいた大学関係者各位，掲載許可をいただいた著作権者の皆様，各科目の解答や対策の執筆にあたられた先生方，そして，赤本を使用してくださったすべての読者の皆様に，厚く御礼を申し上げます。

以下に，創刊初期の「赤本」のはしがきを引用します。これからも引き続き，受験生の目標の達成や，夢の実現を応援してまいります。

本書を活用して，入試本番では持てる力を存分に発揮されることを心より願っています。

編者しるす

＊　＊　＊

学問の塔にあこがれのまなざしをもって，それぞれの志望する大学の門をたたかんとしている受験生諸君！　人間として生まれてきた私たちは，自己の欲するままに，美しく，強く，そして何よりも人間らしく生きることをねがっている。しかし，一朝一夕にして，この純粋なのぞみが達せられることはない。私たちの行く手には，絶えずさまざまな試練がまちかまえている。この試練を克服していくところに，私たちのねがう真に人間的な世界がはじめて開かれてくるのである。

人生最初の最大の試練として，諸君の眼前に大学入試がある。この大学入試は，精神的にも身体的にも，大きな苦痛を感ぜしめるであろう。あるスポーツに熟達するには，たゆみなき，はげしい練習を積み重ねることが必要であるように，私たちは，計画的・持続的な努力を払うことによって，この試練を克服し，次の一歩を踏みだすことができる。厳しい試練を経たのちに，はじめて満足すべき成果を獲得できるのである。

本書は最近の入学試験の問題に，それぞれ解答を付し，さらに問題をふかく分析することによって，その大学独特の傾向や対策をさぐろうとした。本書を一般の参考書とあわせて使用し，まとはずれのない，効果的な受験勉強をされるよう期待したい。

（昭和35年版「赤本」はしがきより）

挑む人の、いちばんの味方

1954年に大学入試の過去問題集を刊行してから70年。赤本は大学に入りたいと思う受験生を応援しつづけてきました。これからも，苦しいとき落ち込むときにそばで支える存在でいたいと思います。

そして，勉強をすること，自分で道を決めること，努力が実ること，これらの喜びを読者の皆さんが感じることができるよう，伴走をつづけます。

そもそも赤本とは…

受験生のための大学入試の過去問題集！

70年の歴史を誇る赤本は，500点を超える刊行点数で全都道府県の370大学以上を網羅しており，過去問の代名詞として受験生の必須アイテムとなっています。

なぜ受験に過去問が必要なのか？

大学入試は大学によって問題形式や頻出分野が大きく異なるからです。

赤本の掲載内容

傾向と対策

これまでの出題内容から，問題の「**傾向**」を分析し，来年度の入試に向けて具体的な「**対策**」の方法を紹介しています。

問題編・解答編

- 年度ごとに問題とその解答を掲載しています。
- 「**問題編**」ではその年度の試験概要を確認したうえで，実際に出題された過去問に取り組むことができます。
- 「**解答編**」には高校・予備校の先生方による解答が載っています。

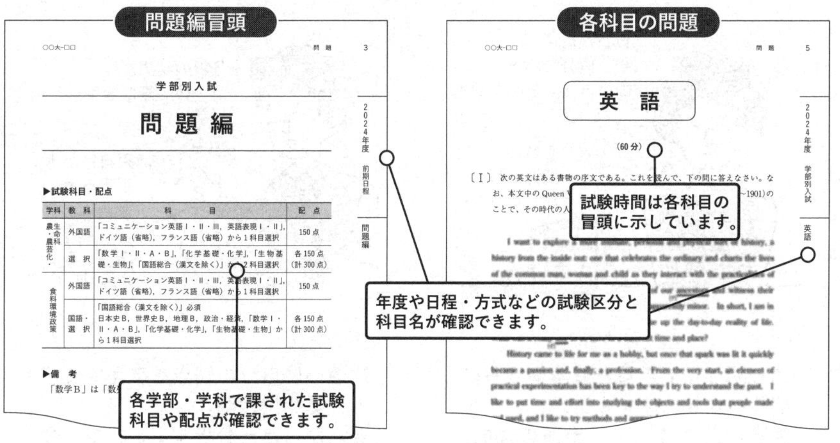

他にも，大学の基本情報や，先輩受験生の合格体験記，在学生からのメッセージなどが載っていることがあります。

掲載内容について

著作権上の理由やその他編集上の都合により問題や解答の一部を割愛している場合があります。
なお，指定校推薦入試，社会人入試，編入学試験，帰国生入試などの特別入試，英語以外の外国語科目，商業・工業科目は，原則として掲載しておりません。また試験科目は変更される場合がありますので，あらかじめご了承ください。

受験勉強は

過去問に始まり，

STEP 1

なにはともあれ

まずは解いてみる

しずかに…
今，自分の心と
向き合ってるんだから
ムーン
それは
問題を解いて
からだホン!

過去問は，**できるだけ早いうちに解く**のがオススメ！
実際に解くことで，**出題の傾向，問題のレベル，今の自分の実力**がつかめます。

STEP 2

じっくり具体的に

弱点を分析する

分析の結果だけど
英・数・国が苦手みたい
スリー
必須科目だホン
頑張るホン

間違いは自分の弱点を教えてくれる**貴重な情報源。**
弱点から自己分析することで，**今の自分に足りない力や苦手な分野**が見えてくるはず！

合格者があかす 赤本の使い方

傾向と対策を熟読
(Fさん／国立大合格)

大学の出題傾向を調べるために，赤本に載っている「傾向と対策」を熟読しました。

繰り返し解く
(Tさん／国立大合格)

1周目は問題のレベル確認，2周目は苦手や頻出分野の確認に，3周目は合格点を目指して，と過去問は繰り返し解くことが大切です。

過去問に終わる。

STEP 3

志望校にあわせて

苦手分野の重点対策

明日からはみんなで頑張るよ！
参考書も！ 問題集も！
よろしくね！
呼んだ？
なにを!?
どこから!?
グッ
グッ

参考書や問題集を活用して，苦手分野の**重点対策**をしていきます。**過去問を指針**に，合格へ向けた具体的な学習計画を立てましょう！

STEP 1▶2▶3

サイクルが大事！

実践を繰り返す

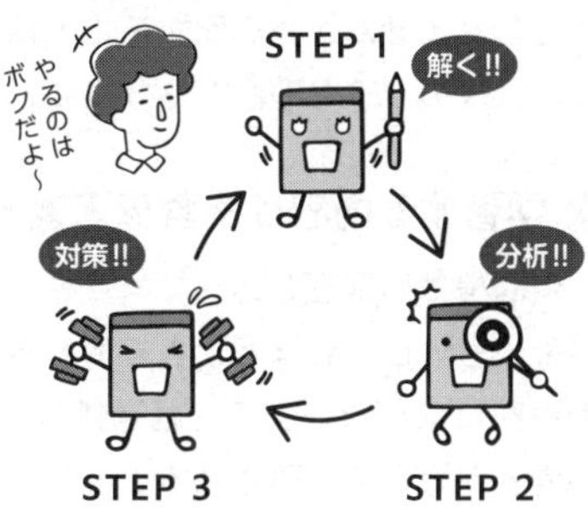

STEP 1～3を繰り返し，実力アップにつなげましょう！
出題形式に慣れることや，**時間配分を考えること**も大切です。

目標点を決める
(Yさん／私立大合格)
赤本によっては合格者最低点が載っているので，それを見て目標点を決めるのもよいです。

時間配分を確認
(Kさん／私立大学合格)
赤本は時間配分や解く順番を決めるために使いました。

添削してもらう
(Sさん／私立大学合格)
記述式の問題は先生に添削してもらうことで自分の弱点に気づけると思います。

新課程入試 Q&A

2022 年度から新しい学習指導要領（新課程）での授業が始まり，2025 年度の入試は，新課程に基づいて行われる最初の入試となります。ここでは，赤本での新課程入試の対策について，よくある疑問にお答えします。

Q1. 赤本は新課程入試の対策に使えますか？

A. もちろん使えます！

OK

旧課程入試の過去問が新課程入試の対策に役に立つのか疑問に思う人もいるかもしれませんが，心配することはありません。旧課程入試の過去問が役立つのには次のような理由があります。

● 学習する内容はそれほど変わらない

新課程は旧課程と比べて科目名を中心とした変更はありますが，学習する内容そのものはそれほど大きく変わっていません。また，多くの大学で，既卒生が不利にならないよう「経過措置」がとられます（Q３参照）。したがって，出題内容が大きく変更されることは少ないとみられます。

● 大学ごとに出題の特徴がある

これまでに課程が変わったときも，各大学の出題の特徴は大きく変わらないことがほとんどでした。入試問題は各大学のアドミッション・ポリシーに沿って出題されており，過去問にはその特徴がよく表れています。過去問を研究してその大学に特有の傾向をつかめば，最適な対策をとることができます。

出題の特徴の例	・英作文問題の出題の有無 ・論述問題の出題（字数制限の有無や長さ） ・計算過程の記述の有無

新課程入試の対策も，赤本で過去問に取り組むところから始めましょう。

Q2. 赤本を使う上での注意点はありますか？

A. 志望大学の入試科目を確認しましょう。

過去問を解く前に，過去の出題科目（問題編冒頭の表）と 2025 年度の募集要項とを比べて，課される内容に変更がないかを確認しましょう。ポイントは以下のとおりです。科目名が変わっていても，実際は旧課程の内容とほとんど同様のものもあります。

英語・国語	科目名は変更されているが，実質的には変更なし。 **▶▶ ただし，リスニングや古文・漢文の有無は要確認。**
地歴	科目名が変更され，「歴史総合」「地理総合」が新設。 **▶▶ 新設科目の有無に注意。ただし，「経過措置」（Q3参照）により内容は大きく変わらないことも多い。**
公民	「現代社会」が廃止され，「公共」が新設。 **▶▶「公共」は実質的には「現代社会」と大きく変わらない。**
数学	科目が再編され，「数学 C」が新設。 **▶▶「数学」全体としての内容は大きく変わらないが，出題科目と単元の変更に注意。**
理科	科目名も学習内容も大きな変更なし。

数学については，科目名だけでなく，どの単元が含まれているかも確認が必要です。例えば，出題科目が次のように変わったとします。

旧課程	「数学Ⅰ・数学Ⅱ・数学 A・数学 B（数列・ベクトル）」
新課程	「数学Ⅰ・数学Ⅱ・数学 A・**数学 B（数列）・数学 C（ベクトル）**」

この場合，新課程では「数学C」が増えていますが，単元は「ベクトル」のみのため，実質的には旧課程とほぼ同じであり，過去問をそのまま役立てることができます。

Q3.「経過措置」とは何ですか？

A. 既卒の旧課程履修者への対応です。

多くの大学では，既卒の旧課程履修者が不利にならないように，出題において「経過措置」が実施されます。措置の有無や内容は大学によって異なるので，募集要項や大学のウェブサイトなどで確認しておきましょう。

〇旧課程履修者への経過措置の例

- 旧課程履修者にも配慮した出題を行う。
- 新・旧課程の共通の範囲から出題する。
- 新課程と旧課程の共通の内容を出題し，共通範囲のみでの出題が困難な場合は，旧課程の範囲からの問題を用意し，選択解答とする。

例えば，地歴の出題科目が次のように変わったとします。

旧課程	「日本史 B」「世界史 B」から１科目選択
新課程	「**歴史総合**，日本史探究」「**歴史総合**，世界史探究」から１科目選択※ ※旧課程履修者に不利益が生じることのないように配慮する。

「歴史総合」は新課程で新設された科目で，旧課程履修者には見慣れないものですが，上記のような経過措置がとられた場合，新課程入試でも旧課程と同様の学習内容で受験することができます。

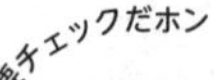

新課程の情報は WEB もチェック！
より詳しい解説が赤本ウェブサイトで見られます。
https://akahon.net/shinkatei/

科目名が変更される教科・科目

	旧課程	新課程
国語	国語総合 国語表現 現代文A 現代文B 古典A 古典B	現代の国語 言語文化 論理国語 文学国語 国語表現 古典探究
地歴	日本史A 日本史B 世界史A 世界史B 地理A 地理B	歴史総合 日本史探究 世界史探究 地理総合 地理探究
公民	現代社会 倫理 政治・経済	公共 倫理 政治・経済
数学	数学Ⅰ 数学Ⅱ 数学Ⅲ 数学A 数学B 数学活用	数学Ⅰ 数学Ⅱ 数学Ⅲ 数学A 数学B 数学C
外国語	コミュニケーション英語基礎 コミュニケーション英語Ⅰ コミュニケーション英語Ⅱ コミュニケーション英語Ⅲ 英語表現Ⅰ 英語表現Ⅱ 英語会話	英語コミュニケーションⅠ 英語コミュニケーションⅡ 英語コミュニケーションⅢ 論理・表現Ⅰ 論理・表現Ⅱ 論理・表現Ⅲ
情報	社会と情報 情報の科学	情報Ⅰ 情報Ⅱ

目　次

解答用紙は，赤本オンラインに掲載しています。

https://akahon.net/kkm/kgk/index.html

※掲載内容は，予告なしに変更・中止する場合があります。

掲載内容についてのお断り

- 本書には，学部個別日程のうち，２月３日実施分を掲載しています。
- 本書に掲載していない日程のうち，一部の問題を以下の書籍に収録しています。
  『関西学院大学（関西学院大学（英語〈３日程×３カ年〉）』
  『関西学院大学（国語〈３日程×３カ年〉）』
  『関西学院大学（日本史・世界史・文系数学〈３日程×３カ年〉）』

基本情報

沿革

1889（明治 22）　神戸の東郊・原田の森に神学部と普通学部をもつ関西学院を創立

1908（明治 41）　神学部，専門学校令により関西学院神学校として認可を受ける

1912（明治 45）　専門学校令により高等学部（文科・商科）開設

後に第 4 代院長となる C.J.L. ベーツがスクールモットー“Mastery for Service”を提唱

1918（大正 7）　ハミル館開設

1921（大正 10）　高等学部を改め，文学部と高等商業学部となる

1932（昭和 7）　大学令により関西学院大学の設立認可

1934（昭和 9）　法文学部と商経学部開設

1946（昭和 21）　大学の機構を改め，法学部・文学部・経済学部の 3 学部となる

1948（昭和 23）　新学制により大学，高等部開設

1951（昭和 26）　商学部開設

1952（昭和 27）　神学部開設（文学部神学科より独立）

1960（昭和 35）	社会学部開設
1961（昭和 36）	理学部開設
1995（平成 7）	総合政策学部開設
2002（平成 14）	理学部が理工学部に名称変更
2008（平成 20）	人間福祉学部開設
2009（平成 21）	学校法人聖和大学と合併。教育学部開設
2010（平成 22）	学校法人千里国際学園と合併。国際学部開設
2017（平成 29）	複数分野専攻制（MS）特別プログラムとして国連・外交プログラムを，大学院副専攻に国連・外交コースを開設
2021（令和 3）	理工学部を理学部・工学部・生命環境学部・建築学部に再編し，総合政策学部と合わせて神戸三田キャンパスは5学部体制となる

校章

新月が満月へ刻々と変化するように，関西学院で学ぶ者すべてが日々進歩と成長の過程にあることを意味しています。

また，月が太陽の光を受けて暗い夜を照らすように，私たちが神の恵みを受けて世の中を明るくしてゆきたいとの思いを表しています。

学部・学科の構成

（注）学部・学科および大学院の情報は 2024 年 4 月時点のもので，改組・新設等により変更される場合があります。

大 学

●**神学部** 西宮上ケ原キャンパス

キリスト教伝道者コース

キリスト教思想・文化コース

●**文学部** 西宮上ケ原キャンパス

文化歴史学科（哲学倫理学専修，美学芸術学専修，地理学地域文化学専修，日本史学専修，アジア史学専修，西洋史学専修）

総合心理科学科（心理科学専修）

文学言語学科（日本文学日本語学専修，英米文学英語学専修，フランス文学フランス語学専修，ドイツ文学ドイツ語学専修）

●**社会学部** 西宮上ケ原キャンパス

社会学科（現代社会学専攻分野，データ社会学専攻分野，フィールド社会学専攻分野，フィールド文化学専攻分野，メディア・コミュニケーション学専攻分野，社会心理学専攻分野）

●**法学部** 西宮上ケ原キャンパス

法律学科（司法・ビジネスコース，特修コース〈選抜制〉，公共政策コース〈経済学部・法学部連携〉，グローバル法政コース，法政社会歴史コース）

政治学科（特修コース〈選抜制〉，公共政策コース〈経済学部・法学部連携〉，グローバル法政コース，法政社会歴史コース）

●**経済学部** 西宮上ケ原キャンパス

●**商学部** 西宮上ケ原キャンパス

経営コース

会計コース

マーケティングコース

ファイナンスコース

ビジネス情報コース

国際ビジネスコース

●**人間福祉学部** 西宮上ケ原キャンパス

社会福祉学科

社会起業学科

人間科学科

●**国際学部** 西宮上ケ原キャンパス

国際学科

●**教育学部** 西宮聖和キャンパス

教育学科（幼児教育学コース，初等教育学コース，教育科学コース）

●**総合政策学部** 神戸三田キャンパス
総合政策学科
メディア情報学科
都市政策学科
国際政策学科
●**理学部** 神戸三田キャンパス
数理科学科
物理・宇宙学科
化学科
●**工学部** 神戸三田キャンパス
物質工学課程
電気電子応用工学課程
情報工学課程
知能・機械工学課程
●**生命環境学部** 神戸三田キャンパス
生物科学科（植物昆虫科学専攻，応用微生物学専攻，計算生物学専攻）
生命医科学科（生命医科学専攻，発生再生医科学専攻，医工学専攻）
環境応用化学科
●**建築学部** 神戸三田キャンパス
建築学科
●**国連・外交プログラム** （複数分野専攻制（MS）特別プログラム）
※定員20名。全学部の1年次生が応募可能。書類選考の後，2年次春学期よりプログラムが開始される。

（備考）学科・専修・コース等に分属する年次はそれぞれで異なる。

大学院

神学研究科／文学研究科／社会学研究科／法学研究科／経済学研究科／商学研究科／理工学研究科／総合政策研究科／人間福祉研究科／教育学研究科／国際学研究科／言語コミュニケーション文化研究科／司法研究科（ロースクール）／経営戦略研究科／国連・外交コース（副専攻）

大学所在地

神戸三田キャンパス

西宮上ケ原キャンパス

西宮聖和キャンパス

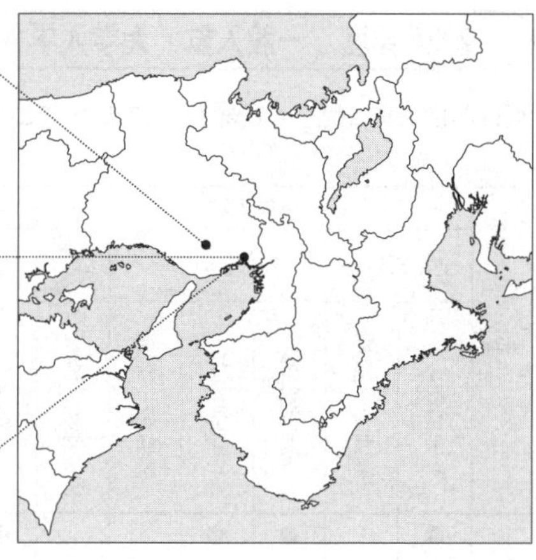

西宮上ケ原キャンパス	〒662-8501	兵庫県西宮市 上ケ原一番町1番155号
西宮聖和キャンパス	〒662-0827	兵庫県西宮市岡田山7番地54号
神戸三田キャンパス	〒669-1330	兵庫県三田市学園上ケ原1番

入試データ

○競争率は受験者数÷合格者数で算出。

○個別学力試験を課さない大学入学共通テスト利用入試は１カ年のみ掲載。

2024 年度　一般入試・大学入学共通テスト利用入試実施一覧表

2025 年度入試に関しては要項等の新資料でご確認ください。

●：実施

学部	一般入試						大学入学共通テストを利用する入試						
	全学部日程		学部個別日程			英数日程	共通テスト併用日程		1月出願			3月出願	
	3科目型	英語1科目型	傾斜配点型	均等配点型	英語・国語型	英語・数学型	英語	数学	7科目型・5科目型	3科目型	英語資格・検定試験利用	4科目型	3科目型
神	●		●	●			●		●	●	●	●	
文	●		●	●			●		●	●	●	●	
社会	●		●	●			●	●	●	●	●	●	●
法	●		●	●		●	●	●	●	●	●	●	●
経済	●文系型 ●理系型		●文系型	●文系型		●	●	●	●	●	●	●	● ●英数型
商	●		●	●		●	●	●	●	●	●	●	● ●英数型
人間福祉	●			●	●	●	●		●	●	●	●	●
国際	●	●	●			●	● ●英語重視型	●	●	●	●	●	●
教育	●文系型 ●理系型		●文系型	●文系型			●	●	●	●	●	●	
総合政策	●文系型 ●理系型		●文系型	●文系型		●	●	●	●	●英国型 ●英数型	●	●	

●：実施

学部	一般入試			大学入学共通テストを利用する入試					
	全学部日程		英数日程	共通テスト併用日程	1月出願				3月出願
	均等配点型	数学・理科重視型	英語・数学型	数学	7科目型	5科目型（理科2科目）	5科目型（理科1科目）	英語資格・検定試験利用	4科目型
理	●	●	●	●	●	●	●	●	●
工	●	●	●	●	●	●	●	●	●
生命環境	●	●	●	●	●	●	●	●	●
建　築	●	●	●	●	●	●	●	●	●

（備考）理・工・生命環境・建築学部では，学部個別日程は実施されない。

入試状況（志願者数・競争率など）

2024 年度 入試状況

○合格者数には補欠合格者を含む。

●一般入試：全学部日程

学部・学科等			募集人員	志願者数	受験者数	合格者数	競争率
神			7	82	79	18	4.4
文	文化歴史	哲学倫理学	12	104	104	39	2.7
		美学芸術学	12	134	130	26	5.0
		地理学地域文化学	12	149	147	48	3.1
		日本史学	12	171	171	38	4.5
		アジア史学	12	65	64	25	2.6
		西洋史学	12	213	207	66	3.1
	総合心理科学	心理科学	44	473	466	130	3.6
	文学言語	日本文学日本語学	18	264	258	65	4.0
		英米文学英語学	30	357	352	153	2.3
		フランス文学フランス語学	16	133	130	60	2.2
		ドイツ文学ドイツ語学	14	172	169	57	3.0
社会	社会		160	1,500	1,480	450	3.3
法	法律		110	1,007	979	491	2.0
	政治		35	434	426	172	2.5
経済	文系型		140	1,838	1,801	619	2.9
	理系型			178	175	51	3.4
商			135	1,499	1,479	466	3.2
人間福祉	社会福祉		22	215	214	80	2.7
	社会起業		21	162	162	66	2.5
	人間科学		20	195	194	80	2.4
国際	国際	3 科目型	30	347	346	56	6.2
		英語 1 科目型	20	144	141	21	6.7

（表つづく）

学部・学科等				募集人員	志願者数	受験者数	合格者数	競争率
教育	教育	幼児教育	文系型	29	316	311	107	2.9
			理系型		3	3	0	—
		初等教育	文系型	37	519	510	167	3.1
			理系型		34	32	17	1.9
		教育科学	文系型	17	379	370	144	2.6
			理系型		30	27	12	2.3
総合政策	文系型			100	885	869	443	2.0
	理系型				123	121	56	2.2
理	数理科学		均等配点型	26	198	192	102	1.9
			数学・理科重視型		264	261	151	1.7
	物理・宇宙		均等配点型	30	373	363	169	2.1
			数学・理科重視型		366	356	160	2.2
	化学		均等配点型	33	291	286	171	1.7
			数学・理科重視型		295	288	172	1.7
工	物質工学		均等配点型	26	237	232	128	1.8
			数学・理科重視型		231	224	108	2.1
	電気電子応用工学		均等配点型	30	314	304	155	2.0
			数学・理科重視型		311	303	162	1.9
	情報工学		均等配点型	47	451	439	179	2.5
			数学・理科重視型		435	424	154	2.8
	知能・機械工学		均等配点型	30	274	266	117	2.3
			数学・理科重視型		253	248	102	2.4
生命環境	生物科学		均等配点型	30	353	344	141	2.4
			数学・理科重視型		213	208	73	2.8
	生命医科学	生命医科学	均等配点型	13	233	223	90	2.5
			数学・理科重視型		176	169	58	2.9
		発生再生医科学	均等配点型	13	75	74	38	1.9
			数学・理科重視型		59	58	27	2.1
		医工学	均等配点型	13	70	68	34	2.0
			数学・理科重視型		56	56	31	1.8
	環境応用化学		均等配点型	42	420	410	247	1.7
			数学・理科重視型		332	321	200	1.6
建築	建築		均等配点型	60	661	645	269	2.4
			数学・理科重視型		561	551	212	2.6

●一般入試：学部個別日程

学部・学科等				募集人員	志願者数	受験者数	合格者数	競争率
神			傾斜配点型	6	70	66	18	3.7
			均等配点型		100	95	23	4.1
文	文化歴史	哲学倫理学	傾斜配点型	11	67	63	32	2.0
			均等配点型		43	42	19	2.2
		美学芸術学	傾斜配点型	11	59	55	15	3.7
			均等配点型		42	40	9	4.4
		地理学地域文化学	傾斜配点型	9	67	67	25	2.7
			均等配点型		52	49	19	2.6
		日本史学	傾斜配点型	9	74	73	18	4.1
			均等配点型		87	86	26	3.3
		アジア史学	傾斜配点型	9	35	34	12	2.8
			均等配点型		32	32	11	2.9
		西洋史学	傾斜配点型	9	81	78	36	2.2
			均等配点型		89	84	31	2.7
	総合心理科学	心理科学	傾斜配点型	38	203	196	60	3.3
			均等配点型		237	229	73	3.1
	文学言語	日本文学日本語学	傾斜配点型	18	152	151	42	3.6
			均等配点型		118	116	36	3.2
		英米文学英語学	傾斜配点型	30	132	131	66	2.0
			均等配点型		139	137	69	2.0
		フランス文学フランス語学	傾斜配点型	13	65	65	39	1.7
			均等配点型		66	65	35	1.9
		ドイツ文学ドイツ語学	傾斜配点型	11	70	69	29	2.4
			均等配点型		82	79	37	2.1
社会	社会		傾斜配点型	140	908	881	262	3.4
			均等配点型		955	935	218	4.3
法	法律		傾斜配点型	110	308	298	151	2.0
			均等配点型		530	517	264	2.0
	政治		傾斜配点型	35	202	196	96	2.0
			均等配点型		254	247	90	2.7
経済			傾斜配点型	120	581	554	223	2.5
			均等配点型		855	823	310	2.7
商			傾斜配点型	130	509	494	171	2.9
			均等配点型		774	744	181	4.1

（表つづく）

学部・学科等				募集人員	志願者数	受験者数	合格者数	競争率
人間福祉	社会福祉		英語・国語型	20	148	146	60	2.4
			均等配点型		143	142	59	2.4
	社会起業		英語・国語型	20	128	128	57	2.2
			均等配点型		112	110	56	2.0
	人間科学		英語・国語型	20	122	121	42	2.9
			均等配点型		113	113	45	2.5
国際	国際		傾斜配点型	35	203	200	58	3.4
			均等配点型		223	217	59	3.7
教育	教育	幼児教育	傾斜配点型	20	100	96	37	2.6
			均等配点型		162	158	57	2.8
		初等教育	傾斜配点型	27	156	155	50	3.1
			均等配点型		258	253	73	3.5
		教育科学	傾斜配点型	13	132	130	51	2.5
			均等配点型		212	206	62	3.3
総合政策			傾斜配点型	95	385	376	163	2.3
			均等配点型		602	584	207	2.8

●一般入試：英数日程

学部・学科等			志願者数	受験者数	合格者数	競争率
法	法律		77	75	30	2.5
	政治		37	30	11	2.7
経済			419	407	133	3.1
商			349	334	63	5.3
人間福祉	社会福祉		23	22	8	2.8
	社会起業		7	7	2	3.5
	人間科学		31	29	9	3.2
国際	国際		43	42	17	2.5
総合政策			279	268	115	2.3
理	数理科学		67	66	26	2.5
	物理・宇宙		64	63	18	3.5
	化学		55	53	20	2.7
工	物質工学		68	66	42	1.6
	電気電子応用工学		86	83	42	2.0
	情報工学		134	127	27	4.7
	知能・機械工学		74	73	15	4.9
生命環境	生物科学		74	73	24	3.0
	生命医科学	生命医科学	58	56	9	6.2
		発生再生医科学	29	29	13	2.2
		医工学	25	23	14	1.6
	環境応用化学		109	105	51	2.1
建築	建築		225	218	40	5.5

（備考）募集人員数は次表参照。

〈募集人員数〉

<table>
<tr><th colspan="2" rowspan="2">学部・学科等</th><th rowspan="2">英数日程</th><th colspan="2">共通テスト併用日程</th></tr>
<tr><th>数学</th><th>英語</th></tr>
<tr><td rowspan="2">法</td><td>法律</td><td colspan="3">35</td></tr>
<tr><td>政治</td><td colspan="3">15</td></tr>
<tr><td colspan="2">経済</td><td colspan="3">65</td></tr>
<tr><td colspan="2">商</td><td colspan="3">50</td></tr>
<tr><td rowspan="3">人間福祉</td><td>社会福祉</td><td>17※</td><td rowspan="3">—</td><td>17※</td></tr>
<tr><td>社会起業</td><td>8※</td><td>8※</td></tr>
<tr><td>人間科学</td><td>9※</td><td>9※</td></tr>
<tr><td>国際</td><td>国際</td><td colspan="3">25</td></tr>
<tr><td colspan="2">総合政策</td><td colspan="3">50</td></tr>
<tr><td rowspan="3">理</td><td>数理科学</td><td colspan="2">3</td><td rowspan="3">—</td></tr>
<tr><td>物理・宇宙</td><td colspan="2">3</td></tr>
<tr><td>化学</td><td colspan="2">3</td></tr>
</table>

<table>
<tr><th colspan="3" rowspan="2">学部・学科等</th><th rowspan="2">英数日程</th><th colspan="2">共通テスト併用日程</th></tr>
<tr><th>数学</th><th>英語</th></tr>
<tr><td rowspan="4">工</td><td colspan="2">物質工学</td><td colspan="2">3</td><td rowspan="4">—</td></tr>
<tr><td colspan="2">電気電子応用工学</td><td colspan="2">3</td></tr>
<tr><td colspan="2">情報工学</td><td colspan="2">4</td></tr>
<tr><td colspan="2">知能・機械工学</td><td colspan="2">3</td></tr>
<tr><td rowspan="5">生命環境</td><td colspan="2">生物科学</td><td colspan="2">4</td><td rowspan="5">—</td></tr>
<tr><td rowspan="3">生命医科学</td><td>生命医科学</td><td colspan="2">3</td></tr>
<tr><td>発生再生医科学</td><td colspan="2">3</td></tr>
<tr><td>医工学</td><td colspan="2">3</td></tr>
<tr><td colspan="2">環境応用化学</td><td colspan="2">4</td></tr>
<tr><td>建築</td><td colspan="2">建築</td><td colspan="2">10</td><td>—</td></tr>
</table>

※人間福祉学部の募集人員は，英数日程と共通テスト併用日程（英語）を合わせた人数。

●共通テスト併用日程（英語）

学部・学科等			志願者数	受験者数	合格者数	競争率
神			58	54	30	1.8
文	文化歴史	哲学倫理学	27	26	12	2.2
		美学芸術学	34	34	14	2.4
		地理学地域文化学	29	27	16	1.7
		日本史学	44	43	21	2.0
		アジア史学	14	14	7	2.0
		西洋史学	47	46	19	2.4
	総合心理科学	心理科学	150	145	53	2.7
	文学言語	日本文学日本語学	75	74	37	2.0
		英米文学英語学	105	103	65	1.6
		フランス文学フランス語学	32	32	19	1.7
		ドイツ文学ドイツ語学	37	37	25	1.5
社会	社会		472	462	133	3.5
法	法律		349	340	137	2.5
	政治		120	113	35	3.2
経済			404	390	140	2.8
商			495	481	97	5.0
人間福祉	社会福祉		88	88	48	1.8
	社会起業		74	73	36	2.0
	人間科学		68	68	27	2.5
国際	国際	英語	119	114	33	3.5
		英語重視型	110	107	30	3.6
教育	教育	幼児教育	93	93	35	2.7
		初等教育	167	164	53	3.1
		教育科学	167	163	56	2.9
総合政策			379	370	121	3.1

（備考）募集人員数は，次表参照。

〈募集人員数〉

<table>
<tr><th colspan="3" rowspan="2">学部・学科等</th><th colspan="2">共通テスト併用日程</th><th rowspan="2">英数日程</th></tr>
<tr><th>英語</th><th>数学</th></tr>
<tr><td colspan="3">神</td><td>3</td><td rowspan="15">—</td><td rowspan="15">—</td></tr>
<tr><td rowspan="13">文</td><td rowspan="6">文化歴史</td><td>哲学倫理学</td><td>3</td></tr>
<tr><td>美学芸術史</td><td>3</td></tr>
<tr><td>地理学地域文化学</td><td>2</td></tr>
<tr><td>日本史学</td><td>2</td></tr>
<tr><td>アジア史学</td><td>2</td></tr>
<tr><td>西洋史学</td><td>2</td></tr>
<tr><td colspan="2">総合心理科学</td><td>8</td></tr>
<tr><td rowspan="4">文学言語</td><td>日本文学日本語学</td><td>4</td></tr>
<tr><td>英米文学英語学</td><td>7</td></tr>
<tr><td>フランス文学フランス語学</td><td>3</td></tr>
<tr><td>ドイツ文学ドイツ語学</td><td>3</td></tr>
<tr><td>社会</td><td colspan="2">社会</td><td colspan="2">30</td><td>—</td></tr>
</table>

<table>
<tr><th colspan="3" rowspan="2">学部・学科等</th><th colspan="2">共通テスト併用日程</th><th rowspan="2">英数日程</th></tr>
<tr><th>英語</th><th>数学</th></tr>
<tr><td rowspan="2">法</td><td colspan="2">法律</td><td colspan="3">35</td></tr>
<tr><td colspan="2">政治</td><td colspan="3">15</td></tr>
<tr><td colspan="3">経済</td><td colspan="3">65</td></tr>
<tr><td colspan="3">商</td><td colspan="3">50</td></tr>
<tr><td rowspan="3">人間福祉</td><td colspan="2">社会福祉</td><td>17※</td><td rowspan="3">—</td><td>17※</td></tr>
<tr><td colspan="2">社会起業</td><td>8※</td><td>8※</td></tr>
<tr><td colspan="2">人間科学</td><td>9※</td><td>9※</td></tr>
<tr><td>国際</td><td colspan="2">国際</td><td colspan="3">25</td></tr>
<tr><td rowspan="3">教育</td><td rowspan="3">教育</td><td>幼児教育</td><td colspan="2">5</td><td rowspan="3">—</td></tr>
<tr><td>初等教育</td><td colspan="2">10</td></tr>
<tr><td>教育科学</td><td colspan="2">5</td></tr>
<tr><td colspan="3">総合政策</td><td colspan="3">50</td></tr>
</table>

※人間福祉学部の募集人員は，共通テスト併用日程（英語）と英数日程を合わせた人数。

●共通テスト併用日程（数学）

学部・学科等			志願者数	受験者数	合格者数	競争率
社会	社会		114	114	45	2.5
法	法律		116	114	47	2.4
	政治		32	31	9	3.4
経済			342	330	132	2.5
商			341	332	60	5.5
国際	国際		32	32	13	2.5
教育	教育	幼児教育	20	19	6	3.2
		初等教育	79	78	28	2.8
		教育科学	48	45	17	2.6
総合政策			235	231	117	2.0
理	数理科学		99	96	46	2.1
	物理・宇宙		97	97	32	3.0
	化学		71	67	29	2.3
工	物質工学		85	84	58	1.4
	電気電子応用工学		119	118	57	2.1
	情報工学		145	143	31	4.6
	知能・機械工学		75	74	24	3.1
生命環境	生物科学		104	103	32	3.2
	生命医科学	生命医科学	70	70	8	8.8
		発生再生医科学	38	38	12	3.2
		医工学	23	23	13	1.8
	環境応用化学		140	137	69	2.0
建築	建築		248	243	70	3.5

（備考）募集人員数は次表参照。

〈募集人員数〉

<table>
<tr><th colspan="3" rowspan="2">学部・学科等</th><th colspan="2">共通テスト併用日程</th><th rowspan="2">英数日程</th></tr>
<tr><th>数学</th><th>英語</th></tr>
<tr><td>社会</td><td colspan="2">社会</td><td colspan="2">30</td><td>—</td></tr>
<tr><td rowspan="2">法</td><td colspan="2">法律</td><td colspan="3">35</td></tr>
<tr><td colspan="2">政治</td><td colspan="3">15</td></tr>
<tr><td colspan="3">経済</td><td colspan="3">65</td></tr>
<tr><td colspan="3">商</td><td colspan="3">50</td></tr>
<tr><td>国際</td><td colspan="2">国際</td><td colspan="3">25</td></tr>
<tr><td rowspan="3">教育</td><td rowspan="3">教育</td><td>幼児教育</td><td colspan="2">5</td><td rowspan="3">—</td></tr>
<tr><td>初等教育</td><td colspan="2">10</td></tr>
<tr><td>教育科学</td><td colspan="2">5</td></tr>
<tr><td colspan="3">総合政策</td><td colspan="3">50</td></tr>
</table>

<table>
<tr><th colspan="3" rowspan="2">学部・学科等</th><th colspan="2">共通テスト併用日程</th><th rowspan="2">英数日程</th></tr>
<tr><th>数学</th><th>英語</th></tr>
<tr><td rowspan="3">理</td><td colspan="2">数理科学</td><td>3※</td><td rowspan="3">—</td><td>3※</td></tr>
<tr><td colspan="2">物理・宇宙</td><td>3※</td><td>3※</td></tr>
<tr><td colspan="2">化学</td><td>3※</td><td>3※</td></tr>
<tr><td rowspan="4">工</td><td colspan="2">物質工学</td><td>3※</td><td rowspan="4">—</td><td>3※</td></tr>
<tr><td colspan="2">電気電子応用工学</td><td>3※</td><td>3※</td></tr>
<tr><td colspan="2">情報工学</td><td>4※</td><td>4※</td></tr>
<tr><td colspan="2">知能・機械工学</td><td>3※</td><td>3※</td></tr>
<tr><td rowspan="5">生命環境</td><td colspan="2">生物科学</td><td>4※</td><td rowspan="5">—</td><td>4※</td></tr>
<tr><td rowspan="3">生命医科学</td><td>生命医科学</td><td>3※</td><td>3※</td></tr>
<tr><td>発生再生医科学</td><td>3※</td><td>3※</td></tr>
<tr><td>医工学</td><td>3※</td><td>3※</td></tr>
<tr><td colspan="2">環境応用化学</td><td>4※</td><td>4※</td></tr>
<tr><td>建築</td><td colspan="2">建築</td><td>10※</td><td>—</td><td>10※</td></tr>
</table>

※理・工・生命環境・建築学部の募集人員は，共通テスト併用日程（数学）と英数日程を合わせた人数。

●大学入学共通テスト利用入試：1月出願

○競争率は志願者数÷合格者数で算出。

○表中の「英語利用」は3科目型（英語資格・検定試験利用）を表す。

学部・学科等				募集人員	志願者数	合格者数	競争率
神			7科目型	2	58	12	4.8
			5科目型				
			3科目型				
			英語利用				
文	文化歴史	哲学倫理学	7科目型	3	68	21	3.2
			5科目型				
			3科目型				
			英語利用				
		美学芸術学	7科目型	3	102	33	3.1
			5科目型				
			3科目型				
			英語利用				
		地理学地域文化学	7科目型	3	45	12	3.8
			5科目型				
			3科目型				
			英語利用				
		日本史学	7科目型	3	117	18	6.5
			5科目型				
			3科目型				
			英語利用				
		アジア史学	7科目型	3	19	5	3.8
			5科目型				
			3科目型				
			英語利用				
		西洋史学	7科目型	3	106	49	2.2
			5科目型				
			3科目型				
			英語利用				
	総合心理科学	心理科学	7科目型	15	268	69	3.9
			5科目型				
			3科目型				
			英語利用				

（表つづく）

学部・学科等				募集人員	志願者数	合格者数	競争率
文	文学言語	日本文学日本語学	7科目型	5	141	43	3.3
			5科目型				
			3科目型				
			英語利用				
		英米文学英語学	7科目型	9	136	37	3.7
			5科目型				
			3科目型				
			英語利用				
		フランス文学フランス語学	7科目型	5	27	9	3.0
			5科目型				
			3科目型				
			英語利用				
		ドイツ文学ドイツ語学	7科目型	3	42	10	4.2
			5科目型				
			3科目型				
			英語利用				
社会	社会		7科目型	60	872	317	2.8
			5科目型				
			3科目型				
			英語利用				
法	法律		7科目型	40	1,138	465	2.4
			5科目型				
			3科目型				
			英語利用				
	政治		7科目型	20	472	152	3.1
			5科目型				
			3科目型				
			英語利用				
経済			7科目型	40	1,175	379	3.1
			5科目型				
			3科目型				
			英語利用				
商			7科目型	45	1,096	372	2.9
			5科目型				
			3科目型				
			英語利用				

（表つづく）

学部・学科等				募集人員	志願者数	合格者数	競争率
人間福祉	社会福祉		7 科目型	15	115	26	4.4
			5 科目型				
			3 科目型				
			英語利用				
	社会起業		7 科目型	10	91	28	3.3
			5 科目型				
			3 科目型				
			英語利用				
	人間科学		7 科目型	9	122	36	3.4
			5 科目型				
			3 科目型				
			英語利用				
国際	国際		7 科目型	20	335	79	4.2
			5 科目型				
			3 科目型				
			英語利用				
教育	教育	幼児教育	7 科目型	10	137	55	2.5
			5 科目型				
			3 科目型				
			英語利用				
		初等教育	7 科目型	20	357	102	3.5
			5 科目型				
			3 科目型				
			英語利用				
		教育科学	7 科目型	9	375	123	3.0
			5 科目型				
			3 科目型				
			英語利用				
総合政策			7 科目型	35	570	167	3.4
			5 科目型				
			3 科目英国型				
			3 科目英数型				
			英語利用				

（表つづく）

学部・学科等			募集人員	志願者数	合格者数	競争率
理	数理科学	7科目型	5	166	68	2.4
		5科目型理科2				
		5科目型理科1				
		英語利用				
	物理・宇宙	7科目型	5	315	148	2.1
		5科目型理科2				
		5科目型理科1				
		英語利用				
	化学	7科目型	5	205	95	2.2
		5科目型理科2				
		5科目型理科1				
		英語利用				
工	物質工学	7科目型	5	241	129	1.9
		5科目型理科2				
		5科目型理科1				
		英語利用				
	電気電子応用工学	7科目型	5	218	90	2.4
		5科目型理科2				
		5科目型理科1				
		英語利用				
	情報工学	7科目型	5	333	143	2.3
		5科目型理科2				
		5科目型理科1				
		英語利用				
	知能・機械工学	7科目型	5	265	117	2.3
		5科目型理科2				
		5科目型理科1				
		英語利用				

（表つづく）

学部・学科等				募集人員	志願者数	合格者数	競争率
生命環境	生物科学		7科目型	5	389	163	2.4
			5科目型理科2				
			5科目型理科1				
			英語利用				
	生命医科学	生命医科学	7科目型	2	216	88	2.5
			5科目型理科2				
			5科目型理科1				
			英語利用				
		発生再生医科学	7科目型	2	58	29	2.0
			5科目型理科2				
			5科目型理科1				
			英語利用				
		医工学	7科目型	2	63	29	2.2
			5科目型理科2				
			5科目型理科1				
			英語利用				
	環境応用化学		7科目型	5	425	231	1.8
			5科目型理科2				
			5科目型理科1				
			英語利用				
建築	建築		7科目型	10	592	264	2.2
			5科目型理科2				
			5科目型理科1				
			英語利用				

●大学入学共通テスト利用入試：3 月出願

○競争率は志願者数÷合格者数で算出。

学部・学科等				募集人員	志願者数	合格者数	競争率
神				2	2	0	—
文	文化歴史	哲学倫理学		2	11	2	5.5
文	文化歴史	美学芸術学		2	15	2	7.5
文	文化歴史	地理学地域文化学		2	11	2	5.5
文	文化歴史	日本史学		2	15	2	7.5
文	文化歴史	アジア史学		2	22	2	11.0
文	文化歴史	西洋史学		2	24	2	12.0
文	総合心理科学	心理科学		3	38	4	9.5
文	文学言語	日本文学日本語学		2	7	2	3.5
文	文学言語	英米文学英語学		2	32	3	10.7
文	文学言語	フランス文学フランス語学		2	9	2	4.5
文	文学言語	ドイツ文学ドイツ語学		2	10	3	3.3
社会	社会		4科目型	10	120	39	3.1
			3科目型				
法	法律		4科目型	15	133	29	4.6
			3科目型				
法	政治		4科目型	5	59	14	4.2
			3科目型				
経済			4科目型	22	225	48	4.7
			3科目型				
			3科目英数型				
商			4科目型	10	98	50	2.0
			3科目型				
			3科目英数型				
人間福祉	社会福祉		4科目型	3	11	3	3.7
			3科目型				
人間福祉	社会起業		4科目型	2	36	8	4.5
			3科目型				
人間福祉	人間科学		4科目型	2	25	5	5.0
			3科目型				
国際	国際		4科目型	5	90	44	2.0
			3科目型				

（表つづく）

学部・学科等			募集人員	志願者数	合格者数	競争率
教育	教育	幼児教育	2	12	4	3.0
		初等教育	3	12	3	4.0
		教育科学	2	10	4	2.5
総合政策			5	73	27	2.7
理	数理科学		若干名	23	3	7.7
	物理・宇宙		若干名	17	7	2.4
	化学		若干名	15	2	7.5
工	物質工学		若干名	25	13	1.9
	電気電子応用工学		若干名	45	12	3.8
	情報工学		若干名	37	13	2.8
	知能・機械工学		若干名	20	8	2.5
生命環境	生物科学		若干名	31	12	2.6
	生命医科学	生命医科学	若干名	25	3	8.3
		発生再生医科学	若干名	32	4	8.0
		医工学	若干名	13	2	6.5
	環境応用化学		若干名	103	16	6.4
建築	建築		若干名	41	6	6.8

2023年度 入試状況

○合格者数には補欠合格者を含む。

●一般入試：全学部日程

学部・学科等				募集人員	志願者数	受験者数	合格者数	競争率
神				7	49	48	19	2.5
文	文化歴史	哲学倫理学		12	91	88	38	2.3
		美学芸術学		12	128	124	28	4.4
		地理学地域文化学		12	134	132	52	2.5
		日本史学		12	199	196	75	2.6
		アジア史学		12	83	79	23	3.4
		西洋史学		12	128	124	69	1.8
	総合心理科学	心理科学		44	379	368	193	1.9
	文学言語	日本文学日本語学		18	226	219	82	2.7
		英米文学英語学		30	411	408	189	2.2
		フランス文学フランス語学		16	121	120	51	2.4
		ドイツ文学ドイツ語学		14	188	187	81	2.3
社会	社会			160	1,640	1,618	581	2.8
法	法律			110	1,175	1,146	464	2.5
	政治			35	269	262	132	2.0
経済	文系型			140	1,744	1,710	835	2.0
	理系型				215	205	102	2.0
商				135	1,476	1,462	513	2.8
人間福祉	社会福祉			22	176	175	77	2.3
	社会起業			21	202	201	66	3.0
	人間科学			20	237	232	74	3.1
国際	国際	3科目型		30	291	287	47	6.1
		英語1科目型		20	139	137	22	6.2
教育	教育	幼児教育	文系型	29	221	214	129	1.7
			理系型		6	5	3	1.7
		初等教育	文系型	37	453	444	201	2.2
			理系型		35	33	16	2.1
		教育科学	文系型	17	225	222	126	1.8
			理系型		21	21	13	1.6
総合政策	文系型			100	1,062	1,023	451	2.3
	理系型				123	121	58	2.1

（表つづく）

学部・学科等				募集人員	志願者数	受験者数	合格者数	競争率
理	数理科学		総合型	26	177	172	99	1.7
			数学・理科重視型		216	212	135	1.6
	物理・宇宙		総合型	30	346	336	154	2.2
			数学・理科重視型		339	330	136	2.4
	化学		総合型	33	329	325	174	1.9
			数学・理科重視型		291	288	156	1.8
工	物質工学		総合型	26	208	199	107	1.9
			数学・理科重視型		187	183	113	1.6
	電気電子応用工学		総合型	30	292	285	142	2.0
			数学・理科重視型		286	282	138	2.0
	情報工学		総合型	47	421	398	160	2.5
			数学・理科重視型		407	390	158	2.5
	知能・機械工学		総合型	30	328	323	114	2.8
			数学・理科重視型		317	311	88	3.5
生命環境	生物科学		総合型	30	374	364	145	2.5
			数学・理科重視型		204	198	72	2.8
	生命医科学	生命医科学	総合型	13	184	179	77	2.3
			数学・理科重視型		124	122	53	2.3
		発生再生医科学	総合型	13	53	51	31	1.6
			数学・理科重視型		47	46	28	1.6
		医工学	総合型	13	90	86	37	2.3
			数学・理科重視型		67	67	27	2.5
	環境応用化学		総合型	42	323	316	220	1.4
			数学・理科重視型		286	281	191	1.5
建築	建築		総合型	60	711	685	235	2.9
			数学・理科重視型		602	583	209	2.8

●一般入試：学部個別日程

学部・学科等			募集人員	志願者数	受験者数	合格者数	競争率
神			6	70	65	34	1.9
文	文化歴史	哲学倫理学	10	52	51	25	2.0
		美学芸術学	10	85	83	20	4.2
		地理学地域文化学	8	104	101	37	2.7
		日本史学	8	109	106	44	2.4
		アジア史学	8	59	55	26	2.1
		西洋史学	8	72	71	46	1.5
	総合心理科学	心理科学	32	200	192	110	1.7
	文学言語	日本文学日本語学	16	137	134	47	2.9
		英米文学英語学	26	236	234	126	1.9
		フランス文学フランス語学	12	81	79	50	1.6
		ドイツ文学ドイツ語学	10	137	134	63	2.1
社会	社会		130	1,116	1,088	433	2.5
法	法律		110	936	895	417	2.1
	政治		35	436	425	184	2.3
経済			120	1,024	986	426	2.3
商			125	960	931	372	2.5
人間福祉	社会福祉		18	171	164	83	2.0
	社会起業		17	257	255	96	2.7
	人間科学		16	212	209	83	2.5
国際	国際		30	364	353	98	3.6
教育	教育	幼児教育	19	131	129	76	1.7
		初等教育	25	242	233	143	1.6
		教育科学	12	145	141	94	1.5
総合政策			90	1,211	1,160	464	2.5

●英数日程／共通テスト併用日程

＊は英語・数学型，共通テスト併用型・英語，共通テスト併用型・数学を合わせた募集人員。

＊＊は英語・数学型と共通テスト併用型・英語を合わせた募集人員。

＊＊＊は英語・数学型と共通テスト併用型・数学を合わせた募集人員。

【英数日程：英語・数学型】

学部・学科等			募集人員	志願者数	受験者数	合格者数	競争率
法	法律		35*	23	20	7	2.9
	政治		15*	10	10	4	2.5
経済			65*	238	232	89	2.6
商			50*	112	101	44	2.3
人間福祉	社会福祉		15**	12	10	3	3.3
	社会起業		8**	6	6	1	6.0
	人間科学		9**	31	30	11	2.7
国際	国際		25**	35	34	13	2.6
総合政策			50*	167	156	61	2.6
理	数理科学		3***	20	19	10	1.9
	物理・宇宙		3***	46	43	14	3.1
	化学		3***	29	28	12	2.3
工	物質工学		3***	42	41	22	1.9
	電気電子応用工学		3***	38	35	15	2.3
	情報工学		4***	55	50	14	3.6
	知能・機械工学		3***	32	30	9	3.3
生命環境	生物科学		4***	31	30	14	2.1
	生命医科学	生命医科学	3***	16	14	5	2.8
		発生再生医科学	3***	10	10	4	2.5
		医工学	3***	12	12	6	2.0
	環境応用化学		4***	31	31	23	1.3
建築	建築		10***	124	117	40	2.9

【共通テスト併用日程：共通テスト併用型・英語】

学部・学科等			募集人員	志願者数	受験者数	合格者数	競争率
神			3	19	19	12	1.6
文	文化歴史	哲学倫理学	3	53	53	13	4.1
		美学芸術学	3	29	27	14	1.9
		地理学地域文化学	2	20	18	9	2.0
		日本史学	2	38	36	20	1.8
		アジア史学	2	12	12	5	2.4
		西洋史学	2	29	27	12	2.3
	総合心理科学	心理科学	8	98	94	47	2.0
	文学言語	日本文学日本語学	4	49	46	22	2.1
		英米文学英語学	7	117	111	52	2.1
		フランス文学フランス語学	3	22	22	15	1.5
		ドイツ文学ドイツ語学	3	26	26	18	1.4
社会	社会		30*	167	161	77	2.1
法	法律		35*	154	151	89	1.7
	政治		15*	41	39	24	1.6
経済			65*	132	125	55	2.3
商			50*	220	212	103	2.1
人間福祉	社会福祉		15**	52	52	20	2.6
	社会起業		8**	44	43	15	2.9
	人間科学		9**	30	26	8	3.3
国際	国際	併用型・英語	25**	50	49	14	3.5
		英語重視型		86	85	21	4.0
教育	教育	幼児教育	5	60	60	42	1.4
		初等教育	10	93	90	54	1.7
		教育科学	5	84	82	50	1.6
総合政策			50*	285	269	109	2.5

【共通テスト併用日程：共通テスト併用型・数学】

学部・学科等		募集人員	志願者数	受験者数	合格者数	競争率
社会	社会	30*	63	61	30	2.0
法	法律	35*	65	59	25	2.4
	政治	15*	11	11	4	2.8
経済		65*	212	206	99	2.1
商		50*	168	164	58	2.8

（表つづく）

学部・学科等			募集人員	志願者数	受験者数	合格者数	競争率
総	合	政策	50*	125	123	48	2.6
理	数理科学		3***	74	73	34	2.1
	物理・宇宙		3***	104	102	26	3.9
	化学		3***	57	56	15	3.7
工	物質工学		3***	78	76	35	2.2
	電気電子応用工学		3***	88	87	42	2.1
	情報工学		4***	113	104	25	4.2
	知能・機械工学		3***	94	91	16	5.7
生命環境	生物科学		4***	68	68	21	3.2
	生命医科学	生命医科学	3***	39	37	11	3.4
		発生再生医科学	3***	18	17	13	1.3
		医工学	3***	24	24	12	2.0
	環境応用化学		4***	69	68	55	1.2
建築	建築		10***	187	175	60	2.9

2022 年度 入試状況

○合格者数には補欠合格者を含まない。

●一般入試：全学部日程

学部・学科等				募集人員	志願者数	受験者数	合格者数	競争率
神				7	45	43	19	2.3
文	文化歴史	哲学倫理学		12	92	87	36	2.4
		美学芸術学		12	131	121	39	3.1
		地理学地域文化学		12	71	68	35	1.9
		日本史学		12	117	115	46	2.5
		アジア史学		12	82	74	18	4.1
		西洋史学		12	141	133	40	3.3
	総合心理科学	心理科学		44	396	388	132	2.9
	文学言語	日本文学日本語学		18	243	240	80	3.0
		英米文学英語学		30	362	358	145	2.5
		フランス文学フランス語学		16	152	150	52	2.9
		ドイツ文学ドイツ語学		14	157	152	60	2.5
社会	社会			160	958	945	436	2.2
法	法律			110	1,045	1,008	354	2.8
	政治			35	220	217	73	3.0
経済	文系型			140	1,137	1,113	568	2.0
	理系型				130	127	64	2.0
商				135	1,572	1,536	560	2.7
人間福祉	社会福祉			22	238	231	82	2.8
	社会起業			21	166	164	66	2.5
	人間科学			20	262	258	100	2.6
国際	国際		3科目型	30	280	273	35	7.8
			英語1科目型	20	203	194	22	8.8
教育	教育	幼児教育	文系型	28※	207	206	53	3.9
			理系型		3	3	1	3.0
		初等教育（主体性評価方式を含む）	文系型	36※	432	420	110	3.8
			理系型		38	37	11	3.4
		教育科学	文系型	16※	173	166	55	3.0
			理系型		24	23	9	2.6
総合政策	文系型			100	934	919	340	2.7
	理系型				97	94	29	3.2

（表つづく）

学部・学科等			募集人員	志願者数	受験者数	合格者数	競争率
理	数理科学	総合型	26	228	222	83	2.7
		数学･理科重視型		271	266	104	2.6
	物理・宇宙	総合型	30	422	414	139	3.0
		数学･理科重視型		399	391	127	3.1
	化学	総合型	33	284	277	161	1.7
		数学･理科重視型		238	229	120	1.9
工	物質工学	総合型	26	203	197	100	2.0
		数学･理科重視型		170	166	68	2.4
	電気電子応用工学	総合型	30	255	245	92	2.7
		数学･理科重視型		281	277	116	2.4
	情報工学	総合型	47	446	433	139	3.1
		数学･理科重視型		444	427	136	3.1
	知能・機械工学	総合型	30	346	338	133	2.5
		数学･理科重視型		332	325	123	2.6
生命環境	生物科学	総合型	30	353	342	121	2.8
		数学･理科重視型		258	247	83	3.0
	生命医科学 生命医科学	総合型	13	150	145	60	2.4
		数学･理科重視型		92	89	34	2.6
	生命医科学 発生再生医科学	総合型	13	57	56	21	2.7
		数学･理科重視型		41	40	19	2.1
	生命医科学 医工学	総合型	13	38	37	20	1.9
		数学･理科重視型		36	35	20	1.8
	環境応用化学	総合型	42	340	330	161	2.0
		数学･理科重視型		262	253	124	2.0
建築	建築	総合型	60	602	578	282	2.0
		数学･理科重視型		553	528	264	2.0

（備考）教育学部の募集人員（※）は，理系型入試２日目の募集人員を含まない。

●一般入試：学部個別日程

学部・学科等			募集人員	志願者数	受験者数	合格者数	競争率
神			5	67	65	25	2.6
文	文化歴史	哲学倫理学	10	65	64	32	2.0
文	文化歴史	美学芸術学	10	81	80	35	2.3
文	文化歴史	地理学地域文化学	8	60	60	39	1.5
文	文化歴史	日本史学	8	72	71	37	1.9
文	文化歴史	アジア史学	8	67	62	14	4.4
文	文化歴史	西洋史学	8	75	72	29	2.5
文	総合心理科学	心理科学	32	234	229	80	2.9
文	文学言語	日本文学日本語学	16	142	138	64	2.2
文	文学言語	英米文学英語学	26	252	247	124	2.0
文	文学言語	フランス文学フランス語学	12	94	91	33	2.8
文	文学言語	ドイツ文学ドイツ語学	10	118	114	58	2.0
社会	社会		130	891	869	368	2.4
法	法律		110	1,042	998	340	2.9
法	政治		35	352	344	144	2.4
経済			120	858	826	429	1.9
商			125	975	946	386	2.5
人間福祉	社会福祉		18	184	177	83	2.1
人間福祉	社会起業		17	170	167	73	2.3
人間福祉	人間科学		16	159	158	71	2.2
国際	国際		30	367	355	79	4.5
教育	教育	幼児教育	20※	121	117	44	2.7
教育	教育	初等教育（主体性評価方式を含む）	26※	212	209	80	2.6
教育	教育	教育科学	13※	101	94	35	2.7
総合政策			90	898	881	408	2.2

（備考）教育学部の募集人員（※）は，全学部日程の理系型入試２日目の募集人員を含む。

●共通テスト併用／英数日程

＊は英語・数学型，共通テスト併用型・英語，共通テスト併用型・数学を合わせた募集人員。

＊＊は英語・数学型と共通テスト併用型・英語を合わせた募集人員。

＊＊＊は英語・数学型と共通テスト併用型・数学を合わせた募集人員。

【英語・数学型】

学部・学科等		募集人員	志願者数	受験者数	合格者数	競争率
社会	社会	30*	28	25	8	3.1
法	法律	35*	42	40	14	2.9
	政治	15*	19	15	4	3.8
経済		65*	155	154	77	2.0
商		50*	123	120	52	2.3
人間福祉	社会福祉	15**	9	9	4	2.3
	社会起業	8**	6	5	1	5.0
	人間科学	9**	16	16	10	1.6
国際	国際	25**	32	32	13	2.5
総合政策		50*	92	91	60	1.5
理	数理科学	3***	25	23	8	2.9
	物理・宇宙	3***	43	42	12	3.5
	化学	3***	22	21	7	3.0
工	物質工学	3***	17	17	8	2.1
	電気電子応用工学	3***	38	36	13	2.8
	情報工学	4***	50	46	12	3.8
	知能・機械工学	3***	28	27	7	3.9
生命環境	生物科学	4***	33	30	10	3.0
	生命医科学／生命医科学	3***	11	11	4	2.8
	生命医科学／発生再生医科学	3***	7	7	3	2.3
	生命医科学／医工学	3***	4	4	2	2.0
	環境応用化学	4***	32	30	19	1.6
建築	建築	10***	70	68	34	2.0

【共通テスト併用型・英語】

学部・学科等			募集人員	志願者数	受験者数	合格者数	競争率
神			4	9	9	8	1.1
文	文化歴史	哲学倫理学	3	21	19	17	1.1
		美学芸術学	3	22	21	12	1.8
		地理学地域文化学	2	8	8	4	2.0
		日本史学	2	19	17	12	1.4
		アジア史学	2	5	4	3	1.3
		西洋史学	2	15	14	11	1.3
	総合心理科学	心理科学	8	64	60	43	1.4
	文学言語	日本文学日本語学	4	34	31	21	1.5
		英米文学英語学	7	35	31	22	1.4
		フランス文学フランス語学	3	14	12	8	1.5
		ドイツ文学ドイツ語学	3	20	18	13	1.4
社会	社会		30*	124	123	40	3.1
法	法律		35*	128	123	25	4.9
	政治		15*	17	15	4	3.8
経済			65*	93	88	45	2.0
商			50*	143	137	62	2.2
人間福祉	社会福祉		15**	30	29	21	1.4
	社会起業		8**	22	22	12	1.8
	人間科学		9**	20	19	4	4.8
国際	国際	併用型・英語	25**	39	37	7	5.3
		英語重視型		86	82	16	5.1
教育	教育	幼児教育	5	34	34	14	2.4
		初等教育	10	84	76	32	2.4
		教育科学	5	30	28	10	2.8
総合政策			50*	105	103	68	1.5

【共通テスト併用型・数学】

学部・学科等		募集人員	志願者数	受験者数	合格者数	競争率
社会	社会	30*	77	76	38	2.0
法	法律	35*	42	40	18	2.2
	政治	15*	3	3	1	3.0
経済		65*	150	144	75	1.9
商		50*	117	113	58	1.9

（表つづく）

学部・学科等			募集人員	志願者数	受験者数	合格者数	競争率
総	合	政策	50*	73	69	46	1.5
理	数理科学		3***	114	109	24	4.5
	物理・宇宙		3***	111	109	30	3.6
	化学		3***	68	65	23	2.8
工	物質工学		3***	59	59	29	2.0
	電気電子応用工学		3***	82	79	40	2.0
	情報工学		4***	162	157	20	7.9
	知能・機械工学		3***	106	102	18	5.7
生命環境	生物科学		4***	86	82	22	3.7
	生命医科学	生命医科学	3***	30	28	12	2.3
		発生再生医科学	3***	18	17	8	2.1
		医工学	3***	17	16	10	1.6
	環境応用化学		4***	89	84	38	2.2
建築	建築		10***	214	206	103	2.0

合格最低点（一般入試）

○全学部日程・学部個別日程では，試験日や選択科目間での有利・不利をなくすために，学部ごとに点数調整「中央値補正法」（p. 42 参照）が実施され，総合点で判定される。以下の合格最低点は補正後の点数である。

○補欠合格者・追加合格者の成績を含む。

○共通テスト併用日程の合格最低点は非公表。

●全学部日程

学部・学科等			2024年度 合格最低点	2024年度 満点	2023年度 合格最低点	2023年度 満点	2022年度 合格最低点	2022年度 満点
神			298.3	550	287.1	550	278.9	550
文	文化歴史	哲学倫理学	308.4	550	306.1	550	312.2	550
		美学芸術学	378.2	550	338.2	550	322.1	550
		地理学地域文化学	299.3	550	274.8	550	276.8	550
		日本史学	348.0	550	312.7	550	312.0	550
		アジア史学	296.9	550	275.9	550	300.3	550
		西洋史学	354.7	550	287.1	550	335.1	550
	総合心理科学	心理科学	322.8	550	287.0	550	315.4	550
	文学言語	日本文学日本語学	338.6	550	304.0	550	314.0	550
		英米文学英語学	300.9	550	302.4	550	291.3	550
		フランス文学フランス語学	275.1	550	275.0	550	310.2	550
		ドイツ文学ドイツ語学	279.8	550	279.9	550	276.2	550
社会	社会		314.9	550	306.4	550	278.3	550
法	法律		289.3	550	304.5	550	290.7	550
	政治		289.3	550	276.9	550	281.2	550
経済	文系型		309.0	550	284.2	550	275.5	550
	理系型		329.8	550	302.3	550	278.4	550
商			318.9	550	309.0	550	310.6	550
人間福祉	社会福祉		298.2	550	299.0	550	314.3	550
	社会起業		304.0	550	307.5	550	301.1	550
	人間科学		298.5	550	300.1	550	297.3	550
国際	国際	3科目型	351.8	550	361.6	550	365.0	550
		英語1科目型	335.0	400	334.0	400	313.0	400

（表つづく）

学部・学科等				2024年度 合格最低点	2024年度 満点	2023年度 合格最低点	2023年度 満点	2022年度 合格最低点	2022年度 満点
教育	教育	幼児教育	文系型	288.7	550	261.2	550	300.3	550
			理系型1日目	−	450	228.2	450	325.0	450
			理系型2日目					266.9	450
		初等教育	文系型	306.2	550	284.1	550	308.9	550
			理系型1日目	229.5	450	225.6	450	260.3	450
			理系型2日目					256.5	450
		教育科学	文系型	309.9	550	284.0	550	318.6	550
			理系型1日目	234.6	450	226.5	450	286.0	450
			理系型2日目					274.5	450
総合政策	文系型			277.0	550	286.1	550	285.0	550
	理系型			256.4	500	254.6	500	247.6	500
理	数理科学		均等配点型	214.3	450	215.8	450	244.9	450
			数学·理科重視型	210.6	450	215.5	450	244.2	450
	物理・宇宙		均等配点型	252.9	450	250.2	450	258.4	450
			数学·理科重視型	252.3	450	250.4	450	258.5	450
	化学		均等配点型	210.6	450	221.4	450	208.1	450
			数学·理科重視型	216.4	450	221.1	450	207.8	450
工	物質工学		均等配点型	206.8	450	207.1	450	220.8	450
			数学·理科重視型	207.3	450	205.9	450	220.0	450
	電気電子応用工学		均等配点型	223.4	450	222.8	450	220.2	450
			数学·理科重視型	220.8	450	222.3	450	230.0	450
	情報工学		均等配点型	247.2	450	253.5	450	263.3	450
			数学·理科重視型	247.4	450	253.6	450	263.0	450
	知能・機械工学		均等配点型	236.4	450	257.5	450	242.4	450
			数学·理科重視型	238.7	450	258.7	450	242.6	450
生命環境	生物科学		均等配点型	257.5	450	249.7	450	237.3	450
			数学·理科重視型	257.5	450	250.4	450	238.4	450
	生命医科学	生命医科学	均等配点型	252.7	450	252.7	450	249.6	450
			数学·理科重視型	252.8	450	251.6	450	250.4	450
		発生再生医科学	均等配点型	219.4	450	211.5	450	240.1	450
			数学·理科重視型	213.9	450	211.6	450	240.2	450
		医工学	均等配点型	224.7	450	221.2	450	220.9	450
			数学·理科重視型	223.7	450	223.0	450	213.4	450
	環境応用化学		均等配点型	206.5	450	198.3	450	208.1	450
			数学·理科重視型	205.2	450	199.4	450	205.8	450

（表つづく）

学部・学科等			2024年度 合格最低点	2024年度 満点	2023年度 合格最低点	2023年度 満点	2022年度 合格最低点	2022年度 満点
建築	建築	均等配点型	240.0	450	239.0	450	231.1	450
		数学・理科重視型	241.3	450	239.4	450	231.3	450

●学部個別日程

学部・学科等				2024年度 合格最低点	2024年度 満点	2023年度 合格最低点	2023年度 満点	2022年度 合格最低点	2022年度 満点
神			傾斜配点型	312.8	600	262.9	500	268.7	500
			均等配点型	313.3	600				
文	文化歴史	哲学倫理学	傾斜配点型	382.7	600	312.0	500	330.0	500
			均等配点型	344.1	600				
		美学芸術学	傾斜配点型	439.1	600	348.3	500	341.3	500
			均等配点型	409.4	600				
		地理学地域文化学	傾斜配点型	378.9	600	293.3	500	271.0	500
			均等配点型	348.1	600				
		日本史学	傾斜配点型	453.6	600	315.4	500	315.5	500
			均等配点型	391.4	600				
		アジア史学	傾斜配点型	399.3	600	277.0	500	301.9	500
			均等配点型	353.7	600				
		西洋史学	傾斜配点型	426.1	600	296.7	500	352.3	500
			均等配点型	383.5	600				
	総合心理科学	心理科学	傾斜配点型	407.1	600	280.3	500	349.7	500
			均等配点型	356.9	600				
	文学言語	日本文学日本語学	傾斜配点型	432.7	600	330.2	500	330.1	500
			均等配点型	383.2	600				
		英米文学英語学	傾斜配点型	395.8	600	300.0	500	306.6	500
			均等配点型	343.1	600				
		フランス文学フランス語学	傾斜配点型	349.5	600	268.0	500	321.2	500
			均等配点型	300.1	600				
		ドイツ文学ドイツ語学	傾斜配点型	379.9	600	284.0	500	272.0	500
			均等配点型	335.7	600				
社会	社会		傾斜配点型	349.5	600	321.0	500	308.5	500
			均等配点型	349.4	600				

（表つづく）

学部・学科等				2024年度		2023年度		2022年度	
				合格最低点	満点	合格最低点	満点	合格最低点	満点
法	法律		傾斜配点型	312.5	600	269.8	500	287.5	500
			均等配点型	312.1	600				
	政治		傾斜配点型	312.9	600	259.6	500	262.0	500
			均等配点型	312.3	600				
経済			傾斜配点型	326.0	600	317.9	500	296.8	500
			均等配点型	326.1	600				
商			傾斜配点型	347.1	600	320.9	500	316.4	500
			均等配点型	346.9	600				
人間福祉	社会福祉		英語・国語型	245.0	350	236.0	350	219.0	350
			均等配点型	341.9	600				
	社会起業		英語・国語型	238.0	350	244.0	350	223.0	350
			均等配点型	345.4	600				
	人間科学		英語・国語型	242.0	350	235.0	350	216.0	350
			均等配点型	349.2	600				
国際	国際		傾斜配点型	355.3	600	329.3	550	332.0	550
			均等配点型	355.8	600				
教育	教育	幼児教育	傾斜配点型	307.0	600	270.2	500	285.0	500
			均等配点型	307.8	600				
		初等教育 3教科型	傾斜配点型	334.0	600	288.0	500	290.0	500
			均等配点型	333.4	600				
		初等教育 主体性評価方式						—	510
		教育科学	傾斜配点型	346.9	600	292.6	500	304.9	500
			均等配点型	346.0	600				
総合政策			傾斜配点型	325.1	600	216.3	400	207.2	400
			均等配点型	324.9	600				

※教育学部教育学科初等教育学コースの主体性評価方式については，合格最低点は非公表。

※理・工・生命環境・建築学部では学部個別日程は実施されない。

●英数日程

学部・学科等			2024年度 合格最低点	2024年度 満点	2023年度 合格最低点	2023年度 満点	2022年度 合格最低点	2022年度 満点
社会	社会						355.4	500
法	法律		246.0	400	243.0	400	289.3	400
法	政治		245.3	400	211.7	400	261.3	400
経済			252.0	400	231.3	400	248.0	400
商			278.3	400	219.0	400	263.3	400
人間福祉	社会福祉		220.0	350	191.0	350	266.0	350
人間福祉	社会起業		213.0	350	188.0	350	238.0	350
人間福祉	人間科学		206.0	350	191.0	350	229.0	350
国際	国際		277.3	400	270.0	400	321.8	400
総合政策			205.3	400	201.0	400	222.3	400
理	数理科学		226.0	400	250.0	400	280.0	400
理	物理・宇宙		232.0	400	248.0	400	273.0	400
理	化学		214.0	400	221.0	400	252.0	400
工	物質工学		178.0	400	214.0	400	198.0	400
工	電気電子応用工学		212.0	400	223.0	400	229.0	400
工	情報工学		255.0	400	249.0	400	285.0	400
工	知能・機械工学		258.0	400	259.0	400	279.0	400
生命環境	生物科学		244.0	400	244.0	400	263.0	400
生命環境	生命医科学	生命医科学	263.0	400	245.0	400	279.0	400
生命環境	生命医科学	発生再生医科学	201.0	400	208.0	400	245.0	400
生命環境	生命医科学	医工学	182.0	400	229.0	400	276.0	400
生命環境	環境応用化学		203.0	400	187.0	400	254.0	400
建築	建築		255.0	400	243.0	400	260.0	400

●中央値補正法とは

各試験科目の成績順で中央に位置する人の得点（中央値：1,001 人受験した場合は，501 番目の人の成績）を，その科目の満点の 5 割の点数となるように全体を補正するものである（ただし，満点と 0 点は動かさない)。平均点は，各科目の全受験者の点数を合計して，人数で割り出した点数のことをいい，中央値とは大きく異なる。

〈参考〉 中央値補正の数式について

中央値補正法による補正後の点（以下，補正点という）は，次の数式によって算出している。

①素点（元点)＜中央値の場合

$$\text{補正点}=\frac{\text{満点の 5 割の点}}{\text{中央値}}\times\text{素点}$$

②素点（元点)≧中央値の場合

$$\text{補正点}=\frac{\text{満点の 5 割の点}}{\text{満点}-\text{中央値}}\times(\text{素点}-\text{中央値})+\text{満点の 5 割の点}$$

募集要項（出願書類）の入手方法

一般選抜入学試験要項は関西学院大学ホームページ（https://www.kwansei.ac.jp）から請求できるほか，FAX，テレメールからも請求できます。

発行時期・請求方法は大学ホームページなどでご確認ください。

問い合わせ先

〒662-8501　兵庫県西宮市上ケ原一番町1番155号
関西学院大学 入学センター
TEL　(0798) 54-6135（直通）
FAX　(0798) 51-0915

気になること、聞いてみました！

在学生メッセージ

大学ってどんなところ？ 大学生活ってどんな感じ？
ちょっと気になることを，在学生に聞いてみました。

以下の内容は 2020～2022 年度入学生のアンケート回答に基づくものです。ここで触れられている内容は今後変更となる場合もありますのでご注意ください。

メッセージを書いてくれた先輩 ［社会学部］N.N. さん ［法学部］A.N. さん

大学生になったと実感！

自己責任で主体的に行動しなければいけないことです。授業の選択や出席欠席を自己責任で行わなければいけないのはもちろんのこと，休講の連絡や課題の提出，試験の日程などは自分でホームページを開いてお知らせを見なければ知ることができないのが，高校までと大きく違うところだと思います。（N.N. さん／社会）

大学生になったなと実感したことは，所属学部の学問を修めていることです。私は人文系の学部に所属しています。国語の現代文で扱われる文章を思い出してもらうとわかりやすいと思いますが，学問は基本的に，ある事象が存在していて，それらが論理的につなげられて，１つの理論として導かれるという流れがあります。人文系の学問の場合は，人間的な活動が言語化されたときの特有のおもしろさがあります。また，異なる考え同士が衝突したり，時代とともに主流である考えが変遷したりします。この興味深さに気づき，学び，自分の意見はどうかと考えるときに，大学生であることを実感します。（A.N. さん／法）

大学生活に必要なもの

パソコンが必要だったので，新たに用意しました。必ず購入しなければいけないということはないのですが，レポートやプレゼン資料の作成，オンライン授業の受講など，パソコンがないと不便なことが多いです。大学が推奨するパソコンのスペックを参考にして購入しました。（N.N. さん／社会）

この授業がおもしろい！

私は必修のキリスト教学が好きです。もともと倫理が好きだったことや，高校でお世話になった日本の神話に詳しい先生の影響を受けたこともあり，とても興味深い授業です。現代にもつながるキリスト教思想を学べたり，映画のワンシーンに織り込まれたキリスト教思想を知ることができたりします。高校で学んだ日本の神話と照らし合わせることで，キリスト教と日本の神話との類似点を見つけることもできて，とてもおもしろいです。（N.N. さん／社会）

大学の学びで困ったこと＆対処法

大学のポータルサイトを使いこなせず，困りました。テストを受けたり，レジュメをパソコンにダウンロードしたりと使用頻度が高いのですが，どのリンクをクリックすればよいのかわからないなど，慣れるまで大変でした。（N.N. さん／社会）

大学で学ぶために最低限必要な教養に不足があることです。私が受験した入試の科目数は 3 つでした。しかし，大学での学びは，高校までの教養を土台にして，発展的に行われています。ここに，受験対象科目以外の知識も必要であることを痛感しています。対処法としては，勉強しかありません。しかし，目的意識が不明瞭な勉強ではなく，必要に迫られた実感の

ある勉強であるため，モチベーションは高いです。（A.N. さん／法）

部活・サークル活動

私はよさこいのサークルに入っています。授業がある期間は週 3 回 3 時間，夏季休暇中は大きな大会があったので，週 4 回 8 時間ほど練習していました。サークルにしては練習時間が多いかもしれませんが，それだけの熱を入れる価値はあると思っています。（N.N. さん／社会）

交友関係は？

おもに少人数授業やサークルで交友関係を築きました。私の所属する社会学部は人数が多いため先輩と関わりをもつのが難しかったのですが，サークルに入ってから他学部の先輩とも関われるようになりました。また，他のキャンパスの友人もできました。（N.N. さん／社会）

いま「これ」を頑張っています

今はよさこいに熱中しています。練習量も多く，大変なことも多いのですが，夏にある大きな大会のキラキラしたステージで踊れたり，他学部の先輩や他大学の人など多くの人と交流をもてたりします。何よりも同じ目標に向かって頑張れる仲間ができてやりがいを感じています。（N.N. さん／社会）

普段の生活で気をつけていることや心掛けていること

普段の生活で心掛けていることは，なるべくゆとりをもった予定を立てることです。自分の周りには時間にルーズな人が多いので，周りに流されず基本的なことだけはしっかりしようと心掛けています。（N.N. さん／社会）

おススメ・お気に入りスポット

西宮上ケ原キャンパス前にある大学生のためのカフェです。アプリをインストールして設定をすれば，1時間に1杯無料で飲み物を飲むことができ，無料 Wi-Fi やコンセントの使用も自由なので，空きコマを使って課題をやるには最適な場所です。オシャレで落ち着くので，よくお世話になっています。（N.N. さん／社会）

入学してよかった！

歩いているだけで色々なところから色々な言語が聞こえてくることです。文化も出身も違う人たちが日本語で話していたり，英語や中国語で話していたりしておもしろいです。私は外国から来た友達や先輩と，文化の違いについての話で盛り上がっています。そして何より勉強になります。（N.N. さん／社会）

高校生のときに「これ」をやっておけばよかった

英語の勉強をもっとしておくべきだったと思います。受験英語だけではなく，人とコミュニケーションを取るための英語を勉強すればよかったと後悔しています。先生や学生同士のコミュニケーションが全て英語で行われる授業を取っているのですが，すぐに単語が出てこなくて困っているので，会話にも力を入れておけばよかったです。（N.N. さん／社会）

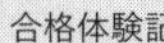

みごと合格を手にした先輩に，入試突破のためのカギを伺いました。
入試までの限られた時間を有効に活用するために，ぜひ役立ててください。

（注）ここでの内容は，先輩方が受験された当時のものです。2025 年度入試では当てはまらないこともありますのでご注意ください。

・アドバイスをお寄せいただいた先輩・

H.M. さん　文学部（文化歴史学科〈西洋史学専修〉）
全学部日程 2024 年度合格，愛媛県出身

「受験勉強は，過去問に始まり，過去問で終わる」というのは正しいと思います。そのため，合格のためには，過去問の復習・分析を怠らず，粘り強く取り組むことが大切です。模試の結果で一喜一憂せず，過去問の分析を徹底しましょう！

その他の合格大学　近畿大（文芸）

M.I. さん　法学部（法律学科）
全学部日程・学部個別日程・共通テスト併用日程 2024 年度合格，大阪府出身

関西学院大学は英語に力を入れているので，英語を頑張ったことです！　毎日，英語に触れることが大切だと思います。体調に気をつけて，最後まであきらめずに頑張ってください。

その他の合格大学　近畿大（法）

K.Y. さん　法学部（法律学科）
全学部日程・学部個別日程 2024 年度合格，大阪府出身

合格にとって最大のカギは，赤本の分析だと考えています。というのも，傾向をつかんで出題傾向を把握できると，勉強の道筋が開けてくるからです。たくさん勉学に励むのはもちろんのこと，効率を覚えることも大事です。これを踏まえて勉強すればきっと合格できます。頑張れ，未来の関学生！

その他の合格大学　近畿大（法）

N.N. さん　社会学部（社会学科）
全学部日程 2022 年度合格，愛知県出身

数多ある情報に惑わされないことです。情報が溢れている時代ですので，良いと思ったものを取捨選択して，自分に合っているかどうかを見極めることが大事だと思います。それがうまくできれば，志望校に合格できるはずです。

その他の合格大学　近畿大（総合社会〈推薦〉）

A.K. さん　商学部
学部個別日程 2022 年度合格，兵庫県出身

合格の最大のポイントは赤本をうまく活用することができたことでした。受験は最後までどうなるのかはわからないので，体調に気をつけて志望大学に向けて頑張ってください！！

その他の合格大学　関西学院大（経済）

K.W. さん　商学部
共通テスト併用／英数日程（共通テスト併用型・数学）2022 年度合格，沖縄県出身

少しでも可能性があるならばあきらめずに最後までやり抜くことです。やり始めはなかなか結果が出ず苦しいと思いますが，努力を積み重ねることで着実に力はついてきます。この大学に行きたいという気持ちを強くもち，あきらめずに最後までやり抜いてください！

その他の合格大学　甲南大（経営），武庫川女子大（経営），大阪経済法科大（経営）

入試なんでもQ&A

受験生のみなさんからよく寄せられる,
入試に関する疑問・質問に答えていただきました。

「赤本」の効果的な使い方を教えてください。

A 自分の受験する日程に合わせた対策を行うために購入しました。特に，英語と国語は日程によっては記述形式もあったので，学校や塾の先生に答案を添削してもらっていました。赤本を効果的に使うポイントは，問題を解いてみて思ったことや注意しておきたいことを，傾向と対策や解説のページにどんどん書き込んでいくことです。そうすると，自分のオリジナルの赤本ができて，試験当日の安心材料になると思います。

（M.I. さん／法）

A 赤本は，傾向を知ることに焦点を当てて使いました。というのも，傾向を知らずして学習をすると，必ず関学合格へは遠回りになるという確信があったからです。一番もったいないのが，実力はあるのに対策を怠り落ちてしまうパターンです。そうならないためにも，赤本は傾向を知る，すなわち自分の解き方を確立するために使いましょう。しっかり把握すると普段の勉強がやりやすくなります。（K.Y. さん／法）

1年間のスケジュールはどのようなものでしたか？

A 私の場合，真剣に受験勉強を始めたのは4月からでした。まず4月～8月中旬にかけて，『システム英単語』（駿台文庫）や600語ある古文単語帳を1周でもいいので，しっかりと頭に染みつくように覚えました。その他に，英文法は『スクランブル英文法・語法』（旺文社）などを活用して各単元ずつ勉強し直したり，古典文法も『ステップアップノート』（河合出版）を活用して一からやり直したりしました。また，世界史は教科書を徹底的に読み込みました。そうすることにより基礎が固まります。そして8月中旬～9月下旬にかけては，固まった基礎を基に基礎レベルの英語長文や現代文，古文の問題を解きました。同時に，この時期から世界史の一問一答をやるのがおすすめです。なぜかというと，教科書で押さえた流れに用語を乗せて覚えることができるからです。10月からは自分の受験する大学の過去問を解いて，傾向をつかみました。このようにして積み重ねができると，あとは本番で普段通りにしていれば受かると思います。頑張ってください。（K.Y. さん／法）

A　夏前までに単語と文法を固め，夏休みから共通テストの対策を始めました。共通テストやセンターの過去問を解いて苦手だと思った分野の問題集を解いて苦手を克服していました。10月頃からは受験する大学を明確に決め，過去問を解いていきました。できなかったところはできるまで繰り返しました。12～1月の直前期はできなかった問題を解き直したり，本番と同じ時間で過去問を解いて時間配分の感覚をつかんだりしていました。（K.W. さん／商）

どのように受験勉強を進めていましたか？

A　1日ごとに科目を変えて勉強しました。全体のページ数から1日あたりのページ数を決めて苦手な分野には時間をかけるようにしていました。1日あたりの目標ページ数を決めることで毎日コツコツ続けることができ，参考書を何周も繰り返し学ぶことができました。赤本は一度解き始めたら中断したり解答を見ないようにして緊張感を出して解くようにしました。計画の立て方は人それぞれなので自分に合ったやり方を早く探すことをおすすめします。（A.K. さん／商）

時間をうまく使うためにしていた工夫を教えてください。

A 私は朝に早起きすることが得意だったので，冬休みに入ってからは3時半に起床して勉強を始めていました。朝早くに起きると周りも静かで勉強するのにとてもいい環境が整っていますし，ご飯を食べる時間などを除いても昼までには8時間以上勉強していることになるので，少し優越感もあり，勉強のモチベーションを保つのも容易でした。何より生活習慣が整うので，体調を崩すこともなく健康に試験当日を迎えることができました。 （N.N. さん／社会）

関西学院大学を攻略するうえで特に重要な科目は何ですか？

A 英語だと思います。時間が限られているなかで，問題量の多い長文をたくさん読んでいかなければいけません。単語や構文の復習と文法事項の再確認など，毎日英語の対策は欠かさないようにしていました。過去問を解いた後，いつも使っている単語帳や文法書に戻って復習をするというサイクルも大切にしていました。また復習の一環として，速読力をつけるために，解いた後の長文を音読しました。 （M.I. さん／法）

A 私の場合は世界史でした。というのも，関学の世界史は少しクセがあり，細かい流れを問われることが多かったからです。その分，流れをしっかりつかめると，他の人と差をつけやすい科目であると思います。その意味で，私にとって世界史はとても重要な科目でした。受験の社会科目は教科書準拠で作られている性質上，一番の参考書は教科書そのものであると考えています。私が使っていたのは山川出版社のもので，これを使うことで流れをつかむことができました。しかし，中国の次はヨーロッパで，また中国に戻るといったように，縦の流れで覚えづらいものもありました。その場合は書き出して覚えるなどの工夫が大切だと思いました。 （K.Y. さん／法）

Q 苦手な科目はどのように克服しましたか？

A　苦手な科目は国語でした。特に，古文が苦手でしたが過去問を解くうちに大学の出題傾向などを無意識に分析し始め，得点が上昇しました。志望校の過去問を解いて傾向に慣れることが，苦手科目克服にもつながりました。また，古文の単語帳を20周近く周回したりして，基本的な古文単語や文法の知識を身につけたうえで，状況・背景をイメージしながら古文の文章を読むようにしました。古文は多く読んだほうがいいです。僕は共通テストの古文なども解いて，多くの古典常識を吸収していました。（H.M. さん／文）

Q スランプに陥ったとき，どのように抜け出しましたか？

A　スランプのときはポジティブな音楽を聴きながら単語帳や日本史の教科書を読んでいました。特に有効なのは，学校に行って友達と話すことだと思います。友達の勉強状況などを聞くと自分も刺激されて頑張ろうという気になれました。体を動かしたり，自分の趣味に没頭することもスランプの時にはとても有効です。また僕は受験期には自分が満足するまで寝るようにしていました。そうすることで心のモヤモヤや不満が軽減した状態で勉強に取り組むことができました。（A.K. さん／商）

Q 模試の上手な活用法を教えてください。

A　自分の受験科目は特に集中して受けましょう。そして，模試終了後の復習は欠かせません。英語・国語ではなぜこのような答えになるのかと解答根拠を明確にしておくことが大切です。また，社会科目では，用語を間違った意味で覚えていないか，そもそもその用語を知らない知識抜けであったのかという分析も大切です。そういった復習が次の模試に良い影響を及ぼします。しかし，模試の復習に時間を取られすぎないようにすることも大切です。また，これは過去問を解いた後もそうでしたが，英語の場合，知らない単語は単語カードに単語と意味を書いたり，持っている単語帳の空欄に書き込んだりして，オリジナルの単語帳を作るようにしていました。いずれも反復して常々確認しておくことが大切だと思います。

（H.M. さん／文）

Q 併願をする大学を決めるうえで重視したことは何ですか？また，注意すべき点があれば教えてください。

A 私が重視したことは，２つあります。１つ目は配点です。英語が重視されるもの，高得点の教科が重視されるものなど，たくさんの配点方式があります。自分が得意な教科が有利にはたらく配点の方式を見つけることが大切だと思いました。２つ目は日程です。あまり詰め込みすぎた受験スケジュールだと，自分の実力を出し切れなかったり，対策できなかったりするかもしれません。受験は思っているよりも疲れてしまうものなので，できるだけ連続した日程を避けて，余裕をもった受験スケジュールを立てることに気をつけていました。

（M.I. さん／法）

A 第１志望校より前の日程で，安全校など確実に合格できる大学を１つ以上受けておくのがいいと思います。試験の雰囲気に慣れておくことで第１志望校に落ち着いて臨むことができます。また，第１志望校の１つ下のレベルが安全校とは限りません。必ず過去問を解いて，確実に合格できる大学を受けることが重要です。似たような出題傾向の大学だとより対策がしやすいです。私は１つ下のレベルだからと選んだ大学に英作文があり，対策に時間がかかったうえ，本番も手応えを感じられずにとても不安でした。

（K.W. さん／商）

普段の生活の中で気をつけていたことを教えてください。

A 眠い中やっていても身につかないので，1日のタスクが終わっていなくても，夜中の12時半を超えて勉強はしないようにしていました。また，特に夏は朝日が昇るのと同時に起きることで，涼しいうちに勉強を進めることができ，暑さでやる気が削がれることが少なかったです。早起きをできるようにしておくことで，受験の日も寝坊を心配せずに済みました。集中力が切れたらブドウ糖配合のラムネやタブレットを食べていました。甘いものを食べることでリフレッシュになりました。

（K.W. さん／商）

科目別攻略アドバイス

みごと入試を突破された先輩に，独自の攻略法や
おすすめの参考書・問題集を，科目ごとに紹介していただきました。

英語

試験時間がタイトなので，文法・並べ替え問題を先に解き，長文問題を後に解くという順番がベストです。　（H.M. さん／文）

おすすめ参考書　『関西学院大学（大学赤本シリーズ）』（教学社）
『やっておきたい英語長文 500』（河合出版）
『THE GUIDE 関関同立の英語』（文英堂）

関西学院大学の英語の問題は限られた時間のなかで，多くの長文を読まなければなりません。単語や文法を復習するなど，毎日英語に触れることが攻略ポイントだと思います。過去問を解いた後に，使い慣れている参考書に戻って勉強しなおすことを大切にしていました。　（M.I. さん／法）

おすすめ参考書　『イチから鍛える英語長文 500』（Gakken）
『英語の構文 150』（美誠社）
『システム英単語』（駿台文庫）
『Bright Stage 英文法・語法問題』（桐原書店）

世界史

正誤問題が多いので，文章中の間違いを発見し，正確な内容に訂正できることが大切です。（H.M. さん／文）

おすすめ参考書　『関西学院大学（大学赤本シリーズ）』（教学社）
『関関同立大世界史』（河合出版）
『共通テスト過去問レビュー世界史B』（河合塾）

関学の世界史は，特に流れをつかむことに焦点を当てるべきだと思いますが，同時にそれを理解するための専門用語の知識も必要です。ですので教科書をメインで使い，一問一答もやり込むことでたいていの問題に対応できる力はつくと思います。（K.Y. さん／法）

おすすめ参考書　『世界史B一問一答』（ナガセ）
『タテから見る世界史』（Gakken）

数　学

まずは基本的な典型問題を繰り返し解いて慣れることです。何度も解くことで解くスピードはだんだん上がっていきます。二次関数や確率，微分積分はよく出題されるので，得点できるように演習を重ねるべきです。また，記述問題は私の字が大きすぎたのか，解答用紙が足りなくなりそうでした。字の大きさとバランスを考えて解答を書けるように練習しておくといいと思います。（K.W. さん／商）

おすすめ参考書　『基礎問題精講』シリーズ（旺文社）

国　語

文学史が出題されることがあります。対策を忘れがちなので，少しだけでも教科書や参考書で確認しておいたほうがよいと思います。また，古文単語や現代文単語など基本的な知識をしっかりと押さえることも大切です。

（M.I. さん／法）

おすすめ参考書　『日々古文単語帳 365』（駿台文庫）
『読解を深める　現代文単語　評論・小説』（桐原書店）
『大学入試　頻出漢字 2500』（文英堂）

現代文は，学校の定期テストや模試などのレベルで十分に足りると思いますが，古文は単語帳や文法をしっかりやり込まないと，関学においては点数が稼ぎにくいです。基礎も怠らず固めましょう。　（K.Y. さん／法）

おすすめ参考書　『GROUP30 で覚える古文単語 600』（語学春秋社）
『岡本梨奈の古文ポラリス［3 発展レベル］』（KADOKAWA）

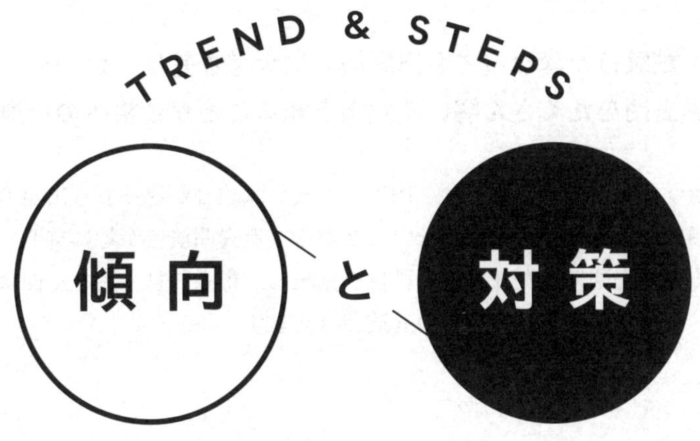

科目ごとに問題の「傾向」を分析し，具体的にどのような「対策」をすればよいか紹介しています。まずは出題内容をまとめた分析表を見て，試験の概要を把握しましょう。

注　意

「傾向と対策」で示している，出題科目・出題範囲・試験時間等については，2024年度までに実施された入試の内容に基づいています。2025年度入試の選抜方法については，各大学が発表する学生募集要項を必ずご確認ください。

掲載日程・方式・学部

〔2024年度〕 2月3日実施分：文・法・商・総合政策学部（傾斜配点型），人間福祉学部（英語・国語型）

〔2022・2023年度〕 2月3日実施分：文・法学部

来年度の変更点

2025年度入試では，以下の変更が予定されている（本書編集時点）。

- 人間福祉学部で「英語・国語型」を廃止し，「傾斜配点型」が新設される。

試験日が異なっても出題傾向に大きな差はないから 過去問をたくさん解いて傾向を知ることが合格への近道

関西学院大学の一般選抜は，例年，方式・試験日が違っても出題形式・問題傾向に大きな差はみられないことから，過去問演習が特に重要です。

多くの過去問にあたり，苦手科目を克服し，得意科目を大きく伸ばすことが，関西学院大学の合格への近道と言えます。

関西学院大学の赤本ラインナップ

総合版　まずはこれで全体を把握！

- ✓『**関西学院大学**（文・法・商・人間福祉・総合政策学部－学部個別日程）』
- ✓『**関西学院大学**（神・社会・経済・国際・教育学部－学部個別日程）』
- ✓『**関西学院大学**（全学部日程〈文系型〉）』
- ✓『**関西学院大学**（全学部日程〈理系型〉）』
- ✓『**関西学院大学**（共通テスト併用日程〈数学〉・英数日程）』

科目別版　苦手科目を集中的に対策！（本書との重複なし）

- ✓『**関西学院大学**（英語〈3日程×3カ年〉）』
- ✓『**関西学院大学**（国語〈3日程×3カ年〉）』
- ✓『**関西学院大学**（日本史・世界史・文系数学〈3日程×3カ年〉）』

難関校過去問シリーズ

最重要科目「英語」を出題形式別にとことん対策！

- ✓『**関西学院大の英語**［第10版］』

英　語

『No. 496 関西学院大学（英語〈3日程×3カ年〉）』に，本書に掲載していない日程の英語の問題・解答を3日程分掲載しています。関西学院大学の入試問題研究にあわせてご活用ください。

年度	番号	項　目	内　容
2024 ◑	〔1〕	読　　解	選択：空所補充，同意表現，内容説明，内容真偽 記述：英文和訳
	〔2〕	読　　解	選択：同意表現，内容真偽 記述：英文和訳
	〔3〕	読　　解	選択：空所補充，書き換え，内容真偽
	〔4〕	文法・語彙	選択：空所補充
	〔5〕	文法・語彙 英　作　文	選択：語句整序 記述：和文英訳
	〔6〕	会　話　文	選択：空所補充
2023 ◑	〔1〕	読　　解	選択：同意表現，空所補充，内容真偽
	〔2〕	読　　解	記述：英文和訳 選択：空所補充，同意表現，内容真偽
	〔3〕	読　　解	記述：英文和訳 選択：空所補充，内容真偽
	〔4〕	文法・語彙	選択：空所補充
	〔5〕	文法・語彙 英　作　文	選択：語句整序 記述：和文英訳
	〔6〕	会　話　文	選択：空所補充
2022 ◑	〔1〕	読　　解	選択：同意表現，内容説明，内容真偽
	〔2〕	読　　解	記述：内容説明 選択：空所補充，同意表現，内容真偽
	〔3〕	読　　解	記述：英文和訳 選択：空所補充，同意表現
	〔4〕	文法・語彙	選択：空所補充
	〔5〕	文法・語彙 英　作　文	選択：語句整序 記述：和文英訳
	〔6〕	会　話　文	選択：空所補充

（注）●印は全問，◑印は一部マークセンス方式採用であることを表す。

読解英文の主題

年度	番号	主　題
2024	〔1〕	犯罪予測システムの現状
	〔2〕	情熱がパフォーマンスに与える影響
	〔3〕	価値工学の手法
2023	〔1〕	大恐慌後のアメリカの社会情勢
	〔2〕	タイタニック号沈没事故と国際遭難信号
	〔3〕	北米人の時間のとらえ方
2022	〔1〕	南北アメリカ大陸の歴史
	〔2〕	理想的な運動量と現実とのギャップ
	〔3〕	人間の幼児の発達過程

傾向　読解力重視のオールラウンドな出題

01　出題形式は？

大問６題の出題で，読解問題３題，文法・語彙問題１題，文法・語彙問題と英作文を組み合わせた問題１題，会話文問題１題という構成になっている。試験時間は 90 分。

解答形式は，マークセンス方式による選択式が主体だが，記述式も英文和訳や内容説明などの和文での記述２問と英作文１問が例年出題されている。

02　出題内容はどうか？

読解問題の比重が大きいものの，文法・語彙問題や会話文問題，英作文など，オールラウンドな力を試す出題となっている。

長文読解問題は例年３題出題されており，３題あわせると読解量はかなり多い。英文のトピックは幅広い分野に及んでおり，時事的な話題や理系的なテーマが取り上げられることもあるが，歴史や言語，コミュニケーション，情報社会に関するものがよく出題されている。設問は，同意表現，空所補充，内容説明，内容真偽，英文和訳など。内容真偽では選択肢が英文になっており，慎重な読解が求められる問題も多い。記述式の問題は，例年2問出題されている。例年は2問とも英文和訳であったが，2022年度は1問が内容の説明を求めるものであった。英文和訳は直訳では内容が伝わりにくい箇所が含まれている場合があるので，十分注意する必要がある。

文法・語彙問題は，空所補充と語句整序の出題が続いている。熟語に関する問題が必ず出題されているが，文法，特に動詞の語法や，語彙力を問う設問が多い。

英作文は，記述式1問で，与えられた和文に対応する英文の空所を埋めるものが出題され，ごく基本的な構文や文法，熟語・慣用句の知識を問うものが多い。ただ，そのままではやや訳しづらい表現もみられたり，特殊な言い回しに慣れていないと表現しにくい部分があるなど，注意も必要である。

会話文問題は，長めの会話文の空所補充で，設問数は10問である。状況を丁寧に追っていく必要はあるが，比較的平易な問題が多い。

03 難易度は？

英文の読解に必要な語彙・熟語レベルは高いが，設問自体は無理のないものがほとんどなので，全体としては標準レベルといえるだろう。ただし，例年英文量が多く，記述式の設問もあることから，試験時間に余裕はない。各問題を迅速に処理していくためには，読解，文法・語彙，英作文，会話文のすべてにわたって着実な力をつけておく必要がある。

対策

01 読解問題対策

例年，長文読解問題の比重が大きいので，読解力の養成に力を注ぐ必要がある。語彙レベルがかなり高い英文を読みこなすには，たとえ未知の語句に出くわしても，文脈をしっかりたどり，大まかに内容をとらえる練習が大切である。『大学入試ぐんぐん読める英語長文〔STANDARD〕』（教学社）など読解用の問題集を用いて500～700語程度の英文を，パラグラフごとにその内容を要約しながら読み進む練習が有効であろう。また，長文のテーマとして頻出の，文化・言語・歴史・経済・コミュニケーション・科学といったテーマについて，日頃から英文・和文を問わず幅広い読書に努め，一般教養を高めておくことが望ましい。

02 文法・語彙問題対策

長文読解問題の設問の一部が同意表現の選択問題であり，多角的な語彙力の強化が必要である。単語・熟語集としては『システム英単語』（駿台文庫），『英熟語ターゲット1000』（旺文社）などで，英文中での使い方を含めて暗記すること。文法力については，英文解釈や英作文にも必要な基本的な文法知識を，参考書を利用して習得しよう。さらに『Next Stage英文法・語法問題』（桐原書店）などで実戦的な力を養うとよい。

03 英作文対策

与えられた英文中の空所部分を作文する形式となっていることが多いので，使える語句・構文に制約がある。まず基本構文を身につけ，単語・熟語力を生かして，正確な英文を書くよう心がけたい。

04 会話文問題対策

会話文は毎年出題されている。設問は空所補充形式のみで，空所の前後をしっかり読むことで正解が得られるものが多く，その意味では内容把握問題ともいえる問題である。ただし，会話における特殊な表現に関する知識もある程度必要なので，『英会話問題のトレーニング』（Z会）のような問題集をこなしておくことをすすめる。

05 過去問対策

例年，出題傾向の似た問題が多いので，本シリーズや難関校過去問シリーズ『関西学院大の英語』（教学社）を活用して，他学部の問題も含め多くの過去問に当たっておきたい。その際，90 分という試験時間を意識して，時間配分を心がけた練習を重ねておくこと。

関西学院大「英語」におすすめの参考書

- ✓『大学入試 ぐんぐん読める英語長文〔STANDARD〕』（教学社）
- ✓『システム英単語』（駿台文庫）
- ✓『英熟語ターゲット 1000』（旺文社）
- ✓『Next Stage 英文法・語法問題』（桐原書店）
- ✓『英会話問題のトレーニング』（Z 会）
- ✓『関西学院大の英語』（教学社）

日本史

『No. 498 関西学院大学（日本史・世界史・文系数学〈3日程×3カ年〉）』に，本書に掲載していない日程の日本史の問題・解答を3日程分掲載しています。関西学院大学の入試問題研究にあわせてご活用ください。

年度	番号	内容	形式
2024 ●	〔1〕	原始～現代の小問集合	正誤
	〔2〕	古代～現代の学問	選択・配列
	〔3〕	「応仁記」「原敬日記」「加藤高明首相の普選法提案理由」－中世・近代の政治 ⊘史料	選択
	〔4〕	近代・現代の政治	選択・正誤
2023 ●	〔1〕	原始～近代の小問集合	正誤
	〔2〕	古代～現代の政治・社会	正誤・選択
	〔3〕	「続日本紀」「徳川実紀」－古代・近世の政治 ⊘史料	正誤・選択
	〔4〕	近代～現代の政治・経済	選択・正誤
2022 ●	〔1〕	原始～近代の小問集合	正誤
	〔2〕	古代～近世・近代の政治・経済・文化	選択･配列･正誤
	〔3〕	「日本霊異記」「太平記」「ペルリ提督日本遠征記」－古代・中世・幕末の政治・外交 ⊘史料	選択
	〔4〕	近代～現代の政治・外交	正誤・選択

（注）●印は全問，◑印は一部マークセンス方式採用であることを表す。

2文の正誤判定問題や文章選択問題に注意
史料に対する読解力をしっかり養おう

01　出題形式は？

全問マークセンス方式による出題。大問は4題，小問数は40問である。試験時間は60分。

例年，〔1〕は2文の正誤判定問題となっている。各文の正誤を正確に判定できなければ正解とはならないので注意が必要。全体としては，単純な語句選択問題に加えて文章選択問題も多く，また3文程度の選択肢文について，そのすべてが正または誤であるケースを判定する形式もある。さらに年度によっては，事項や説明文を年代順に並べる配列問題も出題されている。加えて，例年1題は史料問題が出題されている。過去には視覚資料を使った問題やグラフを使った問題が出題されたこともある。

なお，2025年度は出題科目が「日本史探究」となる予定である（本書編集時点）。

02 出題内容はどうか？

時代別では，原始・古代から現代までの広い範囲から出題されている。原始についても，大問での出題のほか，〔1〕の正誤判定問題でも1，2問程度取り上げられることがあり，正確な知識を身につけておく必要がある。全体としては，近世・近代の比重がやや大きく，古代・中世もかなりの割合を占めている。第二次世界大戦後の現代史の出題は比較的少なかったが，2022年度〔4〕，2023年度〔4〕，2024年度〔4〕では，まとまって出題されており，知識を整理しておく必要がある。正誤判定問題が多いこともあり，すべての時代にわたって正確な知識が要求されるので，弱点をなくすようにしておきたい。

分野別では，政治史の比重がやや大きく，外交史，文化史，社会経済史なども年度により偏りはあるが広く出題されている。文化史は，2022～2024年度は出題が非常に少なかったが，過去には古代から近現代まで，内容も宗教や学問から美術作品まで，幅広く問われている。文化史を苦手とする受験生は多いと思われるが，資料集，例えば『新詳日本史』（浜島書店）などの図版も利用して，作品の特色を視覚的にもとらえ，ぜひ十分に学習しておきたい。社会経済史は大問で取り上げられることも多い。過去には災害史，女性史，建築史などテーマ史の出題もみられた。

史料問題は，毎年1題は必ず出題されている。教科書に載っているような基本史料が取り上げられることもあるが，受験生にとって初見と思われる史料からの出題も多く，史料の脚注も比較的少ないので，史料中の語句から時代や背景を読み取らなければならない。史料がかなり長文の場合もあり，また史料の内容を読解させる正誤・選択問題が出題されており，史料がきちんと読み取れないと難問になる場合がある。そのため史料に慣れ，読解力をつけておく必要がある。

03 難易度は？

多くの設問は教科書の本文を参考に出題していると考えられ，基本的な知識で解答できる問題といえる。ただし，細かい知識は要求されていなくても，２文の正誤判定問題や文章選択問題，史料問題と，問題形式により，難問になっている場合もある。設問数は試験時間に対して適切な量といえるが，やはり正誤判定問題や史料の読解など迷う出題も多く，時間配分や解答順などにも留意して迅速かつ的確に処理していくことが求められる。教科書を学習の中心に据え，資料集の年表や図表なども利用して幅広い時代・分野にわたって十分整理された正確な知識を身につけておく必要があるだろう。

対策

01 正誤判定問題の攻略が重要

文章の正誤を判断させる問題（以下，正誤問題とする）の攻略なくして高得点は望めない。正誤問題の基本は，「誤文」の判断ができることである。「正文」の判断は難しいので，攻略法としては，「誤文」の判断から解答を導き出していく方法をとるとよい。まず，その前提として，「正しい知識」が必要である。用語について「正しい知識」を身につけるためには，疑問点があればすぐに確認する作業がぜひ必要である。そのためには，『日本史用語集』（山川出版社）が索引も充実しており，時代がわからない語句でも調べやすく便利である。また，マークセンス方式とはいえ，用語を正確に覚えるためには手を動かして書く必要がある。そのうえで，正誤問題の数をこなしていこう。問題を解いた後には，「正文よりも誤文」の確認をしっかりすること。「誤文のパターン」をつかむことが，正誤問題攻略の近道である。それにより，正文の判断の仕方も身についてくるだろう。

02 史料の確認は丁寧に

史料問題については，とにかく正しい知識と慣れが必要である。まず，正しい知識がなければ史料は理解できない。次に，実際の史料にふれて慣れる必要がある。そのため，教科書や史料集に掲載されている史料にはきちんと目を通すことを心がけたい。『詳説日本史史料集』（山川出版社）は教科書レベル以上の史料が豊富に記載されている。また，史料のあとの「解説」にその時代背景がまとめられており，さらに少しふみこんだ考察も述べられているので，理解の助けになるだろう。初見史料であっても，基礎史料の学習を通じて史料の読み取りに慣れておけば，焦らず対処できるようになる。その際，史料中の年号や人名・歴史用語などからキーワードを見つけ，何について書かれているのかを判断することが非常に大事である。設問の選択肢の語句がヒントになることも多く，史料本文の内容の読み取りができなくても，解答できる設問もある。時間的制約もあるので要領のよい内容把握が望まれるが，そのためには，問題の数をこなすことが大切である。

03 最後の仕上げとして過去問中心の対策を

最後の仕上げとして過去問に取り組んでおきたい。関西学院大学の問題は，学部や日程による形式や内容の違いがあまりなく，同テーマの出題もしばしばみられるので，全学部全日程の問題を過去数年分は演習しておきたい。その際に，以下の３つを心がけてほしい。

①正誤問題や史料問題に慣れる

②間違えた問題をチェックして足りない知識を補充する

③テーマ史の確認

世界史

『No. 498 関西学院大学（日本史・世界史・文系数学〈3日程×3カ年〉）』に，本書に掲載していない日程の世界史の問題・解答を3日程分掲載しています。関西学院大学の入試問題研究にあわせてご活用ください。

年度	番号	内　容	形　式
2024 ●	〔1〕	ブレーメンをめぐる神聖ローマ帝国史	選　択
	〔2〕	近代イギリスの自由主義的諸改革	選　択
	〔3〕	大モンゴル国の成立と拡大	選　択
	〔4〕	青銅器と古代中国史	選　択
	〔5〕	朝鮮王朝の歴史	選　択
2023 ●	〔1〕	古代オリエント世界	選　択
	〔2〕	宗教改革と宗教戦争	選　択
	〔3〕	ウクライナをめぐるロシア・東欧関連史	選　択
	〔4〕	古代～近代における朝鮮半島の歴史	選　択
	〔5〕	イスラーム世界の拡大	選　択
2022 ●	〔1〕	古代キリスト教史	選　択
	〔2〕	15～19世紀のイギリス王朝	選　択
	〔3〕	19～20世紀の東ヨーロッパ諸民族	選　択
	〔4〕	イスラームの拡大	選　択
	〔5〕	宋・元・明の文化と社会	選　択

（注）●印は全問，◐印は一部マークセンス方式採用であることを表す。

誤文選択問題攻略がポイント

01 出題形式は？

大問5題，すべてマークセンス方式の選択問題である。小問数は40問。試験時間は60分。

設問は空所補充と下線部に対する問いで構成されており，下線部に対する問いは，ほとんどが誤文選択問題である。

なお，2025年度は出題科目が「世界史探究」となる予定である（本書編集時点）。

02 出題内容はどうか？

地域別では，欧米地域・アジア地域・多地域混合問題が，年度によって変化しながら出題されている。2024年度も2023年度に続き5題中3題がアジア地域だった。

欧米地域は，2024年度は西ヨーロッパ中心だったが，年度によっては東欧・中欧・北欧などが取り上げられることもある。アメリカ史は，合衆国を中心に出題されることが多いが，直近3年間では出題されていない。

アジア地域は，中国史が1題，それ以外の地域から1，2題となることが多いが，中国史の大問が出題されない場合もある。中国以外のアジア地域では，2023年度に続き2024年度も朝鮮半島から出題されている。西アジア史も2022・2023年度に「イスラーム世界の拡大」が出題されているが，2024年度も大モンゴル国と関連したイスラーム史が出題されている。学習がなかなか及ばない地域からの出題もあり，特に誤文選択問題では難度が高くなりやすいので，十分に気を配る必要があるだろう。

時代別では，年度によってはやや時代が偏ることもあるが，古代から現代まで満遍なく出題されることが多いので，気を抜くことなく学習する姿勢が望まれる。

分野別では，政治史や社会史が出題の中心であるが，経済に関する出題もされている。文化史は，大問で出題されることもあり，またその他の年度でも小問で出題されているので，しっかり学習しておく必要がある。

03 難易度は？

全般的に教科書に準拠した標準レベルの出題になっている。しかし，一部に細かい知識が要求される問題や選択肢があり，マークセンス方式とはいえ，全体としての難度は高めである。特に，難度の高い誤文選択問題は，単に教科書の歴史用語を暗記するだけでは対処できない場合も多く，正確で幅広い，そして細部にまで目を配った世界史知識の習得が望まれる。

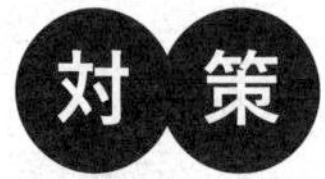

01 教科書学習におけるポイント

出題される問題のほとんどが教科書のレベルで対応できるものなので，まずは教科書を精読することから始めること。その際，歴史の流れをしっかりととらえること。年代を直接問うものや，年代がわかると容易に解ける問題もあるので，それぞれの事項が何世紀のいつ頃のことか（初め・前半・中頃・後半・末）を押さえるとともに，重要事項の年代はできる限り暗記しておくとよい。

また，誤文選択問題が多いことを考慮して，重要語句な用語の意味だけでなく，その前後の文章とのつながり，特にひとつの事件・事象の原因と結果に注目しながら読む習慣をつけるようにしたい。原因や結果が多岐にわたる場合，例えば多国間の戦争などは，自分で図表や地図を作成してその因果関係を整理するとよい。その際には，手持ちの資料集を参考にするとよいだろう。わかりやすく図や表にまとめてあるものが多いので活用したい。そのような分野に特化した参考書を利用するのもよいだろう。

なお，細かい知識が要求されることもあるので，教科書の本文のみならず，脚注や本文周辺の図表・地図・写真の解説なども精読しておきたい。

02 用語集の利用

出題の傾向から考えると，基本事項に付随した細かい知識まで身につけた者が有利となる。教科書学習をある程度終えたら，用語集などを用いて重要事項に付随する内容を確認していくようにしよう。『世界史用語集』（山川出版社）の説明文に依拠した問題文も目立つため，必ず利用したい。

03 文化史にも注意

単純な暗記作業になりかねない文化史の学習を苦手とする受験生は，文化史専門の参考書を利用して，効果的で系統だった学習を目指すとよい。文化史はとにかく覚えなければ得点源とならないが，系統を理解しながら学習すれば，意外なほど点を取りやすい分野であることがわかるだろう。文化史を効率よく覚えるためには，系統整理と一覧表の作成が重要であるが，教養として楽しむこともポイントであろう。

04 現代史，特に第二次世界大戦後の学習

多くの高校では，第二次世界大戦後の世界を詳細に学ぶための授業時間をあまり確保できないのが実情であり，このため戦後史を苦手とする受験生は多い。しかし現実問題として，戦後史は入試において重要度を増しているので，自己学習が必要になってくる。教科書と用語集を駆使して学習するのでも十分だが，利用をすすめたいのが講義本と呼ばれるものである。代表的なものに『青木裕司 世界史Ｂ 講義の実況中継』（語学春秋社）と『新版 これならわかる！ ナビゲーター世界史Ｂ』（山川出版社）がある。どちらも４巻目で戦後史を扱っているので，手にとってみるとよいだろう。その他，資料集などを利用して「核の歴史」や「東西冷戦」，あるいは「中東問題」といったテーマ学習をすることも大切である。

05 問題集の活用法

現在の知識を確認し，定着させるために問題集を利用することは受験勉強において必須である。問題集を選ぶ際に注意することは，自分のレベルにあったものを選ぶこと，解説が詳しいものを選ぶことの２点である。たとえば『体系世界史』（教学社），『実力をつける世界史 100 題』（Ｚ会），『世界史標準問題精講』（旺文社）など，網羅的に取り組むことのできるものが望ましい。また，ある程度実力がついた後は，いくつもの問題集に手を出すよりは，ひとつの問題集を最初から最後まで通して３回くらい繰り返す方が効果的である。

06 過去問の研究を

出題形式はもちろんのこと，出題内容にも必ず傾向がある。同じ地域に関する問題が，切り口を変えて繰り返し出題されることはよくある。また，すべての文系学部において同様の形式で出題されているため，他学部の過去問も参照しておくとよいだろう。同様の形式の問題を数多く解くことで，その形式に慣れることができる。

地　理

年度	番号	内　容	形　式
2024 ●	〔1〕	ラテンアメリカの地誌　⊘地図・グラフ・統計表	選　択
	〔2〕	西アジアの地誌　⊘地図・統計表	選　択
	〔3〕	世界と日本の農林水産業　⊘統計地図・統計表	選　択
	〔4〕	村落と都市　⊘統計表・グラフ	選　択
	〔5〕	世界の環境保護への取り組み　⊘統計表	選　択
2023 ●	〔1〕	ヨーロッパの地誌　⊘地図・視覚資料・統計表	選　択
	〔2〕	南アメリカの地誌　⊘地図・統計表	選　択
	〔3〕	地形図読図・地図の利用　⊘地形図・視覚資料・統計地図	選択・計算
	〔4〕	世界と日本の農林水産業　⊘統計表	選　択
	〔5〕	世界の産業　⊘統計表・グラフ	選　択
2022 ●	〔1〕	ヨーロッパの地誌　⊘地図・統計表	選　択
	〔2〕	アフリカの地誌　⊘地図	選択・配列
	〔3〕	世界の環境問題と地域問題	正　誤
	〔4〕	世界の島国	選　択
	〔5〕	地形図読図　⊘地形図・視覚資料	選　択

（注）●印は全問，◑印は一部マークセンス方式採用であることを表す。

地誌と産業分野が頻出
統計表・地図を利用した学習の徹底を

01 出題形式は？

例年，大問５題の構成で，全問マークセンス方式，小問数は40問である。試験時間は60分。

出題形式は，該当する語句・地名・地図上の位置などを選択するものと，文の正誤を判断して，誤文（正文）を選択する問題が中心である。誤文（正文）選択形式は，関西学院大学で特に目立つ出題形式であり，近年は設問の半数近くを占める。解答に際しては，選択肢の内容を一つ一つ丁寧に検討する必要がある。また，統計表・地図・グラフなどの資料が多用されているのも特色である。2022・2023年度は地形図や空中写真などの視覚資料を用いた出題が見られた。

なお，2025年度は出題科目が「地理総合，地理探究」となる予定である（本書編集時点）。

02 出題内容はどうか？

系統分野と地誌分野では，系統分野が2，3題，地誌分野が2，3題で，構成は年度によって異なる。

系統分野では，農牧業・工業・貿易など産業分野の出題が多く，自然や都市・人口なども出題頻度が高い。とはいえ，数年単位でみると，交通・通信，人種・民族，環境問題など，他の分野からも出題されている。

地誌分野では，ヨーロッパ，西アジア，南アメリカ，アフリカなどの地域単位で出題され，そのなかの国・地域を比較しながら問われることが多い。設問には，自然，産業，社会のほか，緯度（緯線），経度（経線）に関連したものも含まれる。

03 難易度は？

標準的である。基本事項を多角的に問う構成で，高校地理の範囲を大きく逸脱するものは見当たらないが，誤文（正文）選択問題では，どこが誤りなのかわかりにくい選択肢が含まれる場合があるので，正確な知識が必要である。また，統計判定問題には，かなり高度な判断力を求めるものも含まれる。しかし，詳細な知識を要するものや判断に迷う難問は一部なので，多数を占める基本的な問題で取りこぼしをしないことが何よりも大切である。

対策

01 教科書の内容をきちんと理解し，過去問演習を

誤文（正文）選択問題では，紛らわしい選択肢の正誤を見極めなければならない場合が多い。したがって，教科書に書かれている基本事項は正確に頭に入れておく必要がある。特に重要な用語は『地理用語集 地理総合・地理探究共用』（山川出版社）などを利用して，その定義をきちんと確認しておくこと。また，単に用語や地名を暗記するだけではなく，「なぜこの地域でこのような産業がみられるのか」というように，地理的事象の背後にある原因と結果の関係をみつけ，地理的にものをみたり，考えたりする能力を高めるよう努力したい。学習では，教科書のほか，副教材として使用する資料集にも丁寧に目を通して，理解を深めよう。また，図表の読み取りや誤文（正文）選択など関西学院大学で頻出の形式に対しては，過去問を解いて問題に慣れておこう。

02 地図帳の活用を

地理的事象の地図上での理解を問う出題が多いので，学習の際には常に地図帳を参照し，地名とその位置を確認するとともに，都市の場合はその立地（河口にあるのか，山麓にあるのかなど）を読み取るという具合に，地図上の事象と事象との関連にも注意を払いたい。国や主要都市の経緯度，離れた国どうしの位置や形状の比較なども大切である。地誌学習では，白地図を利用して自分で経緯線，河川，山脈，都市など必要な事象を書き入れると，知識が定着する。

03 統計学習もしっかりと

統計を利用した問題が例年出題されるので，各国の面積・人口などの国勢，１人あたり国民総所得，農畜産物や工業品の生産上位国，各国の貿易品目などを中心に念入りに学習しよう。統計学習に際しては，国の順位を

単純に覚えるだけではなく，統計から地理的特色を読み取ることが大切である。地域性や地理的特色を読み取る練習を重ねた分だけ，確実に実力は向上する。特定の分野に偏らず，どの分野も丁寧に学習しておこう。市販の統計集では，『データブック オブ・ザ・ワールド』（二宮書店）が「世界各国要覧」もついているので，地誌学習にも使えて便利である。

04 地誌は全世界を網羅しよう

系統地理で学習した知識に基づいて，世界の各地域や主要な国について地誌的な整理を行おう。その際，①自然環境，産業と都市，民族（言語・宗教），貿易など項目ごとに分けて，特色を理解，整理する。②アジアやヨーロッパなど情報量の多い地域ほど深く細かい事項にも注意する。③一方，どの地域も一通り学習して全世界に対する目配りを忘れない。以上の３つが大切である。教科書でまとめづらい場合，地誌中心の参考書（なるべく薄いものがよい）を併用すればよい。また，白地図の利用は必須である。地域や国の略史，時事的な動向についても知っておくと役に立つ。新聞やテレビのニュースなどでさまざまな情報を得るように心がけたい。

数　学

『No. 498 関西学院大学（日本史・世界史・文系数学〈3日程×3カ年〉）』に，本書に掲載していない日程の数学の問題・解答を3日程分掲載しています。関西学院大学の入試問題研究にあわせてご活用ください。

年度	番号	項　目	内　容
2024	〔1〕	小 問 2 問	(1)無理数の計算　(2)並べ方の確率，条件付き確率
	〔2〕	小 問 2 問	(1)円と接線　(2)連立漸化式
	〔3〕	微・積分法	関数の増減・極値，定積分で表された関数
2023	〔1〕	小 問 2 問	(1)放物線の対称移動・平行移動，2つの放物線の位置関係　(2)反復試行の確率，条件付き確率
	〔2〕	小 問 2 問	(1)三角関数，倍角公式，最大・最小　(2)平面ベクトルの図形への応用，線分の内分点・外分点，線分比と面積比
	〔3〕	微・積分法	3次関数と2次関数の共通接線と係数決定，関数の増減・極値，曲線で囲まれた図形の面積
2022	〔1〕	小 問 2 問	(1)2次関数の最大・最小と不等式　(2)自然数を解にもつ1次不定方程式
	〔2〕	小 問 2 問	(1)図形と方程式，2円の位置関係　(2)平面ベクトルと内積
	〔3〕	微・積分法	3次関数の増減と極値，グラフの移動，囲まれた図形の面積

出題範囲の変更

2025年度入試より，数学は新教育課程での実施となります。詳細については，大学から発表される募集要項等で必ずご確認ください（以下は本書編集時点の情報）。

2024年度（旧教育課程）	2025年度（新教育課程）
数学Ⅰ・Ⅱ・A・B（数列，ベクトル）	数学Ⅰ・Ⅱ・A（図形の性質，場合の数と確率）・B（数列）・C（ベクトル）

旧教育課程履修者への経過措置

2025年度一般選抜志願者のうち，旧教育課程履修者に対しては，出題する教科・科目の内容によって配慮を行うものとする。

計算・関数・図形とバランスのとれた出題

01 出題形式は？

大問は３題で，〔１〕〔２〕はそれぞれ小問が２問出題されている。解答形式は，〔１〕〔２〕が空所補充形式，〔３〕が記述式という形が定着している。2022～2024 年度の〔１〕は「数学Ⅰ・A」，〔２〕は「数学Ⅱ・B」からの出題，〔３〕は「数学Ⅱ」の微・積分法から出題された。解答用紙は問題冊子とは別紙となっており，記述式問題の解答スペースはA４判用紙程度１枚と十分確保されている。試験時間は 60 分。

02 出題内容はどうか？

頻出分野としては，微・積分法，確率などが挙げられる。１つの問題を狭い枠の中で考えさせるのではなく，三角比・三角関数や図形を絡ませて，出題範囲全体にわたっての知識を効率よく用いて解決させるような問題がよく出題されている。

03 難易度は？

全般的に，教科書の章末問題程度の標準レベル中心の出題で，計算・関数・図形とバランスのとれた良問が多いといえる。難問は出題されていないが，試験時間内で処理するうえで，2024 年度〔３〕のように計算が複雑な問題が出題されると，文系受験生としては難しく感じられるかもしれない。

対策

01 基本事項を確実に

類題を解いた経験があっても計算力がないと時間のかかる問題が出題されており，これらを短時間で処理する力をつける必要がある。まず，教科書の基本事項を確実に身につけ，それを本番で引き出せるようになるためにも，問題の意図と解法を理解し，章末問題と教科書傍用問題集を徹底的に反復練習すること。空所補充形式の問題はもちろん，記述式の問題にも基本事項の習熟は欠かせない。また，図形についての知識も大切であるから，平素から図形問題にも親しんでおきたい。

02 計算力・分析力の強化を

方程式・不等式の解，関数の最大・最小，図形と方程式の融合問題などでは，基本的ではあるが，全体を見通す力や正確な場合分けが要求される。たとえば，面積や最大・最小を求める計算などでは，単に式の上だけで考えるのではなく，グラフや図を描くことで与えられた問題を視覚的に認識し，それを計算に生かしていくような習慣をつけておくことが大切である。

03 他学部の問題でも実戦演習を

関西学院大学の文系学部は基本的に同じ出題傾向・形式である。ひととおり他学部の過去問にもあたって問題の傾向・難易度や出題形式，時間の配分に慣れることで実戦力を養っておきたい。

国　語

『No. 497 関西学院大学（国語〈3日程×3カ年〉）』に，本書に掲載していない日程の国語の問題・解答を3日程分掲載しています。関西学院大学の入試問題研究にあわせてご活用ください。

年度	番号	種　類	類別	内　容	出　典
2024 ◑	〔1〕	現代文	評論	選択：書き取り，語意，欠文挿入箇所，空所補充，内容説明，文学史，内容真偽 記述：読み，箇所指摘	「言葉に出会う現在」　宮野真生子
	〔2〕	古　文	説話	選択：語意，口語訳，内容説明，文法，空所補充，和歌解釈，人物指摘 記述：書き取り，箇所指摘，口語訳，空所補充	「唐物語」
2023 ◑	〔1〕	現代文	評論	選択：欠文挿入箇所，語意，内容説明，四字熟語，空所補充 記述：書き取り，箇所指摘，慣用句	「日本の分断」　三浦瑠麗
	〔2〕	古　文	物語	選択：人物指摘，指示内容，文法，口語訳，語意，内容説明，古典常識，内容真偽，文学史 記述：読み，内容説明，書き取り	「源氏物語」　紫式部
2022 ◑	〔1〕	現代文	評論	選択：四字熟語，欠文挿入箇所，内容説明，空所補充 記述：書き取り，語意，箇所指摘	「解題　森の思想」　中沢新一
	〔2〕	古　文	歌物語	選択：語意，読み，口語訳，文法，人物指摘 記述：文法，空所補充，口語訳，内容説明（8字）	「平中物語」

（注）●印は全問，◑印は一部マークセンス方式採用であることを表す。

現・古ともに問題文は長め
正確な文脈把握と幅広い知識が必要

01 出題形式は？

例年，現代文1題，古文1題の計2題の出題である。マークセンス方式を主として，一部記述式を加えた形式が続いている。解答用紙はマーク式と記述式各1枚ずつ。記述式は空所補充のほか，漢字の書き取り・読みや口語訳，字数制限つきの説明問題なども出題されることがある。試験時間は75分。

02 出題内容はどうか？

現代文は人文科学系の評論が中心で，現代社会の動向に沿った，哲学・思想・文化・文芸などの分野の文章が出題されている。設問は書き取り，読み，語意，内容説明，内容真偽，空所補充，箇所指摘などが出題されている。

古文は，さまざまなジャンル・時代から出題されている。ストーリー性のある作品が出題されることが多い。内容読解の分量が多く，本文に和歌などが登場することもあり，古典の実力を問う問題となっている。記述式で口語訳が出題されることもある。選択式では語意，口語訳，文法，内容説明，人物指摘などが中心で，和歌に関する設問も出されることがある。文学史や古典常識に関する知識を求める設問が出題されることもあるが，市販の参考書レベルの知識で対応できるものである。文法の問題は必出であり，単純な暗記だけでなく，多様な観点からの問いかけに応じられる力が求められている。

なお，出題範囲に「漢文」が含まれており，過去には，返り点，漢字の読み，内容説明が出題されたこともある。句法などの基本的な知識は身につけておく必要があるだろう。

03 難易度は？

現代文・古文ともに標準レベルだが，文章が長文なので，長文を限られた時間内で読み取ることと，選択肢の正否をすばやく判断できるようにしておくことがポイントだろう。時間配分としては，大問一題30〜35分を目安にし，残った時間を見直しにあてたい。

対策

01 現代文・古文を通じて言えること

「表現」を意識した設問への対策が必要である。本文全体の構成・筆者の表現意図・文の書き換えなどに関する設問を数多く解いておくことが効果的である。共通テストにも同様の傾向があるので，共通テストの過去問を解いてみることも有効である。

02 現代文

評論を中心とした多方面の読解力をつけておく必要がある。『体系現代文』(教学社),『大学入試 全レベル問題集 現代文〈4 私大上位レベル〉』(旺文社) などの問題集を用いて，ジャンルを問わずにさまざまな文章に触れ，文章内容を確実に理解することを目標にしたい。評論や随筆の読解で大切なことは，全体の論理展開を把握することである。筆者がどのように論を進め，そのためにどのような根拠を挙げ，それを受けてどのような主張をしているかという道筋を押さえることが大切である。特に，冒頭近くに記されている定義やテーマは全体に関わるので，傍線をつけるなどして常に意識しておく習慣をつけておきたい。また,「しかし」「つまり」といった接続語に注意して読むことも重要である。内容説明，空所補充の問題においても，その箇所が全体の論理展開の中でどの位置にあるかを考えれば，自ずと答えが明らかになる場合が多い。加えて，傍線部の内容を同じ形式段落内の表現によって説明した選択肢が多用されているので，段落という区切りを重視することも忘れてはならない。

なお，記述式の設問に対応するために，一つの箇所を20字程度で説明したり，短く言い換えたりする訓練をしておくとよいだろう。また，選択式の設問では，選択肢に紛らわしいものもあるので，問題集や過去問で練習を積んでおきたい。

03 古　文

古文の基礎は文法と単語と古典常識である。文法に関しては，助動詞と重要な助詞を完璧にしたうえで，特に呼応の副詞に習熟して，正確な口語訳ができるようにしておこう。古文では敬語から主語を判別できる場合が多いので，敬語についてもしっかり学習しておくこと。人物指摘の設問も出されているので要注意である。

単語に関しては，基本的な語の意味を問う問題がよく出されているので，基本古語の意味は確実に押さえておきたい。そういった基礎学力を身につけたうえで，物語や説話を中心に長めの文章を読み慣れておこう。話の展開・人物関係などをすばやく把握する力は，古文の問題をこなした量に比例する。

また，和歌を含む文章が出題されることも多い。修辞などの基礎的な知識を確実なものにしたうえで，和歌の解釈の仕方を問題集を通して習得していくようにしたい。古典常識についても，便覧などを利用して，当時の人々の生活・慣習，死生観などについての知識を整理しておくと文脈の理解に役立つ。『大学入試 知らなきゃ解けない古文常識・和歌』（教学社）は，問題を解きながら，和歌の知識や古文常識を学ぶことができる。

04 漢字・語句・文学史

漢字の書き取りと読みは頻出である。四字熟語などの問題が出題されることも多い。日頃から意識しないと漢字力はつかないので，辞書で確認する習慣をつけ，意味も調べておこう。覚えるときは自分で繰り返し書いてみるのがよい。特に同音異義語は意味をよく考え，誤記のないように注意すること。古文の漢字にも注意を払っておいた方がよいだろう。また，文学史が出題されることもあるので，国語便覧などを使って主要な作品と作者は覚えておこう。

05 漢　文

独立した問題は出題されていないが，出題範囲に「漢文」が含まれている。現代文や古文の大問のなかで漢文に関する設問が出題されることもあるので，句法を中心に，基本知識をしっかり押さえておこう。

関西学院大「国語」におすすめの参考書

Check!

✓『体系現代文』（教学社）

✓『大学入試 全レベル問題集 現代文〈4 私大上位レベル〉』（旺文社）

✓『大学入試 知らなきゃ解けない古文常識・和歌』（教学社）

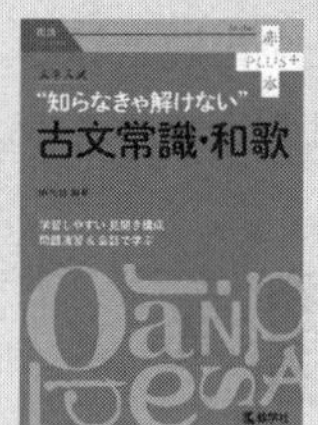

2024年度

問題と解答

学部個別日程：2月3日実施分

問題編

▶試験科目

〔傾斜配点型（文・法・商・総合政策学部）／均等配点型〕

教　科	科　　目
外国語	コミュニケーション英語Ⅰ・Ⅱ・Ⅲ，英語表現Ⅰ・Ⅱ
選　択	日本史Ｂ，世界史Ｂ，地理Ｂ※，「数学Ⅰ・Ⅱ・Ａ・Ｂ（数列，ベクトル）」のうちいずれか１科目選択
国　語	国語総合，現代文Ｂ，古典Ｂ（いずれも漢文を含む）

※地理Ｂは傾斜配点型のみ選択可。

〔英語・国語型（人間福祉学部）〕

教　科	科　　目
外国語	コミュニケーション英語Ⅰ・Ⅱ・Ⅲ，英語表現Ⅰ・Ⅱ
国　語	国語総合，現代文Ｂ，古典Ｂ（いずれも漢文を含む）

▶配　点

〔傾斜配点型／英語・国語型〕

区　分	文	法	商	人間福祉	総合政策
外国語	200	250	300	200	300
選　択	150	200	150	—	200
国　語	250	150	150	150	100

※人間福祉学部は英語・国語型で実施。

〔均等配点型〕

外国語 200 点，選択 200 点，国語 200 点。

▶備　考

文・法・商・人間福祉・総合政策学部の学部個別日程は，２月３日（傾斜配点型／英語・国語型）と２月６日（均等配点型）に実施。本書には２月３日実施分を掲載している。

英 語

(90 分)

〔Ⅰ〕次の英文を読み、下記の設問（A～D）に答えなさい。

The idea of predicting crime sounds familiar. You may remember the opening of the 2002 movie *Minority Report*. It is 2054. A police officer stands in front of a wall-sized computer display, expanding views and dragging images, as (1) he is working on a big tablet. He already knows the victims of a murder and the criminal involved. He can identify the time the killing occurs. And the crime has not yet happened. The officer now needs to identify exactly where the murder will take place. Then, leading a team, the officer hurries (2) the crime scene and arrests the criminal before he can commit the crime.

The movie is pure fantasy. In the story, certain individuals have the ability to see into the future. This is not going to happen. However, big data does give us our best hope for getting a statistical prediction of the future. This isn't science fiction set in 2054. It's happening now on the streets of America and the U.K., using a system called PredPol.

A growing number of police are using PredPol to manage limited police resources. Such a system does not have the complete accuracy of saying that a specific person is going to commit a crime at a known time. But it divides the city (3) small-size areas and assesses historical crime data, place by place, reflecting an approach of mapping out a problem to look for patterns that has a rich and effective history.

Back in the nineteenth century, London doctor John Snow (ア)pinned down the source of an outbreak of cholera* in the city by making a map of water supply use, household by household. He was able to show from the pattern of outbreaks that the disease was spread by a specific water pump. Snow took the handle off the pump, making it (4), and the spread of the disease was stopped. It later turned out that sewage** was escaping from buildings into the water supply. Snow changed medical opinion, which at the time favored bad air as the vehicle for the disease to spread, by his careful and (5) use of data.

Like Snow, what the big data-driven PredPol can do is to predict where it feels that crimes are most likely to take place. As those predictions arise, police officers can be sent to patrol the areas, so that a scarce resource can be sent to have the maximum benefit for the city. Where Snow based his work on an instinct (6) the water supply was the key, PredPol has no predetermined ideas. The operators simply add in lots of possible data sets—where banks and attractive robbery targets are, for example, and how common security cameras are. How busy the streets are and how many known criminals live nearby. Where crimes have been committed before, of course—along with factors like time of day, day of the week, public holidays and more. Then the whole is mixed up to (イ)<u>come up with</u> a suggestion of where officers should be sent. Once on the ground, the police can feed back crime prevention statistics, and where there's a positive outcome, the system strengthens the data that delivered the best results.

It makes perfect sense. There is often concern that police might pay unfair attention to certain minorities and groups. But this system knows nothing about individuals, so can't have a discrimination factor built in, based on age, ethnicity***, or religious background of residents. It (ウ)<u>makes the most of</u> resources. When one police department trialed PredPol, their officers managed to deal with ten times the incidents compared with relying on random patrols. Yet despite this, the system can cause dangerous discrimination against certain neighborhoods because of the way that crimes are reported.

Actually, most minor offenses aren't reported because many victims don't. And they would never be recorded on a police database. However, let's imagine that a prediction system tells us to expect an increase of crime in an area of a city. Police officers go there and respond to a lot of minor offenses, which go into the system. And so this area is paid attention to as being (エ)<u>in particular need</u>. Accordingly, more officers are scheduled to turn up there. Most of these systems have the option to choose whether to use all the data or just that on serious crimes. <u>But the temptation is to include minor offenses because it's an easy way to increase the rate of resolved crime cases.</u> And if they are included, the system tends to pay particular attention to the poorer districts, where these kinds of minor offenses happen more frequently. The result is a kind of discrimination that no human has brought into being, simply because of the decision to include low-level crime data.

*outbreak of cholera：コレラの大流行

**sewage：下水

***ethnicity：民族的背景

出典追記：Big Data: How the Information Revolution Is Transforming Our Lives by Brian Clegg, Icon Books Ltd

設　問

A．本文中の空所（1～6）に入れるのに最も適当なものを、それぞれ下記（a～d）の中から1つ選び、その記号をマークしなさい。

（1）　a．and　b．if　c．so　d．that

（2）　a．by　b．in　c．at　d．to

（3）　a．for　b．into　c．onto　d．off

（4）　a．use　b．used　c．useful　d．useless

（5）　a．image　b．imaginary　c．imagination　d．imaginative

（6）　a．although　b．by　c．if　d．that

B．本文中の下線部（ア～エ）の文中での意味に最も近いものを、それぞれ下記（a～d）の中から1つ選び、その記号をマークしなさい。

（ア）　pinned down

a．located　b．poured

c．pushed　d．cured

（イ）　come up with

a．discuss　b．give up

c．hand in　d．put forward

（ウ）　makes the most of

a．gives full account of　b．mostly makes up for

c．takes full advantage of　d．thinks the most of

（エ）　in particular need

a．of great use　b．especially in demand

c．of special benefit　d．not necessarily required

C．次の問い（i～iii）の答えとして最も適当なものを、それぞれ下記（a～d）の中から1つ選び、その記号をマークしなさい。

(i) According to the passage, what does the police officer do in *Minority Report*?

a. The officer investigates future incidents of crime in advance.

b. The officer visits the scene of a crime after its occurrence.

c. The officer communicates with criminals with a big tablet.

d. The officer arrests the criminal after a crime has happened.

(ii) What is PredPol?

a. It is a system created on the basis of the movie *Minority Report* so that police officers can predict future crimes.

b. It is a system created to predict crime locations based on big data and to make efficient use of limited police resources.

c. It is a system created to prevent crimes, which John Snow adopted in nineteenth-century London.

d. It is a system created to prevent discrimination against specific religious groups.

(iii) Which of the following is NOT true about the passage?

a. PredPol is not so precise as to predict that a specific person is going to commit a crime at a known time.

b. London doctor John Snow in the nineteenth century was successful in preventing cholera from spreading further in the city.

c. Since PredPol does not use any information about individuals, there is no chance of discrimination.

d. There are many minor crimes which are not reported, and they would never reach a police database.

D. 本文中の二重下線部But the temptation is to include minor offenses because it's an easy way to increase the rate of resolved crime cases.を日本語に訳しなさい。答えは記述式解答用紙の所定欄に記入しなさい。

〔II〕次の英文を読み、下記の設問（A〜C）に答えなさい。

Passion has an effect on all of us such that when we find passion in our work, not only are we able to perform at our best, but our productivity will explode in a way that has an influence on other people.

There are many employee surveys that show a great majority of people in this world are not passionate about their work. Nor are these people able to find passion in their work. Thus, (ア)it is not surprising that most people are operating at far less than their best capacity.

This lack of passion could be seen in the continuing low employee engagement score that is so widespread in so many organizations across the world. Since tracking this figure in 2000, Gallup, a worldwide advisory firm, has shown that this low employee engagement number has hardly changed for years. And what's more—87% of employees worldwide are not engaged despite so much focus from organizations on solving (イ)this issue!

The good news is that passion is influential. A leader who is passionate and who can communicate with passion could (ウ)reverse this trend. This is because passion can have a profound influence on people and encourage them. Steve Jobs, the founder of a global computer company, said: "People with passion can change the world for the better." Indeed, leaders could do just that by expressing passion in what they do and what they say.

All too often, leaders believe that benefits, incentives, and bonuses are sufficient to fire passion in the employees. However, (エ)these factors are compromises. No doubt these factors could elevate the attraction of a good place to work, but they are not nearly enough to spark passion in the employees.

What leaders need to do is to first make work an enjoyable and exciting experience. In this work environment where employees are expected to do more with less and constantly stretch themselves, leaders have a key role in helping their employees to acquire passion for the business.

Steve Jobs stimulated the whole team to create products that are different and creative. The passion that Jobs inspired in the organization was clear and purposeful. Even to this day, the company's employees still stick to the passion and purpose of working on "extremely great" products with the right "look and feel." Passion is like a burner that drives the creation of great products and services.

出典追記：Leadership Communication: Connect. Engage. Inspire. by Jovina Ang, Cengage Learning Asia

設 問

A. 本文中の下線部（ア～エ）の文中での意味に最も近いものを、それぞれ下記（a～d）の中から1つ選び、その記号をマークしなさい。

（ア） it is not surprising

a. it is assumed　　b. it is not supposed

c. it is caused　　d. it is not imagined

（イ） this issue

a. the problem that quite a few workers in the world are actively involved in their work

b. the problem that a lot of workers in the world are not actively involved in their work

c. the problem that some workers in the world are not confident about what they do in their work

d. the problem that almost all the workers are confident about what they do in their work

（ウ） reverse

a. remain

b. react to

c. change the direction of

d. take an opposite viewpoint of

（エ） these factors

a. benefits, rewards, and extra payment

b. leaders, employees, and passion

c. benefits, borrowings, and extra material

d. leaders, purposes, and energy

B. 次の英文（a～g）の中から本文の内容と一致するものを3つ選び、その記号を各段に1つずつマークしなさい。ただし、その順序は問いません。

a. The author points out that a majority of people have passion for their work.

b. Gallup has revealed the rate of employee engagement has recently increased.

c. The author suggests that leaders encourage their employees to work beyond their limits.

d. The author explains how passionate leaders cause their employees to lose energy for their work.

e. Leaders value things such as benefits, incentives, and bonuses, but those factors cannot fully inspire passion in workers.

f. Leaders play a significant role in stimulating workers to gain passion for what they do.

g. The author claims that passion in business is key to creating good products.

C. 本文中の二重下線部 What leaders need to do is to first make work an enjoyable and exciting experience. を日本語に訳しなさい。答えは記述式解答用紙の所定欄に記入しなさい。

〔Ⅲ〕 次の英文を読み、下記の設問（A～C）に答えなさい。

A great deal of design work in practice is concerned not with creating radical new design concepts but with modifying existing product designs. These modifications seek to improve a product—to improve its performance, to reduce its weight, to lower its cost, to enhance* its appearance, and so on. All such modifications can usually be (ア)classified into one of two types: they are either aimed at increasing its value to the purchaser or at (1) its cost to the producer.

The value of a product to its purchaser is what he or she thinks the product is worth. The cost of a product to its producer is what it costs to design, (2), and deliver it to the point of sale. A product's selling price normally falls somewhere between its cost to the producer and its value to the purchaser.

Designing is therefore essentially concerned with adding value. When raw materials are converted into a product, value is added over and above the basic costs of the materials and their processing. How much value is added depends on the perceived (3) of the product to its purchaser, and that perception is substantially determined by the features of the product as provided by the designer.

Of course, values vary, depending on social, cultural, technological, and environmental contexts, (4) change the need for or usefulness of a product. There are also complex psychological and sociological** factors which affect the symbolic value of a product. But there are also more stable and comprehensible values associated with a product's function, and it is principally these functional values which are (イ)<u>of concern</u> to the engineering designer.

The value engineering method focuses on functional values, and aims to increase the difference between the cost and value of a product: by lowering (　5　) or adding value, or both. In many cases, the emphasis is simply on reducing costs, and the design effort is concentrated onto the detailed design of components, as well as (　6　) their materials, shapes, manufacturing methods, and assembly processes. This more limited version of the value engineering method is known as value analysis. It is usually applied only to the improvement of an existing product, whereas the broader value engineering method is also (ウ)<u>applicable to</u> new designs or to the substantial redesign of a product. Value analysis particularly requires detailed information on component costs. Because of the variety and detail of information required in value analysis and value engineering, they are usually conducted as team efforts, involving members from different departments of a company, such as design, costing, marketing, production departments, etc.

*enhance：～を高める

**sociological：社会学的な

設　問

A．本文中の空所（1～6）に入れるのに最も適当なものを、それぞれ下記（a～d）の中から1つ選び、その記号をマークしなさい。

(1)	a. losing	b. reducing	c. gaining	d. giving
(2)	a. waste	b. compete	c. purchase	d. manufacture
(3)	a. color	b. width	c. worth	d. money
(4)	a. where	b. whenever	c. when	d. which
(5)	a. design	b. method	c. cost	d. function
(6)	a. at	b. up	c. over	d. on

B．本文中の下線部（ア～ウ）を置き換えるものとして最も適当なものを、それぞれ下記（a～d）の中から1つ選び、その記号をマークしなさい。

（ア）<u>classified</u>

出典追記：Engineering Design Methods: Strategies for Product Design by Nigel Cross, John Wiley & Sons

a. consisted　　b. grouped
c. replaced　　d. combined

(イ) <u>of concern</u>
a. with care　　b. of sense
c. with difficulty　　d. of interest

(ウ) <u>applicable to</u>
a. useful for　　b. discovered for
c. investigated by　　d. explored with

C. 次の英文（a～f）の中から本文の内容と一致するものを２つ選び、その記号を各段に１つずつマークしなさい。ただし、その順序は問いません。

a. Design work in practice is about making wholly new product designs rather than improving existing product designs.
b. Product price is usually determined based on its value to the purchaser regardless of its cost to the producer.
c. When raw materials are made into a product, the costs of the materials and their processing exceed the value of the product.
d. The value of a product is different according to the social, cultural, technological, and environmental context.
e. The value engineering method requires us to increase functional values of a product by lowering both cost and value.
f. Different departments of a company usually work together as a team in value analysis and value engineering.

〔Ⅳ〕次の英文（1～10）の空所に入れるのに最も適当なものを、それぞれ下記（a～d）の中から1つ選び、その記号をマークしなさい。

（1） The company's position (　　　) working hours is made clear in the contract.
a. in contrast to　　b. with regard to
c. even though　　d. as much as

（2） There is now huge support for the President (　　　) a recent public opinion poll.
a. according to　　b. so as to　　c. in case of　　d. for instance

（3） (　　　) a word of thanks, Ben turned and went back to his office.
a. So much as　　b. Because of　　c. Due to　　d. Without

（4） Their car was bigger and (　　　) more comfortable.
a. but　　b. although　　c. therefore　　d. otherwise

（5） We must do our best to eliminate discrimination and fight it in (　　　).
a. no way possible　　b. every way possible
c. as soon as possible　　d. at all possible

（6） The aim of this talk is to encourage you to explore all options available and to support you in (　　　) decisions you reach.
a. whatever　　b. however　　c. wherever　　d. whoever

（7） I wouldn't eat any more if I (　　　) you.
a. have　　b. am　　c. had been　　d. were

（8） The food in Taiwan was so good that I put on a lot of weight. I need to go (　　　) a diet.
a. in　　b. away　　c. on　　d. at

（9） He was trying to (　　　) why the camera wasn't working.
a. figure in　　b. go away　　c. go out　　d. figure out

（10） The rest of this novel won't make much sense (　　　) you read the first chapter very carefully.
a. because　　b. unless　　c. which　　d. why

〔V〕 次の設問（A、B）に答えなさい。

設 問

A. 次の日本文（1、2）に相当する意味になるように、それぞれ下記（a～h）の語句を並べ替えて正しい英文を完成させたとき、並べ替えた語句の最初から3番目と7番目に来るものの記号をマークしなさい。

（1） 私たちは重要な目標を達成して周りの人々の生活に貢献できるように、気をつけなければならない。

We must see to it that we are capable (　　　　　　) around us.

a. important goals　　b. the lives
c. those　　d. and making
e. a contribution　　f. of
g. of accomplishing　　h. to

（2） さまざまな考え方が生じるように、さまざまな手法を用いて1つの問題を調査することは重要です。

It is important to (　　　　　　) emerge.

a. through　　b. investigate
c. different methods　　d. one
e. that　　f. so
g. different perspectives　　h. issue

B. 次の日本文に相当する意味になるように英文の空所を埋めなさい。答えは、空所に入れる部分のみを記述式解答用紙の所定欄に記入しなさい。

グループワークをするとき、生徒たちは教師の指示を必要とせず、グループの課題をどのように行うかについて自分自身で選択することを期待されている。

Students do not need the teacher's direction when they are doing their group work, and (　　　　　　).

〔Ⅵ〕次の会話文を読み、空所（1～10）に入れるのに最も適当なものを、それぞれ下記（a～d）の中から1つ選び、その記号をマークしなさい。

A conversation between a British husband and wife planning a summer vacation

David: Where are we going for this summer vacation?

Carol: I chose last year, it's your (1) this year.

David: I prefer that we (2) together. Would you like the sea, the city or the mountains?

Carol: The city (3) a change?

David: I thought the same. Are you thinking of a specific country?

Carol: Not really. But we have never been to Central America.

David: Right. But neither of us speaks Spanish.

Carol: So let's take (4) in a guided tour.

David: Okay, I will call a travel agency.

Carol: Ask them for a two-week tour. Central America is quite far, one week is too short to go back and (5).

David: (*Speaking to a travel agency*) Hello, my wife and I are looking for a 16-day tour to explore Central America. A tour (6) a guide would be nice... Yes... Yes Cuba!

Carol: Oh yes, very well. Cuba! Havana! Will it be hot?

David: My wife would like to know the (7) in July... Ah very well, in that case it will do just fine... (*Speaking to Carol*) The agency is asking (8) you want to stay at hotels or in local houses.

Carol: Local houses? No, we don't know (9) to communicate in Spanish!

David: (*Speaking to the travel agency*) My wife prefers hotels... A tour in Cuba for 16 days, including guided tours of historic sites and monuments, in a group of 20 people on a bus with air conditioning... (*Speaking to Carol*) How does it (10) to you, Carol?

Carol: Perfect!

David: (*Speaking to the travel agency*) Well, we'll book the trip for two people, please.

（1） a．choose　b．number　c．tune　d．turn

（2） a．choice　b．decide　c．get　d．take

(3)	a. by	b. for	c. in	d. on
(4)	a. addition	b. role	c. join	d. part
(5)	a. across	b. forth	c. front	d. into
(6)	a. at	b. in	c. on	d. with
(7)	a. pressure	b. height	c. place	d. weather
(8)	a. before	b. whether	c. what	d. who
(9)	a. how	b. that	c. so	d. which
(10)	a. find	b. think	c. like	d. sound

日本史

（60分）

〔Ⅰ〕次の1～10の文章について、a・bとも正しい場合はアを、aが正しくbが誤っている場合はイを、aが誤りでbが正しい場合はウを、a・bともに誤っている場合はエをマークしなさい。

1．a．日本列島で発見された化石人骨のうち、沖縄県の港川人と静岡県の浜北人は新人に分類される。港川人はアジア大陸南部の古モンゴロイドに属するとする説がある。

b．旧石器時代に日本列島は大陸と陸続きであった。ナウマンゾウやオオツノジカの化石は列島各地で確認され、北方系動物のマンモスやヘラジカの化石は主に北海道で確認されている。

2．a．縄文時代は、土器の編年から草創期・早期・前期・中期・後期・晩期に区分される。土器の形は煮炊き用の深鉢型が基本だが、後期・晩期には形が多様化した。

b．弥生時代は水稲農耕と金属器・磨製石器・機織り技術等を伴う文化である。水田関連施設が発見された遺跡としては、佐賀県の菜畑遺跡、岡山県の百間川遺跡等がある。

3．a．5世紀初めからヤマト政権の5人の王が中国の南朝に朝貢した。そのうち中国史書で済と記された王は安康天皇にあたり、武とされた王は雄略天皇にあたるとする説が有力である。

b．大化の改新の詔には地方制度として国・郡の制がしかれたことが記されている。しかし実際には郡の表記は7世紀後半には存在せず、『日本書紀』編纂者による潤色と考えられている。

4．a．『日本書紀』には、三世一身の法によって、新規に溝や池をつくって開墾した者は三代の間、既存の溝池を用いた者は本人一代に限り墾田の私有が認められたことが記されている。

b．清和天皇の勅によって臣下で初の摂政となっていた藤原良房は、左大臣源信の失脚を狙って伴善男が起こした応天門の変に乗じて、有力氏族の伴・源両氏を没落させた。

5．a．平清盛は摂津国の大輪田泊を修築して日宋貿易を盛んにした。清盛の時代の日本から宋への主な輸出品には金・硫黄・銅・刀剣・陶磁器等があった。

b．鎌倉時代、商取引には米や絹の他に貨幣も用いられるようになった。高利貸業者の借上も多く出現し、各地の湊には商品の中継と委託販売や運送を業とする問丸が発達した。

6．a．後嵯峨上皇の死後、天皇家は大覚寺統と持明院統に分かれた。長講堂領の荘園群を継承した持明院統からは後深草天皇や光厳天皇が出た。

b. 将軍権力の強化をめざした足利義教は「万人恐怖」と言われる専制的な支配を行った。それに反発した鎌倉公方足利成氏は叛乱を起こしたが、義教の送った軍に滅ぼされた。

7. a. 16世紀半ばにイエズス会の宣教師フランシスコ=ザビエルが鹿児島に渡来した。ザビエルは布教の許可を求めて京都に赴き、山口や豊後府内では大名から保護を得ることができた。

b. 江戸時代、当山派の山伏は醍醐寺三宝院門跡が支配し、本山派の山伏は聖護院門跡が支配した。陰陽道をつかさどる陰陽師は公家の白川家が支配した。

8. a. 江戸時代前期の名君としては、岡山の池田輝政、会津の保科正之等が著名である。中期藩政改革で著名なものは、細川重賢の熊本藩、上杉治憲の米沢藩、佐竹義和の秋田藩等である。

b. 江戸時代には瀬戸内海沿岸で製塩が盛んになった。浜辺の形状変更を必要としない入浜式の製塩法は、大量の人力を要した旧来の揚浜式の製塩法に取って代わった。

9. a. 1880年代には輸入紡績機械による綿糸生産が急増した。金額でみた1880年代における日本の輸出入品の上位は、輸出が生糸・緑茶・綿糸、輸入が綿花・砂糖・機械類であった。

b. 大正期には、労働者やサラリーマン等の一般勤労者を担い手とする大衆文化が誕生し、総合雑誌の『改造』や『太陽』、『国民之友』等が創刊され、娯楽誌の『キング』が創刊された。

10. a. 1930年代には産業構造の重化学工業化が顕著となった。日窒・日産・日曹・理研等の新興財閥は重化学工業で成長し、軍部と結びついて朝鮮・満州へ活発な投資を行った。

b. 大気汚染や水質汚濁等による環境汚染が広く社会問題化し、1970年代には四大公害訴訟で原告側が勝訴した。

〔Ⅱ〕次の文章を読んで設問に答えなさい。もっとも適切な答えを一つマークしなさい。

古代の$_{a}$律令制では、学問を修めた官人を養成する大学が置かれていた。中央政界では$_{b}$学識のある者が重用されたが、次第にそれらの者は政治から文芸へ活躍の場を移し、女房らとともに$_{c}$国風文化の担い手となった。大学衰退後の学びの場は主に家と寺だったが、$_{d}$中世の寺は学びを幅広い階層の人びとに広げていった。近世には主に武士が学ぶ$_{e}$藩校や私塾が次第に整備され、また$_{f}$寺子屋で読み書き算盤を学んだ庶民も$_{g}$さまざまな書物を手に取った。明治以降、$_{h}$学校教育の整備が進められ就学率も上昇するが、次第に$_{i}$学校教育は戦時体制と歩みをそろえた。$_{j}$戦後の学校教育の再整備を経て、高度経済成長とともに大衆の高学歴化が進んだ。

【設　問】

1．下線部aに関連して、正しいものを下記より選びなさい。

ア．平安初期まで、大学を修了しない貴族の子弟は官職を得ることができなかった。

イ．地方行政区画として五畿七道が設定された。五畿とは、山城・大和・近江・摂津・河内である。

ウ．地方行政のために国司・郡司・里長が置かれ、国司と郡司は主に中央から派遣された。

エ．上級官職への給与として封戸があり、定められた戸の租・調・庸が充てられた。

2．下線部bに関連して、正しいものを下記より選びなさい。

ア．菅原道真は藤原氏を外戚としない醍醐天皇に重用されたが、宇多天皇の代に都を追われた。

イ．空海の漢詩文を収めるために漢詩文集の『凌雲集』と『性霊集』が編まれた。

ウ．清原夏野等の編纂した『令義解』は、それまでの令の公的解釈を示すものだった。

エ．藤原仲麻呂は、橘諸兄に重用された吉備真備と玄昉の排斥を求めて挙兵した。

3．下線部cに関連して、作品の成立順として、古い順に正しく並んでいるものを下記より選びなさい。

ア．『伊勢物語』→『源氏物語』→『更級日記』

イ．『伊勢物語』→『更級日記』→『源氏物語』

ウ．『更級日記』→『伊勢物語』→『源氏物語』

エ．『源氏物語』→『伊勢物語』→『更級日記』

4．下線部dに関連して、正しいものを下記より選びなさい。

ア．夢窓疎石は足利義満の帰依を受けて天龍寺を開山した。

イ．義堂周信や絶海中津の時代に五山文学は、京の南禅寺等の禅寺でさらに発展した。

ウ．山科本願寺を率いた一向宗の日親は、天文法華の乱で延暦寺に敗れた。

エ．薩摩で儒学の講義を行った武野紹鷗は薩南学派の祖とされる。

5．下線部eに関して、藩校・私塾名と設立者の組合せとして誤っているものを下記より選びなさい。

ア．咸宜園・広瀬淡窓　　イ．造士館・肥後細川家

ウ．弘道館・水戸徳川家　　エ．芝蘭堂・大槻玄沢

6．下線部ｆについて、正しいものを下記より選びなさい。
ア．朱子学の教えに従い、師匠も児童も男性に限られていた。
イ．寺子屋の急増の理由として、江戸初期に『庭訓往来』が編まれたことが大きい。
ウ．商人の和算の教科書として関孝和の『塵劫記』が広く用いられた。
エ．文字学習では、書状の文例を書写することが重視された。

7．下線部ｇに関連して、正しいものを下記より選びなさい。
ア．天保の改革における山東京伝等の処罰とともに、洒落本や黄表紙の流行は衰えていった。
イ．実用的な農書として宮崎安貞の『農業全書』や大蔵永常の『広益国産考』が広まった。
ウ．商人出身の近松門左衛門は、俳人として名を成したのち、人の欲を描く浮世草子に転じた。
エ．曲亭馬琴の『南総里見八犬伝』や為永春水の『春色梅児誉美』等、勧善懲悪の読本が流行した。

8．下線部ｈに関連して、次の出来事が起こった順として正しいものを下記より選びなさい。
①　大学令の公布
②　第一次帝国大学令の公布
③　義務教育期間が６年となる
④　国定教科書制の導入
ア．②→④→③→①　イ．③→④→①→②　ウ．②→①→④→③　エ．①→④→②→③

9．下線部ｉに関して、正しいものを下記より選びなさい。
ア．皇民化運動の一環で、台湾の学校では日本語の常用化がすすめられた。
イ．東条英機内閣の学徒出陣の決定により、20歳以上の男子学生全員が軍に徴集された。
ウ．太平洋戦争の局面の悪化を受け、小学校は皇国民錬成を目的とした国民学校に改められた。
エ．女子挺身隊は中学生以上の女生徒からなる組織であり、軍需工場等に動員された。

10．下線部ｊについて、誤っているものを下記より選びなさい。
ア．教育基本法で男女共学の原則が掲げられ、前期中等教育が新制中学校に一本化された。
イ．都道府県・市町村に地域住民が委員を投票で選ぶ教育委員会が発足した。
ウ．修身・国史（日本史）・地理の授業が一時停止されたが、内容を刷新して翌年に再開された。
エ．軍国主義や超国家主義に傾倒した教員が教職から追放された。

〔Ⅲ〕次の史料A～Cを読んで設問に答えなさい。もっとも適切な答えを一つマークしなさい。なお史料は省略したり、書き改めたところがあります。

A．［　①　］丁亥ノ歳、天下大ニ動乱シ、ソレヨリ永ク五畿七道悉ク乱ル。其起ヲ尋ルニ、［　②　］将軍ノ七代目ノ将軍［　③　］公ノ天下ノ成敗ヲ有道ノ［　④　］ニ任セズ、只御台所*、或ハ香樹院、或ハ春日局ナド云、理非ヲモ弁ズ、公事政道ヲモ知給ワザル青女房・比丘尼*達、計ヒトシテ酒宴婬楽ノ紛レニ申沙汰セラレ、亦伊勢守貞親ヤ鹿苑院ノ蔭涼軒ナンドト評定セラレケレバ、ₐ今迄贔屓（ひいき）ニ募テ論人*ニ申与ベキ所領ヲモ、又賄賂ニフケリ訴人*ニ理ヲ付、又奉行所ヨリ本主安堵ヲ給レバ、御台所ヨリ恩賞ニ行ワル。此ノゴトク錯乱セシ（中略）又彼借銭ヲ破ラントテ、ᵦ前代未聞［　⑤　］ト云事ヲ此御代ニ十三ヶ度迄行レケレバ、倉方*モ地下方ヘ（モ）皆絶ハテケリ。

（注）御台所…妻の敬称／青女房・比丘尼…春日局と香樹院のこと／論人…被告／訴人…原告／倉方…幕府の倉およびその出納を司った者

【設　問】

1．空欄①および空欄④に該当する語句の組合せとして、正しいものを下記より選びなさい。

ア．①：慶長・④：老中　　イ．①：嘉吉・④：管領

ウ．①：応仁・④：管領　　エ．①：元和・④：老中

2．空欄②および空欄③に該当する語句の組合せとして、正しいものを下記より選びなさい。

ア．②：尊氏・③：義政　　イ．②：家康・③：家光

ウ．②：義満・③：義教　　エ．②：義満・③：義尚

3．下線部aの意味として正しいものを下記より選びなさい。

ア．それまでは、将軍が懇意にしている原告に肩入れして所領を与えていたのを、今度は賄賂を出したということを理由に被告を訴え、処罰させた。

イ．それまでは、御台所たちが気に入った被告に力添えし所領を与えていたが、今度は自分たちに賄賂を持ってきた原告の主張を正しいと主張した。

ウ．それまでは、しつこく自分の利益を言い募る紛争当事者の言うがままに所領を与えてきたが、今度は相手が裁判人に賄賂を渡したと訴え、非難した。

エ．それまでは、裁判や政治のことをよく知らない者たちが空欄③に取り入り、他人の所領を奪ったりしたが、今度は他人から賄賂を取って判決を歪めたりした。

4．空欄⑤に該当する語句について、それを定めた法令の条文を下記より選びなさい。

ア．唐銭に於いては、善悪を謂はず、少暇を求めず、悉く以て諸人相互ひに取り用うべし

イ．年紀本物返の地、（中略）など借書にいたりては、皆以て棄破せらるる者なり

ウ．喧嘩の事、是非に及ばず、成敗を加ふべし

エ．当所中楽市として仰せ付けらるるの上は、諸座・諸役・諸公事等、悉く免許の事

5．下線部ｂの説明として正しいものを下記より選びなさい。

ア．空欄⑤が何度も発せられたことにより、一般の土倉は経営が成り立たなくなり、幕府御用の土倉に吸収されていった。

イ．空欄⑤が撤回されたことにより、経営が苦しかった土倉が救済され、負債は返済された。

ウ．空欄⑤が撤回されたことにより、経営が苦しかった土倉が整理された。

エ．空欄⑤が何度も発せられたことにより、幕府御用の土倉もそれ以外の一般の土倉もつぶれてしまった。

B．　漸次に選挙権を拡張する事は何等異議なき処にして、又他年国情こゝに至れば、所謂普通選挙も左まで憂ふべきにも非らざれども、c階級制度打破と云ふが如き、現在の社会組織に向て打撃を試みんとする趣旨より、d納税資格を撤廃すと云うが如きは、実に危険極る次第にて、此の民衆の強要に因り現代組織を破壊する様の勢を作らば、実に国家の基礎を危ふするものなれば、寧ろ此際、［　⑥　］を解散して政界の一新を計るの外なきかと思ふ。

C．　［　⑦　］施行以来三十有六年デアリマシテ、国民ノ知見能力ニ対スル試練ハ既ニ相当ニ尽サレタリト認ムルノデアリマス。（中略）今ヤ正ニ普通選挙ノ制ヲ定メ、周ク国民ヲシテ国運進展ノ責任ニ膺(あた)ラシムベキノ秋(とき)デアルト信ズルノデアリマス。

【設　問】

6．下線部ｃに関して、ここで史料Ｂの筆者が警戒していたものとして、正しいものを下記より選びなさい。

ア．民主主義　　イ．民本主義　　ウ．国粋主義　　エ．社会主義

7．下線部ｄに関連して、大日本帝国憲法公布時の選挙人の納税資格として正しいものを下記より選びなさい。

ア．直接国税20円以上　　イ．直接国税15円以上

ウ．直接国税10円以上　　エ．直接国税３円以上

8．空欄⑥に該当する語句を下記より選びなさい。

ア．政党　　イ．貴族院　　ウ．議会　　エ．内閣

9．空欄⑦の中核をなす法の条文として正しいものを下記より選びなさい。

ア．日本臣民ハ法律ノ範囲内ニ於テ言論著作印行集会及結社ノ自由ヲ有ス

イ．広ク会議ヲ興シ万機公論ニ決スベシ

ウ．家族ガ婚姻又ハ養子縁組ヲ為スニハ戸主ノ同意ヲ得ルコトヲ要ス

エ．国体ヲ変革シ又ハ私有財産制度ヲ否認スルコトヲ目的トシテ結社ヲ組織シ又ハ情ヲ知リテ之ニ加入シタル者ハ十年以下ノ懲役又ハ禁錮ニ処ス

10．史料B・Cはそれぞれ内閣総理大臣の立場にあった人物が在任中に述べたものである。史料Bおよび史料Cに関して、正しいものを下記より選びなさい。

ア．史料Bを書いた人物は、普通選挙の実現を強く主張したが実現せず、史料Cを語った人物の内閣において実現した。

イ．史料Bを書いた人物はいわゆる超然内閣を組織したのに対し、史料Cを語った人物は華族や藩閥出身ではなく、平民宰相と呼ばれた。

ウ．史料Bを書いた人物は立憲政友会に所属し、いわゆる護憲三派内閣を組織した。

エ．史料Bを書いた人物の内閣も史料Cを語った人物の内閣も、外交方針としてはいわゆる協調外交路線をとった。

〔Ⅳ〕次の文章A・Bを読んで設問に答えなさい。もっとも適切な答えを一つマークしなさい。

A．　1838年（天保9年）、長州藩の下級武士の家に生まれた山県有朋は、奇兵隊の部隊長として$_a$幕末の動乱を戦い抜いた。明治新政府での山県は、暗殺された［　①　］が進めていた近代的軍隊の建設事業を引き継ぎ、1873年、陸軍省が創設されると、初代陸軍卿となった。また1885年に内閣制度が発足すると、初代内閣の内務大臣となり、$_b$地方自治制度の整備を推進した。

大日本帝国憲法が発布され、第1回帝国議会が開かれると、山県は内閣総理大臣として政党勢力と対峙した。山県は、隈板内閣崩壊後、再び内閣総理大臣となり、$_c$さまざまな改革を実施した。その後も山県は、$_d$「元老」として政界に大きな影響力を維持した。

【設　問】

1．下線部aの説明として、誤っているものを下記より選びなさい。

ア．八月十八日の政変の後、長州藩は京都に攻めのぼったが敗北した。

イ．長州藩が下関で外国船を砲撃したことに対し、イギリス・フランス・アメリカ・ロシアの四国連合艦隊による報復攻撃が行われた。

ウ．第2次長州征討は幕府軍が敗北を重ねたため、将軍の死をきっかけに中止された。

エ．鳥羽・伏見の戦いから始まった戊辰戦争は、箱館の榎本武揚等の降伏まで続いた。

2．空欄①に該当する人物を下記より選びなさい。

ア．大村益次郎　イ．大久保利通　ウ．前島密　エ．西郷隆盛

3．下線部bに関して、明治期に制定された制度として誤っているものを下記より選びなさい。

ア．町村制　イ．市制　ウ．郡制　エ．都制

4．下線部cの説明として、誤っているものを下記より選びなさい。なお、すべて正しい場合は「エ」をマークしなさい。

ア．労働運動等を取り締まるため、治安警察法が制定された。

イ．文官任用令を改正し、高級官吏の任用資格を撤廃した。

ウ．軍部大臣現役武官制を定め、陸海軍大臣の任用を現役の大将・中将に限定した。

5．下線部dに該当する人物を下記より選びなさい。

ア．木戸孝允　イ．徳川慶喜　ウ．松方正義　エ．陸奥宗光

B．　佐藤栄作は、1901年、山口県の造り酒屋の子として生まれた。父は婿養子であり、その関係で栄作の兄信介は父の実家の岸家をついだ。また昭和戦前期に活躍した$_e$松岡洋右は、佐藤の母方の伯父にあたる。佐藤自身は東京帝国大学卒業後、鉄道省に入省、敗戦後は鉄道行政のトップである運輸次官をつとめた。しかし、$_f$戦後改革が進められるなか、佐藤は政治家となる道を選択する。佐藤は大蔵省出身の池田勇人と共に、吉田茂を支える有力政治家として知られるようになった。

1957年に$_g$岸信介内閣が成立すると、佐藤は第2次内閣の大蔵大臣となり、続く池田勇人内閣でも池田を支持したが、1964年の自民党総裁選では、$_h$高度経済成長政策への批判を掲げて池田に挑戦した。総裁選の結果は池田の勝利であったが、池田が病に倒れたため、佐藤は同年末に自民党総裁、内閣総理大臣となった。$_i$佐藤栄作内閣は1972年まで続き、佐藤の首相連続在任期間2798日は、安倍晋三に破られるまで憲政史上最長であった。

【設　問】

6．下線部eの人物の説明として、誤っているものを下記より選びなさい。

ア．満州国を認めない対日勧告案を採択した国際連盟総会を批判し、会場から退場した。

イ．外務大臣として満州国の承認政策を進め、日満議定書に調印した。

ウ．外務大臣として日独伊三国軍事同盟の締結を推進した。

エ．外務大臣として日ソ中立条約の締結を推進した。

7．下線部fの説明として、誤っているものを下記より選びなさい。

ア．戦時下の翼賛選挙で推薦議員となった政治家は公職追放となった。

イ．人権指令により、治安維持法や特別高等警察等が廃止された。

ウ．労働組合法が制定され、労働者の団結権・団体交渉権・争議権が保障された。

エ．日本国憲法で女性参政権が認められ、憲法公布後の選挙では40人近い女性議員が誕生した。

8．下線部gの時の出来事として、誤っているものを下記より選びなさい。

ア．教員に対する勤務評定の実施　　イ．防衛庁の設置

ウ．警察官職務執行法の改正案提出　　エ．日米安全保障条約の改定

9．下線部hに該当しないものを下記より選びなさい。

ア．国民所得倍増計画の策定　　イ．傾斜生産方式の実施

ウ．OECDへの加盟　　エ．農業基本法の制定

10．下線部iの時の出来事として、誤っているものを下記より選びなさい。

ア．日韓基本条約の締結　　イ．公害対策基本法の制定

ウ．沖縄返還協定の調印　　エ．破壊活動防止法の制定

世界史

（60分）

〔Ⅰ〕次の文中の［　　　］に最も適当な語を語群から選び、また下線部に関する問いに答え、最も適当な記号1つをマークしなさい。

ドイツ、ブレーメンのローラント像は、町の中心部に位置するマルクト広場の旧市庁舎前にたつ。1404年にたてられたこの像は高さ5メートル以上の石灰岩の立像であり、2004年に旧市庁舎とともにユネスコ世界文化遺産に指定された。このローラント像は都市の権利を象徴しており、穏やかに微笑みつつもその目は旧市庁舎の東側にたつ聖ペトリ大聖堂の方を向く。それは16世紀にいたるまでブレーメン商人にとって最大の対抗勢力である①領邦君主としての司教の座だった。『ローランの歌』でその活躍が描かれるローラントが持つ盾には、およそ次のような意味の言葉が刻まれている。「われわれブレーメン商人は領邦君主には何も言わせない。われわれは唯一、②神聖ローマ皇帝にのみ下属する。だが皇帝は遠くにいて、われわれの経済発展の邪魔になることはない」。

ヴェーザー河畔のこの場所はゲルマン人の一派である［　イ　］人の居住地だった。787年にこの地を支配下に置いたカール大帝の命令で北方布教の拠点として司教座が置かれたことが、ブレーメンの始まりと言っていい。河畔砂丘に、最初は木造で、9世紀には石造で大聖堂が建設される。やがて北ヨーロッパ商業圏の興隆で力を付けたブレーメンは、1358年に［　ロ　］を盟主とする③ハンザ同盟に加盟すると急速に発展し、政治力も備えてブレーメン大司教の世俗支配を排除していく。

大聖堂は度重なる火災と再建を経て、1500年頃には現在の姿に近いものになった。宗教改革でプロテスタントに属し④三十年戦争の戦禍を免れたブレーメンは、1646年に帝国直属都市となった。ブレーメンは⑤ウェストファリア条約でスウェーデンの宗主下に置かれ、北方戦争後にはハノーヴァー⑥選帝侯の支配下に入った。その間も商業都市として発展し、アメリカ合衆国独立後には北・南米と活発な通商関係を結んだ。19世紀末には新たな港と大規模な造船所が設けられた。船舶や航空機の製造拠点でもあったブレーメンは、第二次世界大戦中に連合軍による爆撃を受け、港湾施設と市街の大半が破壊された。戦後ブレーメンはドイツ連邦共和国の都市州となった。

[語　群]

イ　a．ザクセン　b．アヴァール　c．ブルガール　d．マジャール

ロ　a．リガ　b．ストックホルム　c．ハンブルク　d．リューベック

[問　い]

①領邦に関する記述として、誤りを含むものはどれか。

a．諸侯に裁判権や関税徴収権などの特権が付与されたことが、その形成をもたらした。

b．アウクスブルクの宗教和議によって、カトリックの領邦で領邦教会制が成立した。

c．有力な領邦には、独自に身分制議会を開くものもあった。

d．最多期には300程度の領邦が存在した。

②神聖ローマ皇帝に関する記述として、誤りを含むものはどれか。

a．ハインリヒ4世はヴォルムス協約により聖職者の叙任権を喪失した。

b．フリードリヒ1世はローマ帝国の再興を企図してイタリア政策をすすめた。

c．フリードリヒ2世は外交交渉によりイェルサレムを一時的に回復した。

d．ルドルフ1世の神聖ローマ皇帝選出によって「大空位時代」は終わった。

③ハンザ同盟に関する記述として、誤りを含むものはどれか。

a．ノヴゴロドに商館を設置した。

b．カルマル同盟に対抗するために結成された。

c．14世紀にデンマークを破り最盛期を迎えた。

d．独自の外交使節を有した。

④三十年戦争に関する記述として、誤りを含むものはどれか。

a．ハプスブルク家により旧教を強制されたベーメンの反乱から始まった。

b．スウェーデン王グスタフ=アドルフは、新教徒支援を名目にドイツに侵入した。

c．カルヴァン派のデンマーク王が参戦し、神聖ローマ皇帝軍と戦った。

d．フランスが新教徒側に立って参戦した。

⑤ウェストファリア条約に関する記述として、誤りを含むものはどれか。

a．スイスとオランダの独立が正式に承認された。

b．ドイツ諸邦はほぼ完全な主権を認められ、神聖ローマ帝国の有名無実化が確定した。

c．ハプスブルク家はフランスからアルザスを得て領土を拡張した。

d．カルヴァン派にルター派と同等の権利が与えられた。

⑥金印勅書に定める七選帝侯ではないものはどれか。

a．バイエルン公　　b．ファルツ伯　　c．マインツ大司教　　d．トリーア大司教

〔Ⅱ〕次の文中の［　　］に最も適当な語を語群から選び、また下線部に関する問いに答え、最も適当な記号1つをマークしなさい。

イギリスは1815年の［ イ ］の戦いに勝利し、フランスとの長期間にわたる戦争に終止符を打った。その後、それまで対仏戦争を長く支えてきた名誉革命体制が、19世紀前半を通じてゆっくりと改革されていった。宗教改革以来イギリスはプロテスタント国であったが、1801年に①アイルランドを併合した結果、国民に多数のカトリック教徒を含むことになった。そのため1829年に［ ロ ］の尽力によりカトリック教徒解放法が制定され、カトリック教徒への差別的な扱いの解消がはかられた。また政治面では、1832年に②選挙法が改められ、1840年代には二大政党制への道が開かれた。③人民憲章を掲げたチャーティスト運動の挫折はあったものの、その後イギリスでは議会制民主主義が発展していった。改革の波は経済面にも及んだ。④産業革命が進展するなか、産業資本家をはじめとする中流階級の圧力によって1846年に⑤穀物法が廃止された。そのほか、戦費調達や国内産業の保護を目的とした多数の関税が1820年代以降段階的に改廃されていった。さらに1849年には航海法も廃止されて⑥自由貿易の原則が打ち立てられた。これは20世紀初頭までイギリスの覇権を支えることになる。

[語　群]

イ　a．ライプツィヒ　b．アウステルリッツ　c．ワーテルロー　d．イエナ

ロ　a．オコンネル　b．カニング　c．ブライト　d．ウィルバーフォース

[問　い]

①アイルランドに関する記述として、誤りを含むものはどれか。

a．アイルランド議会は併合時に廃止された。

b．グラッドストンによるアイルランド自治法案は、議会を通過しなかった。

c．第一次世界大戦終了後、イギリスからの独立を求めるイースター蜂起が発生した。

d．北部以外はアイルランド自由国となった後、イギリス連邦を離脱し共和政となった。

②イギリスの選挙法改正に関する記述として、誤りを含むものはどれか。

a．第1回選挙法改正によって、腐敗選挙区が廃止された。

b．第2回選挙法改正によって、都市労働者の相当数に選挙権が与えられた。

c．第3回選挙法改正によって、農業・鉱業労働者の相当数に選挙権が与えられた。

d．第4回選挙法改正によって、21歳以上の女性に選挙権が与えられた。

③人民憲章に関する記述として、誤りを含むものはどれか。

a．議員歳費の廃止を求めた。

b．議員の財産資格撤廃を求めた。

c．無記名秘密投票制度を求めた。

d．毎年の議会改選を求めた。

④産業革命期のイギリスに関する記述として、誤りを含むものはどれか。

a．ジョン=ケイは、飛び杼の発明によって織布工程に技術革新をもたらした。

b．ダービーの改良した蒸気機関を動力源とする力織機によって、綿布生産が増大した。

c．リヴァプール・マンチェスター間に鉄道が開業した。

d．産業革命による機械化の進展に抵抗して、ラダイト運動が展開された。

⑤穀物法に関する記述として、誤りを含むものはどれか。

a．1815年制定の穀物法では、安価な外国産穀物のイギリスへの輸入が事実上禁止された。

b．マンチェスターを本部として、反穀物法同盟が結成された。

c．コブデンは穀物法廃止運動を指導した。

d．ディズレーリ内閣によって廃止された。

⑥19世紀イギリスの自由貿易に関する記述として、誤りを含むものはどれか。

a．東インド会社の持つ対中国貿易の独占権が廃止された。

b．古典派経済学者のリストによって、その実現が求められた。

c．第二帝政期のフランスと英仏通商条約を締結して、自由貿易が推進された。

d．自由貿易を強く求めつつ植民地を拡大する、いわゆる自由貿易帝国主義が推進された。

〔Ⅲ〕次の文中の［　　］に最も適当な語を語群から選び、また下線部に関する問いに答え、最も適当な記号1つをマークしなさい。

①チンギス=ハンがモンゴル高原一帯のトルコ系やモンゴル系の遊牧諸部族を取りまとめて建国した大モンゴル国は、フビライの時代には元を中心に南ロシアの②キプチャク=ハン国、イラン高原の③イル=ハン国、東西トルキスタンのチャガタイ=ハン国から構成される「④モンゴル帝国」を形成するにいたった。モンゴルが到達した地域では政治、軍事、経済、社会の状況が根本的に変化し、チンギス=ハン家の血統の者のみがハンの称号を許され、支配の正統性を持つと考えられるようになった。

西アジアでは1258年に［　イ　］が滅亡した後、トルコ系やモンゴル系の軍事支配者を戴くイスラーム王朝の支配構造が普遍的なものとなる。［　ロ　］に首都を置いた⑤マムルーク朝は、イスラームの守護者としてスンナ派イスラーム世界の覇者となった。13世紀の後半にモンゴルが内戦に陥ると、マムルーク朝はキプチャク=ハン国と協力し、イル=ハン国と対抗していくようになる。また諸ハン国がイスラーム化していくと、イスラームの聖地であるメッカとメディナの保護者を自任して、イスラームの正統な支配者としての主張を強めていく。

イスラーム化したモンゴル貴族の子孫⑥ティムールは、マムルーク朝に勝利してその主張を退けた。一方でチンギス=ハンの血統ではないティムールは、チンギス=ハンの子孫を名目上のハンに戴き、チンギス家の王女を妻とし、チンギス家の女婿を名乗ってモンゴル帝国の再建を目指した。

[語　群]

イ　a．ウマイヤ朝　b．サーマーン朝　c．トゥグルク朝　d．アッバース朝

ロ　a．バグダード　b．イスファハーン　c．カイロ　d．ダマスクス

[問　い]

①チンギス=ハンに関する記述として、誤りを含むものはどれか。

a．有力者の集会であるクリルタイでハンに推戴された。

b．遊牧民を、千戸を基本単位とする軍事・行政組織に編成した。

c．カラ=ハン朝を滅ぼした。

d．ジャムチと呼ばれる駅伝制度を整えた。

②キプチャク=ハン国に関する記述として、誤りを含むものはどれか。

a．チンギス=ハンの長男バトゥが建国した。

b．キエフ公国を崩壊に導いた。

c．首都をサライに置いた。

d．モスクワ大公国の自立後に解体した。

③イル=ハン国に関する記述として、誤りを含むものはどれか。

a. モンケにより西アジア遠征に派遣されたフラグが建国した。

b. ホラズム=シャー朝を従属させた。

c. ガザン=ハンの時代にイスラーム国家となった。

d. 宰相ラシード=アッディーンが『集史』を編纂した。

④モンゴル帝国に関する記述として、誤りを含むものはどれか。

a. オゴタイ家の優位に反対して、ハイドゥの乱が起こった。

b. ルイ9世がルブルックを派遣した。

c. 中国の支配に色目人と呼ばれる中央アジア・西アジア出身者を重用した。

d. ジャワへの遠征に失敗した。

⑤マムルーク朝に関する記述として、誤りを含むものはどれか。

a. アイユーブ朝を軍事クーデタで倒して建国した。

b. 軍人に俸給のかわりに一定の土地の徴税権を与えるティマール制を整備した。

c. 十字軍のシリアからの完全な駆逐に成功した。

d. 14世紀半ば以降、凶作やペストの流行で衰退した。

⑥ティムールに関する記述として、誤りを含むものはどれか。

a. サマルカンドを首都として国を建てた。

b. デリー=スルタン朝のインドに侵入した。

c. ニコポリスの戦いでオスマン軍を破った。

d. 明への遠征途上で病死した。

〔Ⅳ〕次の文中の［　　］に最も適当な語を語群から選び、また下線部に関する問いに答え、最も適当な記号1つをマークしなさい。

人類の歴史上、青銅加工技術の確立は、都市の形成・文字の発明とともに文明化の指標のひとつとされる。中国では青銅製品は紀元前2千年紀、黄河中流域で出現し始める。河南省二里頭の神殿遺跡や①殷中期のものとされる二里岡の巨大都城遺跡からは少数の青銅製の祭器が出土している。これらは祭儀を執り行う王の威信財として、その権威を高めるために欠かせないものであった。同じ頃、②長江流域にも二里岡都城と似た文化様式を持つ小規模な都市が出現する。これは近傍の銅山採掘のために黄河流域の王権が築いた植民都市と考えられており、それらを介して黄河流域の青銅器文明が南方にも広まり始めた。現在の［　イ　］に都を置いた殷後期になると、精緻を極めた多様な青銅祭器や武器がつくられ、中国古代の青銅器文明の最盛期を迎えた。

続く③周代にも引き続き多くの青銅祭器がつくられ、なかでも儀礼制度の確立にともない鐘などの楽器類が発達を見た。④春秋時代に入ると、青銅器からは重厚神秘な風格が薄れ、宴会など実生活で用いられる華美な様式の器が見られるようになる。⑤戦国時代には地方ごとに個性のある様々な様式の青銅器が新技法でつくられるようになった。こうした各地の青銅器文化の繁栄は秦の始皇帝の統一によって終わりを迎えるが、始皇帝陵の兵馬俑坑からは精緻な青銅製車馬模型が発見されている。［　ロ　］の乱を機に秦が滅亡した後、中国を再統一した⑥漢の時代にも前代の様式をつぐ青銅祭器や装飾具が都や各地の諸侯王国のもとでつくられたが、その数や種類を大きく減じた。中国青銅器時代は終焉の時を迎えたのである。

[語　群]

イ　a．安陽　　b．竜山　　c．仰韶　　d．洛陽

ロ　a．呉楚七国　　b．陳勝・呉広　　c．黄巾　　d．赤眉

[問　い]

①殷に関する記述として、誤りを含むものはどれか。

a．湯王が夏を滅ぼして建てたとされる。

b．王が神意を占った記録が甲骨文字で記された。

c．殷墟からは、多くの殉葬者をともなった巨大王墓が発見されている。

d．王朝最後の紂王は、周の武王に禅譲した。

②長江流域に関する記述として、誤りを含むものはどれか。

a．河姆渡遺跡から、新石器時代の稲作文化の遺構が発見された。

b．戦国時代の楚では蟻鼻銭が用いられた。

c．楚の屈原らの詩作が『詩経』に収められた。

d．孫権は建業を都として呉を建てた。

③周に関する記述として、誤りを含むものはどれか。

a．鎬京に都を置いた。

b．諸侯の家臣に封土が与えられた。

c．宗法によって親族関係の秩序が定められた。

d．匈奴に攻められて都を洛邑に移した。

④春秋時代に関する記述として、誤りを含むものはどれか。

a．斉の桓公などの有力諸侯が覇者として諸侯を従えた。

b．周王を尊び異民族を退ける尊王攘夷が唱えられた。

c．孔子は魯の年代記『春秋』を編纂したとされる。

d．晋が韓・魏・燕に三分して、春秋時代は終わった。

⑤戦国時代に関する記述として、誤りを含むものはどれか。

a．孟子は力による覇道政治を理想とした。

b．秦は商鞅の変法によって強国となった。

c．諸侯は家柄を問わず実力者を官僚として登用した。

d．牛に鉄製の犂を引かせる牛耕が華北で普及した。

⑥漢代の文化に関する記述として、誤りを含むものはどれか。

a．武帝時代、董仲舒の提案により儒学が官学とされた。

b．孔穎達らの学者により訓詁学が発展した。

c．後漢の班固が紀伝体史書『漢書』を編纂した。

d．後漢の張衡が地震計を考案した。

〔V〕次の文中の　　　　に最も適当な語を語群から選び、また下線部に関する問いに答え、最も適当な記号1つをマークしなさい。

14世紀末に成立した朝鮮王朝は、①両班間の党争や周辺諸勢力からの圧迫という内憂外患に苦しめられながらも、数百年にわたり朝鮮半島を統治した。だが、1863年に即位した②高宗の治世下、朝鮮王朝は多くの難題に直面する。とりわけ大きな問題は、明治維新により新政権を樹立し、朝鮮の開国を求めた日本との関係であった。高宗政権は当初、この要求を拒否したが、日本は武力を背景に開国を迫り、日本に有利な不平等条約である［　イ　］が結ばれた。日本のこうした姿勢は清朝、特にその実力者であった③李鴻章の警戒を引き起こし、清朝は朝鮮への関与を強めていった。朝鮮ではこの後、宗主国である清朝との協調を重視する閔氏の勢力と、日本と結び清朝からの自立を目指す④金玉均らの勢力との対立が激化し、金玉均がクーデタを起こして新政権を樹立した。しかし、この動きは李鴻章が派遣していた⑤袁世凱により速やかに鎮圧され、清朝の影響力が大幅に拡大した。

こうした状況の打開を目指す日本は、⑥東学の信者を指導者とする甲午農民戦争が起こったのを好機として朝鮮に出兵した。日本軍は、反乱鎮圧に派兵された清朝の軍隊と衝突し、日清戦争を引き起こした。これに勝利をおさめた日本は、清朝の影響力を朝鮮から一掃した。高宗はロシアと接近して日本に対抗しようとしたが、功を奏さなかった。1910年に韓国併合が断行され、李氏による朝鮮統治は終焉した。高宗その人は1919年1月に没するが、その死がひとつのきっかけとなって、朝鮮では日本からの独立を求める三・一独立運動が起こった。朝鮮での運動は日本により鎮圧されたが、この運動の余波は大きかった。［　ロ　］に大韓民国臨時政府が樹立され、独立のための活動を展開していくことになったのはその代表例である。

[語　群]

イ　a．日朝修好条規　b．天津条約　c．下関条約　d．日韓議定書

ロ　a．モスクワ　b．ロンドン　c．パリ　d．上海

[問　い]

①朝鮮王朝の両班に関する記述として、誤りを含むものはどれか。

a．科挙の合格者は両班層が大部分を占めた。

b．「小中華」の意識に基づき儒教の儀礼を軽視する者が多かった。

c．19世紀には、特定の家柄の両班が国王の外戚として実権を握った。

d．西洋思想に関心を持ちカトリックを信仰する者が見られた。

②高宗に関する記述として、誤りを含むものはどれか。

a．大韓帝国皇帝に即位した。

b．第2回ハーグ万国平和会議に密使を派遣し、韓国の立場を訴えようとした。

c．伊藤博文暗殺の責任を口実として、退位させられた。

d．親政開始前は、実父の大院君が摂政を務めた。

③李鴻章に関する記述として、誤りを含むものはどれか。

a．安徽省で淮軍を組織した。

b．太平天国や捻軍の鎮圧に尽力した。

c．ヤークーブ=ベグを敗北させた。

d．金陵機器局を設立した。

④金玉均に関する記述として、誤りを含むものはどれか。

a．漢城で壬午軍乱を主導した。

b．その指導した勢力は独立党とも呼ばれる。

c．日本に遊学し福沢諭吉と親交を結んだ。

d．上海で暗殺された。

⑤袁世凱に関する記述として、誤りを含むものはどれか。

a．北洋大臣に就任し光緒新政を推進した。

b．皇帝に即位したが第二革命により退位した。

c．新約法により大総統の権限を強化した。

d．政敵である国民党の宋教仁を暗殺したとされる。

⑥東学に関する記述として、誤りを含むものはどれか。

a．その名称はキリスト教（西学）への対抗に由来する。

b．儒教・仏教・道教と朝鮮の民間信仰が融合した新宗教である。

c．創始者の崔済愚は、民衆を惑わす者として処刑された。

d．幹部の洪景来が中心となり反乱を起こした。

地　理

（60分）

〔Ⅰ〕ラテンアメリカに関する以下の設問に答え、最も適当な記号を1つ選んでマークしなさい。

（1）　地図中のア国、ク国、ス国、セ国のうち、首都の標高が1000ｍを下回る国はどれか。

a．ア国　　b．ク国　　c．ス国　　d．セ国

（2）　セ国の自然環境に関する説明として誤りを含むものはどれか。

a．北部にはラトソルというやせた土壌が広がる。

b．中部にはセラードという草原や疎林が広がる。

c．南東部にはテラローシャという肥沃な土壌が広がる。

d．南西部にはパンタナールという半砂漠地域が広がる。

(3)　下の図と表は、4か国における主な人種・民族と日系人人口を示したものである。図表中のa～dは、コ国、ス国、ソ国、タ国のいずれかに対応している。ソ国はどれか。

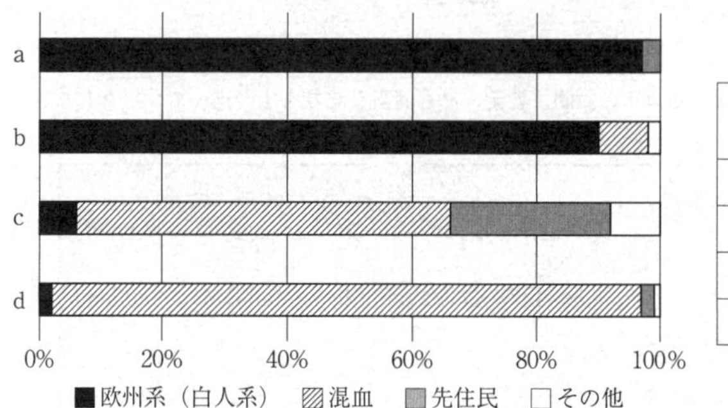

	日系人人口（人）
a	65,000
b	350
c	100,000
d	10,000

外務省資料および海外日系人協会資料（いずれも最新の統計）による。

(4)　下の表は、4つの農作物における日本の輸入国上位5位を示したものである（2022年）。表中のa～dは、ア国、イ国、ク国、ケ国のいずれかに対応している。ク国はどれか。

	アボカド	カーネーション	コーヒー生豆	バナナ
1位	a	b	セ国	フィリピン
2位	コ国	中国	ベトナム	c
3位	オーストラリア	c	b	a
4位	ニュージーランド	ベトナム	エチオピア	d
5位	b	ケニア	d	ベトナム

財務省貿易統計による。

(5)　下の表は、4か国における漁業生産量・養殖業生産量・水産物輸出額（2019年）を示したものである。表中のa～dは、コ国、サ国、日本、ノルウェーのいずれかに対応している。サ国はどれか。

	漁業生産量（千t）	養殖業生産量（千t）	水産物輸出額（百万ドル）
a	4,851	161	3,540
b	3,252	947	2,294
c	2,479	1,453	12,023
d	2,380	1,407	6,675

『世界国勢図会』2022/23年版による。

（6） 資源・エネルギーに関する説明として誤りを含むものはどれか。

a．ア国は、発電量の一部を地熱発電でまかなっている。

b．キ国は、原油の埋蔵量が世界第1位である。

c．シ国は、リチウムの埋蔵量が世界第1位である。

d．ス国は、発電量の100％を水力発電でまかなっている。

（7） 下の表は、国際的な経済機構や協定への加盟状況（2023年現在、準加盟を除く）を示したものである。表中のａ～ｄは、コ国、サ国、シ国、ソ国のいずれかに対応している。コ国はどれか。

	アンデス共同体（CAN）	南米南部共同市場（MERCOSUR）	環太平洋パートナーシップ（TPP）協定
a	加盟	加盟	非加盟
b	加盟	非加盟	加盟
c	非加盟	加盟	非加盟
d	非加盟	非加盟	加盟

（8） 中央アメリカの国々に関する説明として誤りを含むものはどれか。

a．ウ国では、元首の死去に伴い一党制が解体した。

b．エ国では、国連平和維持活動が行われてきた。

c．オ国は、非武装中立国を宣言している。

d．カ国は、租税回避地として利用されてきた。

〔Ⅱ〕西アジアに関する以下の設問に答え、最も適当な記号を１つ選んでマークしなさい。

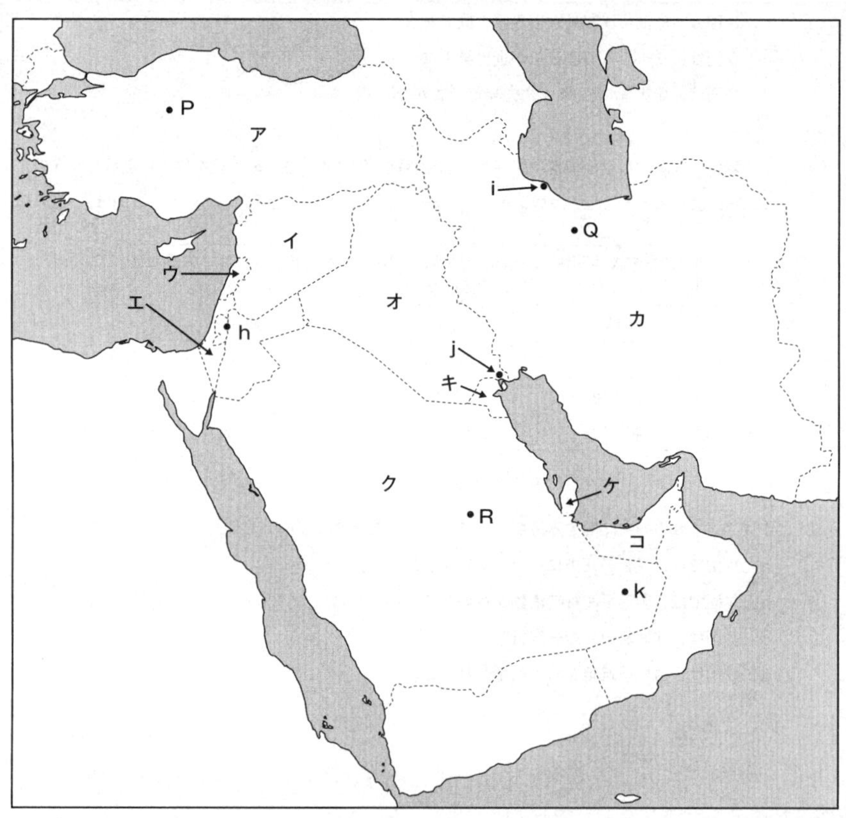

（1）　地点h～kのうち、最も標高が低いのはどれか。

a．地点h　　b．地点i　　c．地点j　　d．地点k

（2）　下の表は、3つの都市の月平均気温および年平均気温、ならびに、月降水量および年降水量を示したものである。表中のX～Zと地図中の都市P～Rの組み合わせとして正しいものはどれか。

		1月	2月	3月	4月	5月	6月	7月	8月	9月	10月	11月	12月	年
X	気温（℃）	14.6	17.6	21.6	27.3	33.1	35.9	36.9	37.0	33.7	28.4	21.4	16.5	27.0
	降水量（mm）	15.1	8.1	24.2	36.1	6.5	0.0	0.1	0.4	0.0	0.9	15.1	20.8	127.3
Y	気温（℃）	4.9	7.2	11.9	17.6	23.2	28.8	31.3	30.3	26.4	19.8	11.8	6.7	18.3
	降水量（mm）	29.7	29.2	31.4	49.4	15.9	2.4	2.5	0.6	1.2	13.8	32.9	34.8	243.8
Z	気温（℃）	0.9	3.0	6.9	11.5	16.7	20.9	24.4	24.2	19.6	13.9	7.2	2.8	12.7
	降水量（mm）	39.2	34.9	49.3	42.1	51.7	41.6	15.9	15.0	16.3	32.9	32.6	40.9	412.4

『理科年表』2023年版による。

	X	Y	Z
a	都市P	都市Q	都市R
b	都市P	都市R	都市Q
c	都市Q	都市P	都市R
d	都市Q	都市R	都市P
e	都市R	都市P	都市Q
f	都市R	都市Q	都市P

(3) 下の表は、4か国の人口(2000年・2010年・2021年)と人口性比(2021年)を示したものである。人口性比とは女性100人に対する男性の数である。表中のa〜dは、イ国、ク国、ケ国、コ国のいずれかに対応している。イ国はどれか。

	人口(千人)			人口性比
	2000年	2010年	2021年	
a	21,547	29,412	35,950	136.8
b	16,308	22,338	21,324	100.4
c	3,275	8,482	9,365	228.2
d	646	1,714	2,688	266.0

『世界国勢図会』2022/23年版による。

(4) 地図中のウ国、オ国、カ国、ク国における宗教に関する説明として誤りを含むものはどれか。

a. ウ国の宗教別人口はキリスト教が第1位、イスラム教が第2位である。

b. オ国の首都はイスラム教スンナ派が優勢とされる地域に立地している。

c. カ国はイスラム教シーア派が優勢であり、複数の聖地が存在する。

d. ク国にあるメッカには、イスラム暦の巡礼月に世界中から巡礼者が集まる。

(5) ア国に関する説明として誤りを含むものはどれか。

a. 黒海とエーゲ海を結ぶボスポラス海峡とダーダネルス海峡がある。

b. 国土の東北部にはクルド人が多く居住するクルディスタンがある。

c. NATOに加盟しており、EUに加盟する意向も示している。

d. 最大都市での夏季オリンピック開催を目指しているが、実現していない。

（6） 下の表は、4か国の輸出額・輸入額（2021年）と一人あたりGNI（2020年）を示したものである。表中のa～dは、ア国、エ国、ク国、ケ国のいずれかに対応している。エ国はどれか。

	輸出額（百万ドル）	輸入額（百万ドル）	一人あたりGNI（ドル）
a	258,400	155,006	20,306
b	225,291	271,424	8,435
c	86,675	27,897	49,755
d	59,429	90,174	46,554

『世界国勢図会』2022/23年版による。

（7） 下の表は、4か国の原油産出量（2021年）と天然ガス生産量（2020年）を示したものである。表中のa～dは、カ国、キ国、ケ国、コ国のいずれかに対応している。ケ国はどれか。

	原油産出量（万kL）	天然ガス生産量（億m^3）
a	21287	522
b	21009	2352
c	15906	182
d	10134	1674

『世界国勢図会』2022/23年版による。

（8） 西アジア諸国と日本との関係に関する説明として正しいものはどれか。

a．日本の液化天然ガス輸入先の第1位は西アジアの国である。

b．日本はア国の領土を横断するBTCパイプラインの建設に協力した。

c．日本とエ国との貿易収支は、日本からみて貿易赤字である。

d．日本とク国との間で経済連携協定が締結されている。

〔Ⅲ〕以下の設問に答え、最も適当な記号を１つ選んでマークしなさい。

（1） 農業に関する説明として正しいものはどれか。

a．ウルグアイ・ラウンドによって農産物貿易のブロック経済化が進展した。

b．穀物メジャーの本社はアメリカ合衆国と中国に集中している。

c．米を主な農業生産物とするアジアでは、労働生産性が高い。

d．EUでは、市場を統一し関税を撤廃する共通農業政策を導入している。

（2） 下の図は、かんしょ、キャッサバ、サトウキビについて、生産量上位５位（2020年）までの国を示したものである。図X～Zと農業生産物の組み合わせとして正しいものはどれか。

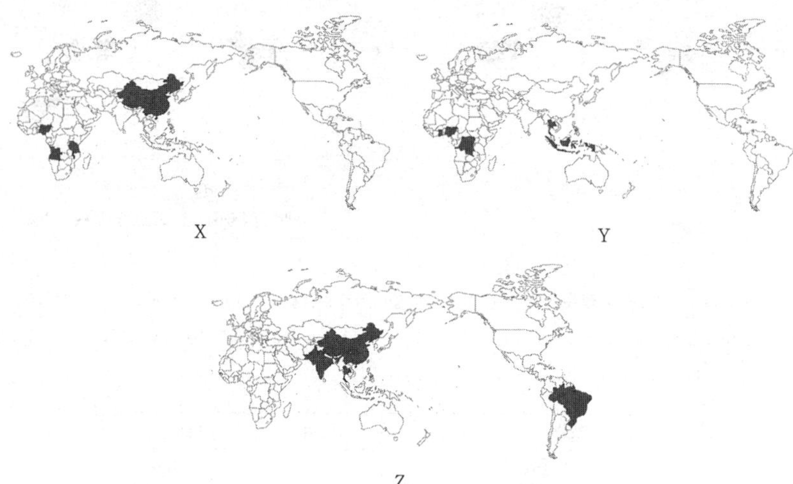

『世界国勢図会』2022/23年版による。

	X	Y	Z
a	かんしょ	キャッサバ	サトウキビ
b	かんしょ	サトウキビ	キャッサバ
c	キャッサバ	かんしょ	サトウキビ
d	キャッサバ	サトウキビ	かんしょ
e	サトウキビ	かんしょ	キャッサバ
f	サトウキビ	キャッサバ	かんしょ

（3）　下の図は、4つの野菜・果実の生産量上位5位（2020年）までの国を示したものである。図のa～dは、オレンジ類、ぶどう、すいか、バナナのいずれかに対応している。すいかはどれか。

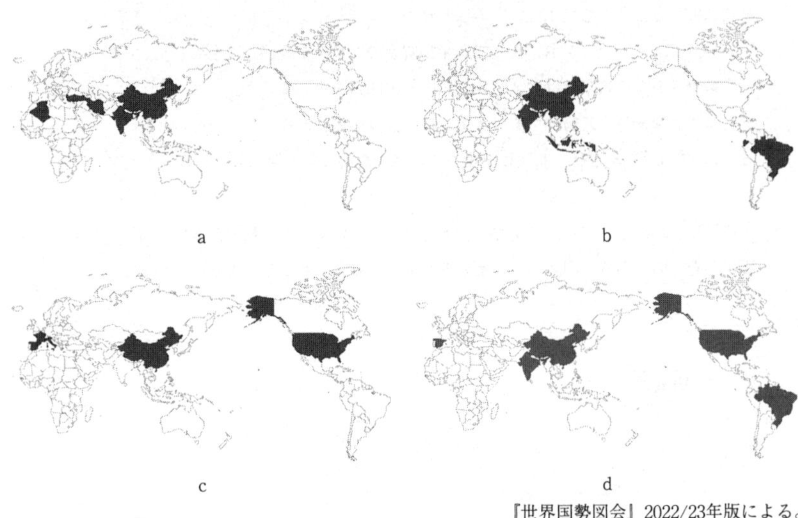

『世界国勢図会』2022/23年版による。

（4）　下の表は、4か国の穀物、いも類、豆類、肉類の農産物自給率（2019年）を示したものである。表中のa～dは、アメリカ合衆国、インド、オーストラリア、中国のいずれかに対応している。インドはどれか。

	穀物	いも類	豆類	肉類
a	182	92	221	166
b	116	102	136	114
c	110	97	88	117
d	99	87	79	83

単位：%。『世界国勢図会』2022/23年版による。

（5）　下の表は、６つの地域の総就業人口に占める農林水産業就業人口の割合と国土に占める農地割合を示したものである（いずれも2019年）。表中のａ～ｄは、アジア、ヨーロッパ、北中アメリカ、南アメリカのいずれかに対応している。南アメリカはどれか。

	総就業人口に占める農林水産業就業人口の割合（％）	国土に占める農地割合（％）
アフリカ	49.0	36.9
a	29.7	52.1
b	12.3	30.2
オセアニア	11.6	43.8
c	6.4	25.8
d	5.3	19.8

『世界国勢図会』2022/23年版による。

（6）　下の図は、４つの野菜・果実について、収穫量上位５位までの都道府県を示したものである。図のａ～ｄは、いちご、すいか、日本なし、もものいずれかに対応している。ももはどれか。

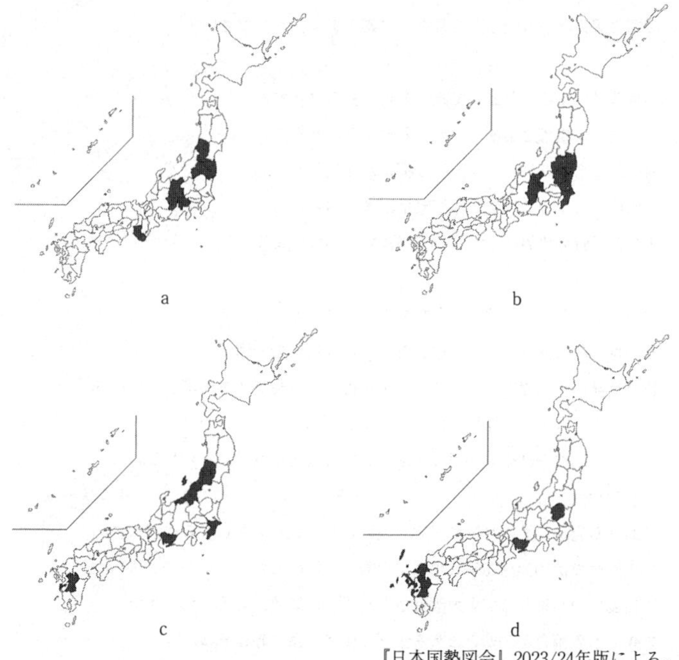

『日本国勢図会』2023/24年版による。

（7）　林業および水産業に関する説明として誤りを含むものはどれか。

ａ．新型コロナウイルス感染症拡大の影響により、木材価格が世界的に高騰した。

b．日本では、用材供給量に占める輸入用材の割合が拡大を続けている。

c．世界的にみて、漁獲量よりも養殖業生産量の方が大きい。

d．日本では、沿岸漁業の漁獲高よりも沖合漁業の漁獲高の方が大きい。

（8） 下の表は、日本の養殖業におけるこんぶ類，真珠，ほたてがい，まだいについて、収獲量上位3位の道県および全国に占めるその割合（%）を示したものである。ほたてがいはどれか。

	1位		2位		3位	
a	青森	48	北海道	46	宮城	4
b	北海道	75	岩手	22	宮城	3
c	愛媛	54	熊本	14	高知	11
d	長崎	41	愛媛	34	三重	16

『日本国勢図会』2023/24年版による。

〔Ⅳ〕 以下の設問に答え、最も適当な記号を1つ選んでマークしなさい。

（1） 日本の集落に関する説明として誤りを含むものはどれか。

a．扇状地では集落は扇端において発達することが多い。

b．河口部に形成される三角州には都市が発達しやすい。

c．洪水被害の多い地域では環濠集落が多くみられる。

d．山地と平野の境界にできる谷口集落には物資が集まる。

（2） 村落に関する説明として誤りを含むものはどれか。

a．ヨーロッパの森林地帯に発達した林地村は列村の一種である。

b．乾燥気候の地域ではオアシスなど水が得られる場所に村落がつくられる。

c．アメリカ合衆国では開拓期にタウンシップ制による集村がつくられた。

d．日本では砺波平野や大井川扇状地などで典型的な散村がみられる。

（3） 日本における過疎とその対策に関する説明として誤りを含むものはどれか。

a．農山漁村では1960～70年代に人口が著しく減少した。

b．人口流出の対策として土地改良事業や工場の誘致が進められてきた。

c．老年人口の割合が50%をこえる集落は限界集落と呼ばれる。

d．過疎地域の指定を受けている地域は国土面積の約3割である。

（4） 都市部に居住する人口に関する説明として誤りを含むものはどれか。

a．世界人口の50％以上が都市部に居住している。

b．イギリスでは人口の90％以上が都市部に居住している。

c．中国では人口の50％以上が都市部に居住している。

d．日本では人口の90％以上が都市部に居住している。

（5）都市の緯度に関する説明として誤りを含むものはどれか。

a．チュニスの緯度はハノイより高い。

b．ブラジリアの緯度はキャンベラより高い。

c．ミュンヘンの緯度はデトロイトより高い。

d．リヤドの緯度はシンガポールより高い。

（6）世界の首都に関する説明として正しいものはどれか。

a．エジプトの首都は地中海に面しており港湾機能が発達している。

b．ドイツの首都は一極集中が進むプライメートシティである。

c．ベルギーの首都はイギリスの首都と高速鉄道で結ばれている。

d．マレーシアの首都は同国の島嶼部と半島部のうち島嶼部にある。

（7）下の表は、4つの国における人口上位3位までの都市について、郊外を含む都市人口がそれぞれの国の人口に占める割合（%）を示したものである。表中のa～dは、アメリカ合衆国、オーストラリア、カナダ、メキシコのいずれかに対応している。カナダはどれか。

	a	b	c	d
第1位	20.5	17.3	17.2	5.7
第2位	19.6	4.1	11.4	3.9
第3位	9.7	4.1	7.2	2.8

人口は2021年、都市人口はアメリカ合衆国、カナダ、メキシコが2020年、オーストラリアが2019年。
『世界国勢図会』2022/23年版による。

（8） 下の図は、日本の4つの道県の人口およびその道県庁所在都市の人口が道県の人口に占める割合を示したものである（2020年）。図中のａ～ｄは、熊本県、静岡県、長野県、北海道のいずれかに対応している。静岡県はどれか。

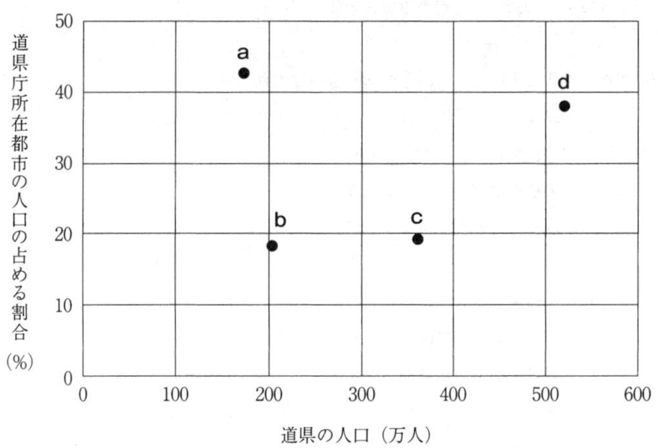

2020年国勢調査結果による。

〔Ｖ〕 次の文章を読み、以下の設問に答え、最も適当な記号を１つ選んでマークしなさい。

1972年、［　X　］において国連人間環境会議が開催された。環境問題全般に関する最初の大規模な国際会議であり、同年、①この会議で採択された理念を実行に移すための国際機関が設立された。

1980年代には②オゾン層の破壊とその影響が問題視されるようになり、1987年にオゾン層保護のための国際的な枠組みを定めた議定書が締結された。

1992年、［　Y　］において③「環境と開発に関する国連会議（地球サミット）」が開催された。この会議においては、環境に関する問題解決に向けた包括的な行動計画である「アジェンダ21」のほか、④その後の国際的な環境政策の根幹となる条約が締結された。

地球サミットから10年後の2002年にはヨハネスバーグ、そのさらに10年後には再び［　Y　］において国連の会議が開かれるなど、国際社会は環境問題の解決を目指して模索を続けてきた。そして、⑤2015年に開催された国連総会において「我々の世界を変革する」と題された行動計画が全会一致で採択された。

日本で開催された国際会議において採択されたものとしては「京都議定書」がよく知られている。地球温暖化対策として具体的な⑥温室効果ガス削減目標を定めたものであったが、その実効性には課題もあった。この地球温暖化対策は、2015年に［　Z　］で開催された会議で採択された⑦協定に受け継がれている。

（1） 文章中のX～Zに当てはまる都市の組み合わせとして正しいものはどれか。

	X	Y	Z
a	ストックホルム	パリ	リオデジャネイロ
b	ストックホルム	リオデジャネイロ	パリ
c	パリ	ストックホルム	リオデジャネイロ
d	パリ	リオデジャネイロ	ストックホルム
e	リオデジャネイロ	ストックホルム	パリ
f	リオデジャネイロ	パリ	ストックホルム

（2） 下線部①に関して、機関名と本部所在地の組み合わせとして正しいものはどれか。

	機関名	本部所在地
a	UNCTAD	ジュネーヴ
b	UNCTAD	ナイロビ
c	UNEP	ジュネーヴ
d	UNEP	ナイロビ

（3） 下線部②に関する説明として誤りを含むものはどれか。

a．オゾン層は太陽から放射される有害な紫外線を吸収する働きをしている。

b．オゾン層の破壊が顕在化し、生物への悪影響や健康被害が懸念された。

c．オゾン層破壊の原因であるフロンは、温室効果ガスとしても問題視されている。

d．世界的な対策が進み、オゾンホールは1980年代のレベルにまで縮小してきている。

（4） 以下の４つの文章は、環境に関する国際会議で採択された宣言文または行動計画からの抜粋である。上記の下線部③の会議で採択されたものはどれか。

a．この偉大な共同の旅に乗り出すにあたり、我々は誰も取り残されないことを誓う。人々の尊厳は基本的なものであるとの認識の下に、目標とターゲットがすべての国、すべての人々及び社会のすべての部分で満たされることを望む。

b．人類は、持続可能な開発への関心の中心にある。人類は、自然と調和しつつ健康で生産的な生活を送る資格を有する。

c．我々は、万人のための人間の尊厳の必要性を認識した、人間的で、公正で、かつ、思いやりのある地球社会を建設することを公約する。

d．我々は歴史の転回点に到達した。いまや我々は世界中で、環境への影響に一層の思慮深い注意を払いながら、行動をしなければならない。

(5) 下線部④に関する説明として誤りを含むものはどれか。

a．気候変動枠組条約には国連加盟国すべてが参加している。

b．気候変動枠組条約の締約国会議は2年に1回開催される。

c．生物多様性条約にはアメリカ合衆国は参加していない。

d．生物多様性条約の締約国会議は日本で開催されたことがある。

(6) 下線部⑤の会議で設定されたSDGs (Sustainable Development Goals) に関する説明として誤りを含むものはどれか。

a．17の目標と169のターゲットによって構成されている。

b．2030年までの目標達成が国際的に目指されている。

c．カナダのSDGs達成度は世界10位以内に位置している。

d．日本ではSDGs未来都市が認定されている。

(7) 下線部⑥に関して、下の表は、5か国およびEUの温室効果ガス排出量割合（1990年・2019年）ならびに一人あたり二酸化炭素（CO_2）排出量（2019年）を示したものである。表中のa～dは、EU、インド、中国、日本のいずれかに対応している。日本はどれか。

	温室効果ガス排出量割合（%）		一人あたり CO_2 排出量（t）
	1990年	2019年	
アメリカ合衆国	22.0	13.9	14.44
a	15.3	7.3	5.92
ロシア	11.6	5.9	11.36
b	10.2	28.2	7.07
c	4.6	2.8	8.37
d	2.6	6.4	1.69
世界計	100.0	100.0	4.39

EUの数値（1990年、2019年）は27加盟国（2023年現在）の合計値を示す。
『世界国勢図会』2022/23年版による。

(8) 下線部⑦に関する説明として誤りを含むものはどれか。

a．1990年を基準として気温上昇を1.5℃未満に抑えることを努力目標としている。

b．すべての締約国が温室効果ガスの削減目標を定め、その達成のための義務を負う。

c．先進国の責任を明確化し、先進国が発展途上国を援助することが定められている。

d．アメリカ合衆国は締約国から一時的に離脱したが、大統領交代後に復帰した。

数　学

(60 分)

〔1〕

次の文章中の □ に適する式または数値を，解答用紙の同じ記号のついた □ の中に記入せよ．途中の計算を書く必要はない．

(1)　$a=\dfrac{(\sqrt{2}+\sqrt{5})^2-7-\sqrt{10}}{3\sqrt{2}-4+2\sqrt{2}\,|1-\sqrt{2}|}$ とし，a の整数部分を b，小数部分を c とする．

(i) $c=$ [ア] である．

(ii) $\dfrac{ab}{c(c+2)^2}=$ [イ]，$c^4-\dfrac{1}{c^4}=$ [ウ] である．

ただし，[ア]，[イ]，[ウ] はすべて分母を有理化した数値で答えよ．

(2)　赤玉が 6 個，白玉が 2 個，黒玉が 1 個，合計 9 個の玉があり，これらすべての玉を横一列に並べる．なお，解答は既約分数にすること．

(i) 両端が赤玉になる確率は [エ] である．また，白玉が隣り合う確率は [オ] である．

(ii) 2 個の白玉の間に黒玉がくる確率は [カ] である．ただし，白玉と黒玉の間に赤玉が並んでいる場合も含む．また，このとき，9 個の玉の中央が黒玉である条件付き確率は [キ] である．

〔2〕

次の文章中の □ に適する式または数値を，解答用紙の同じ記号のついた □ の中に記入せよ．途中の計算を書く必要はない．

(1)　a を負の実数とし，方程式 $x^2+y^2+2ax+4ay=10a+5$ が表す円を C とする．

(i) 円 C が原点を通るとき，円 C の中心の座標は [ア] である．

(ii) 円 C は a の値にかかわらず点 [イ] を通る．また，円 C が直線 $y=2x+5$ と接するとき，$a=$ [ウ] である．

ただし，[ア]，[イ] は $(p,\ q)$ の形で答えよ．

(2)　数列 $\{a_n\}$，$\{b_n\}$ を，$a_1=1$，$b_1=0$，$a_{n+1}=\dfrac{1}{2}a_n+\dfrac{5}{2}b_n$，$b_{n+1}=\dfrac{5}{2}a_n+\dfrac{1}{2}b_n$　$(n=1,\ 2,\ 3,\ldots)$ で定める．

(i) 数列 $\{a_n+b_n\}$ の一般項は，$a_n+b_n=$ [エ] である．また，数列 $\{a_n-b_n\}$ の一般項は，$a_n-b_n=$ [オ] である．

(ii) 数列 $\{a_n\}$ の一般項は，$a_n=$ [カ] である．また，$a_n \geqq 2024$ を満たす最小の自然数 n は $n=$ [キ] である．

〔3〕　関数 $f(x)$ について，

$$f(x)=x^3+\int_{-1}^{1}x^2f(t)dt+\int_{-1}^{1}xf'(t)dt+\int_{0}^{1}\left\{tf'(t)-\frac{5}{4}\right\}dt$$

が成り立つとする．また，$a=\int_{-1}^{1}f(t)dt$，$b=\int_{-1}^{1}f'(t)dt$ とおく．このとき，次の問いに答えよ．

(1)　$f'(x)$ を x，a，b を用いて表せ．

(2)　$c=\int_{0}^{1}\left\{tf'(t)-\frac{5}{4}\right\}dt$ とおくとき，c を a，b を用いて表せ．

(3)　関数 $f(x)$ を求めよ．

(4)　関数 $f(x)$ の極大値と極小値の差を求めよ．

へ　親王と出会った後の陳氏

問十四　空欄Ⅳにあてはまる二字の言葉を問題文から抜き出して記しなさい。

ニ　再びお尋ねになったので
ホ　再びお尋ねするならば
ヘ　再びお答えしたところ

問十　傍線部⑫「きこえさせつ」を現代語訳しなさい。

問十一　空欄Ⅲに入る言葉として最も適当なものを次のイ〜ホから一つ選び、その符号をマークしなさい。

イ　御袴　ロ　御袖　ハ　御裾　ニ　御帯　ホ　御紐

問十二　傍線部⑬「契りおきし……中川の水」の歌の説明として適当ではないものを次のイ〜ホから一つ選び、その符号をマークしなさい。

イ　「契りおきし」の「し」は動詞の連用形に接続している。
ロ　「契りおきし」の「し」は過去の助動詞「き」の連体形である。
ハ　「くま」は「翳り（かげり）」の意である。
ニ　「くまやなかりけむ」は反語表現である。
ホ　「すみぬ」には「住みぬ」と「澄みぬ」が掛けられている。

問十三　傍線部⑭「いやしからぬありさま」は、いつの、誰の様子か。その説明として最も適当なものを次のイ〜ヘから一つ選び、その符号をマークしなさい。

イ　陳氏と出会う前の親王
ロ　陳氏と出会った後の親王
ハ　陳氏と別れる前の徳言
ニ　陳氏と再会した後の徳言
ホ　親王と出会う前の陳氏

イ　徳言の髪　　ロ　陳氏の髪　　ハ　鏡に宿った神
ニ　二人が出会った当時　　ホ　二人が別れた当時

問六　傍線部⑧「おぼつかなからず」の文法的説明として最も適当なものを次のイ〜ホから一つ選び、その符号をマークしなさい。
イ　動詞＋助動詞　　ロ　動詞＋形容詞＋助動詞　　ハ　動詞＋助動詞＋助動詞
ニ　形容詞＋助動詞　　ホ　形容詞＋助詞

問七　空欄Ⅱに入る言葉として最も適当なものを次のイ〜ホから一つ選び、その符号をマークしなさい。
イ　すき心　　ロ　あだし心　　ハ　うつし心　　ニ　ふた心　　ホ　した心

問八　傍線部⑩「さすがにおぼえて」とあるが、その時の陳氏の心情として最も適当なものを次のイ〜ホから一つ選び、その符号をマークしなさい。
イ　今さら徳言との復縁はあり得ないと思っている
ロ　親王に疑われることに嫌悪感を抱いている
ハ　これまでお世話になった親王に対し気が引けている
ニ　親王との暮らしを忘れ去ることが出来ずにいる
ホ　割れた鏡の持ち主のことが気がかりでいる

問九　傍線部⑪「しひてのたまはすれば」の現代語訳として最も適当なものを次のイ〜へから一つ選び、その符号をマークしなさい。
イ　無理にお尋ねになったので
ロ　無理にお尋ねするならば
ハ　無理にお答えしたところ

④ はらから
イ 祖父母
ロ 子ども
ハ 兄弟姉妹
ニ 配偶者
ホ 親類縁者

⑤ よもに
イ 万が一にも
ロ あちこちに
ハ 手を携えて
ニ 遠くに
ホ 多くは

⑨ おぼえず
イ 記憶を失い
ロ 過去を思い出し
ハ 似ても似つかず
ニ 思いがけず
ホ 胸に押しとどめられず

問二 傍線部②「ふ」を漢字一次で記しなさい。

問三 空欄Ⅰにあてはまる三字の言葉を問題文から抜き出して記しなさい。

問四 傍線部⑥「契りしことを忘れぬらむ」の解釈として最も適当なものを次のイ〜ホから一つ選び、その符号をマークしなさい。

イ 約束を忘れてしまっているのだろうか
ロ 約束を忘れていないに違いない
ハ 約束を忘れないでいるのだろうか
ニ 約束を忘れてしまうに違いない
ホ 約束を忘れないに違いない

問五 傍線部⑦「そのかみ」の解釈として最も適当なものを次のイ〜ホから一つ選び、その符号をマークしなさい。

女のありさま互ひに⑧おぼつかなからず知り交はしつ。女、これを聞きけるより、⑨おぼえず悩ましき心地うちそひて、Ⅱならぬ気色を見とがめて、親王あやしみ問ひ給ふを、⑩さすがにおぼえて、しばしば言ひまぎらはしけれど、⑪しひてのたまはすれば、わびしながらありのままに⑫きこえさせつ。親王これを聞き給ふに、Ⅲもしぼりあへず、あはれにいみじくおぼされけるにや、よそほひいかめしきさまに出だしたてて、昔の男のもとへ送り遣はしたるに、徳言限りなくうれしきにつけても、まづ涙ぞ先立ちける。

⑬契りおきし心にくまやなかりけむふたたびすみぬ中川の水

⑭いやしからぬありさまを振り捨てて、昔の契りを忘れざりけむ人よりも、Ⅳの御なさけは、なほたぐひあらじや。

（『唐物語』より）

（注）＊増鏡…鏡の美称。
＊したもへ…人知れず心の中で恋い焦がれること。

問一　傍線部①「あひ具し」、③「さながら」、④「はらから」、⑤「よもに」、⑨「おぼえず」の意味として最も適当なものを次のイ～ホからそれぞれ一つずつ選び、その符号をマークしなさい。

① あひ具し
イ　贈り物をし
ロ　並んで歩き
ハ　釣り合いが取れ
ニ　仕えさせ
ホ　連れ添い

③ さながら
イ　残らず
ロ　あたかも
ハ　そうとはいえ
ニ　急いで
ホ　逃げながら

ホ　「浮き世」を楽しむ「垢抜け」した人は、他者といかに関わるべきかを模索し、手管を尽くして異性との調和を持続させることができる。

次の文章を読んで、後の問に答えなさい。

昔、徳言といふ人、陳氏ときこゆる女に①あひ具したりけり。かたちいとをかしげにて、心ばへなど思ふさまなりければ、互ひに浅からず思ひ交はして年月を②ふるに、思ひのほかに世の中乱れて、ありとある人、高きもいやしきも③さながら山、林に隠れまどひぬ。さりがたき親④はらからも⑤よもにたち別れて、おのが様々逃げさまよへる中に、この人別れを惜しむ心、誰にもすぐれたりければ、人知れずもろともあひ契りけり。「我も人もいづかたとなくうせなむ後、おのづから［Ⅰ］しづまりて、またもあひ見ることありなむものを、そのほどのありさまをばいかでか互ひに知るべき」ときこえさするに、女の年ごろ持ちたりける鏡を中より切りて、おのおのそのかたがたを取りて、「月の十五日ごとに市に出だして、この鏡の半ばをたづねさするものならば、必ずあひ見て互ひにそのありさまを知るべし」と言ひつつ、いといたううち泣きて別れ去りぬ。

その後、この夫、恋しさわりなくおぼえて、いたづらに月日を過ぐすままに、いかなる人に心をうつして⑥契りしことを忘れぬらむと、胸の苦しさ押さへがたくぞおぼえける。

　*増鏡われて契りし⑦そのかみの影はいづちかうつりはてにし

かやうに思ひやりけるにしも、色かたちのなまめかしくはなやかなるにやめで給ひけむ、時の親王にておはしける人に限りなく思しかしづかれて年月をふるに、ありしには似るべくもなきありさまなれど、この鏡のかたがたを市に出だしつつ、昔の契りをのみ心にかけて世の常は*したもへにてのみ過ぐしけるに、鏡の割れ持ちたる人とてたづねあひて、男、明した言葉を問題文から二十五字で抜き出して記しなさい（句読点、記号等も字数に含むものとする）。

問八　傍線部C「垢抜け」とはどういうことか。最も適当なものを次のイ～ホから一つ選び、その符号をマークしなさい。

イ　華やかだが嫌みでない装いをすることで、相手の視線を惹きつけること

ロ　苦しみに満ちた人生を経験することで、この世には喜びなど全くないと諦めて何も期待しなくなること

ハ　絶え間なく移ろいゆく人の世のはかなさを悟り、運命に身を任せて日々を楽しもうとすること

ニ　川の流れのように浮き沈みの激しい社会から逃れて、全力でただ一人を愛しつづけること

ホ　どれほど努力しても報われない社会に見切りをつけて、浮き草のように生きること

問九　傍線部D「こうした「批判的知見」に基づく「諦め」の世界観」とあるが、それを言い換えた言葉を問題文から十字以内で抜き出して記しなさい（句読点、記号等も字数に含むものとする）。

問十　九鬼周造は「文学の形而上学」や「日本詩の押韻」など日本文学を取り上げた論考を残しており、その中で永井荷風に触れている。永井荷風の著作を次のイ～ホから一つ選び、その符号をマークしなさい。

イ　濹東奇譚　　ロ　蒲団　　ハ　夜明け前　　ニ　高野聖　　ホ　春琴抄

問十一　問題文の内容と合致するものを次のイ～ホから一つ選び、その符号をマークしなさい。

イ　「いき」は、フランスのコケットリーと並び称される日本固有の世界観を表す美意識であり、国際的に高く評価されている。

ロ　「いき」の「諦め」は、無常に流転する「苦界」をありのままに受け止める態度であり、輪廻からの解脱を目ざす仏教的価値観を背景とする。

ハ　「いき」に生きるためには、人生の悲哀を味わい、そこから解き放たれた上で、それをもとに人生を理解する必要がある。

ニ　「いき」の「媚態」の二元性は特に性的関係について言われるが、人種や階級など他の関係にも当てはめられる。

③　恬淡無碍
イ　損得を考えない
ロ　私利私欲がない
ハ　頑固ではない
ニ　何事も考慮しない
ホ　物事にとらわれない

問四　次の一文が入る箇所として最も適当なものを問題文の【イ】〜【ホ】から一つ選び、その符号をマークしなさい。
そのような「媚態」こそ「いき」であり、九鬼はそれを「垢抜して（諦）、張のある（意気地）、色っぽさ（媚態）」とまとめた。

問五　空欄甲に入る言葉として最も適当なものを次のイ〜ホから一つ選び、その符号をマークしなさい。
イ　さらに　ロ　なおさら　ハ　なぜなら　ニ　しかし　ホ　それゆえ

問六　傍線部A「動的な二元性」とはどのようなことか。最も適当なものを次のイ〜ホから一つ選び、その符号をマークしなさい。
イ　相手に惹かれながらも、結ばれるかと思えば離れるような、駆け引きに興じること
ロ　いきなり近づくのでなく、お互いの間合いを慎重に詰めていき、長時間かけて「合同」することで緊密な関係を取り結ぶこと
ハ　相手を手に入れられないという無力感を心に秘めながらも、せめて一瞬だけでも相手と結ばれたいと恋い願うこと
ニ　恋する自分のあり方を自分だけでなく他者の視線からも理解することにより、二人の希望に満ちた未来を思い描けること
ホ　お互いに背を向けて気のない素振りを見せつけ、さらに他の恋人を見つけて多元的な関係に戯れること

問七　傍線部B「自己が他者の視線に囚われてしまう可能性」とあるが、これを克服するためには何が必要か。それを説

ⓕ 年マ
イ マっ当ならざる意見
ロ 割りマしされた業務
ハ マの当たりにする
ニ マい上がった気分
ホ マき上げられた貯金

問二 傍線部ⓒ「翻し」、ⓓ「象られ」、ⓔ「厭世」の読みを、送り仮名も含めてすべてひらがなで記しなさい。

問三 傍線部①「畢竟」、②「瀟洒」、③「恬淡無碍」の意味として最も適当なものを次のイ～ホからそれぞれ一つずつ選び、その符号をマークしなさい。

① 畢竟
イ おおよそ
ロ 周知のとおり
ハ 驚くべきことに
ニ おそらくは
ホ つまるところ

② 瀟洒
イ 派手に見せびらかそうとするさま
ロ 品があり、すっきりとしているさま
ハ 他人を惹きつける魅力があるさま
ニ 細部までこだわりをもつさま
ホ 慎ましい可愛らしさがあるさま

を可能にするのが世界と人生に対する「批判的知見」に支えられた軽やかな諦めなのである。

Dこうした「批判的知見」に基づく「諦め」の世界観をもって「いき」な「媚態」をしかけることができるのは、育ちの良い素人娘でもなければ、若い肉体を武器にする芸者でもない。「流れのうき身」と軽やかに諦めるには、辛いことがありながらもやがてそれが変わっていくという経験がなければならない。しかも、単に経験があればいいわけでもない。「つれない浮き世の洗練を経て」と言われるように、その経験を人生の知として昇華させることで、ようやく獲得されるのが「諦め」の世界観である。それは苦労を積み重ね「諦め」て浮き世を棄てることではない。明るいニヒリズムとでもいうべき態度をもって、浮き世を楽しもうとすること、そのなかで他者といかに関わるべきかを模索する態度といえる。だからこそ、「いき」な姿は「人生の表裏に精通し、執着を離れた淡泊な境地……重苦しくなく、崩れていながら軽妙な美しさ」とも言われ、一般にその典型はⓕ年マの芸者に見出されてきた。

（宮野真生子『言葉に出会う現在』より）

（注）＊九鬼周造…近代日本を代表する哲学者の一人。京都学派に属する。

問一　傍線部ⓐ、ⓑ、ⓕのカタカナの部分を漢字で書いたとき、傍線部に同一の漢字を使うものを次のイ～ホからそれぞれ一つずつ選び、その符号をマークしなさい。

ⓐ　ジョウ梓

イ　ジョウ状酌量の余地がない
ロ　ジョウ降客が一人もいない
ハ　収入がジョウ昇しない
ニ　人気のないジョウ址
ホ　ジョウ長な話を聞かされる

ⓑ　内ホウ

イ　ホウ弾を放つ
ロ　ホウ沫候補
ハ　ホウ問者がなく寂しい
ニ　ホウ容力がない人
ホ　ホウ壊する国家

たのために何でもします、どうにでもしてください」と言ったところで、相手が「どうにか」してくれるとは限らない。他者が自己に対し、どのような反応を返すのかは全くの未知であり、一旦こちらを振り向いてくれたとしても、心変わりすることもあるだろう。このような人の心のわからなさを知っておくこと、それが「いき」の第三の特徴「諦め」である。九鬼はそれを「運命に対する知見に基づいて執着を離脱した無関心」、「現実に対する独断的な執着を離れた②瀟洒として未練のない③恬淡無碍の心」と言った。恋をすれば叶うのだ、などという「独断的な執着」を持つことなく、合同したとしても、それが永遠に続くなどとは思わない「恬淡無碍の心」を持つこと、それが「運命に対する知見」に基づく「諦め」である。【ニ】

「意気地」が他者に対して自己を保つ強さである一方、「諦め」は他者が自己の思いのままにはならないことの理解であり、他者をわかりえない他者として保つ態度であると言える。他者に取り込まれることを「意気地」において拒否して自己を守り、他者を取り込むことの不可能を「諦め」をもって知ることで、他者を尊重する。そのとき、自己と他者はいずれに取り込まれることなく、二元を保って互いに働きかける「可能的関係」を作ることができる。【ホ】

では、「いき」はなぜ二元性を保つ媚態を求めるのか。そこには男女関係、ひいては人間の生に対しての一定の見方、いわば世界観が存在する。媚態の理想的形は、フランスのコケットリーに代表されるように、古今東西様々に語られてきた。そのなかで「いき」を特異な媚態にするのは、「諦め」がもつ「運命に対する知見」である。それは、この世を無常にⓓ象られ流転する「苦界」、己が身を「浮かみもやらぬ、流れのうき身」と捉える世界と人生への見方であり、単なる男女関係の機微を説くにとどまらぬ、まさに世界観であった。だからといって「いき」の「諦め」は、単にⓔ厭世的になることを指すのではない。たしかに、この世は辛い「憂き世」で、誰もそうした運命から逃れられない。苦しい失恋も他人の気持ちの変わりやすさもありふれた事柄で、どんなに苦しんでもすべてはいずれ消えてゆく。「憂き世」は等しく「浮き世」でもある。ならばせめて浮き草らしく、力を抜いて漂っていこう。「憂き世」をはかなむだけでなく、「浮き世」として楽しんでいこうとする態度がそこにある。こうした態度を、九鬼は「いき」における「ⓒ垢抜け」と呼ぶが、それは、相手の視線に合わせて意識的に自己のふるまいを変えることもある。それは、自己と他者の二つの視線で自らを捉えることであるゆえ、「二元的態度」と呼ばれる。こうした「二元的態度」の「媚態」は何を求めているのか。気になる相手に誘いをかけるという意味では、相手を手に入れることを目的としていると思われるかもしれない。[甲]、九鬼によれば「いき」の「媚態」において重要なのは「合同」する（相手と結ばれる）ことではない。「媚態の要は、距離を出来得る限り接近せしめつつ、距離の差が極限に達せざることである。可能性としての媚態は実に動的可能性として可能である」と言われるように、相手を手に入れ合同したい、一元化したいとがむしゃらに求めるのではなく、時に身をⓒ翻し、距離と間合いを測りながら、二元の駆け引きを遊ぶこと、それこそが「いき」の基礎となる「媚態」であった。「いき」が見せる具体的な美的要素としてあげられる「色っぽさ」や「あだっぽさ」はこのA動的な二元性にこそ宿る（もちろん、媚態の色っぽさだけで「いき」になるわけではないが）。だが、相手に心惹かれれば、その人と一緒になりたいと願うのは当たり前のことであり、二元にとどまることは難しい。そのため、二元を保つためのストッパーが必要になる。それが残り二つの特徴であり、「いき」を独特の色っぽさに仕上げるものである。【ロ】

　第二の特徴「意気地」は、「媚態でありながらなお異性に対して一種の反抗を示す強みをもった意識」と言われ、九鬼はそれを相手に対する「一種の反抗」と言い、「気概」あるいは「誇り」と呼びかえている。「媚態」において、自己は相手の眼を意識し、そのとき自己の存在が二元化していることを先に指摘したが、その裏面にはB自己が他者の視線に囚われてしまう可能性がある。つまり、「自分の姿は彼女にどう見られているだろう」という意識は、「どうしたら彼女に好かれるだろう」と相手の視線だけを意識し、言いなりになる危険がある。だが、それは相手の視線に従属し自己を失っている状態であり、自己と他者の二元ではなく、他者に吸収されている状態にすぎない。「媚態」において相手の視線を捕らえつつ、しかしそれに服従しない強さ、それが「意気地」である。この「意気地」こそ、花街の女性と客の関係を単に金のやり取りにせず、緊張感あるものにするために必要なものであった。【ハ】

　だが一方で、人の心は移り気なもの、それが花街であればなおのことである。たとえば、媚態で誘いをかけて、「あな

国語

（七五分）

一　次の文章を読んで、後の問に答えなさい。

*九鬼周造はパリで「「いき」の本質」という論文を書き、帰国後の一九三〇（昭和五）年に『「いき」の構造』をⓐジヨウ梓した。その序で彼は「「いき」とは①畢竟わが民族に独自な「生き」かたの一つ」と記しているが、「いき」は決して日本で広く見られる生き方ではなく、江戸時代後期の深川の花街に起源をもつ特殊な美意識である。周知のとおり、花街とは、金銭を媒介にして男女関係が繰り広げられる場所である。しかし、その場を楽しむには財力があればいいわけではない。「傾城（＝花魁）は金で買うものにあらず、意気地で代えると心せよ」と言われたように、花街での関係には文化的な規範が存在し、それに基づき男女関係を築ける者が理想とされた。その規範を導く美意識が「いき」である。【イ】

では、「いき」とはどのような男女関係を理想とする美意識なのか。九鬼はそれを『「いき」の構造』第二章「「いき」のⓑ内ホウ的構造」で、「媚態」「意気地」「諦め」の三つの特徴から分析している。まず「いき」の基礎になるのは、第一の特徴「媚態」である。「媚態」とは、「一元的の自己が自己に対して異性を措定し、自己と異性との間に可能的関係を構成する二元的態度である」と言われるように、気になる相手に誘いをかける態度を指す。相手に近づき、誘いをかけるとき、「彼／彼女は私をどう見ているのだろうか」と相手の視線を意識し、自己のあり方を見返すだろう。場合によって

解答編

英語

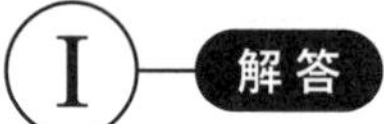

A. (1)ー b　(2)ー d　(3)ー b　(4)ー d　(5)ー d
(6)ー d

B. (ア)ー a　(イ)ー d　(ウ)ー c　(エ)ー b

C. (i)ー a　(ii)ー b　(iii)ー c

D. 全訳下線部参照。

全訳

《犯罪予測システムの現状》

1　犯罪を予測するという考えには，聞きなじみがある。2002 年の映画『マイノリティ・リポート』の冒頭は記憶に残っているかもしれない。時は 2054 年。警察官が壁一面のコンピューター・ディスプレイの前に立ち，まるで大きなタブレットで作業しているかのように，表示画面を広げたり，画像をドラッグしたりしている。彼はすでに殺人事件の被害者と，それにかかわった犯罪者を知っている。殺人が起きる時間も特定できる。そして犯罪はまだ起きていない。その警察官は今，殺人が起こるであろう場所を正確に特定する必要がある。そして，警察官はチームを率いて犯行現場に急行し，犯人が犯行に及ぶ前に逮捕するのだ。

2　この映画は純粋なファンタジーである。この話の中では，特定の個人が未来を見通す能力を持っている。こんなことは起こらないだろう。しかし，ビッグデータは未来を統計的に予測するための最良の希望を確かに与えてくれる。これは 2054 年が舞台の SF ではない。プレッドポルと呼ばれるシステムを使って，アメリカやイギリスの街中で今起きていることなのである。

3　限られた警察資源をやりくりするために，プレッドポルを利用する警察が増えている。このようなシステムは，特定の人物が決まった時間に犯罪を実行すると断定するのに，100パーセント正確であるというわけではない。しかしこのシステムは都市を小規模なエリアごとに分割し，過去の犯罪データを場所ごとに査定しており，これは豊富で効果的な履歴を持つパターンを探すために問題をマッピングするというアプローチを反映している。

[4] さかのぼること19世紀，ロンドンの医師ジョン=スノウは，市内で発生したコレラの大流行の原因を特定するため，世帯ごとの水道使用状況のマップを作成した。彼はコレラの発生パターンから，この病気が特定の給水ポンプによって広がっていることを示すことに成功した。スノウはそのポンプから取っ手を外して，使い物にならないようにし，病気の蔓延は食い止められた。後に，下水が建物からその給水設備に漏れていることが判明した。スノウは，データを注意深く想像力豊かに活用することによって，当時，汚れた空気を病気の蔓延の原因として有力視していた医学的見解を一変させたのである。

[5] スノウのように，ビッグデータ主導のプレッドポルにできるのは，犯罪が最も起こりそうな場所を予測することだ。そのような予測が立てば，警察官をその地域のパトロールに派遣することができ，乏しい資源を都市にとって最大の利益をもたらすように送り出すことができる。スノウが，水の供給が鍵だという直感に基づいて仕事をしたのに対し，プレッドポルには事前に決められた考えはない。オペレーターは，多くの潜在的なデータセットを追加する。例えば，銀行や，強盗のターゲットになりやすそうな場所はどこか，防犯カメラがどの程度普及しているか，といったデータセットだ。あるいは人通りの多さ，近隣に住む犯罪者の多さ，なども。もちろん，時間帯，曜日，祝日などの要素に加え，以前に犯罪が起きた場所もそうである。その後それらを総合して，警察官を派遣すべき場所を提案するのだ。現地に赴けば，警察は犯罪防止に関する統計をフィードバックすることができ，好ましい結果が得られた場合には，システムは最良の結果をもたらしたデータを強化する，というわけだ。

[6] これはまったく理にかなっている。警察が特定のマイノリティや集団に不当な注意を払うのではないかという懸念がしばしば生じる。しかし，このシステムは個人については何も知らないので，住民の年齢，民族的背景，

宗教的背景などに基づく差別的要素を組み込むことはありえない。それは資源を最大限に活用する。ある警察署がプレッドポルを試用したところ，無作為のパトロールに頼った場合と比較して，その警察官は10倍に及ぶ事件に対処することができた。しかしそれにもかかわらず，このシステムは，犯罪の報告方法ゆえに，特定の地域に対する危険な差別を引き起こす可能性がある。

7　実際，ほとんどの軽犯罪は報告されない。被害者が報告しないからである。また，警察のデータベースに記録されることもない。しかし，ある都市のある地域で犯罪が増加すると予測したシステムがあるとしよう。警察官はそこに行き，多くの軽犯罪に対応し，それがシステムに登録される。そして，この地域は特にその必要がある，として注目される。したがって，より多くの警察官がそこに出動する予定になっている。こうしたシステムのほとんどは，すべてのデータを使うか，重大犯罪に関するデータだけを使うかを選択できるようになっている。しかし，軽微な犯罪を含めたくなってしまう。それが，犯罪の解決率を上げる簡単な方法だからである。また，軽犯罪を含めると，この種の軽犯罪が頻発する貧困地区に特に注意が向けられる傾向がある。その結果，軽犯罪データを含めるという決定がなされたというだけで，いかなる人間ももたらさなかった一種の差別が生まれてしまうのである。

解説

A. (1)　asの直後に空所が置かれていることから，bのif（as if～で「まるで～であるかのように」の意）がつながると推測できる。実際，bを入れた状態での空所を含む箇所は，「まるで彼（警察官）が大きなタブレットで作業しているかのように」の意となる。

(2)　hurries（hurry「急いで行く」の3人称現在単数形）につながりうる前置詞は，選択肢中ではbのin「～の中に入って」およびdのto「～に向かって」のみ。空所の直後がthe crime scene「犯行現場」であることから，入れるべき選択肢はdのtoで，「（警察官は犯行現場）に向かって（急行する）」の意となる。

(3)　divides the city「都市を分割する」という語句に続いていることから考える。空所の直後がsmall-size areas「小規模なエリア」であることから，空所にはbのinto「～へ」を入れて，divides the city into small-size areas「都市を小規模なエリアへ分割する」という意味を完成させればよい。

(4)　第4段第2文（He was able …）では，スノウという医師が，コレラの市中蔓延の原因が一つの給水ポンプにあることを突き止めたということが述べられている。直後の空所を含む文では，「スノウはポンプから取っ手を外し，それを（　　　）状態にして，病気の蔓延は食い止められた」とあることから，スノウの行動によってポンプから水が流出することがなくなった，すなわちポンプが「使えなくなった」と考えるのが妥当である。したがって，d の useless「使えない」が正解。

(5)　空所のある第4段第5文（Snow changed medical …）は「スノウは，注意深く，そして（　　　）データの利用によって，当時，汚れた空気を病気の蔓延の原因として有力視していた医学的見解を一変させた」の意。空所は，use を修飾する形容詞であると考えられるので，いずれも名詞である a と c は除外される。また careful「注意深い」と並列されていることから，空所には肯定的な評価を表す形容詞が入るはずである。選択肢でこの条件を最もよく満たすのは d の imaginative「想像力豊かな」で，これが正解。b の imaginary は「架空の」の意味を表すため，文脈に適さない。

(6)　空所のある第5段第3文（Where Snow based …）では，where が「～であるのに対して」という意味の接続詞として用いられている。空所はその where 節内にあり，この節は「スノウが，水の供給が鍵である（　　　）直感に基づいて仕事をしたのに対して」という意味になっている。空所には，an instinct の具体的内容である the water supply was the key「水の供給が鍵である」という一文を導く接続詞が入る。このような機能を持つのは d の that で，an instinct that ～ で「～という直感」の意となる。

B. (ア)　pinned down は pin down「（事実など）を突き止める」の意味を持つ句動詞の過去形。選択肢の中でこれに最も近い意味を持つのは a の located「～を見つけた」で，これが正解。b は「～を注いだ」，c は「～を押した」，d は「～を治療した」の意。

(イ)　come up with ～ は「（考えなど）を思いつく，考え出す」の意。選択肢の中では，d の put forward「（案など）を提案する，提出する」がこれに最も近い意味を持つといえる。a は「〜を論じる」，b は「〜を諦める」，c は「〜を提出する」の意。

(ウ) make the most of 〜 は「〜を最大限に利用する」の意で，c の takes full advantage of「〜を最大限に活用する」が意味的に近い。a は「〜を最大限に説明する」，b は「〜を大部分埋め合わせる」，d は「〜を最大限に考える」の意。

(エ) in particular need は「(主語が) 特に必要としている」という意味の熟語。本文では，「パトロールや対策などを必要としている」ということである。a は「非常に役立つ」，b は「(主語が) 特に必要とされている」，c は「特別な利点のある」，d は「必ずしも必要とされていない」の意。選択肢の中では，「A が B を必要とする」は B の方向からすると「A に必要とされている」ということになると考えて，b が最も近いと判断する。

C. (i) 「本文によると，『マイノリティ・リポート』において，警察官は何をするか」

第1段第4〜最終文（A police officer … commit the crime.）で，警察官はあらかじめ殺人事件の被害者と犯人，時間がわかっており，それが発生する前に犯人を逮捕するという主旨のことが述べられている。したがって，a の「警察官は事前に，これから起こる犯罪を捜査する」が正解。

(ii) 「プレッドポルとは何か」

プレッドポルの概要については第2段第4文〜第3段（However, big data … and effective history.）および第5段第1・2文（Like Snow, what … for the city.）で説明されている。この箇所には，プレッドポルは，犯罪が起こる可能性の高い場所を予見し，その予測をもとに警察官がパトロールする地域を決め，限られた人的資源を最大限に活用するためのビッグデータを活用するシステム，とある。したがって，b の「それはビッグデータに基づいて犯罪の現場を予見し，限られた警察の資源を効率的に使えるようにするために作られたシステムである」が正解。

(iii) 「本文に関して正しくないものは次のうちどれか」

正解は c の「プレッドポルは個人に関する情報を利用しないので，差別の可能性はない」である。プレッドポル利用の結果，特定の地域に対して生じる差別のことが，第6段最終文（Yet despite this, …）および最終段（Actually, most minor … low-level crime data.）で言及されている。

a.「プレッドポルは，ある特定の人物が，特定済みの時間に犯罪を行うことを予言できるほど正確ではない」

第3段第2文（Such a system …）に，「このようなシステムは，特定の人物が決まった時間に犯罪を実行すると断定するのに，100パーセント正確であるというわけではない」とあることから，正しい記述である。

b.「19世紀にロンドンの医師，ジョン=スノウは，コレラが街にさらに拡大するのを防ぐことに成功した」

ジョン=スノウがコレラの蔓延を防いだ経緯については，第4段第1～3文（Back in the … disease was stopped.）で詳しく述べられている。

d.「通報されていない軽犯罪は多数あるが，それらは決して警察のデータベースに届かないだろう」

最終段第1・2文（Actually, most minor … a police database.）で，「実際，ほとんどの軽犯罪は報告されない…警察のデータベースに記録されることもない」と述べられていることと一致する。

D. the temptation is to include … は，直訳すると「誘惑は，…を含めることだ」となるが，これは要するに「…を含めることが誘惑である，…を含めたくなってしまう」ということ。minor offenses は「軽犯罪」を意味する。because「なぜなら…だからだ」以下ではその理由を述べており，it は前文の「軽犯罪を含めること」を指すが，訳出の際は「それ」でかまわない。it's an easy way to … で「それは…する簡単な方法である」の意。increase the rate of resolved crime cases は，直訳では「解決された犯罪事件の率を増やす」だが，「犯罪の解決率を上げる」のように訳すとわかりやすい。これらを総合して，「しかし，軽微な犯罪を含めたくなってしまう。それが，犯罪の解決率を上げる簡単な方法だからである」と訳せばよい。

A. (ア)― a　(イ)― b　(ウ)― c　(エ)― a

B. e・f・g

C. 全訳下線部参照。

全訳

《情熱がパフォーマンスに与える影響》

1　情熱は私たちすべてに影響を及ぼすので，仕事に情熱を見出せば，最高のパフォーマンスを発揮できるだけでなく，他の人たちにも影響を与える形で，生産性が爆発的に向上する。

2　世の中の人々の大多数は，自分の仕事に情熱を持っていないということを示す従業員調査が数多く存在する。また，こうした人々は，仕事に情熱を見出すこともできない。したがって，ほとんどの人が能力の上限をはるかに下回る状態で仕事をしていることは驚くことではない。

3　この情熱の欠如は，世界中の非常に多くの組織に蔓延している，従業員の従事度の低さに表れている。世界的な顧問会社であるギャラップ社は，2000年にこの数値を追跡調査して以来，従業員の従事度を示すこの低い数値は何年もの間ほとんど変わっていないことを示している。さらに言えば，組織がこの問題の解決に非常に力を入れているにもかかわらず，世界中の従業員の87％が積極的に従事していないのである！

4　朗報は，情熱には影響力があるということだ。情熱的で，情熱を持ってコミュニケーションがとれるリーダーは，この傾向を逆向きにすることができる。情熱は人々に大きな影響を与え，勇気づけることができるからだ。世界的なコンピューター会社の創業者，スティーブ=ジョブズはこのように言った。「情熱のある人々は，世界をより良い方向に変えることができる」と。実際，リーダーたちは，自分の行動や発言において情熱を発露することで，まさにそうすることができるだろう。

5　従業員の情熱に火をつけるには，福利厚生や動機づけ，ボーナスがあれば十分だとリーダーが考えてしまう場合があまりにも多い。しかし，これらの要素は妥協の産物である。これらの要素が働きやすい職場の魅力を高めることは間違いないが，従業員の情熱に火をつけるには全くもって十分ではない。

6　リーダーがすべきことは，まず仕事を楽しく刺激的な体験にすることである。従業員がより少ない資源でより多くのことをこなし，常に自分を伸ばすことが予想されるこの職場環境において，リーダーは従業員が事業に対する情熱を獲得できるよう支援する重要な役割を担っている。

7　スティーブ=ジョブズはチーム全体を刺激し，他とは違う創造的な製品を生み出すようけしかけた。ジョブズが組織に鼓舞した情熱は明確で，目的意識を伴っていた。今日に至るまで，同社の従業員は，正しい「見た目と感覚」を備えた「極めてすばらしい」製品に取り組むという情熱と目的を貫いている。情熱は，優れた製品やサービスを生み出す原動力となるバーナーのようなものなのだ。

解説

A. ㈠ it is not surprising は「(次に述べることは) 驚くべきことではない」の意。意味的には，a の it is assumed「(次に述べることは) 想定されていることである」が最も近い。

㈡ this issue「この問題」は，具体的には第2・3段 (There are many … solving this issue!) に言及されている，仕事に対する多くの従業員の熱意の欠如を指している。これについて最も適切に説明しているのは b の「世界中の多くの労働者が，仕事に積極的に関わっていないという問題」で，これが正解。

㈢ reverse は「～を逆転させる」という意味の動詞。選択肢の中では c の change the direction of「～の方向を変える」が最も近い。a は「～のままである」，b は「～に反応する」，d は「～とは反対の見解をとる」の意。

㈣ these factors「これらの要因」とは，下線部の直前の第5段第1文 (All too often …) にある benefits, incentives, and bonuses「福利厚生や動機づけ，ボーナス」のことである。これを最もよく説明しているのは a の「福利厚生，報酬，追加給与」で，これが正解。

B. a.「筆者は，多数の人々が仕事に情熱を持っていることを指摘している」

第2段第1文 (There are many …) に「世の中の人々の大多数は，自分の仕事に情熱を持っていないということを示す従業員調査が数多く存在する」とあることに矛盾する。

b.「ギャラップ社は，従業員の従事の度合いが近年増大しつつあることを明らかにした」

第3段第2文 (Since tracking this …) に「ギャラップ社は，…従業員の従事度を示すこの低い数値は何年もほとんど変わっていないことを示している」とあり，合致しない。

c.「筆者は，リーダーが従業員に対して自身の限界を超えて仕事に取り組むよう促すべきだと提案している」

リーダーがすべきことについては，第6段 (What leaders need … for

the business.）で述べられている。そこでは「リーダーがすべきことは，まず仕事を楽しく刺激的な体験にすることである。…リーダーは従業員が事業に対する情熱を獲得できるよう支援する重要な役割を担っている」と述べられているだけで，「自身の限界を超えるよう促すべきだ」とは言われていない。

d．「筆者は，情熱を持つリーダーがいかにして従業員たちの仕事へのエネルギーを失わせてしまうかを説明している」

本文全体を通じて，情熱は他の人へと波及し，影響を及ぼすことが述べられており，この選択肢のように「情熱を持つリーダーが他人のやる気をそぐ」ことについては一切触れられていない。

e．「リーダーは，福利厚生や動機づけ，ボーナスといったものに価値を置くが，これらの要因は，労働者の情熱を鼓舞するのに十分ではない」

第5段（All too often, … in the employees.）に，「従業員の情熱に火をつけるには，福利厚生や動機づけ，ボーナスがあれば十分だとリーダーが考えてしまう場合があまりにも多い」「これらの要因は…従業員の情熱に火をつけるには全くもって十分ではない」とあることと合致する。

f．「リーダーは，労働者が自分の仕事に対する情熱を得るよう刺激を与える上で極めて重大な役割を果たす」

第4段第2・3文（A leader who … and encourage them.）に，「情熱は人々に大きな影響を与え，勇気づけることができる」「情熱的で，情熱を持ってコミュニケーションがとれるリーダーは，この傾向（労働者の多くが仕事に熱意を持てない）を逆向きにすることができる」とあることと合致する。

g．「筆者は，ビジネスにおける情熱は，良い製品を創出するうえで極めて重要であると主張している」

第7段最終文（Passion is like …）に，「情熱は，優れた製品やサービスを生み出す原動力となるバーナーのようなものだ」とあることと合致する。

C． 二重下線部では，What 節が主語，is が動詞，to first make 以下が補語になっている。主語の what は先行詞を含む関係代名詞で，「～ようなもの，こと」の意。What leaders need to do は「リーダーがする必要のあること」と訳すことができる。補語にあたる to 不定詞句は名詞的用法で，「〜すること」の意。first は「最初に，まず」と訳せる。make work an enjoyable and exciting experience では，make が make O C「O を C にする」の用法で用いられており，「仕事を，楽しく刺激的な体験にする」の意を表している。これらを総合すると，二重下線部は「リーダーがすべきことは，まず仕事を楽しく刺激的な体験にすることだ」という訳になる。

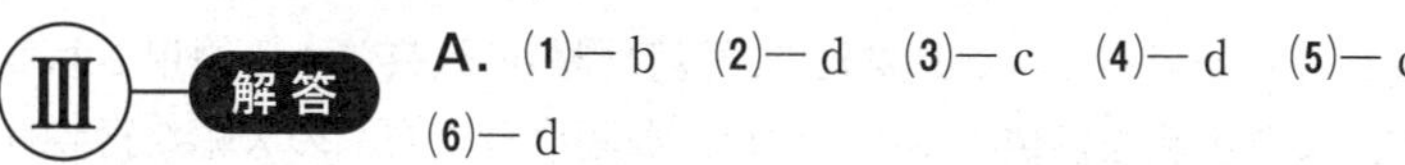

III 解答　**A.** (1)— b　(2)— d　(3)— c　(4)— d　(5)— c　(6)— d

B. (ア)— b　(イ)— d　(ウ)— a

C. d・f

全訳

《価値工学の手法》

[1] 実際の設計業務の実に多くが，抜本的な新しい設計のコンセプトを生み出すことではなく，既存の製品設計を改良することに関わっている。このような改良は，性能の向上，軽量化，低コスト化，外観の改善など，製品の改良を目的としている。このような改良はいずれも，通常，購入者にとっての価値を高めるか，生産者にとってのコストを下げるかという，2つのタイプのいずれかに分類される。

[2] 購入者にとっての製品の価値とは，その購入者がその製品がどれほどのものに値すると考えるかということと同じである。生産者にとっての製品のコストとは，設計，製造，販売地点までの配送にかかる費用のことである。製品の販売価格は通常，生産者にとってのコストと購入者にとっての価値の間に位置する。

[3] したがって，設計することは，本質的に付加価値をつけることに関わる。原材料が製品に変換されるとき，原材料とその加工にかかる基本的なコスト以上の価値が付加される。どれだけの価値が付加されるかは，購入者がその製品の価値をどの程度認識するかにかかっており，その認識は実質的に，デザイナーが提供するその製品の特徴によって大部分が決定される。

[4] もちろん，社会的，文化的，技術的，環境的な背景によって，価値は変化し，そのことによって製品の需要や利便性も変化する。また，製品の象徴的価値に影響を与える複雑な心理学的，社会学的要因もある。しかし，製品の機能に関連する，より安定的で理解しやすい価値もあり，工学デザ

イナーが関心を持つのは，主としてこれらの機能的価値である。

5　価値工学の手法は，機能的価値に焦点を当て，コストを下げるか，価値を高めるか，あるいはその両方によって，製品のコストと価値の差を大きくすることを目指す。多くの場合，単純にコストダウンに重点が置かれ，部品の詳細な設計，材料，形状，製造方法，組立工程などに設計の労力は集中する。このような価値工学の手法をより限定したものが，価値分析として知られるものである。これは通常，既存製品の改良にのみ適用されるが，他方，より広範な価値工学の手法は，新規設計や製品の大幅な再設計にも適用できる。価値分析には，特に部品コストに関する詳細な情報が必要である。価値分析や価値工学に必要な情報は多岐にわたりかつ詳細であるため，通常は，設計，原価計算，マーケティング，生産部門など，企業のさまざまな部門のメンバーが参加するチーム作業として実施される。

解説

A. (1)　空所を含む箇所は「このような（既存の製品設計の）改良はいずれも，通常，購入者にとっての価値を高めるか，生産者にとってのコスト（　　）かという，2つのタイプのいずれかに分類される」の意。空所を補充した結果，「改良」の具体的内容を述べることになるはずである。したがって，b の reducing「～を減らす（こと）」を入れて，「生産者にとってのコストを下げること」の意味にすればよい。

(2)　空所は，生産者にかかる製造コストの具体的内容を述べた箇所にあり，ここは「設計すること，（　　），販売地点まで配送することにかかる費用」という意味になっている。設計から流通までのプロセスに含まれるものとしては，d の manufacture「製造する（こと）」が最も適切である。残る選択肢のうち，a は「無駄にする」，b は「競う」，c は「購入する」の意。

(3)　空所を含む文は「どれだけの価値が付加されるかは，購入者がその製品の（　　）をどの程度認識するかにかかっている」の意。「価値」についての文であり，空所にも c の worth「価値」を入れれば文脈に合う。

(4)　空所は主語と動詞，副詞句からなる完全文とコンマに続いており，直後には動詞 change が置かれている。このように接続詞がなく動詞が続いていることから，空所には関係代名詞である d の which のみが入りうる。本文のように，コンマの直後に which … と続いている場合は，直前の内容が先行詞として機能し，「前述の内容は…である」という意味になる。実際，which を補充した本文の意味は「もちろん，社会的，文化的，技術的，環境的な背景によって，価値は変化し，『そのことが』製品の需要や利便性も変化させる」となる。

(5)　空所は，価値工学の手法の目的を達成するための手段について述べた箇所の一部で，「(　　　) を下げるか，価値を高めるか，あるいはその両方によって，製品のコストと価値の差を大きくすることを目指す」という意味になっている。結果として「製品のコストと価値の差を大きくする」ためには，「コスト」を下げる必要があると考えられる。したがって，正解は c の cost である。

(6)　空所の直前の as well as は「～だけでなく，～とならびに」の意で，語句と語句を並列させる機能を持つ。本文では（the design effort is concentrated）onto the detailed design of components と，(　　　) their materials … を並列させている。したがって，空所には onto に近い単語が入ると考えられ，選択肢中では d の on がこれにあてはまる。

B. **(ア)**　be classified は他動詞 classify「～を分類する」の受動態の形で，「分類される」の意。選択肢中では b の grouped が最も意味的に近く，入れ替えて grouped into ～「～に分けられる」とうまくつながる。a は能動態の consist of ～の形で「～からなる」の意を表し，残る c は「取って代わられる」，d は「組み合わせられる」の意。

(イ)　of concern は，of concern to ～で「～の関心事である」の意を表す熟語。意味的に近い d を入れると of interest to ～で「～にとって興味深い」となる。残りの選択肢のうち，a は「注意深く」，c は「苦労して」の意を表す熟語。b は，単独では特に意味をなさない。

(ウ)　applicable to ～は「～に応用できる」という意味の形容詞句。選択肢の中では a の useful for「～にとって有用である」が最も近い意味を持ち，かつ入れ替え可能。

C.　a.「現行の設計業務は，既存製品の設計を改良することではなく，全く新しい製品の設計を作り出すことに携わっている」

　第1段第1文（A great deal …）に「実際の設計業務の多くは，抜本的な新しい設計のコンセプトを生み出すことではなく，既存の製品設計を改良することに関わっている」とあることと矛盾する。

b.「製品価格は通常，生産者にかかるコストによらず，購入者にとってそれが持つ価値に基づいて決定される」

第2段第3文（A product's selling …）では「製品の販売価格は通常，生産者にとってのコストと購入者にとっての価値の間に位置する」と述べられており，合致しない。

c.「原材料が製品になる際，原材料とその加工のコストは，製品の価値を上回る」

第3段第2文（When raw materials …）に「原材料が製品に変換されるとき，原材料とその加工にかかる基本的なコスト以上の価値が付加される」とあることから，製品の価値は，かかったコスト以上のものになるはずである。したがって合致しない。

d.「製品の価値は，社会的，文化的，技術的，環境的文脈次第で異なる」

第4段第1文（Of course, values …）に「社会的，文化的，技術的，環境的な背景によって，価値は変化する」とあることに合致する。

e.「価値工学の手法は私たちに，コストと価値の両方を低減させることで製品の機能的価値を高めることを要求する」

第5段第1文（The value engineering …）には「価値工学の手法は，機能的価値に焦点を当て，コストを下げるか，価値を高めるか，あるいはその両方によって，製品のコストと価値の差を大きくすることを目指す」とあり，「コストと価値の両方を低減させることで製品の機能的価値を高める」とは述べられていない。

f.「価値分析や価値工学においては，企業のさまざまな部門が，通常はチームとして協働する」

第5段最終文（Because of the …）には「価値分析や価値工学に必要な情報は多岐にわたりかつ詳細であるため，通常は，…企業のさまざまな部門のメンバーが参加するチーム作業として実施される」とあるので，内容的に合致しているといえる。

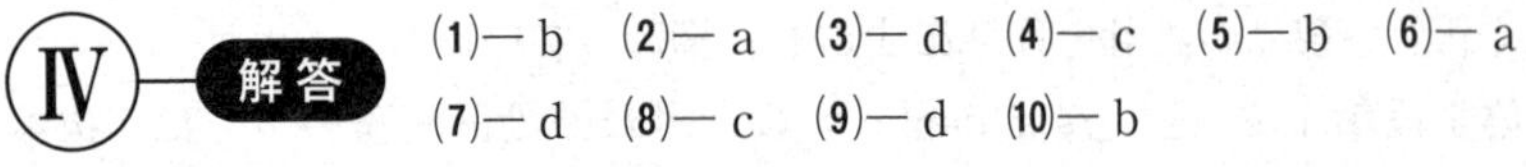

Ⅳ　解答

(1)—b　(2)—a　(3)—d　(4)—c　(5)—b　(6)—a
(7)—d　(8)—c　(9)—d　(10)—b

解説

(1)「労働時間に関するその会社の立場は，契約書の中で明確にされている」

空所を含むこの文の主語は「労働時間（　　　）その会社の立場」である。名詞句同士がつながっていることから，文と文をつなぐ接続詞であるcのeven thoughは正解になりえない。残るa「～とは対照的な」，b「～に関する」，d「～と同程度の」のうち，自然な文意をなすのはbのwith regard to「～に関する」である。

(2)「最近の世論調査によると，現在，大統領は非常に厚く支持されている」

a recent public opinion pollは「最近の世論調査」の意。これにaのaccording to「（情報源）によると」をつけることで，「最近の世論調査によると」という自然な意味をなす。bのso as toは後ろに動詞の原形が続く表現であるため不可。cのin case ofは「～の場合に」の意で，名詞句を続けることはできるが，自然な文意にならない。dのfor instanceは「例えば」の意を表すが，やはり文法的にも意味的にも合わない。

(3)「感謝の言葉もないまま，ベンは向き直って会社に戻った」

空所を除いた本文の意味は「感謝の言葉（　　　），ベンは向き直って会社に戻った」である。選択肢はいずれも後ろに名詞句を続けることができるので，意味を考える必要がある。選択肢はそれぞれa「～と同程度に」，b「～のゆえに」，c「～のせいで」，d「～がないままで」の意。このうち唯一自然な文意をなすのはdで，これを入れると「感謝の言葉もないまま」の意となる。

(4)「この車はより大きく，そしてそれゆえにより快適だ」

空所を除いた本文の意味は「この車はより大きく，そして（　　　）より快適だ」である。等位接続詞であるandの後ろに，同じく接続詞であるaのbutおよびbのalthoughを入れることはできない。残るcは「それゆえに」，dは「さもなければ，他の点では」の意で，このうちより自然な文意となるのはcのthereforeである。

(5)「私たちはあらゆる可能な方法で差別を根絶し，それと闘うべく最善を尽くさねばならない」

前置詞inに続けることができる名詞（句）を考える。cおよびdはいずれも名詞ではないため，正解にはなりえない。aは「可能であるどんな方法でも（ない）」という否定的な文意となってしまう。bは「可能であるあらゆる方法で」の意となり，これが最も自然である。なお possible や available などの一部の形容詞は，通常の形容詞とは異なり，原則として名詞に後置される形で用いられる。

(6) 「この講演の目的は，みなさんが利用可能なあらゆる選択肢を検討することを促し，どのような決断に達するにしてもみなさんをサポートすることです」

空所には，decisions を修飾する語が入ると考えられる。選択肢の中で形容詞としての働きを持つのは，複合関係形容詞となりうる a の whatever のみ。したがって，正解は a の whatever である。whatever「どんな～でも」 a を入れることで，「あなた方が達するどのような決断においてもサポートする」という意味をなす。

(7) 「もし私があなただったら，もうこれ以上は食べないだろう」

本文の主節の内容から，「ありえない仮定」を前提とする仮定法過去の文であると予想できる。if から始まる条件節は，その形から「もし私があなただったら」という内容であると考えられる。選択肢のうち，c の had been は過去完了形で，これを空所に入れると「もし（あのとき）私があなただったら」の意となるが，これは「(今) もうこれ以上は食べないだろう」という主節で述べられている帰結とはうまく結びつかない。これに対し，d の were を入れれば，「もし（今）私があなただったら」の意となり，主節の帰結とうまくつながる。

(8) 「台湾の料理はとてもおいしかったので，私は体重がとても増えてしまった。ダイエットをする必要がある」

go on a diet で「ダイエット（食餌療法）をする」の意となる。on を他の前置詞に置き換えることはできないため，c が正解となる。なお，類似表現として，go on a trip「旅行をする」などがある。

(9) 「彼は，なぜカメラが作動しないのか突き止めようとしていた」

空所に入る動詞は，why によって支配される間接疑問文を目的語としている。選択肢の中で間接疑問文とうまくつながるのは d の figure out「～を突き止める，解明する」で，これが正解。

(10) 「第１章をとても注意深く読まない限り，この小説の続きはあまりよくわからないだろう」

空所を除く本文は，「第１章をとても注意深く読む（　　　），この小説の続きはあまりよくわからないだろう」の意。c の which と d の why では，前後の完全文を接続することはできない。残る選択肢のうち，a は「～ゆえに」の意味となるが，論理的にうまくつながらない。正解は b の unless「～ない限り」で，これを補充することで「第１章をとても注意深く読まない限り」という自然な意味となる。

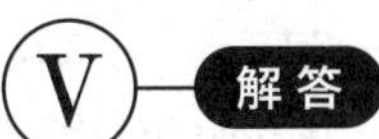

A.（３番目・７番目の順に）(1)―d・f　(2)―h・e

B. they are expected to independently determine how to work on group assignments

解説

A. 正しく並べ替えた英文とポイントはそれぞれ次の通り。

(1) (We must see to it that we are capable) of accomplishing important goals and making a contribution to the lives of those (around us.)

空所が capable に続いていることから，be capable of *doing*「～することができる」というつながりを作ると予想する。和文には「重要な目標を達成して」とあるので，of accomplishing important goals という組み合わせをまず作り，capable の直後に置けばよい。またその後ろには「周りの人々の生活に貢献できる」とあるので，and で続く箇所を接続しつつ，making a contribution to the lives of those (around us) とつなげば，和文に即した英文が完成する。なお those は people に代わって「人々」を表す語として用いられている。

(2) (It is important to) investigate one issue through different methods so that different perspectives (emerge.)

すでに与えられている箇所（It is important to）から，形式主語構文が用いられていると考えられるので，それに続く真主語となる動詞表現を組み立てる。真主語にあたるのは，和文の「さまざまな手法を用いて１つの問題を調査すること」であるから，(to) investigate one issue through different methods という組み合わせがまずできあがる。この時点で英訳できていないのは「さまざまな考え方が生じるように」という箇所であるが，選択肢 e・f から so that ～「～するように」という表現を組み立てることができるので，これを利用して，so that different perspectives (emerge) とすると，和文の意味を表す英文となる。

B.「グループワークをするとき，生徒たちは教師の指示を必要とせず」にあたる部分はすでに英訳が与えられているので，空所には「グループの課題をどのように行うかについて自分自身で選択することを期待されている」という部分の英訳が入る。「〜することを期待されている」は，「生徒たち」を表す代名詞 they を主語にして，they are expected to 〜 と表現する。「自分自身で（〜を）選択する」は independently determine と訳せる。また，make their own choices about 〜 とも訳せる。なお，by themselves は「彼ら単独で」の意味であって，「自分自身で」の意を表さないため今回は使用できない。「グループの課題をどのように行うか」という箇所は how to work on group assignments と訳すことができる。

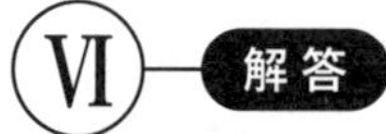

(1)— d (2)— b (3)— b (4)— d (5)— b (6)— d
(7)— d (8)— b (9)— a (10)— d

全 訳

《夏休みの過ごし方に関する夫婦の会話》

夏休みの計画を立てているイギリス人の夫と妻の間の会話。

デイビッド：この夏休みはどこに行くことにしようか？

キャロル　：私は昨年選んだから，今年はあなたが選ぶ番よ。

デイビッド：一緒に決めるのがいいな。海か，都会か，それとも山だったらどれがいい？

キャロル　：気分を変えて，都会にする？

デイビッド：僕も同じことを考えていたんだ。どこか特定の国のことが頭にあるのかい？

キャロル　：特にないわ。でも，中央アメリカには行ったことがないわね。

デイビッド：そうだね。でも，僕ら２人とも，スペイン語は話せないよ。

キャロル　：だから，ガイド付きのツアー旅行に参加しましょうよ。

デイビッド：いいよ，旅行代理店に電話するね。

キャロル　：２週間のツアーがないか尋ねてみて。中央アメリカはとても遠いから，１週間では行って戻ってくるには短すぎるわ。

デイビッド：（旅行代理店に対して）もしもし，私と妻で，中央アメリカを巡る16日間のツアーを探しているのですが。ガイド付きのツアーがあればいいのですが…。ええ…。そう，キューバですね！

キャロル　：ええ，すごくいいわ。キューバ！　ハバナね！　暑くなるかしら？

デイビッド：妻が7月の天候を知りたがっているのですが…。ええそうですか，それならちょうどいいですね…。（キャロルに対して）君はホテルに滞在したいのか，それとも地元の民宿に滞在したいのかを代理店が尋ねているよ。

キャロル　：地元の民宿ですって？　いや，私たちはスペイン語でのコミュニケーションの取り方がわからないわ！

デイビッド：（旅行代理店に対して）妻はホテルのほうがいいようです…。キューバ行きのツアーを16日間，史跡や記念碑をめぐるガイド付きツアー込み，エアコン付きのバス20人組ですか。（キャロルに対して）キャロル，君はどう思う？

キャロル　：言うことなしね！

デイビッド：（旅行代理店に対して）では，その旅行を2人分予約しますので，よろしくお願いします。

解説

(1)　「（夏休みの行き先を）私は昨年選んだ」と言った直後に，「今年はあなたの（　　）だ」と述べていることから，空所には「順番」に相当する単語が入ると考えられる。正解はdのturn「順番」である。

(2)　直前のキャロルの「あなたの番だ」という言葉に対して，デイビッドが「むしろ私たちが一緒に（　　）するほうがいい」と言っており，またこの後で2人が会話を通じて行き先を決めていることから，彼は「一緒に決める」ことを提案したと考えられる。したがって，bのdecide「決める」が最適。

(3)　changeには「気分転換」という意味があり，for a changeで「気分転換として，たまには気分を変えて」の意を表す。したがって空所にbのforを入れれば，「気分転換に，都会にする？」という提案を表す自然な文となる。

(4)　動詞takeと組み合わせて用いることができるのは，選択肢中ではdのpartのみである。take part in ～で「～に参加する」という意味の熟語となり，空所のある文は「だから，ガイド付きのツアー旅行に参加しよう」の意を表すことになる。

(5) 直前に back and という語句があることに注目する。back and forth で「行って帰って，往復で」の意味の熟語となることから，b の forth が入ると判断できる。これを入れることにより，空所のある文は「1週間では行って戻ってくるには短すぎる」という意味になる。

(6) キャロルが4つ目のセリフ（So let's take …）で「ガイド付きのツアーに参加しよう」と提案し，デイビッドも同意していることから，空所を含む箇所でデイビッドは「ガイド付きのツアー」を予約しようとしていると考えられる。したがって，「ガイド付きのツアー」という意味になるように，d の with「～を伴う」を入れる。

(7) 直前で，キャロルが「暑くなるかしら？」と言っていることから，デイビッドは「妻は7月の『天気，気候』を知りたがっている」と言ったのだと考えるのが自然。したがって，d の weather「天気」が正解。

(8) 空所を含む文は The agency is asking …「代理店が…を尋ねている」の意。尋ねている具体的内容は，空所の直後に you want to stay at hotels or in local houses「ホテルあるいは地元の民宿（　　）に滞在したいのか」とあることから判断できる。空所に b の whether「～かどうか，～のどちらであるのか」を入れると，「ホテルあるいは地元の民宿のどちらに滞在したいのか」という，自然な文意が完成する。

(9) 空所の直後が to 不定詞であることから，a の how を空所に入れて，how to communicate in Spanish「どのようにスペイン語でコミュニケーションをとればよいか」にすればよいと判断できる。これにより，「私たちはスペイン語でのコミュニケーションの取り方がわからない」という適切な文意となる。他の選択肢では，単独で to 不定詞と結びついて適切な意味を表すことができない。

(10) 旅行の諸条件を列挙した後，デイビッドが空所を含む文でキャロルに何かを尋ねると，キャロルが「言うことなしね！」と返答している。このことから考えて，デイビッドはこれらの条件の感想を尋ねたと判断できる。空所を含む疑問文の主語が it すなわち「それ」であることから，d の sound「響く，思われる」を入れて，「それはあなたにとってはどう思われるか？」の意味にすればよい。

講評

2024年度も例年通り，読解問題3題，文法・語彙問題1題，文法・語彙問題（語句整序）および英作文1題，会話文問題1題の計6題という構成であった。

3題の読解問題では，Iで選択式の空所補充・同意表現・内容説明・内容真偽と記述式の英文和訳が，IIで選択式の同意表現・内容真偽と記述式の英文和訳が，IIIで選択式の空所補充・書き換え・内容真偽が出題された。同意表現に関する出題では，語句の辞書的な定義だけでなく，本文の文脈における意味・内容も問われている。IのBとIIIのB(イ)はやや難しかったかもしれない。IVの文法・語彙問題では多岐にわたる英語の知識が求められるものの，判断に迷うような類の難問はみられない。Vの語句整序では和文が与えられており，それが大きな手がかりになる。和文英訳問題も，特に奇をてらった素材文が課されるわけではなく，取り組みやすい部類だといえるだろう。VIの会話文は10カ所の空所を埋める形式であるが，話の展開は追いやすく，こちらも判断に困る問題はない。

全体として，設問形式に大きな変化はない。文法や語彙に関する体系的で幅広い知識は求められるが，90分という試験時間に対する分量や難度は適切で，ごく標準的な出題内容である。日頃から，文法，語彙，読解のバランスのよい学習が対策として求められるといえる。

日本史

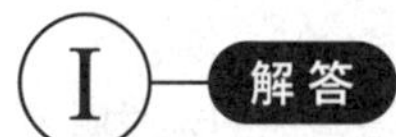

1―ア　2―ア　3―ウ　4―エ　5―ウ　6―イ
7―イ　8―エ　9―エ　10―ア

解説

《原始～現代の小問集合》

1． a．bともに正文。オオツノジカは南方系，ヘラジカは北方系である。

2． a．bともに正文。

3． a．誤文。倭の五王（讃・珍・済・興・武）のうち，倭王「済」とされる人物は「允恭天皇」にあたるとされる。b．正文。

4． a．誤文。「三世一身の法」が記載されている史料は『日本書紀』ではなく『続日本紀』である。b．誤文。藤原良房は「応天門の変」に乗じて伴善男，紀豊城，紀夏井らを流罪に処し，伴氏と「紀氏」を失脚させた。

5． a．誤文。平清盛の日宋貿易で，「陶磁器」は輸出品ではなく，輸入品であった。b．正文。

6． a．正文。b．誤文。足利義教に反発，挙兵し滅ぼされた鎌倉公方は「足利持氏」である。この事件を永享の乱という。

7． a．正文。b．誤文。江戸時代，陰陽師の支配に携わったのは公家の「土御門家」である。

8． a．誤文。江戸時代前期の岡山の名君として知られるのは，「池田光政」である。郷学閑谷学校を設け，また熊沢蕃山を登用して藩政改革を実施した。b．誤文。江戸時代に普及した入浜塩田は，高度な技術による海岸線の工事を実施し，堤防を築いた内側に塩田を設ける技法であり，浜辺の形状変更を必要としている。

9． a．誤文。1880年代に機械紡績の発達により，国内綿糸生産は増加するが，輸出するには至らず，1880年代においても輸入品目の1位は綿糸である。b．誤文。高山樗牛らによる『太陽』は1895年，徳富蘇峰の民友社による『国民之友』は1887年の創刊。いずれも明治時代であって大正時代ではない。

10． a・bともに正文。

Ⅱ 解答

1—エ　**2**—ウ　**3**—ア　**4**—イ　**5**—イ　**6**—エ
7—イ　**8**—ア　**9**—ア　**10**—ウ

解説

《古代～現代の学問》

1． 難問。エが正しい。ア．誤文。蔭位の制により，大学を修了しない貴族の子弟が官職を得ることもあった。イ．誤文。五畿地方は山城・大和・摂津・河内と和泉（現大阪府南部）である。近江（現滋賀県）は東山道であって，五畿には含まれない。ウ．誤文。地方官のうち国司は中央から派遣されたが，郡司は現地の有力者が任命された。

2． ウが正しい。ア．誤文。菅原道真は宇多天皇に重用されたが，醍醐天皇のとき藤原時平の策謀によって，901年太宰権帥に左遷され，任地で死亡した。イ．誤文。天皇の命により編纂された文集を勅撰集というが，『凌雲集』は，嵯峨天皇の命による初の勅撰漢詩文集であり，空海個人のものではない。エ．誤文。吉備真備と玄昉の排斥を求めて挙兵したのは「藤原広嗣」である。

3．『伊勢物語』は10世紀前半に書かれた初の歌物語。『源氏物語』は11世紀初めに紫式部によって書かれた大長編小説，『更級日記』は1058年ごろ菅原孝標の女によって書かれた回想録。古い順に並べると『伊勢物語』→『源氏物語』→『更級日記』となり，アが正しい。

4． イが正しい。ア．誤文。天龍寺の開山にあたり夢窓疎石に帰依したのは，「足利尊氏・足利直義」である。ウ．誤文。「山科本願寺」を率いた一向宗の僧侶は「蓮如」である。山科本願寺は1532年の法華一揆により破却された。「天文法華の乱」は，1536年，法華宗と対立を深めた延暦寺僧兵が法華宗徒を破り，京都から追放した事件である。エ．誤文。薩摩島津氏の城下町鹿児島で儒学の講義を行い『大学章句』を刊行し，「薩南学派の祖」とされるのは「桂庵玄樹」である。

5． イが誤っている。「造士館」は薩摩の「島津重豪」によって開設された。

6． エが正しい。ア．誤文。寺子屋での学問には女性も参加できた。女性の師匠もおり，『女大学』などを教科書として女性の心得を説く女子教育も進められていた。イ．誤文。「往来物」は手紙のやりとりの形式で，文字や知識の習得をはかる教科書として平安時代から近代前期に至るまで広く利用された書物である。『庭訓往来』は寺子屋で用いられた代表的な往来物であるが，その編纂は，南北朝期であるとされ，江戸時代初期よりも以前である。ウ．誤文。和算やそろばんの教科書として多用された『塵劫記』の著者は「吉田光由」。関孝和の代表的和算書は『発微算法』である。

7． イが正しい。ア．誤文。「山東京伝」が処罰されたのは寛政の改革である。天保の改革では，人情本作家の「為永春水」が処罰された。ウ．誤文。俳人から「浮世草子」の作家となったのは「井原西鶴」である。エ．誤文。為永春水の『春色梅児誉美』は人情本である。

8． ①大学令の公布は1918年。②第一次帝国大学令の公布は1886年。③義務教育期間が6年となったのは1907年。④国定教科書制の導入は1903年なので，古い順番に並べると②→④→③→①となり，アが正答である。

9． アが正しい。イ．誤文。1943年10月「学徒出陣」では，「男子学生全員」ではなく，法文系の男子学生や専門学校生の徴兵猶予のみが停止された。ウ．誤文。戦時体制を支える小国民育成の場として小学校が「国民学校」と改称されたのは，1941年4月。1941年12月の太平洋戦争開戦以前のできごとであり，戦況の悪化とは関係していない。エ．誤文。「女子挺身隊」は14～25歳の未婚の女子がすべて加入し，工場などに動員されており，女生徒には限られていない。

10． ウが誤っている。修身・国史・地理は1945年12月授業が停止され，歴史と地理は翌年，教科書を改訂して再開されたが，修身は復活していない。

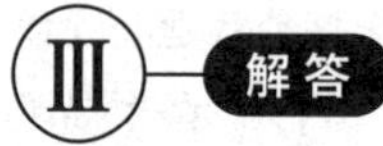

A．1―ウ　**2**―ア　**3**―イ　**4**―イ　**5**―エ
B・C．6―エ　**7**―イ　**8**―ウ　**9**―ア　**10**―エ

解説

《中世・近代の政治》

Aの史料は，『応仁記』より8代将軍足利義政の時代の政治を記した部分である。

1． ウが正しい。史料に「天下大ニ動乱シ，ソレヨリ永ク五畿七道悉ク乱ル」とあり，戦乱の世に入る幕開けの時期であり，「其起ヲ尋ルニ」つまりその大乱の原因を探る内容であるとわかるので，「慶長」や「元和」などの江戸初期の，太平の時期に向かう年号は除外される。また史料中に応仁の乱の原因となったともされる「伊勢守貞親」の名前があり,「御台所」が政治に関わったという内容は, 義政の妻日野富子を想起させる。これらから年号は「応仁」が適当,「管領」は当時の将軍補佐の役職である。

2. アが正しい。史料に②の将軍から7代目にあたる将軍③が「天下ノ成敗ヲ有道ノ[④](＝管領) ニ任セズ」政治が乱れたとある。応仁の乱の原因となった時期の将軍は8代将軍義政なので, ③は義政, 7代さかのぼる②は尊氏と判断できる。

3. 下線部は, これまで「贔屓」にしていた「論人」(＝被告) に所領を与えていたのに, うってかわって賄賂を持ってきた「訴人」(＝原告) に「理ヲ付」(＝正しいとする) という文脈なのでイが正しい。

4. 史料中に「借銭ヲ破ラントテ, 前代未聞[⑤]ト云事ヲ…行レケレバ」とあるので, ⑤は借財破棄のための法令, すなわち室町時代の徳政令であることがわかる。イは「借書にいたりては, 皆以て棄破」とあり, 徳政令の規定なので, 正答はイ。アは撰銭令, ウは喧嘩両成敗, エは楽市楽座の規定である。

5. 徳政令の度重なる発布により, (土倉は貸与していた金が回収できず,) 倉方＝幕府の経営の土倉も, 地下方(じげかた) (庶民・民衆をさす)＝一般の土倉も,「皆絶ハテケリ」(＝皆つぶれてしまった) とあり, エが正しい。

Bの史料は『原敬日記』。普通選挙法の制定に対する原敬の所見を述べた部分である。原敬は普通選挙法制定には消極的で, 野党憲政会から提出された男子普通選挙法についても時期尚早として拒否, 議会を解散した。

6. エが正しい。

7. イが正しい。1889年大日本帝国憲法公布当時の選挙人資格は直接国税15円以上の男子の納税者であった。その後, 1900年10円以上, 1919年3円以上と改定され, 1925年に納税額制限のない25歳以上男子普通選挙法が成立した。

8. ウが正しい。このとき原敬は野党から提出された普通選挙法案を拒否し, 議会を解散した。

史料Cは, 加藤高明首相の普通選挙法案提出理由である。

9. アが正答。普通選挙法成立は1925年なので,「[⑦]施行以来三十有六年」(＝36年) の⑦は, 1889年制定された大日本帝国憲法をさすと考えられる。アは大日本帝国憲法第29条である。イは1868年の五箇条の誓文，ウは1896年の明治民法，エは1925年の治安維持法である。

10. エが正しい。史料Bは原敬，史料Cは加藤高明の意見である。ア．誤文。Bの原敬は普通選挙法の実現には消極的であった。イ．誤文。華族や藩閥出身でなく「平民宰相」と呼ばれたのはBの原敬である。ウ．誤文。原敬は立憲政友会であったが，護憲三派内閣には参加していない。護憲三派内閣の首脳は，加藤高明（憲政会），高橋是清（立憲政友会），犬養毅（革新倶楽部）である。

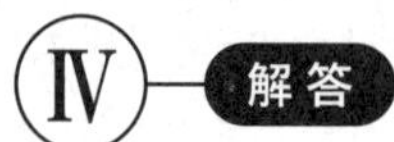

A．**1**―イ　**2**―ア　**3**―エ　**4**―イ　**5**―ウ
B．**6**―イ　**7**―エ　**8**―イ　**9**―イ　**10**―エ

解説

《近代・現代の政治》

1． イが誤っている。長州藩の下関での外国船砲撃に対して，報復攻撃を実施した4カ国はイギリス・フランス・アメリカと「ロシア」ではなく，「オランダ」である。

2． アが正しい。大村益次郎は長州藩士。近代軍隊を構想し徴兵令の素案等を進めたが，欧化政策に反対する攘夷志士に暗殺された。

3． エが誤っている。都制の制定は1943年昭和期である。アの町村制，イの市制は1888年，ウの郡制は1890年に地方自治制度として制定されている。

4． イが誤っている。文官とは武官＝軍人以外の一般公務員をさすが，1899年に文官任用令を改正し，その任用資格をきびしくして，政党の人間が高級官吏になるのを防いだ。

5． ウが該当する。「元老」とは非公式な天皇の最高顧問で，次期首相の推薦や重要政策に関与し，絶大な影響力を持った。元老となった人物は松方正義以外に，山県有朋・西郷従道・井上馨・大山巌・桂太郎・西園寺公望などがいる。

6． イが誤っている。1932年の日満議定書調印当時，松岡洋右は外務大臣ではない。

7． エが誤っている。女性参政権は，日本国憲法ではなく，1945年の衆議院議員選挙法の改正で認められ，満20歳以上の男女に選挙権が与えられた。この新選挙制度によって1946年4月に実施された選挙で女性議員

39名が誕生，その後新議員による議会審議を経て日本国憲法が成立，1946年公布された。

8. イが誤っている。「防衛庁」は1954年，第5次吉田茂内閣のとき自衛隊の設置とともに成立した。

9. イが該当しない。「傾斜生産方式」は，戦後の経済復興のために，鉄鋼・石炭の生産に重点的に資金を投入する政策で，第1次吉田茂内閣のとき採用された。

10. エが誤っている。「破壊活動防止法」は暴力的破壊活動を行った団体の取り締まりを目的として，1952年第3次吉田茂内閣のとき制定された。

講評

時代別では近世からの出題が少なく，他は現代史も含めてほぼ均等。分野別では政治史の比重が高く，外交・経済・文化史の出題が少なかった。出題レベルは全体として教科書を中心とする標準的な内容である。

Ⅰは例年出題される正誤判定の問題である。全般的に標準的な内容であるが，やはり正確な知識が求められ，迷うものが非常に多い。ケアレスミスを防いで確実に得点するためには，問題文の一語一語を丹念に読むことを常に意識することが非常に重要である。

Ⅱは古代～現代における学問のテーマ史である。1・9ではいささか詳細な知識が問われ，8ではかなり近接した類似事項の年代順が問われている。また設問が「正しいもの」を一つ選ぶ形式が大半を占めるので解答しにくく，解答に時間を要する。まず誤文を的確に判断できるように，語句や時代の流れなどのポイントをおさえる努力を怠らないようにしよう。

Ⅲは毎年1題出題されている史料問題。時代さえ的確におさえられれば標準的レベルの出題である。史料Aは「天下大ニ動乱」に向かう時期の史料であり，史料や設問の語句から室町時代・応仁の乱に関するものと判断できるだろう。史料B・Cは史料の内容や設問から普通選挙法の制定の賛否に関わるものとわかる。仮に初見の史料であっても，6・7などは解答することは可能であるし，大正時代からの制定過程を想起すれば，Bは原敬，Cは加藤高明と判断できる。史料問題はいろいろな知識や設問の語句などからのアプローチを心がけたい。

Ⅳは山口出身の山県有朋，佐藤栄作に関して近代・現代の政治を中心とする出題である。全体としては標準的レベルであり，設問が「誤っているもの」を一つ選ぶ形式が多かったので，比較的解答しやすかったのではないかと思われる。

世界史

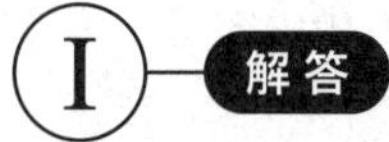

イ—a　ロ—d
①—b　②—a　③—b　④—c　⑤—c　⑥—a

解説

《ブレーメンをめぐる神聖ローマ帝国史》

①　b．誤文。アウクスブルクの宗教和議で，諸侯は領邦においてカトリックかルター派いずれかの宗派を選択する権利が認められた。ルター派を選択した領邦では領邦君主が自領の教会や修道院を支配・管理するようになったが，これを領邦教会制という。

②　a．誤文。ヴォルムス協約は1122年に皇帝ハインリヒ5世と教皇カリクストゥス2世の間で結ばれた。この協約で聖職叙任権は教皇が保持し，皇帝は教会や修道院への封土授与の権限を持つことが定められた。ハインリヒ4世は叙任権闘争で教皇グレゴリウス7世と争った皇帝。

③　b．誤文。ハンザ同盟（設立の起源は12〜13世紀頃の商人の同盟）のほうが，カルマル同盟（1397年成立）よりも設立が早い。カルマル同盟は東方植民によるドイツ騎士団のバルト海沿岸進出やハンザ同盟に対抗するため結成された同盟。

④　c．誤文。三十年戦争に参戦したデンマーク王クリスチャン4世はルター派。ルター派は神聖ローマ帝国（ドイツ）の主に北東部から北欧諸国に広がった。

⑤　c．誤文。ウェストファリア条約でフランスがアルザスとロレーヌの一部を獲得した。

⑥　やや難。正解はa．バイエルン公。七選帝侯はマインツ・ケルン・トリーアの大司教とファルツ伯，ザクセン公，ブランデンブルク辺境伯，ベーメン王。

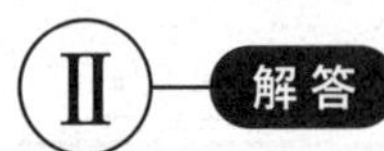

イ－c　ロ－a

①－c　②－d　③－a　④－b　⑤－d　⑥－b

解説

《近代イギリスの自由主義的諸改革》

① やや難。c．誤文。イースター蜂起が起こったのは1916年で，第一次世界大戦中のことである。

② d．誤文。第4回選挙法改正では21歳以上の男性と30歳以上の女性に選挙権が認められた。1928年に成立した第5回選挙法改正で，21歳以上の男性と女性に選挙権が認められた。

③ やや難。a．誤文。人民憲章は，都市労働者が中心となって起こした参政権獲得のための政治運動であるチャーティスト運動（1837年～1850年代）の政治綱領。内容は21歳以上の男性普通選挙，無記名秘密投票，議会の毎年改選，議員への歳費支給（議員有給制），議員の財産資格廃止，平等な選挙区の6カ条。

④ b．誤文。ニューコメンの開発した蒸気機関を改良したのはワット。

⑤ d．誤文。1846年の穀物法廃止は保守党ピール内閣のとき。

⑥ b．誤文。イギリスの自由貿易体制を理論的に支えたのはアダム=スミスが開いた自由主義経済学である古典派経済学。リスト（フリードリヒ=リスト）はドイツ歴史学派経済学の創始者。歴史学派経済学は経済の歴史的発展の法則を主張し，経済的に後発の国は保護貿易が必要とした。

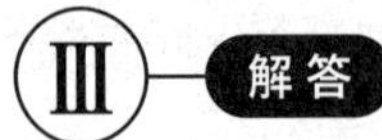

イ－d　ロ－c

①－c　②－a　③－b　④－a　⑤－b　⑥－c

解説

《大モンゴル国の成立と拡大》

① c．誤文。カラ=ハン朝は中央アジア初のトルコ系イスラーム王朝で，パミール高原に勢力を伸ばしたが，カラ=キタイ（西遼）やホラズム=シャー朝に滅ぼされた。

② やや難。a．誤文。大モンゴル国のヨーロッパ遠征の総司令官だったバトゥはチンギス=ハンの長子ジュチの次子。

③ b．誤文。ホラズム=シャー朝はチンギス=ハンに侵攻された後滅亡した。

④　やや難。a．誤文。ハイドゥの乱は大モンゴル国皇帝（ハーン，カアン）の地位をめぐる内乱で，オゴタイ=ハンの孫のハイドゥが，トゥルイ家（チンギス=ハンの末子の一族）出身のフビライの即位とオゴタイ家への弾圧に対して起こした内乱である。

⑤　b．誤文。ティマール制はオスマン帝国の時代に実施された，シパーヒー（騎士）に封土（ティマール）の管理と徴税権を与える制度。マムルーク朝で実施されていた徴税・封土制はイクター制で，アター（俸給）に代えて軍人や官僚に分与地の管理と徴税権を与える制度だった。

⑥　c．誤文。ティムールがオスマン軍を破ったのはアンカラの戦い（1402年）。ニコポリスの戦い（1396年）はオスマン帝国のスルタンであるバヤジット1世が，ハンガリー王ジギスムントを中心とするキリスト教連合軍を破った戦い。

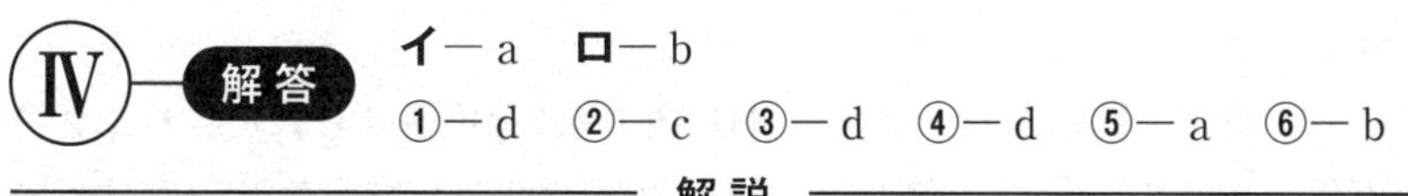

Ⅳ　解答　イ－a　ロ－b
①－d　②－c　③－d　④－d　⑤－a　⑥－b

解説

《青銅器と古代中国史》

①　やや難。d．誤文。殷の紂王は周の武王によって武力で滅ぼされた。孟子が唱えた易姓革命の思想によれば，天子（君主）が暴政を行い民意を失うと，天によって天命が革（あらた）まり，天が新しい有徳者を天子とすることで姓（王朝の名）を易（かえ）る，すなわち王朝が交替するとされた。武力によって王朝交替が行われることを放伐といい，前王朝の君主が新しい有徳者に位を譲る形で平和的に王朝交替が行われることを禅譲という。

②　c．誤文。楚の屈原やその後継者たちの韻文が収められたのは『楚辞』。『詩経』は周王室の祭祀の歌や各地の民謡を戦国時代の儒家が編集したもので，後に五経の一つとなった。中国最古の詩集である。

③　d．誤文。周（西周）に侵攻して鎬京を攻略し洛邑遷都の原因となったのは匈奴ではなく，西方の遊牧民とされる犬戎。

④　d．誤文。晋は韓・魏・趙に三分した。燕は東北地方南部を勢力とした国で，戦国の七雄の一つ。

⑤　a．誤文。孟子は武力を用いる覇道政治よりも仁と徳による王道政治

を理想とした。

⑥　b．誤文。訓詁学は漢代に始まり，経書を正しく理解するため字句解釈を行い，注釈を加える学問のこと。後漢の馬融や鄭玄が活躍した。孔穎達は唐初の儒学者で，太宗の命により『五経正義』を編纂し，五経の解釈を統一した。

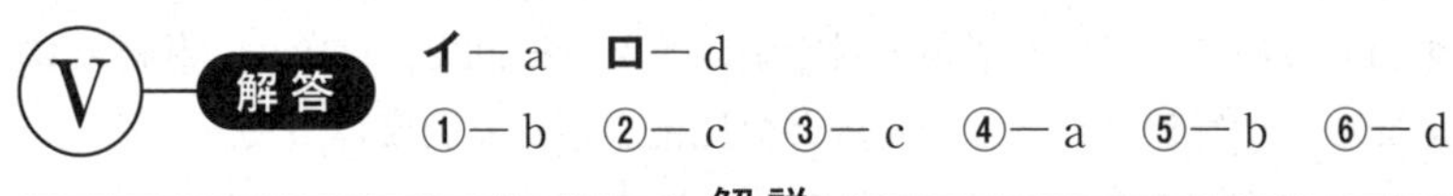

イ－a　ロ－d

①－b　②－c　③－c　④－a　⑤－b　⑥－d

解説

《朝鮮王朝の歴史》

①　やや難。b．誤文。朝鮮王朝の「小中華」意識は主に支配階級である両班の間で広がったもので，満州人（女真族）が建国した清を認めず，朝鮮こそが中華文明を継承しているという意識であり，儒教の規範意識は一層強まった。

②　c．誤文。高宗はハーグ密使事件を口実に退位させられた。ハーグ密使事件（1907年）とは，第2次日韓協約（1905年）で大韓帝国が日本の保護国となったことに対して，皇帝の高宗がハーグで開催中だった第2回万国平和会議に密使を派遣し，第2次日韓協約の無効を訴えた事件。

③　やや難。c．誤文。ヤークーブ=ベグ（ベク）はコーカンド=ハン国の軍人で新疆（東トルキスタン）で政権を樹立したが，洋務運動の指導者の一人である左宗棠に敗れた。

④　a．誤文。金玉均が主導したのは甲申政変。

⑤　やや難。b．誤文。第二革命は袁世凱の専制化に対する武装蜂起で，これを弾圧したのち袁世凱は帝政復活を宣言した。袁世凱の帝政復活宣言に対して起こったのが第三革命で，これにより袁世凱は退位した。

⑥　d．誤文。東学の乱（甲午農民戦争）のを指導したのは東学の指導者であった全琫準。洪景来は朝鮮王朝末期に窮乏農民を指導して反乱を起こした。

講評

Ⅰ　神聖ローマ帝国を中心に，中世から近世までのドイツの政治史が問われた。問われているのは教科書レベルの基本的事項だが，⑥の金印勅書の七選帝侯についてはかなり詳細な知識が求められており，得点差が生じた可能性がある。

Ⅱ　19世紀前半のイギリスにおける自由主義的諸改革についての出題。この大問も教科書レベルの基本的事項の確実な学習で解答できるが，①のアイルランドに関しては正確な年代把握が求められており，慎重に消去法で対処したい。③の人民憲章も正確な知識が必要。重要事項については細部まで理解しておきたい。

Ⅲ　大モンゴル国（モンゴル帝国）と関連するイスラーム史が問われた。王朝の興亡が激しく，広い地域を横断的に理解しなければならない時代でもあるため，理解・整理するのが難しい分野で，②・④は大モンゴル国の統治者の家系の知識が問われているため，意外と苦戦する可能性がある。

Ⅳ　古代中国の政治と文化からの出題。思想や学問を，内容や関連する人物・事件まで含めて理解できているかどうかがポイントとなった。①は殷周時代の人物が混同しやすいので注意が必要。諸子百家と時代ごとの儒学関連の学問は必ず押さえておこう。

Ⅴ　朝鮮王朝（李氏朝鮮）の主に近現代史からの出題で，教科書レベルの基本的事項の確実な学習で解答できる。ただし，①・③・⑤などは選択肢に判断の難しい内容が含まれているため消去法で迷う可能性があった。重要人物や重要事件について細部まで理解しているかどうかの力が試された。

地　理

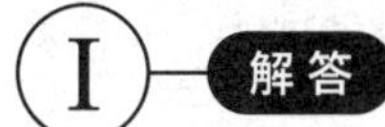

(1)— c　(2)— d　(3)— b　(4)— b　(5)— d　(6)— c
(7)— b　(8)— a

解説

《ラテンアメリカの地誌》

(1)　c が正解。ス国はパラグアイであり，首都のアスンシオンの標高は50m 程度である。ア国（メキシコ）の首都メキシコシティは標高 2309m。ク国（コロンビア）の首都ボゴタは標高 2543m。セ国（ブラジル）の首都ブラジリアは標高 1159m である。

(2)　d が誤文。ブラジル南西部に広がるパンタナールとは，熱帯性湿地の名称である。

(3)　b が正解。ソ国のウルグアイや，タ国のアルゼンチンはスペイン系の白人が多くを占めることで知られる。日系人の人口が多いので，a はタ国（アルゼンチン）である。c はコ国（ペルー）であり，ペルーも日系人が多い。残る d はス国（パラグアイ）である。

(4)　b が正解。ク国（コロンビア）は日本への切り花の輸出国として知られる。a はア国（メキシコ），c はケ国（エクアドル），d はイ国（グアテマラ）である。

(5)　d が正解。サ国はチリであり，サケの輸出が多いことで知られる。水産物輸出額は世界 4 位（2020 年）である。a はコ国（ペルー），b は日本，c はノルウェーである。

(6)　c が誤文。シ国はボリビアである。リチウムの埋蔵量はチリ（41.8%）が世界最大であり，これにオーストラリア（25.9%）が続く（2021年）。

(7)　b が正解。太平洋沿岸国が TPP に加盟しているので，ペルーとチリが b か d であり，アンデス共同体の本部がペルーにあることから，b がコ国（ペルー）である。a はシ国（ボリビア），c はソ国（ウルグアイ），d はサ国（チリ）である。

(8)　a が誤文。ウ国のキューバはキューバ共産党の一党制である。エ国はハイチ，オ国はコスタリカ，カ国はパナマである。

Ⅱ 解答 (1)— a (2)— f (3)— b (4)— a (5)— b (6)— d (7)— d (8)— b

解説

《西アジアの地誌》

(1) aが正解。地点hはアフリカ大地溝帯の延長上の地域であり，標高は海抜高度よりも低い。イスラエルの死海は，地溝帯によって形成された断層湖に分類される。

(2) fが正解。都市Pはトルコのアンカラ，都市Qはイランのテヘラン，都市Rはサウジアラビアのリヤドである。アンカラは夏に乾燥し高温となる地中海式気候に属する。リヤドは亜熱帯高圧帯（中緯度高圧帯）の影響による乾燥地域であり砂漠気候に属する。テヘランも同様に乾燥地域ではあるが，リヤドより高緯度に位置しており，リヤドよりはやや気温が低くステップ気候に属する。

(3) bが正解。イ国はシリアである。近年はヨーロッパ地域へ多くの難民を生み出した国として知られる。内戦で経済活動が停滞し，2010 年に対して 2021 年は人口が減少している。aはク国のサウジアラビア，cはコ国のアラブ首長国連邦，dはケ国のカタールである。産油国は男性労働者の流入が多く，人口性比が 100 を上回っている。

(4) aが誤文。ウ国のレバノンはイスラム教徒が約 59％，キリスト教徒が約 41％であり，イスラム教徒の割合が高い。オ国はイラク，カ国はイラン，ク国はサウジアラビアである。

(5) bが誤文。クルディスタンはイラン・イラク・トルコ・シリアなどの国境にまたがって居住しているクルド人の居住地域を示したものであり，トルコの東北部ではなく東部である。dについて，トルコのイスタンブールは，夏季オリンピック 2036 年大会の招致を目指している。

(6) dが正解。エ国はイスラエルである。石油の輸出に依存するサウジアラビアとカタールは輸出額が輸入額を上回るので，aかcであり，国土も人口も規模が大きいサウジアラビアがa，カタールがcである。クルド問題やキプロス問題を抱えるトルコのほうが一人あたりの GNI が低いのでb，ダイヤモンド加工などが発達しているイスラエルがdである。

(7)　dが正解。4カ国の中で最も原油の産出量が少ないのはカタールである。aはコ国のアラブ首長国連邦，bはカ国のイラン，cはキ国のクウェートである。

(8)　bが正文。BTC（バクー・トビリシ・ジェイハン）パイプラインは，カスピ海から地中海へ石油を輸送するパイプラインであり，ア国（トルコ）を横断している。日本企業も株主などの形で建設に協力している。aについて，日本の液化天然ガスの輸入先の第1位はオーストラリアである。cについて日本とイスラエルの貿易は，日本からの輸出額のほうがやや多い。日本からは自動車などの輸出が多く，イスラエルからは電気機器などの輸入が多い。

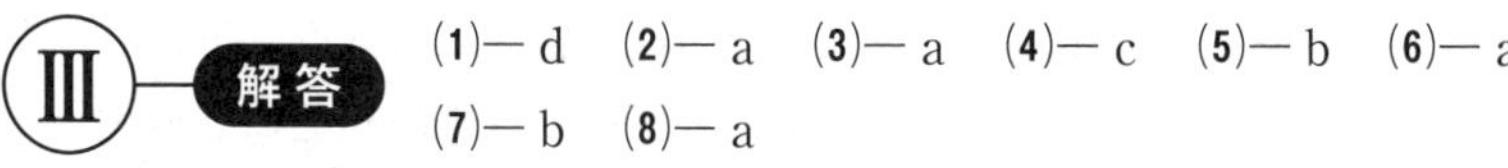

Ⅲ　解答　(1)―d　(2)―a　(3)―a　(4)―c　(5)―b　(6)―a　(7)―b　(8)―a

解説

《世界と日本の農林水産業》

(1)　dが正文。EU（欧州連合）加盟国間における共通農業政策により，域内の共同市場が形成され関税はないが，域外からの農作物に対しては共通の関税を課している。aについて，ウルグアイ・ラウンドは農産物貿易の自由化を目指したものである。bについて，穀物メジャーの本社はアメリカ合衆国に集中している。cについて，アジアの農業は，先進国地域である北アメリカやヨーロッパ地域と比べると，労働生産性（単位労働時間あたりの生産量の大きさ）は低い傾向がみられる。

(2)　aが正解。かんしょはサツマイモのことで，中国で5割以上が生産されている。キャッサバは主にアフリカでの，サトウキビはブラジルやインドでの生産が多い。

(3)　aが正解。bはバナナ，cはぶどう，dはオレンジ類である。

(4)　cが正解。aはオーストラリア，bはアメリカ合衆国，dは中国である。

(5)　bが正解。aはアジア，cは北中アメリカ，dはヨーロッパである。

(6)　aが正解。bは日本なし，cはすいか，dはいちごである。

(7)　bが誤文。日本の用材自給率はやや増加傾向であり，2000年には用材自給率は18.2％だったが，2022年の用材自給率は35.8％である。

(8)　aが正解。bはこんぶ類，cはまだい，dは真珠である。

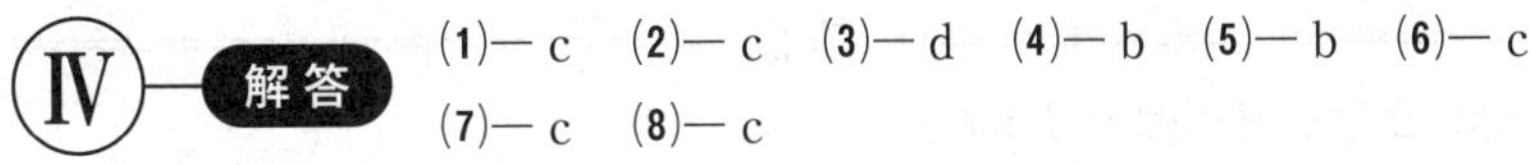
Ⅳ 解答　(1)―c　(2)―c　(3)―d　(4)―b　(5)―b　(6)―c　(7)―c　(8)―c

解説

《村落と都市》

(1)　cが誤文。環濠集落は防衛的機能などを強化するために堀を巡らせた集落のことであり，洪水対策のものは輪中集落である。木曽川・長良川・揖斐川の下流域や，吉野川・筑後川の下流域などにみられる。

(2)　cが誤文。タウンシップ制による開拓村落は，1つ1つの家が分散して居住する散村である。

(3)　dが誤文。過疎地域の指定を受けている地域は，日本の国土の63.2％を占めている（2020年）。

(4)　bが誤文。イギリスの都市人口率は82.6％で90％以上ではない。

(5)　bが誤文。ブラジリアは南緯約15度，キャンベラは南緯約35度に位置する。

(6)　cが正解。高速鉄道ユーロスターは，イギリスのロンドン～ベルギーのブリュッセル～フランスのパリを結んでいる。aについて，エジプトの首都カイロは海洋に面しておらず，観光都市として栄え，商工業が発達している。bについて，ドイツの首都ベルリンは，人口が約364万人であり，第2位の都市ハンブルク（約184万人）と比べて大きいが，ドイツは連邦制国家であり多極分散型国土の性格が強いため，一極集中は進んでいない。dについてマレーシアの首都クアラルンプールはマレー半島南西部に位置する。

(7)　cが正解。aはオーストラリア，bはメキシコ，dはアメリカ合衆国である。

(8)　cが正解。aは熊本県，bは長野県，dは北海道である。

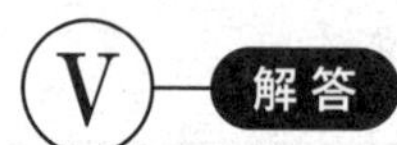
(1)— b　(2)— d　(3)— d　(4)— b　(5)— b　(6)— c
(7)— c　(8)— a

解説

《世界の環境保護への取り組み》

(1)　b が正解。初めて環境に関する大規模な国際会議が開かれたのはスウェーデンのストックホルムである。

(2)　d が正解。UNEP は国連環境計画の略称であり，本部はケニアのナイロビである。

(3)　d が誤文。オゾン層破壊防止への世界の取り組みが進んでおり，オゾンホールはかつてに比べれば縮小しているが，1980 年代のレベルにまで回復するのは 21 世紀半ば以降と言われている。

(4)　b が正解。地球サミットにおけるスローガンは「持続可能な開発」である。a は 2015 年の持続可能な開発のための 2030 アジェンダのものであり，c は 2002 年のヨハネスブルク宣言の一部であり，d は 1972 年の人間環境宣言のものである。

(5)　b が誤文。気候変動枠組条約の締約国会議は，1995 年以降は毎年開催されている。

(6)　c が誤文。カナダの SDGs 達成度は 26 位である。1 位はフィンランド，2 位はスウェーデン，3 位がデンマーク，4 位がドイツ，5 位がオーストリアであり，北欧の国々が上位である。日本は 21 位である（2023 年）。

(7)　c が正解。a は EU，b は中国，d はインドである。

(8)　a が誤文。パリ協定では，1990 年を基準とするのではなく，産業革命以前を基準として 1.5℃未満に抑えるという目標を掲げている。

講評

Ⅰはラテンアメリカの地誌に関する出題だった。各国の自然環境，人種構成，貿易，各国の地域での結びつき，農林水産業など幅広く詳細な知識力が求められる。

Ⅱは西アジアの地誌に関する出題だった。地形や気候などの自然環境，宗教，貿易，経済力など幅広い知識力が求められる。

Ⅲは世界と日本の農林水産業に関する出題だった。図や表を用いた各種農作物の生産上位国，農林水産業就業人口，日本の養殖業などについて幅広い知識力が求められる。詳細な統計データの読み取りが問われているが，地域の性格などをじっくり考えれば，正解が見えてくる。

Ⅳは村落と都市に関する出題だった。村落の立地，日本や世界の都市について，都市の位置，都市人口率，人口上位都市などについて幅広い知識力が求められる。

Ⅴは世界の環境保護への取り組みに関する出題だった。オゾン層破壊，地球温暖化対策などに対する世界の取り組みについて幅広い知識が求められる。パリ協定やSDGsについて，深い知識を求めるものが出題された。

数学

1 解答

(1)(i)ア. $\sqrt{5}-2$　(ii)イ. $\dfrac{10+4\sqrt{5}}{5}$　ウ. $-144\sqrt{5}$

(2)(i)エ. $\dfrac{5}{12}$　オ. $\dfrac{2}{9}$　(ii)カ. $\dfrac{1}{3}$　キ. $\dfrac{4}{21}$

解説

《無理数の計算，並べ方の確率，条件付き確率》

(1)　$\sqrt{2}>1$ より $|1-\sqrt{2}|=\sqrt{2}-1$ であるから

$$a=\frac{(7+2\sqrt{10})-7-\sqrt{10}}{3\sqrt{2}-4+2\sqrt{2}(\sqrt{2}-1)}=\frac{\sqrt{10}}{\sqrt{2}}=\sqrt{5}$$

(i)　$2<\sqrt{5}<3$ であるから $\sqrt{5}$ の整数部分は2である。このとき，$\sqrt{5}$ の小数部分は $\sqrt{5}-2$ となる。

よって　　$c=\sqrt{5}-2$　(→ア)

(ii)
$$\frac{ab}{c(c+2)^2}=\frac{2\sqrt{5}}{(\sqrt{5}-2)(\sqrt{5})^2}=\frac{2\sqrt{5}(\sqrt{5}+2)}{5(\sqrt{5}-2)(\sqrt{5}+2)}$$
$$=\frac{10+4\sqrt{5}}{5}\quad(\to イ)$$

また，$c=\sqrt{5}-2$ より $\dfrac{1}{c}=\dfrac{1}{\sqrt{5}-2}=\sqrt{5}+2$ であるから

$$c^4-\frac{1}{c^4}=\left(c^2-\frac{1}{c^2}\right)\left(c^2+\frac{1}{c^2}\right)=\left(c-\frac{1}{c}\right)\left(c+\frac{1}{c}\right)\left\{\left(c+\frac{1}{c}\right)^2-2\right\}$$
$$=-4\times2\sqrt{5}\{(2\sqrt{5})^2-2\}$$
$$=-144\sqrt{5}\quad(\to ウ)$$

(2)　9個すべての玉を区別すれば，玉の並べ方の総数は9!通りある。

(i)　両端に赤玉を置く方法は ${}_6P_2$ 通りあり，その各々に対し残り7個の玉の並べ方は7!通りずつある。よって，両端が赤玉となる確率は

$$\frac{{}_6P_2\times7!}{9!}=\frac{6\times5}{9\times8}=\frac{5}{12}\quad(\to エ)$$

また，2個の白玉が隣り合う並べ方は，2個の白玉を1つとみなして，8!通りあり，その各々に対し2個の白玉の並べ方が2!通りずつある。よ

って，白玉が隣り合う確率は

$$\frac{8!\times 2!}{9!}=\frac{2}{9}\quad (\to オ)$$

(ii)　2個の白玉の間に黒玉がある事象を E，9個の玉の中央に黒玉がある事象を F とする。2個の白玉の間に黒玉がくる並べ方は，9カ所の玉を置く位置から3カ所を選び，順に白，黒，白と並べる方法が，2個の白玉が異なることに注意して ${}_9C_3\times 2!$ 通りある。この各々の並べ方に対し，残り6個の赤玉の並べ方は $6!$ 通りずつある。よって，事象 E の起こる確率 $P(E)$ は

$$P(E)=\frac{{}_9C_3\times 2!\times 6!}{9!}=\frac{1}{3}\quad (\to カ)$$

また，事象 $E\cap F$ となる玉の並べ方は並べる位置の中央に黒玉を置き，残り8カ所から2カ所選んで白玉を並べる方法から，黒の片側だけに2個の白玉を並べる方法を除いて $1\times({}_8P_2-2\times{}_4P_2)$ 通りあり，その各々に対し残り6個の赤玉の並べ方は $6!$ 通りずつある。よって，事象 $E\cap F$ となる確率は

$$P(E\cap F)=\frac{1\times({}_8P_2-2\times{}_4P_2)\times 6!}{9!}=\frac{4}{63}$$

したがって，事象 E が起こったときに事象 F が起こる条件付き確率 $P_E(F)$ は

$$P_E(F)=\frac{P(E\cap F)}{P(E)}=\frac{\frac{4}{63}}{\frac{1}{3}}=\frac{4}{21}\quad (\to キ)$$

別解　(2)　玉の色だけを区別すると次のようにして確率を求めることができる。玉の並べ方の総数は同じものを含む順列から，$\frac{9!}{6!2!}=252$ 通りある。

(i)　赤玉が両端にくる並べ方は，両端の位置に1個ずつ赤玉を置き，残り7個の玉の並べ方が $\frac{7!}{4!2!}=105$ 通りある。よって，赤玉が両端にくる確率は

$$\frac{105}{252}=\frac{5}{12}$$

白玉が隣り合う並べ方は，2個の白玉を1つとみなして，$\dfrac{8!}{6!}=56$ 通りある。

よって，白玉が隣り合う確率は　$\dfrac{56}{252}=\dfrac{2}{9}$

(ii)　2個の白玉の間に黒玉がくる並べ方は，9カ所の玉を置く位置から3カ所を選ぶ方法が ${}_9C_3=84$ 通りあり，その各々の選び方に対し順に白，黒，白と並べる方法と残りの赤玉6個の並べ方が1通りずつある。

よって，事象 E の起こる確率は　$P(E)=\dfrac{84}{252}=\dfrac{1}{3}$

また，事象 $E\cap F$ となる玉の並べ方は並べる位置の中央に黒玉を置き，黒玉の両側の玉を置く4カ所の位置からそれぞれ1カ所ずつ選んで白玉を並べる方法が，$({}_4C_1)^2=16$ 通りあり，その各々の並べ方に対し残り6個の赤玉の並べ方はただ1通りずつある。よって，事象 $E\cap F$ となる確率は

$$P(E\cap F)=\frac{16}{252}=\frac{4}{63}$$

したがって，事象 E が起こったときに事象 F が起こる条件付き確率 $P_E(F)$ は

$$P_E(F)=\frac{P(E\cap F)}{P(E)}=\frac{\frac{4}{63}}{\frac{1}{3}}=\frac{4}{21}$$

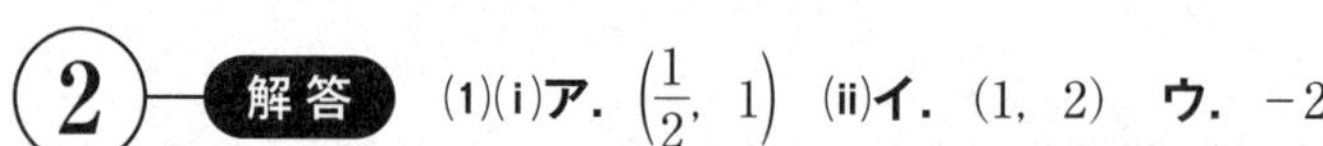

2　解答　(1)(i)**ア．** $\left(\dfrac{1}{2},\ 1\right)$　(ii)**イ．** $(1,\ 2)$　**ウ．** -2

(2)(i)**エ．** 3^{n-1}　**オ．** $(-2)^{n-1}$　(ii)**カ．** $\dfrac{3^{n-1}+(-2)^{n-1}}{2}$　**キ．** 9

解説

《円と接線，連立漸化式》

(1)　$x^2+y^2+2ax+4ay=10a+5$　……①とおく。

①より　$(x+a)^2+(y+2a)^2=5(a+1)^2$

したがって，円 C の中心の座標は $(-a,\ -2a)$，半径は $\sqrt{5}|a+1|$ である。

(i)　円 C が原点を通るとき，①に $(x,\ y)=(0,\ 0)$ を代入して

$$10a+5=0 \qquad \text{ゆえに} \qquad a=-\frac{1}{2}$$

このとき，円 C の中心の座標は　$\left(\frac{1}{2},\ 1\right)$　(→ア)

(ii)　円 C が a の値にかかわらず通る点を $(X,\ Y)$ として①に代入すると

$$X^2+Y^2+2aX+4aY=10a+5$$

a について整理すると

$$X^2+Y^2-5+2a(X+2Y-5)=0$$

これが a の値にかかわらず成立するのは $X,\ Y$ が

$$X^2+Y^2=5 \quad \cdots\cdots②$$

$$X+2Y=5 \quad \cdots\cdots③$$

を同時に満たすときである。

②，③より X を消去すると

$$(5-2Y)^2+Y^2=5$$

より　$Y^2-4Y+4=0 \qquad (Y-2)^2=0$

ゆえに　$Y=2$

これを③に代入して　$X=1$

よって，$(X,\ Y)=(1,\ 2)$ のとき条件を満たすから，円 C が a の値にかかわらず通る定点は　$(1,\ 2)$　(→イ)

また，円 C と直線 $y=2x+5$ が接するとき，円 C の中心から直線 $2x-y+5=0$ までの距離が円 C の半径に一致するから

$$\frac{|2(-a)-(-2a)+5|}{\sqrt{2^2+(-1)^2}}=\sqrt{5}|a+1|$$

整理すると　$|a+1|=1 \qquad a+1=\pm 1$

$a<0$ であることに注意して　$a=-2$　(→ウ)

(2)　$a_{n+1}=\frac{1}{2}a_n+\frac{5}{2}b_n\cdots\cdots①$，$b_{n+1}=\frac{5}{2}a_n+\frac{1}{2}b_n\cdots\cdots②$ とおく。

(i)　$a_1+b_1=1$，$a_1-b_1=1$ である。また，①＋② より

$$a_{n+1}+b_{n+1}=3(a_n+b_n)$$

このとき，数列 $\{a_n+b_n\}$ は，初項1，公比3の等比数列である。

よって　$a_n+b_n=3^{n-1} \quad \cdots\cdots③$　(→エ)

また，①－②より

$$a_{n+1}-b_{n+1}=-2(a_n-b_n)$$

このとき，数列 $\{a_n-b_n\}$ は，初項1，公比 -2 の等比数列である。

よって　$a_n-b_n=(-2)^{n-1}$　……④　（→オ）

(ii)　③＋④より　$2a_n=3^{n-1}+(-2)^{n-1}$

よって　$a_n=\dfrac{3^{n-1}+(-2)^{n-1}}{2}$　（→カ）

$n\geqq 2$ のとき

$$a_{n+1}-a_n=\frac{3^n+(-2)^n}{2}-\frac{3^{n-1}+(-2)^{n-1}}{2}=\frac{2\cdot 3^{n-1}-3(-2)^{n-1}}{2}$$

$$\geqq\frac{2\cdot 3^{n-1}-3\cdot 2^{n-1}}{2}=3(3^{n-2}-2^{n-2})\geqq 0$$

ゆえに　$a_{n+1}\geqq a_n$　$(a_2\leqq a_3\leqq a_4\leqq\cdots)$

$n=1$ のとき，$a_1=1$，$a_2=\dfrac{1}{2}$ より　$a_1>a_2$

ここで

$$a_8=\frac{3^7+(-2)^7}{2}=\frac{2059}{2}<2024$$

$$a_9=\frac{3^8+(-2)^8}{2}=\frac{6817}{2}>2024$$

よって，$a_n\geqq 2024$ を満たす最小の自然数 n の値は　$n=9$　（→キ）

3　解答

(1)　$f(x)=x^3+x^2\displaystyle\int_{-1}^{1}f(t)\,dt+x\int_{-1}^{1}f'(t)\,dt+\int_0^1\left\{tf'(t)-\frac{5}{4}\right\}dt$　……①

また　$a=\displaystyle\int_{-1}^{1}f(t)\,dt$　……②，$b=\displaystyle\int_{-1}^{1}f'(t)\,dt$　……③

とおくと，①は

$$f(x)=x^3+ax^2+bx+\int_0^1\left\{tf'(t)-\frac{5}{4}\right\}dt\quad\cdots\cdots④$$

よって　$f'(x)=3x^2+2ax+b$　……（答）

(2)　(1)の結果から

$$c=\int_0^1\left\{t(3t^2+2at+b)-\frac{5}{4}\right\}dt$$

$$=\int_0^1\left(3t^3+2at^2+bt-\frac{5}{4}\right)dt$$

$$=\left[\frac{3}{4}t^4+\frac{2}{3}at^3+\frac{1}{2}bt^2-\frac{5}{4}t\right]_0^1$$

$$=\frac{2}{3}a+\frac{1}{2}b-\frac{1}{2}\quad\cdots\cdots(答)$$

(3)　②，④および(2)の結果から

$$a=\int_{-1}^1\left(t^3+at^2+bt+\frac{2}{3}a+\frac{1}{2}b-\frac{1}{2}\right)dt$$

$$=2\int_0^1\left(at^2+\frac{2}{3}a+\frac{1}{2}b-\frac{1}{2}\right)dt$$

$$=2\left[\frac{1}{3}at^3+\left(\frac{2}{3}a+\frac{1}{2}b-\frac{1}{2}\right)t\right]_0^1$$

$$=2a+b-1$$

ゆえに　　$a+b=1$　……⑤

また，③および(1)の結果から

$$b=\int_{-1}^1(3t^2+2at+b)\,dt$$

$$=2\int_0^1(3t^2+b)\,dt$$

$$=2\left[t^3+bt\right]_0^1$$

$$=2+2b$$

ゆえに　　$b=-2$

このとき，⑤から　　$a=3$

また，(2)の結果から　　$c=\dfrac{1}{2}$

よって　　$f(x)=x^3+3x^2-2x+\dfrac{1}{2}$　……(答)

(4)　$f'(x)=3x^2+6x-2$ より，$3x^2+6x-2=0$ を解くと，$x=\dfrac{-3\pm\sqrt{15}}{3}$ である。

$\alpha=\dfrac{-3-\sqrt{15}}{3}$, $\beta=\dfrac{-3+\sqrt{15}}{3}$ とおくと，$f'(x)=3(x-\alpha)(x-\beta)$ である。

このとき，$f(x)$ の増減は右の表のようになり，$f(x)$ は，$x=\alpha$ で極大，$x=\beta$ で極小となる。よって，$f(x)$ の極大値と極小値の差は

x	$\cdots$	α	$\cdots$	β	$\cdots$
$f'(x)$	$+$	0	$-$	0	$+$
$f(x)$	↗	極大	↘	極小	↗

$$f(\alpha)-f(\beta)=\int_\beta^\alpha f'(x)\,dx=-\int_\alpha^\beta\{3(x-\alpha)(x-\beta)\}\,dx=\frac{3}{6}(\beta-\alpha)^3$$
$$=\frac{1}{2}\left(\frac{2\sqrt{15}}{3}\right)^3$$
$$=\frac{20\sqrt{15}}{9}\quad\cdots\cdots(答)$$

別解 (4) $f(x)$ の極大値と極小値の差は次のように求めることもできる。

α, β は 2 次方程式 $x^2+2x-\dfrac{2}{3}=0$ の解である。ここで，$f(x)$ を $x^2+2x-\dfrac{2}{3}$ で割ると

$$f(x)=x^3+3x^2-2x+\frac{1}{2}=\left(x^2+2x-\frac{2}{3}\right)(x+1)-\frac{10}{3}x+\frac{7}{6}$$

このとき

$$f(\alpha)=-\frac{10}{3}\alpha+\frac{7}{6},\ f(\beta)=-\frac{10}{3}\beta+\frac{7}{6}$$

よって

$$f(\alpha)-f(\beta)=\left(-\frac{10}{3}\alpha+\frac{7}{6}\right)-\left(-\frac{10}{3}\beta+\frac{7}{6}\right)=\frac{10}{3}(\beta-\alpha)=\frac{20\sqrt{15}}{9}$$

解説

《関数の増減・極値，定積分で表された関数》

(1)〜(3) 丁寧に誘導しているので思考上の難しさはないだろう。計算ミスには気をつけたい。(3)で a，b を求める定積分の計算では，偶関数の定積分 $\int_{-a}^a x^{2k}dx=2\int_0^a x^{2k}dx$ ($k=0$, 1, 2, $\cdots$)，奇関数の定積分 $\int_{-a}^a x^{2k-1}dx=0$ ($k=1$, 2, $\cdots$) が利用できるようにしておきたい。

(4) 2つの関数値の差 $f(\alpha)-f(\beta)=\int_\beta^\alpha f'(x)\,dx$ は定積分の定義そのもの

である。$\int_{\alpha}^{\beta}(x-\alpha)(x-\beta)\,dx=-\frac{1}{6}(\beta-\alpha)^3$ とセットで使われることが多いが，経験の差がでるところだろう。なお，〔別解〕のように $f(x)$ を $f'(x)$ で割った余りを利用するのも有効な解法である。

講評

1　空所補充形式で，例年「数学Ⅰ・A」からの出題である。

(1)は「数学Ⅰ」の数と式からの出題で，無理数の計算に関する内容である。(2)は「数学A」の確率からの出題で，並べ方についての確率と条件付き確率であった。

2　空所補充で，例年「数学Ⅱ・B」からの出題である。

(1)は「数学Ⅱ」の図形と式から円と直線に関する内容である。(2)は「数学B」の数列から漸化式に関する問題であった。

3　「数学Ⅱ」の微・積分法からの出題で，記述式となっている。どの設問も基本的な問題であるが，(3)，(4)の計算で差がつくと思われる。

難問が出るということはないので，典型的な問題をしっかり演習しておくこと。また，日頃から計算の工夫を怠らないようにしておきたい。

易しい。問十二は和歌の内容と文法事項の設問。和歌の表現技巧に留意したい。問十三・問十四は人物指摘の設問。ストーリーの展開から答えは絞られる。全体として、文法を基本に置きながら、幅広い出題形式で設問された標準レベルの問題である。

は「陳氏」を指す。「御なさけ」は「御」と尊敬語が付いていることから「親王」の情けだとわかる。具体的には、「陳氏」の話を聞いて「あわれにいみじくおぼされ」「昔の男（徳言）のもとへ送り遣は」す、という情愛の深さを示したことを指す。

講評

例年と同様、現代文・古文がそれぞれ一題、計二題の出題であった。解答方式はマークセンス方式と記述式の併用。

一の現代文は、美意識「いき」について、三つの特徴を挙げて分析している。一部に「動的な二元性」や「批判的知見」などの抽象的な表現が見られるが、その特徴を段落ごとに説明しており、読み取りやすい。問三の語意の設問には、「媚態」・「意気地」・「諦め」といった、「恬淡無碍」など読むこと自体がやや難しいものが含まれる。問七・問九は指定字数に従って本文の該当箇所を指摘する設問。段落を追って論の展開を読み取ればよい。問十一は、出題文全体にわたる内容真偽問題。本文の表現を組み替えたり、用語を言い換えたりして選択肢が作られている。やや見極めが難しい。全体として、現代文は、知識を問う問題が多いが、難度の高いものもいくつか含まれている。展開の把握しやすさを差し引いても、標準レベルである。

二の古文は、『唐物語』からの出題。情けをかけている女に、かつて鏡を半分に断ち切って再会を誓い合った男がいたことを知った親王が、憐れんで女を男のもとに帰した、という内容の説話である。用語が平易なことや人物関係が単純なことからストーリーは読み取りやすい。ただ、和歌が二カ所含まれており、深く理解するには注意が必要である。問二は語幹のない下二段活用の動詞「ふ」、問四は「ぬらむ」の解釈、問六は形容詞と助動詞の接続、問十は謙譲語「聞こえさす」といったふうに、設問形式は異なるが、いずれも文法の基本的な事項を踏まえた設問である。問八の解釈問題は「さすがに」という重要単語と文脈の展開とを組み合わせた、本来はやや難の設問だが、選択肢の見きわめは問いかけに遠慮・感謝して言葉を濁していることがわかる。

問九　「しひて」は「強ひて」で〝無理やり、強引に〟の意。「のたまはすれ」は、下二段動詞。尊敬語で〝おっしゃる〟の意。已然形だから確定条件で「ば」は、原因理由で〝…ので〟と訳す。

問十　「聞こえさせ＋つ」。「聞こえさす」は〝申し上げる〟の意の謙譲語。一語の下二段活用動詞（「さす」は使役や尊敬の助動詞ではない）。「つ」は完了の助動詞。〝～た、～てしまった〟の意。

問十一　空欄Ⅲの後に、「あはれにいみじくおぼされけるにや」とある。「親王」は、「陳氏」の話を聞いてしみじみと気の毒だと思ったのである。「袖を絞る」は、〝涙で濡れた袖を絞ること〟、転じて〝ひどく涙をながすこと〟の意。「…もあへず」は、「…も敢へず」で、〝…しきれない〟の意の補助動詞的表現。

問十二　ここは、「親王」の配慮によって、「陳氏」と再び暮らすことになったことを徳言が喜ぶ歌。「ふたたびすみぬ中川の水」は、水が「澄」と二人が「住む」とをかけている（ホ）。その理由を述べた上の句の「契りおきし心」は、かつて鏡を切って交わした二人の約束を指す。「し」は過去の助動詞「き」の連体形で（ロ）、〝前もって約束する〟の意の「契りおく」の連用形である「契りおき」に接続している（イ）。「くま」は「隈」で〝翳(かげ)り〟の意（ハ）。下の句の「すむ」の対義語となっている。「やなかりけむ」の「けむ」は過去の原因推量の助動詞。〝…たからだろうか〟の意。「や」は疑問の係助詞であり反語表現ではないため、（ニ）が「適当ではないもの」の正解である。この部分は、二人が再び一緒に住めるのはあのときの約束に翳(かげ)りが〝なかったからだろうか〟の意となる。

問十三　「いやしからぬありさま」は「賤しからぬあり様（＝貧賤ではないようす）」であり、傍線部⑭に続いて「…を振り捨てて、昔の契りを忘れざりけむ人」とあることから、「陳氏」の富貴な境遇を指すことがわかる。富貴な境遇をもたらしたのは「親王」の寵愛。傍線部⑧の三行前にも「時の親王にておはしける人に限りなく思しかしづかれて…ありしには似るべくもなきありさま」とある。

問十四　「昔の契りを忘れざりけむ人よりも…の御なさけは」と、比較対照の形になっている。「契りを忘れざりけむ人」

問二　〝年月を送る・過ごす〟という文脈。下二段活用の動詞で語幹と活用語尾の区別がない語は、「寝（ぬ）」・「得（う）」・「経（ふ）」の三語のみ。「経」は「へ・へ・ふ・ふる・ふれ・へよ」と活用する。

問三　空欄Ⅰに続く「しづまりて」に着目。ここは、将来、再び会うことを約束している部分。「しづまりて」と反対の今の状況を表現している箇所を探す。先に「世の中乱れて」とある。

問四　「忘れぬらむ」の、「らむ」は現在推量の助動詞。先に「いかなる」と疑問詞があり、連体形で〝…ているのだろうか〟の意となる。「らむ」は終止形に接続するから「ぬ」は、完了の助動詞。〝〜た、〜てしまう〟の意。

問五　「そのかみ」は、「其の上」で、〝さかのぼったその頃、当時〟の意。直前に「増鏡われて契りし」とあり、〝鏡を断ち切って約束を交わした〟とき、すなわち徳言と陳氏が別れるときを指すことになる。「われて」は「割れて」で「割れ」は他動詞。「し」は過去の助動詞の連体形。なお、この和歌において、「鏡」・「われ」・「影」・「うつり」は縁語であり、「うつり」は「映り」と「移り」の掛詞である。

問六　形容詞は下に助動詞が接続する場合、原則としてカリ活用（から・かり・○・かる・○・かれ）をする。ここは、〝はっきりしない〟の意の形容詞「おぼつかなし」の未然形と打消の助動詞「ず」の連用形が組み合わさったもの。

問七　空欄Ⅱ直前の「おぼえず悩ましき心地うちそひて」という「陳氏」のようすを、「…ならぬ気色」と言い換えている。問一の⑨で触れた「世の常」ではない心の状態である。イは、「好き心、数奇心」で〝色好み、風流心〟の意。ロは、〝浮気心〟の意。ニの「二心」と同意である。ホは「下心」。〝本心、野心〟の意。「うつし心」は、「現し心」。〝正気、しっかりした気持ち〟の意。

問八　「さすがに」は〝（Aとはいうものの、）しかし、やはりBだ〟と、Aの状況をいったん否定することで、現状のBを認める際に用いる際の副詞。Aは、「陳氏」の平常心を失うほどの「徳言」への愛情（＝つらい思い）に相当する。Bは、「陳氏」の状態を心配して言葉を掛けてくれる「親王」への思いに相当する。「おぼえて」は、〝思われて〟の意。「しばしば言ひまぎらはしけれ」に続いており、「陳氏」は、Aのありのままを言うのはためらわれ、「親王」のが、そう（＝徳言を思う気持ちは深い）はいうもののやはり（親王のお言葉・情けを有難いと）思われて、何度も言い繕ったけれども、無理にお尋ねになるので、つらいと思いつつありのままに申し上げた。親王はこの話を聞きなさると、袖も絞りきらぬほどに（ひどく涙を流し）、しみじみと気の毒にお思いになったのであろうか、（陳氏に）支度を威厳あるさまに整えさせて、昔の男（＝徳言）のもとへ遣わしたところ、徳言はこの上もなく嬉しいがそれにつけても、まず涙が先だった。

約束した気持ちに翳（かげ）りがなかったからであろうか、中川の水が澄むように、ふたたび一緒に住むようになったことだ高貴な境遇を捨て去って、昔の約束を忘れなかった人（＝陳氏）（の愛情の深さ）よりも、（陳氏を徳言のもとに返した）親王のご情愛は、やはり他に例を見ないことであるよ。

解説

問一 ①「あひ」は「相」。〃互いに〃の意や続く動詞を強調する働きを表す。「具し」は、「ともに」の意の漢字「具」にサ変動詞「す」が付いて一語となったものの連用形。ここでは〃一緒に生活する〃の意。

③「然（さ）ながら」。「然」は〃そのように〃と前に述べたことを指す副詞。「ながら」は、接続助詞で〃～のまま、～すべて〃の意。全体で〃そのまま全部〃の意となる。

④「はら」は「腹」、「から」は「族（やから）」で、同じ母から生まれたきょうだいの意。

⑤「四方（よも）に」。「四方」は、ある地点からの東西南北や前後左右。

⑨下二段活用の動詞「おぼゆ」に打消の助動詞「ず」がついたもの。「おぼゆ」は「思ふ」と上代の助動詞「ゆ」（平安以降の「る」に相当）が結びついた語。連語「おぼえず」で〃思わず、思いがけず〃の意となる。「世の常はしたもへにてのみ過ぐしける」（＝平常は自分を保ち、何気ないように振る舞っていた）陳氏が、徳言が自分の境遇を知ったと聞いて、常日頃の思いに反して「悩ましき心地うちそひ」（＝自分の気持ちを抑えられなくなった）、という文脈である。

問十四　親王

全訳

昔、徳言という男が、陳氏という名の女性と連れ添っていた。（陳氏は）容貌がきわめて美しく、心ばえも理想的であったので、互いに深く愛し合って年月を送っているけれども、思いがけず世の中が乱れて、すべての人々、高貴な人も貧賤な人も残らず山や、林の中に避難して途方に暮れていた。離れがたい親や兄弟姉妹（の誰も）があちこちに別れ別れになり、それぞれに逃げ惑った中で、この二人は別離を悲しむ気持ちが、誰よりも強かったので、人知れず互いに約束を交わし合った。（陳氏が）「私もあなたもどこだとも行方がわからなくなっても後には、自然と世の中が平和になって、また一緒に逢うこともきっとあるでしょうが、そのときに（相手の）境遇をどうやって互いに知ったらよいでしょうか」と申し上げると、（徳言は）陳氏が長年持っていた鏡を真ん中から断ち切って、各々がその片方ずつを手にし、「月の十五日ごとに市場に出して、この鏡の片方を（相手に）探させたなら、きっとめぐり合って互いにその境遇を知ることができるだろう」と言いながら、たいそうひどく泣きながら離れ離れになった。

その後、この夫は、どうしようもなく（陳氏を）恋しく思いつつ、空しく月日を送るにつけて、（いったい妻は）どんな男に心変わりをして約束したことを忘れてしまっているのだろうかと、胸の苦しみを耐えがたく感じた。

鏡を断ち切って誓い合ったあのときの（鏡に映った）陳氏の面影はどこに移り変わってしまったのだろうこのように（陳氏に）思いを馳せたにもかかわらず、（陳氏は、）容貌が優美できわだっているのを愛しなさったのであろうか、当時の親王でいらっしゃった方にこの上もなく大切にお世話されて年月を送っているので、以前とは比べ物にならない境遇であるが、あの鏡の片方を市場に出しては、かつての約束ばかりを心にかけて常日頃はただひたすら恋心を表に出さずに過ごしたが、（ようやく）鏡の片割れを持っている人だと捜しあてて、徳言は、陳氏の状況を（陳氏は徳言の状況を）互いにはっきりと承知しあった。陳氏は、このこと（＝夫が自分を捜しあてたこと）を聞いて以来、思いがけずつらい感情が心から離れず、いつもの心を失った様子であることを（親王は）見て気づき、親王は不審に思い尋ねなさるする。よって、正解。ニ、第二段落参照。「媚態」の二元性については、男女間の間合いを楽しむことだとは述べているが、それが「人種や階級など他の関係にも当てはめられる」とまでは言っていない。ホ、第二段落参照。「異性との調和を持続させることができる」が不適。「いき」の基礎は「二元（=「自己と異性」）の駆け引きを遊ぶ」という軽やかな要素である。

二

出典　『唐物語』〈第十　徳言、割り持ちたる鏡によりて妻の陳氏と再会する語〉

解答

問一　①―ホ　③―イ　④―ハ　⑤―ロ　⑨―ニ

問二　経

問三　世の中

問四　イ

問五　ホ

問六　ニ

問七　ハ

問八　ハ

問九　イ

問十　申し上げた

問十一　ロ

問十二　ニ

問十三　へ

「合同」・「結ばれる」ことを目的としており不適。ニは、自・他の距離感ではなく、「二人の…未来」を言っている点で不適。ホは、「他の恋人…多元的な関係」が「相手」との関係を言う文脈に不適。

問七　傍線部Bは、相手への「媚態」だけが強い場合の問題点を言っている。後には、「相手の視線だけ…言いなりになる危険」や「相手の視線に従属し自己を失っている状態」ともある。これを「克服」するのが、この段落で述べられている「意気地」。「相手の視線」や「従属」という表現に着目しつつ、「意気地」の働きを説明している箇所を抜き出す。この段落最終文の一文前に「『媚態』において…それが『意気地』である」とある。

問八　傍線部Cの前に「こうした態度」とある。その指示する内容に適したものを選ぶ。「『憂き世』は等しく『浮き世』でもある。…浮き草らしく、力を抜いて漂っていこう。『憂き世』をはかなむだけでなく、…楽しんでいこうとする態度」とある。辛い「憂き世」を「諦め」て、「浮き世」として漂い楽しもうとする態度である。「諦め」を「悟り…身を任せ」と言い換え、それを「楽しもうとする」態度としたハが正解。イ「装い」は無関係。ロ「喜びなど全くない」「何も期待しなくなる」は、「楽しんでいこうとする態度」に反する。ニ「社会から逃れて」、ホ「…社会に見切りをつけ」は、いずれも「諦め」に合わない。

問九　傍線部Dは、直前の「『批判的知見』に支えられた軽やかな諦め」の繰り返し。「軽やかな諦め」とは、「…せめて浮き草らしく、力を抜いて漂っていこう」や「…『浮き世』として楽しんでいこう」とする態度に相当する。傍線部Dを含む段落の中ほどにも、この「『諦め』の世界観」が表現されている。ここでは、「それ（＝「『諦め』の世界観」）は」として「明るいニヒリズムとでもいうべき態度をもって、浮き世を楽しもうとすること」だとある。

問十一　イ、第六段落参照。「国際的に高く評価されている」は、本文にない。ロ、第六段落参照。「輪廻からの解脱を目ざす仏教的価値観を背景とする」は、本文にない。ハ、「人生の悲哀を…解き放たれた上で」は、最終段落の「辛いことがありながらもやがてそれが変わっていくという経験」や「つれない浮き世の洗練を経て」に、また、「それをもとに人生を理解する必要」も、最終段落の「その経験を人生の知として昇華させることで、ようやく獲得」に相当つ、それに服従しない強さを示す状態である。「諦め」とは、他者をわかりえない他者として保つ態度である。「批判的知見」に基づいて「憂き世」を「浮き世」として楽しんでいこうとする態度は、世界と人生に対する軽やかな諦めであり、その「いき」な姿の典型は、年増の芸者に見出される。

解説

問三　①「ひっきょう」。「畢」も「竟」も〝ついに、終わり〟の意。

②「しょうしゃ」。「瀟」も「洒」も〝こざっぱりしたさま、こだわらないさま〟の意。

③「てんたんむげ」。「恬淡」は、〝あっさりして無欲なさま〟、「無碍」は〝囚われがなく自由自在なこと〟の意。

問四　挿入文の末尾が「…とまとめた」となっていることから、なんらかのまとめの段落の末尾に置かれるのではないかと見当をつける。第二段落で、「いき」の特徴として「媚態」「意気地」「諦め」という三つを挙げ、以下、これらの特徴について述べられる。【ホ】の次の段落では、「では、『いき』はなぜ…」と、次の論点へと進んでいることから、【ホ】が候補となる。「媚態」とは、第二段落に「二元の駆け引きを遊ぶこと」とあるが、【ホ】の前には、「二元を保って互いに働きかける『可能的関係』」について述べられており、挿入文の「そのような『媚態』」が指す内容として適切である。よって、【ホ】が正解。

問五　甲の後に「九鬼によれば『いき』の『媚態』において重要なのは『合同』する（相手と結ばれる）ことではない」とある。また、甲の前には「『媚態』は…相手を手に入れることを目的としていると思われるかもしれない」とあり、ここは、「媚態」に関しての一般的な考え（＝相手と結ばれる目的）と九鬼の考え（相手と結ばれることではない）が、逆接の関係で示されていることがわかる。

問六　傍線部Aの直前に「この」という指示語がある。その指示内容は「相手を手に入れ合同したい、一元化したいとがむしゃらに求めるのではなく、…距離と間合いを測りながら、二元の駆け引きを遊ぶこと」とある。相手と結ばれることを願いながらも、それに執着せず相手との距離感を楽しむことである。よって、イが正解。ロ・ハはいずれも

国語

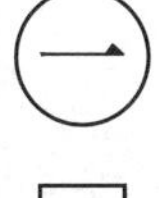

出典　宮野真生子『言葉に出会う現在』〈第八章　『いき』な印象とは何か―「いき」をめぐる知と型の問題〉（ナカニシヤ出版）

解答

問一　ⓐ―ハ　ⓑ―ニ　ⓕ―ロ

問二　ⓒひるがえし　ⓓかたどられ　ⓔえんせい

問三　①―ホ　②―ロ　③―ホ

問四　ホ

問五　ニ

問六　イ

問七　相手の視線を捕らえつつ、しかしそれに服従しない強さ

問八　ハ

問九　明るいニヒリズム

問十　イ

問十一　ハ

要旨

九鬼周造は、男女関係における理想的な美意識を「いき」とし、三つの特徴から分析している。「媚態」とは、相手との一元化を求めつつも、間合いを測りながら、二元の駆け引きを遊ぶことである。「意気地」は、相手の視線を捕らえつ

/////////////////// · memo · ///////////////////

2023年度

問題と解答

■学部個別日程：２月３日実施分

問題編

▶試験科目・配点

教　科	科　　　　　　　目	配　点
外国語	コミュニケーション英語Ⅰ・Ⅱ・Ⅲ，英語表現Ⅰ・Ⅱ	200 点
選　択	日本史Ｂ，世界史Ｂ，地理Ｂ，「数学Ⅰ・Ⅱ・Ａ・Ｂ」のうちいずれか１科目選択	150 点
国　語	国語総合，現代文Ｂ，古典Ｂ（いずれも漢文を含む）	150 点

▶備　考

- 学部個別日程のうち，２月３日実施分（文・法学部）を掲載。
- 「数学Ｂ」は「数列，ベクトル」から出題する。

英語

（90分）

〔Ｉ〕次の英文を読み、下記の設問（A～C）に答えなさい。

In the mid-to-late 1920s, the United States was in full economic boom. “We, in America today,” Herbert Hoover told the American people in a 1928 election speech, “are nearer to the final triumph over poverty than ever before in the history of any land. We shall soon ... be in sight of the day when poverty will be eliminated from this nation.” (ア)Into the White House he went. Eleven months later, on Black Monday, October 24, 1929, the earth opened, and the American economy fell into it.

Rich people found themselves suddenly without money. Working people found themselves without work. Prices fell, wages decreased, factories closed, and unemployment rose extremely quickly. In the first two months after Black Monday, the number of unemployed went from less than half a million to over four million, and by 1933, the bottom of the Depression, almost one out of three wage earners, fifteen million Americans, had no work. The value of all stocks traded on Wall Street dropped sharply from $87 billion in 1929 to $18 billion in 1933; and in the same four years America's gross national product*, the sum value of all goods and services produced in the country, dropped by 29 percent.

(　　1　　) the Depression was not enough, whole areas of the Midwest were turned into a dust bowl due to lack of rain. This crisis hit Oklahoma and Arkansas the hardest. Small farmers were forced to abandon the land. Most headed west, to California, where they hoped to begin a new life in the rich valleys they had heard about. It has been calculated that in the late 1930s, some 350,000 people from Oklahoma and Arkansas left their homes for California. John Steinbeck told of the condition of one such family in his novel *The Grapes of Wrath***. Published in 1939, it is one of the (イ)great classics of the Depression era.

Steinbeck's novel raised important issues, such as the social responsibility of the state, for the author (ウ)was sympathetic to the socialist movement. The Great Depression forced the American government to (　　2　　) the social issues and economic imbalances that had created gaps between the wealthy, the middle-class, the poor, and the under-privileged. It was Franklin Delano Roosevelt, who was elected president in 1932, who proposed a "New Deal" that would carry the nation out of the Depression and (エ)establish social equality. Numerous government agencies were created in an attempt to provide the social welfare that capitalism had not.

Socialism was spreading through Europe at the same time that a form of it was being instituted in the United States. The Soviet Union spent the 1920s and 1930s trying to create a communist people's government. In America, the labor unions pressed Roosevelt's government to carry out social reforms. The country began to (3) those who favored government involvement in social reform and those who did not. The (オ)clash appeared everywhere, touching the arts as well.

In the 1930s, the federal government established a number of agencies to deal with the economic and social conditions of the nation during the Great Depression. Painters, sculpture artists, and architects were employed by one or another of these, in designing and decorating post offices, courthouses, and other federal buildings throughout the country. (カ)Photography found an unexpected source of support in the Farm Security Administration (FSA)*** set up in 1935. The FSA undertook to inform the American people about the miserable living and working conditions of farmers and wandering workers. The FSA, recognizing the power of photography, and (キ)in the cause of reform, hired six photographers. The result was about 270,000 photos sponsored by the FSA, that now form a visual record of the life of a vast number of Americans during those difficult times. Photography proved to be a forceful weapon to promote social reform, as well as a powerful form of art in itself.

*gross national product：国民総生産
**The Grapes of Wrath：『怒りの葡萄』
***the Farm Security Administration (FSA)：農業安定局

設　問

A. 本文中の下線部（ア～キ）が文中で表している内容に最も近いものを、それぞれ下記（a～d）の中から1つ選び、その記号をマークしなさい。

（ア） Into the White House he went.

a. He was praised for his great speech.
b. He became the president of the United States.
c. He made presentations to the government about the money.
d. He was very active in politics.

出典追記：American Art : History and Culture by Wayne Craven, McGraw-Hill Education

（イ） great classics

a．extremely rare items　　b. outstanding examples

c．pieces of beautiful music　　d. seriously old events

（ウ） was sympathetic to

a．cared little for　　b．did not think of

c．shared values with　　d．was afraid of

（エ） establish

a．break　　b．create

c．reduce　　d．run

（オ） clash

a．conflict　　b．favor

c．reform　　d．union

（カ） Photography found an unexpected source of support in the Farm Security Administration (FSA)

a．Many photographs were shown in museums all across the U.S. with the unexpected aid of the FSA.

b．The FSA unexpectedly asked many farmers to leave their farms to become photographers.

c．Photography was confirmed to be a genuine form of art in an unexpected public statement by the FSA.

d．The FSA unexpectedly asked some photographers to record the farmers' everyday life.

（キ） in the cause of

a．make little difference in　　b．in front of

c．in the situation of　　d．so as to support

B．本文中の空所（1～3）に入れるのに最も適当なものを、それぞれ下記（a～d）の中から1つ選び、その記号をマークしなさい。

（1） a．As if　　b．Despite　　c．Unless　　d．In addition to

（2） a．ignore　　b．approve　　c．review　　d．praise

（3） a．stay with　　b．connect to
　　c．divide between　　d．close off

C．次の英文（a～g）の中から本文の内容と一致するものを２つ選び、その記号を各段に１つずつマークしなさい。ただし、その順序は問いません。

a．The American people were forced to live through hard times after "Black Monday" in 1929.

b．During the Depression, the American society found itself suddenly without a gross national product.

c．Most of the small farmers in Oklahoma and Arkansas eventually built a rich life in the Soviet Union after the Depression.

d．As the U.S. was experiencing the Depression, the Soviet Union was creating a communist government.

e．Numerous state agencies were established to tackle the problem of abnormal weather, such as long periods without any rain.

f．President Roosevelt was mostly concerned with photography.

g．The FSA threw away about 270,000 photos that formed a visual record of the life of American people during the Depression.

〔II〕次の英文を読み、下記の設問（A～D）に答えなさい。

Ever since April 15, 1912, America and England have talked about "the *Titanic* disaster," one of the most spectacular, most shocking disasters at sea of all time. It all began shortly before midnight on April 14, 1912, when the 45,000-ton British ocean liner the *Titanic*, the world's newest, largest, and most luxurious passenger ship, speeding at 12 knots* on its first voyage from Liverpool to New York, (ア)struck an iceberg in the North Atlantic, 95 miles off the Grand Banks of Newfoundland.

The iceberg tore a 300-foot hole in the ship's right side, breaking through five of its 16 waterproof compartments: the "unsinkable" ship sank at 2:20 A.M., April 15. The American ocean liner *California* was less than 20 miles away but its radio operator was (1) duty and didn't receive the *Titanic*'s distress call. Twenty minutes after the *Titanic* sank, however, another ship, the *Carpathia*, arrived on the scene and rescued 706 of the *Titanic*'s 2,223 passengers and crew, but the remaining 1,517 drowned in the icy water.

During 1912 and 1913, the *Titanic* disaster was mainly talked about in anger, the public (イ)raising a protest because the ship had been ordered to travel quickly through waters containing many icebergs, because it had lifeboat space for only about half its number of passengers, and because the *California* could have heard its distress signal but didn't. Newspaper stories about the disaster, the (2) U.S. inquiry, and the first International Convention for the Safety of Life at Sea**, held in London in 1913, had many Americans talking about such comparatively new terms as *iceberg belt*, *iceberg patrol*, and *lifeboat drills*. The Convention drew up rules requiring that every ship have lifeboat space for all passengers, that lifeboat (ウ)drills be held during each voyage, and that all ships maintain a two-hour radio watch. (エ)The disaster also led to the establishment of the International Ice Patrol to warn ships of icebergs in the North Atlantic shipping lanes.

The *Titanic*'s sinking also had America discussing the distress signals used at sea. The Morse Code*** letters *SOS* had been (3) as the international distress signal in 1908, solely because they were easy to transmit and distinguish; the letters were not chosen as (オ)standing for "save our ship" or "save our soul." After the *Titanic* disaster, a new Morse Code distress signal, *CQD*, was introduced, and the U.S. Attorney General**** said it meant "*c*ome *q*uick, *d*anger," but this signal never replaced SOS. (4), the later international distress call, *Mayday*, does not replace SOS, but is the spoken distress call used over radios and telephones. It has (5) to do with May Day but is a borrowing of the French word *m'aidez*, which means "help me."

出典追記：I Hear America Talking : An Illustrated Treasury of American Words and Phrases by Stuart Berg Flexner, Van Nostrand Reinhold *knot：ノット；船の速さの単位

**International Convention for the Safety of Life at Sea：海上における人命の安全のための国際会議

***Morse Code：モールス符号

****U.S. Attorney General：アメリカ合衆国司法長官

設　問

A．本文中の空所（1～5）に入れるのに最も適当なものを、それぞれ下記（a～d）の中から1つ選び、その記号をマークしなさい。

（1）　a．to　　b．down　　c．off　　d．with

（2）　a．resulting　　b．rescuing　　c．spreading　　d．sinking

（3）　a．ordered　　b．adopted　　c．called　　d．prohibited

（4）　a．Accidentally　　b．Immediately
　　c．Incidentally　　d．Otherwise

（5）　a．all　　b．been　　c．done　　d．nothing

B．本文中の下線部（ア～オ）が文中で表している内容に最も近いものを、それぞれ下記（a～d）の中から1つ選び、その記号をマークしなさい。

（ア）　<u>struck</u>

a．sank　　b．rescued　　c．sent　　d．hit

（イ）　<u>raising a protest</u>

a．favoring a proposal

b．making an objection

c．supporting a measure

d．taking back words

（ウ）　<u>drills be held</u>

a．exercise problems will be done

b．the hard test will be canceled

c．construction is progressing

d．training will be conducted

(エ) The disaster also led to the establishment

a. Americans were talking about this voyage too

b. The accident also brought about the beginning

c. The *Titanic* also began to sink

d. The distress signals were also made in U.S.

(オ) standing for

a. requiring　b. performing　c. raising　d. representing

C. 次の英文（a～f）の中から本文の内容と一致するものを２つ選び、その記号を各段に１つずつマークしなさい。ただし、その順序は問いません。

a. The *Titanic* struck an iceberg in the North Atlantic on April 15, 1912.

b. The waterproof walls of the *Titanic* did not get a scratch in the collision at 2:20 A.M., April 15.

c. Before the *Carpathia* arrived, the *Titanic* had already sunk in the icy water.

d. Despite being the newest cruise ship, the *Titanic* did not have a sufficient number of lifeboats.

e. As a result of growing public opinion, an international dictionary of maritime words was compiled.

f. After a new Morse Code distress signal was introduced, the new signal replaced SOS.

D. 本文中の二重下線部 The Convention drew up rules requiring that every ship have lifeboat space for all passengers を日本語に訳しなさい。答えは記述式解答用紙の所定欄に記入しなさい。

〔Ⅲ〕次の英文を読み、下記の設問（A～C）に答えなさい。

People of the Western world, particularly North Americans, tend to think of time as something fixed in nature, something around us and from which we cannot escape; an ever-present part of the environment, just like the air we breathe. That it might be experienced in any other way seems unnatural and strange, a feeling which is rarely modified even when we begin to discover just how differently it is handled by some other people. Within the West itself certain cultures (　1　) time much lower in overall importance than we do. In Latin America, for example, time is treated rather differently. In Peru one commonly hears the expression, "Our time or your time?"

As a rule, North Americans think of time as a road or a ribbon stretching into the future, along which one (　2　). The road has been divided into parts which are to be kept separate ("one thing at a time"). People who do not do that are looked down upon as impractical. In at least some parts of Latin America, North Americans find themselves annoyed when they have made an appointment with somebody, only to find a lot of other things going on at the same time. An old Peruvian friend of mine used to run his business according to the "Latin American" system. This meant that up to fifteen people were in his office at one time. Business which might have been finished in a quarter of an hour sometimes took a whole day. He realized, of course, that the North Americans were (　3　) by this, and so he made sure that they spent only an hour or so in his office when they had planned on a few minutes. The North American concept of the discreteness* of time and the necessity for scheduling was (　4　) this Latin American system.

Not only do we North Americans segment and schedule time, but when we look to the future, our view of it is limited. The future to us is the foreseeable future, not the future of South Asian cultures that may involve centuries. Indeed, our perspective is so short as to prevent the construction of sixty- and one-hundred-year projects requiring public support and funds. Anyone who has worked in industry or in the government of the United States has heard the following: "Gentlemen, this is for the long term! Five or ten years."

For North Americans a "long time" can be almost anything, ten or twenty years, two or three months, a few weeks, or even a couple of days. The people in South Asian cultures, however, feel that it is perfectly realistic to think of a "long time" in terms of thousands of years or even a never-ending period. A colleague once described their concept of time as follows: "Time is like a museum with (　5　) corridors and small rooms. You, the viewer, are walking through the museum in the dark, holding a light to each scene as you pass it. God is the manager of the museum, and only He knows all that is in it. One lifetime represents one small room."

*discreteness：不連続であること

設問

A．本文中の空所（1～5）に入れるのに最も適当なものを、それぞれ下記（a～d）の中から1つ選び、その記号をマークしなさい。

（1） a．abandon　b．promote　c．rank　d．run
（2） a．boasts　b．breaks　c．returns　d．progresses
（3） a．exited　b．delighted　c．disturbed　d．trusted
（4） a．consistent with　b．inconsistent with
　c．afraid of　d．unafraid of
（5） a．dark　b．one　c．no　d．bright

B．次の英文（a～f）の中から本文の内容と一致するものを2つ選び、その記号を各段に1つずつマークしなさい。ただし、その順序は問いません。

a．North Americans tend to think of time as something that they can control.
b．North Americans rather than Latin American people regard time as a road or a ribbon into the future.
c．Latin Americans are pleased when they have made an appointment with somebody to find only one thing going on.
d．The future to South Asians is the foreseeable future, which is different from the way North Americans view it.
e．A "long time" for the North Americans can be anything from two or three days to ten or twenty years.
f．Time is like a museum that we must manage for many years.

C．本文中の二重下線部 it is perfectly realistic to think of a "long time" in terms of thousands of years or even a never-ending period を日本語に訳しなさい。答えは記述式解答用紙の所定欄に記入しなさい。

出典追記：The Silent Language by Edward T. Hall, Knopf Doubleday Publishing Group

〔Ⅳ〕次の英文（1～10）の空所に入れるのに最も適当なものを、それぞれ下記（a～d）の中から1つ選び、その記号をマークしなさい。

（1） Average salaries in Japan (　　　) over the past 20 years.
a. will decrease　　b. have decreased
c. was decreased　　d. decreasing

（2） She decided to devote (　　　) to her new job.
a. she　　b. her　　c. hers　　d. herself

（3） Mr. Takeda is fully qualified (　　　) the new position.
a. for　　b. by　　c. to　　d. on

（4） The contract with Daiwa Motors will (　　　) at the end of this week.
a. reach　　b. keep　　c. expire　　d. attend

（5） (　　　) by the sea, Okinawa has a mild climate.
a. Surrounded　　b. Surrounding
c. Surround　　d. Having surrounded

（6） He went to Boston (　　　) New York.
a. in case of　　b. by way of
c. in route of　　d. by method of

（7） The price of fuel will be (　　　) in response to the crisis.
a. raise　　b. rose　　c. rise　　d. raised

（8） Payment can be made either in cash (　　　) by credit card.
a. or　　b. and　　c. if　　d. but

（9） We will give you (　　　) position you ask for.
a. however　　b. whatever　　c. wherever　　d. whenever

（10） Your order will be shipped (　　　) March 26th.
a. no better than　　b. no less than
c. no later than　　d. no more than

〔V〕次の設問（A、B）に答えなさい。

設　問

A. 次の日本文（1、2）に相当する意味になるように、それぞれ下記（a～h）の語を並べ替えて正しい英文を完成させたとき、並べ替えた語の最初から２番目と８番目に来る語の記号をマークしなさい。

（1） 健康を維持するためには活動的な生活をする必要がある。

You have to (　　　　　　　　) healthy.

a. active	b. stay	c. to	d. in
e. order	f. life	g. an	h. live

（2） 天災は忘れた頃にやってくると言われるが、実際に思いもかけないときに襲ってくる。

A natural disaster is (　　　　　　　　), and it actually does when we least expect it.

a. us	b. it	c. said	d. forgotten
e. when	f. to	g. is	h. visit

B. 次の日本文に相当する意味になるように英文の空所を埋めなさい。答えは、空所に入れる部分のみを記述式解答用紙の所定欄に記入しなさい。

人生はしばしば航海にたとえられてきた。確かにそうで人生には何が起こるか分からない。

Life has often been compared to a voyage. To be sure, we (　　　　　　　　).

〔VI〕次の会話文を読み、空所（1～10）に入れるのに最も適当なものを、それぞれ下記（a～d）の中から1つ選び、その記号をマークしなさい。

Anya and her friend Sara are relaxing in a hot spring.

Anya: (1)

Sara: No, I find it rather hot.

Anya: You (2) what I mean. We walked all day, and, like, it rained, and I got so exhausted, but now, wow! So comfortable and relaxing, I can't believe it. That's cool.

Sara: Well, okay, I (3), it *is* relaxing. When we crossed that mountain pass, I thought we wouldn't make it, you know?

Anya: Yeah, it was pretty steep, wet and slippery. But (4) idea was it that we should wear straw sandals?

Sara: *You* wanted us to be, like, totally genuine pilgrims*, remember?

Anya: I do, but I said using the shirt and the hat and the walking stick was fine. It was you who wanted to (5) all the way.

Sara: As they say, when in Rome (6) as the Romans.

Anya: Right, but we are in Shikoku, you know? And I noticed all the other pilgrims are (7) running shoes or boots. So that's what I'll do tomorrow.

Sara: Will you also give (8) the other things?

Anya: Of course not. I feel more, kind of, authentic having them.

Sara: And you don't mind it when the locals give us food or sweets for refreshment, do you?

Anya: No, this *osettai* tradition is great, and you know what? I want to (9) it alive and bring it back home, too.

Sara: Yeah, I reckon I might as well. In fact, I like the (10) Shikoku pilgrimage**. It's so cool.

*pilgrim：巡礼者

**Shikoku pilgrimage：四国での巡礼＝お遍路

（1） a. Aren't they hot?　　b. Isn't this so cool?
　　 c. Weren't they cool?　　d. Wasn't it hot?

（2） a. hear　　b. know　　c. say　　d. think

(3)	a. agree	b. deny	c. dream	d. submit
(4)	a. her	b. their	c. what	d. whose
(5)	a. drive	b. go	c. run	d. stay
(6)	a. do	b. have	c. sleep	d. spit
(7)	a. fitting	b. mounting	c. putting	d. wearing
(8)	a. at	b. in	c. on	d. up
(9)	a. catch	b. give	c. keep	d. stay
(10)	a. best	b. hole	c. rest	d. whole

日本史

（60分）

〔Ⅰ〕次の1～10の文章について、a・bとも正しい場合はアを、aが正しくbが誤っている場合はイを、aが誤りでbが正しい場合はウを、a・bともに誤っている場合はエをマークしなさい。

1．a．『後漢書』東夷伝には、倭の奴国が約100年の間に3度朝貢し、2度目に光武帝より印綬を賜ったと記されている。

b．『日本書紀』に任那と記されているのは朝鮮半島南部の辰韓と呼ばれた地域であり、後に磐井の乱の混乱の中で百済に割譲された。

2．a．蘇我氏は、東漢氏や吉備氏などの渡来人の協力を得て財政機構を整備し、斎蔵、内蔵、正蔵の三蔵を管理したと言われている。

b．冠位十二階の制度は、個人に冠位を与えることにより氏族単位の政権組織を改めようとしたものであり、これ以降、姓は使用されなくなった。

3．a．乙巳の変で蘇我馬子・蝦夷が滅ぼされた後に、孝徳天皇は難波に宮を移して政治改革を推進した。

b．桓武天皇はわずか10年で長岡京から平安京へ遷都した。平安京遷都と同時に山背国は山城国と改められた。

4．a．三蹟の一人として知られる藤原行成は藤原道長に重用された能吏でもあり、『御堂関白記』を著して道長の事跡を称えた。

b．紫式部が仕えた中宮彰子も清少納言が仕えた中宮定子もどちらも藤原道長の娘であるが、皇子の早世によって定子は没落した。

5．a．臨済宗は執権北条氏の庇護を受け、蘭溪道隆や無学祖元が鎌倉に招かれ、それぞれ、建長寺、円覚寺を開いた。

b．道元は只管打坐を説き、自力での厳しい修業による悟りの重要性を主張し、後に京を離れ、越前に永平寺を建てた。

6．a．後醍醐天皇は朝廷政治の復活をはかったが、彼が設置した雑訴決断所・武者所などの機関は律令制にない新たなものであった。

b．建武政権下の鎌倉将軍府は、親王を足利直義が補佐する体制を取っており、中先代の乱の折には、東国の武士を統率して北条時行を破った。

7．a．正長の土一揆も嘉吉の土一揆も幕府に将軍代替わりの徳政令を求めたが、いずれの場合も認められず、徳政の主張のもとで実力による貸借証文破棄、質物強奪が行われた。

b．加賀では本願寺の勢力が強まり、ついには守護である富樫政親を敗死させ、本願寺から派遣された僧を守護とした。

8．a．徳川秀忠は大名統制を強化し、いくつかの大名を改易したが、それには外様大名ばかりでなく、譜代大名や一門の大名も含まれていた。

b．江戸幕府において将軍直属の家臣を旗本・御家人と呼ぶが、前者は知行１万石以上の者で、後者はそれ未満の者である。

9．a．田沼意次の時代には銅座が設けられた。彼はさらに真鍮座などを設け、専売制を実施した。

b．天保の改革では、株仲間が物価高騰の元凶とされ解散を命じられたが、効果がなく、後に勘定所御用達として公的に認められた。

10．a．第２次西園寺公望内閣の後を継いだ桂太郎は、もと内務大臣であり、そのことが宮中府中の別を乱すものとして非難を浴び、第一次護憲運動の原因となった。

b．第２次山本権兵衛内閣に代わって、西園寺公望らが推す清浦奎吾が内閣を組織したが、超然内閣との批判を受け、総選挙で敗れることになった。

〔Ⅱ〕次の文章A・Bを読んで設問に答えなさい。もっとも適当な答えを一つマークしなさい。

A.　a邪馬台国の卑弥呼をはじめとして、古代では女性の王が珍しくなく、古墳時代の前期までは中小の首長のうち3～5割は女性だったと言われている。古墳時代中期以降は男性の首長が圧倒的に多くなるが、ヤマト政権では6世紀末から8世紀後半にかけてb女帝が8代6人に上った。

院政期、貴族や武士の結婚は[c]婚に変化し、父系的な「家」が形成された。「治天の君」の近親女性はd女院と呼ばれ、政治・経済・文化において重要な意義を有した。鎌倉時代には女性は独立した財産を持ち、女性に地頭職が与えられることもあったが、鎌倉後期には武家で[e]制が広まり、武家の女子の財産相続は所領を[f]にするなどの変化があらわれた。中世は庶民の女性が商工業などで活躍する時代であったが、一方でg女性を不浄であるとする見方が庶民にまで広がった。

【設　問】

1．下線部aに関連する説明として正しいものを下記より選びなさい。なお、すべて誤っている場合は「エ」をマークしなさい。

ア．男子は基本的に刺青をしていた。

イ．卑弥呼の前の王も女性だった。

ウ．壱与（台与）は卑弥呼から王位を継いだ。

2．下線部bに関連して、奈良時代の女帝に関する説明として正しいものを下記より選びなさい。

ア．藤原仲麻呂に擁立された明正天皇は、政争に敗れて淡路に流された。

イ．元明天皇は平城京へ遷都を行い、日本で最初の条坊制に基づく都城を建設した。

ウ．元正天皇は三世一身法を発した。

エ．孝謙天皇は父文武天皇の発願した東大寺盧舎那仏の開眼供養を執り行った。

3．空欄c・e・fに該当する語句の組合せとして正しいものを下記より選びなさい。

ア．c：妻問・e：分割相続・f：一期分

イ．c：嫁入・e：嫡子単独相続・f：下地中分

ウ．c：嫁入・e：嫡子単独相続・f：一期分

エ．c：妻問・e：分割相続・f：下地中分

4．下線部dに関して、正しいものを下記より選びなさい。なお、すべて誤っている場合は「エ」をマークしなさい。

ア．鳥羽上皇の皇女八条院が相続した膨大な荘園群は、のちに大覚寺統に継承された。

イ．建礼門院が天皇から相続した膨大な荘園群は、平氏の重要な経済基盤となった。

ウ．後水尾天皇の皇女東福門院は、天皇の死後、朝廷内で権勢を振った。

5．下線部gに関連して、正しいものを下記より選びなさい。なお、すべて誤っている場合は「エ」をマークしなさい。

ア．平安時代から確認できる方違は不浄な女性を避ける方策であった。

イ．歴代の法皇は、仏教に傾倒するあまり、近親の女性たちを冷遇し、その財産を没収した。

ウ．独自の活動を行っていた行基ではあるが、その集団には女性は含まれていなかった。

B．　近世になると$_h$男性家長の「家」を前提にした身分編成が行われ、仕事やくらしでのジェンダー観が大きく変容した。100種あまりの職人を載せた「近世職人尽絵詞」に描かれた女性はごくわずかであり、職人＝男性というジェンダー観が広がっていたことが分かる。政治空間では男女をその役割とともに空間的に区分する構造が定置された。$_i$江戸城内は公的な儀礼対面空間である「表」と、将軍の日常政務空間である「中奥」、将軍正妻や側室が暮らす「大奥」に区分され、自由な行き来はできなかった。

近代に入ると「家」が政治権力の母体でなくなったが、今度は政治空間から女性の排除が進んだ。近世では性差は「家」の継承・運営に関わる女性を排除する絶対的区分ではなかったが、$_j$近代では政治空間への参加に性差が大きな壁として存在した。市民の生活レベルでも多くのジェンダー差別が新たに形成され、$_k$就業や教育などでも男女で様々な違いがあった。

敗戦は明治以来のジェンダー観が大きく変わる契機となった。戦後の一連の民主化政策のもとに、$_l$女性参政権が認められ、家長を中心にした旧来の「家」制度が否定された。しかし社会におけるジェンダー差別は依然残っており、法的な是正措置が一部とられたものの、なお多くの課題がある。

【設　問】

6．下線部hに関して、誤っているものを下記より選びなさい。

ア．上層の百姓町人の「家」では、血族男子による相続のみが認められた。

イ．武士身分でない者が、武士身分に登用されたり、金銭で御家人の「家」株を買うこともあった。

ウ．女子教育の場では、女性の心構えとして「三従の教え」が説かれた。

エ．武士や上層町人の妻の法的地位は夫に準じるものとされた。

7．下線部iに関して、「中奥」への出入りを認められ、その特権を利用して小姓から老中をしのぐほどの政治権力を握り、後には大老格となった人物として正しいものを下記より選びなさい。

ア．松平定信　　イ．酒井忠清　　ウ．堀田正俊　　エ．柳沢吉保

8．下線部jに関して、誤っているものを下記より選びなさい。

ア．女性は20世紀初頭の約20年間、治安警察法により政治運動への参加が禁じられた。

イ．明治民法は、妻が借財・不動産売買・訴訟をする場合、夫の許可を要するとした。

ウ．最初の衆議院議員選挙法は、選挙人の資格を満25歳以上の男性で直接国税15円以上の者に限った。

エ．大日本帝国憲法によって、女性は皇位の継承から排除された。

9．下線部kに関して、正しいものを下記より選びなさい。なお、すべて誤っている場合は「エ」をマークしなさい。

ア．総勢100名を超えた岩倉使節団のうち、女子留学生は津田梅子や山川菊栄ら数人だけだった。

イ．1900年頃の紡績業における女性労働者割合は約3割であった。

ウ．第一次世界大戦後には、教師・タイピスト・電話交換手・バスガールなど、職業婦人の社会進出がめだった。

10．下線部lに関して、誤っているものを下記より選びなさい。なお、すべて正しい場合は「エ」をマークしなさい。

ア．戦後初の衆議院議員選挙法改正で女性参政権が認められ、翌年の総選挙では議員定数の約半分を女性議員が占めた。

イ．戦後発布の新民法は、戸主・家督制度の廃止、男女同権・夫婦中心の家族制度を定めた。

ウ．1980年代半ばに男女雇用機会均等法が制定された。

〔Ⅲ〕次の史料A・Bを読んで設問に答えなさい。もっとも適切な答えを一つマークしなさい。なお史料は省略したり、書き改めたところがあります。

A．〔宝亀八年（777年）九月丙寅条〕内大臣従二位勲四等 a藤原朝臣良継薨しぬ。平城朝の参議正三位式部卿大宰帥［ b ］の第二子なり。天平十二年（740年）、c兄廣嗣が謀反に坐せられて伊豆に流されき。十四年、罪を免されて少判事に補せられき。十八年従五位を授けらる。職を内外に歴れども、所在に績なし。太師［ d ］、宅を楊梅宮の南に起て、東西に楼を構へて高く内裏を臨み、南面の門を便ち櫓とせり。人士、目を側めて、稍く不臣の譏有り。時に、［ d ］の男三人、並に参議に任せらる。良継、位、子姪の下に在りて、益忿怨を懐けり。乃ち従四位下佐伯宿祢今毛人、従五位上石上朝臣宅嗣、大伴宿祢家持らと、同じく謀りて太師を害さむとす。是に、右大舎人弓削宿祢男広、計を知りて太師に告げき。即ち皆その身を捕へ、吏に下して験ぶるに、良継対へて曰はく、良継独り謀首と為り、他人は曽て預り知らず。是に、強ひて大不敬なりと劾めて、姓を除き位を奪ひき。居ること二歳にして、［ d ］謀反して近江に走れり。即日に詔を奉けたまはりて、兵数百を将て、追ひてこれを討ちき。従四位下勲四等を授けられ、尋ぎて参議に補せられ、従三位を授けられき。宝亀二年、中納言より内臣を拝し、職封一千戸を賜はりき。政を専とし、志を得て、升降自由なり。八年内大臣に任せらる。薨しぬる時、年六十二。

（『続日本紀』）

【設　問】

1．下線部ａの人物に関する説明として誤っているものを下記より選びなさい。なお、すべて正しい場合は「エ」をマークしなさい。

ア．娘の乙牟漏は皇太子山部親王（後の桓武天皇）に嫁し安殿親王（後の平城天皇）を産み、後に賀美能親王（後の嵯峨天皇）を産んだ。

イ．娘の乙牟漏は山部親王が即位した後に皇后に立てられた。

ウ．称徳天皇が亡くなると、従兄弟の藤原百川らとはかって白壁王（光仁天皇）を擁立した。

2．空欄ｂに該当する人物を下記より選びなさい。

ア．藤原不比等　　イ．藤原房前　　ウ．藤原種継　　エ．藤原宇合

3．下線部ｃに関する説明として誤っているものを下記より選びなさい。

ア．阿倍仲麻呂は広嗣に同調して処罰された。

イ．広嗣は吉備真備と玄昉の排除を求めた。

ウ．広嗣は大宰府の管内で挙兵した。

エ．この乱の最中に聖武天皇は平城京を離れた。

4．空欄ｄに該当する人物に関する説明として誤っているものを下記より選びなさい。

ア．藤原不比等の孫である。

イ．藤原武智麻呂の子である。

ウ．光明皇后の弟である。

エ．聖武天皇の従兄弟である。

5．史料Ａの伝えている事柄と異なっているものを下記より選びなさい。

ア．良継は空欄ｄの人物を打倒するために、勅命をうけずに数百の兵を集めて挙兵した。

イ．良継は空欄ｄの人物を殺害しようと企てたが、発覚して処罰された。

ウ．良継は空欄ｄの人物の子供たちが自分よりも高位にのぼったことを不満に思った。

エ．空欄ｄの人物は、宮の南に居を構え、高い建物を建てて宮を見下ろしたため、人びとから非難された。

Ｂ．（享保六年閏七月）[e]に高札を建らる、その文にいふ、近き比幾度となく、所々に名もなき捨文してさまざまの事申す者あり、よてこの八月より、月毎に二日、十一日、廿一日、[f]に匭函を置かる事さだめらる。御政事に補益すべき事か、又は諸有司の私曲、姦邪のことあるか、獄訟留滞する事あらば、ただちにうたふべき旨を[g]に申し断り、匭中に投書すべし、うたふべきを、[g]いまだいひ出ず、あるは裁許のをはらざる間に申出べからず、

みづからの利をもとめ、又は人に托せられなどして、事をたくみ、あらぬ事を書出しなどせば、その書を焼捨、品によりその者をめしとり、刑に行はるる事もあるべし、尤其書をば封固して、うたへ出るものの居里姓名をもつはらに注し出すべし、既にかく言路をひらかれし上は、あらぬかたに、捨文などする事はきんずべしとなり。　　　　(『徳川実紀』)

【設　問】

6．空欄 e に該当する五街道の起点の一つとなった場所を下記より選びなさい。

ア．飯田橋　　イ．水道橋　　ウ．日本橋　　エ．両国橋

7．空欄 f・g に該当する語句の組合せとして正しいものを下記より選びなさい。

ア．f：桜田門・g：評定所　　イ．f：坂下門・g：奉行所

ウ．f：奉行所・g：評定所　　エ．f：評定所・g：奉行所

8．史料Bの主旨と合致しないものを下記より選びなさい。

ア．空欄 g に訴え出ない事柄や空欄 g が審理中の事柄を投書することは禁じられた。

イ．私利を求めたり、虚偽の投書をした場合には罰せられることもあった。

ウ．訴人を保護するために匿名での投書も容認された。

エ．正規の手続きではない告訴や密告などは禁じられた。

9．史料Bの制度を通して実施された事柄を下記より選びなさい。

ア．相対済令の発令　　イ．大名火消の結成

ウ．石川島人足寄場の設置　　エ．小石川養生所の設置

10．史料Bを命じた将軍について正しいものを下記より選びなさい。

ア．元は紀伊藩主で、先代家継の死去の後に将軍についた。

イ．元は紀伊藩主で、先代家綱の死去の後に将軍についた。

ウ．元は館林藩主で、先代家継の死去の後に将軍についた。

エ．元は館林藩主で、先代家綱の死去の後に将軍についた。

〔Ⅳ〕次の文章A・Bを読んで設問に答えなさい。もっとも適切な答えを一つマークしなさい。

A. 1880年代前半の$_{a}$松方財政のデフレ政策の影響で日本経済は不況に陥った。しかし、貿易が輸出超過となり、銀本位制も確立すると、経済の好循環が生まれ、それを背景に機械技術を本格的に導入した産業革命が民間主導のかたちで始まった。その中心となったのは綿糸を生産する紡績業である。渋沢栄一らが設立した［ b ］は、輸入の紡績機械・蒸気機関を用いた大規模経営に成功し，その後、輸入の大型力織機で綿織物も行うようになった。$_{c}$機械制生産による綿糸、綿織物の生産拡大により、綿糸は1890（明治23）年に、綿織物は1909（明治42）年に、それぞれ輸出額が輸入額を上回った。また政府主導で事業が進められた鉄道業でも$_{d}$1881（明治14）年に華族を主体として設立された日本鉄道会社の成功以降、民営鉄道も次々と設立された。しかし、日露戦争後の1906（明治39）年、軍事的な理由もあって鉄道国有法が公布され、主要幹線の民営鉄道は国有化された。1884（明治17）年頃から$_{e}$官営事業の民間への売却がなされ、工場・鉱山などが三井や三菱、古河などの政商に払い下げられ、政商は鉱工業の基盤を得て財閥に成長していく。しかし、重工業部門では民間にあまり見るべき企業がなかったことから、重工業の基礎となる鉄鋼の国産化をめざして、政府は1897（明治30）年に官営八幡製鉄所を設立した。

【設　問】

1．下線部aに関して、正しいものを下記より選びなさい。

ア．厳しいデフレ政策によりインフレはおさまり、米価、繭価の安定によって農家の生活は安定したが、景気悪化によって都市住民は困窮化した。

イ．増税による歳入の増収と、軍事費を含めた徹底した歳出の削減を行った。

ウ．中央銀行として日本銀行が設立され、銀兌換の銀行券を発行した。

エ．西南戦争の戦費調達で兌換紙幣が増発されたこと、国立銀行が兌換銀行券を発行するようになったことなどにより激しいインフレーションが生じていたことが背景にある。

2．空欄bに該当する語句として正しいものを下記より選びなさい。

ア．鐘淵紡績会社　　イ．東洋紡績会社

ウ．富士紡績会社　　エ．大阪紡績会社

3．下線部cに関する記述として正しいものを下記より選びなさい。

ア．綿糸・綿織物の輸出は増加したが、原料の綿花は中国・インド・アメリカなどからの輸入に依存したため、綿業貿易の輸入超過は拡大した。

イ．機械制紡績工場ではガラ紡が綿糸生産の増大に貢献した。

ウ．日清戦争頃からアメリカ・イギリスへの綿糸輸出が急増し、19世紀末には輸出量が輸入量を上回った。

エ．19世紀末には綿糸の輸出額は生糸の輸出額を超え、綿糸は生糸に代わって外貨獲得の主力商品となった。

4．下線部dに関して、正しいものを下記より選びなさい。

ア．政府は官営事業払下げの一環として、すべての鉄道を民間に売却した。

イ．官営の東海道線（新橋—神戸間）が全線開通した頃には民営鉄道の営業距離は官営のそれを上まわった。

ウ．鉄道国有法が公布されたのは第2次桂内閣においてである。

エ．官民による主要幹線の鉄道建設により日露戦争後には青森・下関間が連絡された。

5．下線部eに関して、官営事業払下げの事業所と払下げ先の組合せとして正しいものを下記より選びなさい。

ア．高島炭鉱—住友　　イ．佐渡金山—古河

ウ．長崎造船所—川崎　　エ．富岡製糸場—三井

B．　ドッジ=ラインの経済安定政策により深刻な不況に陥っていた日本経済は、f朝鮮戦争による特需や対米輸出の増大、政府の積極的な産業政策によって経済復興をとげた。1955（昭和30）年からg神武景気と呼ばれる大型景気を迎え、経済企画庁は1956（昭和31）年の経済白書で「もはや戦後ではない」と記した。日本の国民総生産（GNP）は1955（昭和30）年から1973（昭和48）年にかけて年平均10%前後の世界でも類を見ない成長をとげ、1968（昭和43）年には資本主義諸国の中でアメリカに次いで世界第2位となった。この高度経済成長は、重化学工業の大企業による膨大な設備投資に牽引され、アメリカの技術革新の成果を取り入れて、石油化学や合成繊維などの新産業も発展した。h質の高い豊富な労働力と企業の労働者管理の強化、エネルギー資源の石炭から石油への転換、政府の産業保護政策や地域開発政策、個人消費の拡大も高度経済成長を支えた。1960（昭和35）年12月、i池田勇人内閣は「国民所得倍増計画」を打ち出し、高度成長をさらに促進する経済政策を展開した。国民所得倍増計画では10年後の1970（昭和45）年までに国民総生産と［ j ］を2倍にすることがめざされたが、現実の経済成長が計画を大きく上回り、1967（昭和42）年には目標は達成された。

【設　問】

6．下線部fに関して、正しいものを下記より選びなさい。

ア．特需の中心は兵器や石炭などの物資で、サービス関連の産業には恩恵は及ばなかった。

イ．政府は、輸出関連企業への融資を行う日本輸出銀行を設立して輸出振興を図り、また財政資金を民間企業へ供給するために日本開発銀行を設立した。

ウ．企業合理化促進法が制定され、造船業では政府主導で計画造船が進められ、1950年代半ばには日本の造船量はアメリカを抜いて世界第1位となった。

エ．経済復興の結果、工業生産と実質国民総生産は神武景気の時期にはじめて戦前の水準（1934～36年平均）を超えた。

7．下線部gに関して、正しいものを下記より選びなさい。なお、すべて誤っている場合は「エ」をマークしなさい。

ア．神武景気はのちの岩戸景気やいざなぎ景気よりも長期の大型景気であった。

イ．神武景気の時期に日本生産性本部が設立され、生産性向上運動が展開されている。

ウ．神武景気による好況の後に日本経済は不況に陥ったため、政府は戦後初の赤字国債を発行して景気の回復を図ろうとした。

8．下線部hに関して、正しいものを下記より選びなさい。

ア．高度経済成長の時代には先進技術の導入が労務管理にも及び、かつ日本独自の改良がなされた結果、終身雇用・年功賃金・労使協調を特徴とする日本的経営が確立した。

イ．主としてアメリカからの安価な原油供給により1960年代から70年代にかけて石炭から石油へのエネルギー転換が進んだ。

ウ．政府は全国総合開発計画を閣議決定し、産業と人口の集中を緩和し、地域間格差の是正を図った。その効果により、太平洋ベルト地帯への工業の集中は沈静化した。

エ．産業構造の高度化により工業部門の労働者の所得は増大したが、農業生産は低迷し、農家所得は増加しなかった。

9．下線部iに関して、誤っているものを下記より選びなさい。

ア．「寛容と忍耐」を唱え、日米相互協力及び安全保障条約（新安保条約）をめぐって対立した革新勢力との直接の対立を避けようとした。

イ．「政経分離」の方針のもと、国交のない中華人民共和国との貿易拡大をめざして準政府間貿易の取決めを同国と結んだ。

ウ．かつてからの外交懸案であった日韓交渉を進め、日韓基本条約を結んだ。

エ．農業基本法を制定し、農業構造改善事業に多額の補助金を支給した。

10．空欄jに該当する語句として正しいものを下記より選びなさい。

ア．法人所得　　イ．個人所得

ウ．可処分所得　　エ．1人当たり国民所得

世界史

（60分）

〔Ⅰ〕次の文中の[　　]に最も適当な語を語群から選び、また下線部に関する問いに答え、最も適当な記号1つをマークしなさい。

①古代エジプトでは紀元前3000年頃、筆記システムが確立され、ヒエログリフによる書記法が用いられた。さらにこの文字をもとに発展した文字体系が、デモティックである。1799年、ヒエログリフ、デモティック、ギリシア文字のそれぞれで、②プトレマイオス朝時代の同一の布告が刻まれたロゼッタ=ストーンが発見された。このうちヒエログリフの解読は1822年、[イ]によって達成された。

現在のイラク南部にあった古代都市ウルクでは、紀元前3200年頃に原楔形文字による書記法が誕生した。数百年後には葦のペン先を粘土に押し付けてつくる楔形の記号を組み合わせる、本格的な楔形文字に発展し、現在のイラン南部からトルコやエジプトに至る広い地域で③シュメール語、アッカド語（アッシリア方言・④バビロニア方言）、ヒッタイト語、古代ペルシア語など様々な言語を表記するのに用いられた。17世紀からイランにはヨーロッパの外交使節団や商人が訪れるようになり、アケメネス朝の都ペルセポリスの楔形文字碑文に注目が集まった。⑤ゾロアスター教の聖典『アヴェスター』の知識も踏まえ、古代ペルシア語楔形文字の解読に初めて成功したのは、ドイツのグローテフェントであった。その後、イギリスのローリンソンはイラン西北部の[ロ]の磨崖碑から古代ペルシア語、エラム語、アッカド語の碑文を写し取り、1846年に古代ペルシア語碑文のほぼ完全な翻訳を発表した。さらにメソポタミア北部で発見された⑥アッシリアの碑文も資料としてアッカド語の解読がすすめられ、ローリンソンらによるアッシリア王碑文の解読が成功と判定されたのは1857年のことであった。

[語　群]

	a	b	c	d
イ	a．シャンポリオン	b．シュリーマン	c．ヴェントリス	d．ウーリー
ロ	a．ボアズキョイ	b．ペルガモン	c．ベヒストゥーン	d．ニネヴェ

[問　い]

①古代エジプトに関する記述として、誤りを含むものはどれか。

a．古王国はメンフィスを中心に繁栄した。

b．ラメス2世はアブシンベル神殿を建設した。

c．太陽神アトンを唯一神とする一神教が生まれた。

d．ヒクソスの侵入によって新王国が混乱した。

②プトレマイオス朝に関する記述として、誤りを含むものはどれか。

a．アレクサンドロス大王の部下により創始された。

b．その支配地でリディア王国の独立を招いた。

c．アクティウムの海戦に敗れローマの属州となった。

d．太陽暦を用いた。

③シュメールに関する記述として、誤りを含むものはどれか。

a．シュメール語の系統は不明である。

b．セム系のアッカド人がシュメール諸都市を征服した。

c．ウルク、テーベ、ラガシュなどの都市国家を形成した。

d．階段状の神殿ジッグラトが建てられた。

④バビロニアに関する記述として、誤りを含むものはどれか。

a．アムル人がバビロン第1王朝を興した。

b．ハンムラビ法典がつくられた。

c．カッシート人に一時支配された。

d．新バビロニアはイスラエル王国を滅ぼした。

⑤ゾロアスター教に関する記述として、誤りを含むものはどれか。

a．救世主アーリマンの勝利による救済を説いた。

b．善悪二元論に立った。

c．中国では祆教と呼ばれた。

d．現在でもインドなどに信徒が存在する。

⑥アッシリアに関する記述として、誤りを含むものはどれか。

a．ミタンニ王国に一時服属した。

b．宗教への王の介入は許されなかった。

c．シリアやバビロニアを征服した。

d．強制移住政策を行った。

〔Ⅱ〕次の文中の［　　］に最も適当な語を語群から選び、また下線部に関する問いに答え、最も適当な記号1つをマークしなさい。

宗教改革は16世紀にドイツで始まり、その後ヨーロッパ各地に大きな影響を及ぼしていった。教皇［　イ　］がサン＝ピエトロ大聖堂の改築資金にあてる贖宥状（免罪符）の販売を認めると、それに対して①マルティン＝ルターは1517年に「九十五カ条の論題」を公表し教皇や贖宥状を批判した。ルターの影響力はドイツの社会や政治にまで及んだ。［　ロ　］では、ツヴィングリが改革をすすめて万人司祭説を唱えた。また、②カルヴァンは魂が救われるか否かはあらかじめ神によって定められており、人は神から与えられた職業に禁欲的に励むべきであると説いた。イギリスでは、国王の主導でカトリック教会から離脱する動きが起こり、③イギリス国教会が成立した。これらのカトリック教会から分離し教皇権を認めない宗派は④プロテスタント（新教）と称された。他方、旧教と呼ばれたカトリック教会でも16世紀半ばから⑤改革の動きが活発化し、勢力回復に向けて布教活動もさかんに行われた。こうした新旧両派の対立が背景となり、近世ヨーロッパの各地で⑥ユグノー戦争のような宗教戦争が起こったのである。

[語　群]

	a	b	c	d
イ	a．アレクサンデル6世	b．レオ10世	c．ユリウス2世	d．ピウス7世
ロ	a．ロンドン	b．カンタベリ	c．ウィーン	d．チューリヒ

[問　い]

①マルティン＝ルターに関する記述として、誤りを含むものはどれか。

a．ヴィッテンベルク大学の神学教授であった。
b．信仰義認説を主張した。
c．ハノーヴァー選帝侯フリードリヒによる保護を受けた。
d．『キリスト者の自由』を著した。

②カルヴァンに関する記述として、誤りを含むものはどれか。

a．『キリスト教綱要』を著した。
b．牧師と信徒の代表からなる司教制を導入した。
c．フランス出身の神学者である。
d．ジュネーヴで神権政治を行った。

③イギリス国教会に関する記述として、誤りを含むものはどれか。

a．テューダー朝を開いたランカスター派のヘンリ7世が成立させた。
b．首長であるイギリス国王に従属した。
c．エドワード6世の時に一般祈禱書が定められた。

d．エリザベス１世が統一法でイギリス独自の教会体制を確立させた。

④プロテスタント（新教）に関する記述として、誤りを含むものはどれか。

a．神聖ローマ皇帝カール５世による宗教政策に「抗議する人」に由来する呼称である。

b．ルター派の諸侯らがシュマルカルデン同盟を結成した。

c．イギリスでは寛容法で国教徒以外のプロテスタントにも信仰の自由が認められた。

d．スコットランドではカルヴァン派はゴイセンと呼ばれた。

⑤カトリック教会による改革に関する記述として、誤りを含むものはどれか。

a．トリエント（トレント）公会議で、教皇の至上権とカトリックの教義が再確認された。

b．スペインでは異端審問によってカトリック信仰の統一が試みられた。

c．イタリアのマテオ＝リッチによってイエズス会が創設された。

d．スペインのフランシスコ＝ザビエルが日本で布教した。

⑥ユグノー戦争に関する記述として、誤りを含むものはどれか。

a．フランスのカルヴァン派とカトリック教徒との争いである。

b．サン＝バルテルミの虐殺では、多数の新教徒が旧教徒に殺害された。

c．ブルボン朝を開いたアンリ４世は、即位後に旧教から新教に改宗した。

d．ナントの王令によって終結した。

〔Ⅲ〕次の文中の［　　］に最も適当な語を語群から選び、また下線部に関する問いに答え、最も適当な記号1つをマークしなさい。

2022年2月24日、プーチン大統領の命令でロシア軍がウクライナに侵攻した。それに先立って大統領は、ウクライナは歴史的にロシアと一体であったと主張し、亡命先のスイスから帰国して①ロシア十月革命を指導した［　イ　］によってウクライナという「共和国」がつくられて、連邦制の枠の中でロシアからウクライナが切り離されたことに強い怒りを表明していた。

確かに、ウクライナという地域に「ソヴィエト共和国」の地位が与えられたのは、ロシア革命がきっかけだった。1922年に②ソヴィエト社会主義共和国連邦が発足した際、連邦を構成する4つの共和国のうちのひとつがウクライナだったのである。だが、この時のウクライナの領土には、現在のリヴィウの街を含む西部も、③クリミア半島も含まれていなかった。西部がウクライナ=ソヴィエト社会主義共和国に編入されたのは、④ドイツと締結した秘密協定により、第二次世界大戦の初期にソ連が現在のベラルーシの西部とともにこの地をポーランドから奪ったことによる。また、クリミア半島がロシア共和国からウクライナに委譲されたのは第二次世界大戦後、⑤フルシチョフ第一書記の時代だった。1991年にウクライナが独立した際にも、クリミアの国家帰属は対立を招いていた。

第二次世界大戦終結に至るまでウクライナは、ソ連の中で悲劇的な経験を重ねていた。1930年代前半には、強行された⑥農業の集団化と穀物の収奪のために、隣接諸地域とともにウクライナでも数百万ともいわれる餓死者が出た。さらに、第二次世界大戦時の独ソ戦の舞台としても膨大な犠牲者を出した。凄惨な戦争の終結に向けた協議のため、1945年2月に連合国首脳が集った［　ロ　］は、当時はまだロシア共和国内のクリミア半島の景勝の地だった。

[語　群]

イ　a．スターリン　　b．トロツキー　　c．レーニン　　d．ブハーリン

ロ　a．カイロ　　b．ポツダム　　c．ヤルタ　　d．テヘラン

[問　い]

①ロシア十月革命に関する記述として、誤りを含むものはどれか。

a．ユリウス暦で10月の武装蜂起によって始まったので、こう呼ばれている。

b．革命勃発とともに、ボリシェヴィキが単独でソヴィエト政権を樹立した。

c．平和に関する布告により、即時停戦が呼びかけられた。

d．土地に関する布告により、地主所有地の没収が行われた。

②ソヴィエト社会主義共和国連邦発足時の構成共和国でないものはどれか。

a．ロシア　　b．ザカフカース　　c．ベラルーシ（白ロシア）　　d．トルクメン

③クリミア戦争に関する記述として、誤りを含むものはどれか。

ａ．オスマン帝国領内のギリシア正教徒保護を掲げてロシアが出兵した。

ｂ．クリミア半島にあるセヴァストーポリ要塞が最激戦地になった。

ｃ．パリ条約でロシアはベッサラビアを獲得した。

ｄ．この戦争により、国際関係におけるウィーン体制が崩壊した。

④ドイツに関する記述として、誤りを含むものはどれか。

ａ．パリ講和会議の決定に反して、オーストリアを併合した。

ｂ．ミュンヘン会談では、ズデーテン地方の割譲を認めさせた。

ｃ．チェコスロヴァキアを解体し、西側部分を保護国にした。

ｄ．ダンツィヒ（グダニスク）の併合を要求した。

⑤フルシチョフに関する記述として、誤りを含むものはどれか。

ａ．英仏独首脳とジュネーヴ４巨頭会談を開催した。

ｂ．ソ連共産党第20回大会でスターリン批判を行った。

ｃ．コミンフォルム（共産党情報局）を解散させた。

ｄ．キューバ危機でケネディ大統領に譲歩した。

⑥農業の集団化に関する記述として、誤りを含むものはどれか。

ａ．第１次五カ年計画によって推進された。

ｂ．集団化により新たな経済体制の構築を目指す政策はネップと呼ばれる。

ｃ．集団農場コルホーズでは、土地や家畜の共有化が行われた。

ｄ．国営農場ソフホーズは大規模で、農業経営のモデルとされた。

〔Ⅳ〕次の文中の［　　］に最も適当な語を語群から選び、また下線部に関する問いに答え、最も適当な記号1つをマークしなさい。

朝鮮半島には古来、様々な国家や王朝が興亡したが、その歴史は隣接する中国王朝との距離の取り方、つまり中国中心の国際秩序の中で、どれほど独立した立場を採れるのかの判断を迫られ続けるものであった。それは朝鮮独自の檀君朝鮮と中国に由来する箕子朝鮮という、2つの建国説話が並立していることからもうかがえる。

4世紀に中国が分裂状態になると、朝鮮半島の北部および中国東北部に①高句麗が勢力を拡大させ、やや遅れて南部では②百済や新羅が成立した。これらの国々はそれぞれ南北の中国王朝の冊封を受けつつ鼎立したが、隋唐統一帝国のもとで均衡が破れた結果、新羅によって統一された。

10世紀には王位についた王建が［　イ　］を都として③高麗を建国した。折しも中国は再び分裂時代であったが、高麗は中国王朝の冊封を受ける一方、自らを中国皇帝と同格に位置付けた称号を使うなど自尊意識が高かった。しかしモンゴル軍の侵入を受けると、激しい抵抗の後、降伏を余儀なくされた。服属後、高麗の王子はモンゴル皇帝の側近として近侍し、モンゴルの王女を娶ることでモンゴル帝国の一員となった。

14世紀末に建てられた④朝鮮王朝は、⑤朝貢・冊封に基づく明の国際秩序のなかで最も模範的な朝貢国となり、その関係は中国王朝が明から清に交代しても続いた。しかし近代になって中国と西洋の力関係に大きな変化が生じ、また⑥日本が東アジアにおいて勢力を拡大すると、朝鮮は各勢力の思惑が入り乱れるなかで、それまでの東アジアにおける冊封体制とは異なる近代的な外交関係に組み込まれていく。朝鮮をめぐる日本と清の対立が激化すると、朝鮮国内では外交路線をめぐる対立が生じ、開化派の［　ロ　］が甲申政変によって日本に亡命した。この政治的混乱と他国の介入はやがて日清戦争へとつながることになる。

[語　群]

イ　a．漢城　　b．開城　　c．金城　　d．平城

ロ　a．金玉均　　b．崔済愚　　c．李光洙　　d．安重根

[問　い]

①高句麗に関する記述として、誤りを含むものはどれか。

a．舞踊塚の古墳壁画が知られる。

b．広開土王の時に最盛期を迎えた。

c．唐の高祖による3度の遠征を退けた。

d．大祚栄が高句麗の遺民と靺鞨人を統合して渤海を建てた。

②百済や新羅に関する記述として、誤りを含むものはどれか。

a．百済は辰韓が統一されて建てられた。

b．百済の僧が日本に暦を伝えた。

c．新羅では仏教が栄え、都に仏国寺が建立された。

d．新羅では骨品制と呼ばれる身分制度が設けられた。

③高麗に関する記述として、誤りを含むものはどれか。

a．世界最古とされる金属活字がつくられた。

b．高麗版大蔵経の版木は韓国に現存している。

c．文臣の崔氏の政権下でモンゴルに降伏した。

d．フビライの日本遠征の拠点となった。

④朝鮮王朝に関する記述として、誤りを含むものはどれか。

a．李成桂によって訓民正音が公布された。

b．太宗の命で鋳字所が設けられた。

c．没落した両班の洪景来が反乱を起こした。

d．明の滅亡後、両班の間で「小中華」意識が広まった。

⑤明代の朝貢や冊封に関する記述として、誤りを含むものはどれか。

a．朝貢使節に同行する商人が中国国内で交易することも認められていた。

b．琉球は中山王によって統一され、明の冊封を受けた。

c．アルタン=ハンは明と講和し、その冊封を受けた。

d．鄭和による遠征の後、クディリ朝は明に朝貢した。

⑥日本と朝鮮半島との関係に関する記述として、誤りを含むものはどれか。

a．天津条約により、釜山・元山・仁川の3港が開港された。

b．壬午軍乱により、日本公使館が襲撃された。

c．下関条約で日本は朝鮮の独立を清に認めさせた。

d．ポーツマス条約で日本は大韓帝国の指導・監督権をロシアに認めさせた。

〔Ｖ〕次の文中の［　　］に最も適当な語を語群から選び、また下線部に関する問いに答え、最も適当な記号1つをマークしなさい。

初期のイスラーム史は、誰を信徒共同体の指導者に戴くかという問題を軸に展開した。まず①ムハンマドが亡くなったときに、誰を後継者にするかで共同体の指導者たちの間で激論になった。最終的にムハンマドの代理人たるカリフとして選ばれたのは、メッカ時代からの信徒の長老アブー=バクルであった。このときに、ムハンマドのもつ宗教的指導者としての職能と政治的指導者としての職能のうち、カリフが継承するのは政治的指導者としての職能のみであることが確認された。

最後の②正統カリフが暗殺された後にカリフ位についたのは［　イ　］で、彼のカリフ位就任とその後のウマイヤ家によるカリフ位の世襲には異議を唱える者が少なくなかった。③ウマイヤ朝の支配に反発する④シーア派の信徒や急増しつつあった非アラブ人改宗者の支持を取り込んでウマイヤ朝を打倒したのが、「ムハンマド家」出身者を指導者とするべきとのスローガンのもと「アッバース革命」を組織したアッバース家であった。

⑤アッバース朝では、大帝国を築き上げる過程でイスラーム法も整備され、公正さ、法的知識、クライシュ族の出身などのカリフの条件が定められて、アッバース家のカリフ位世襲も正当化された。しかし広い意味で「ムハンマド家」に連なるアッバース家がカリフ位を独占していったことは、後になってシーア派が反アッバース運動を繰り広げる原因となり、アッバース朝の衰退につながっていった。⑥セルジューク朝の登場によって、アッバース朝のカリフはイスラーム共同体の統合の象徴として軍事支配者に支配の正統性を授与する存在となり、実権を失っていった。アッバース朝の滅亡後、アッバース家の一族は［　ロ　］のもとへと亡命し、名目だけのカリフとして命脈を保ったのである。

[語　群]

イ　a．ウスマーン　　b．ウマル　　c．ムアーウィヤ　　d．マフムード

ロ　a．アイユーブ朝　　b．オスマン帝国　　c．ムガル帝国　　d．マムルーク朝

[問　い]

①ムハンマドに関する記述として、誤りを含むものはどれか。

a．ハーシム家に生まれた商人である。

b．神の啓示を授かった唯一の預言者とされる。

c．大商人ハディージャと結婚した。

d．多神教の神殿であったカーバを聖殿に定めた。

②正統カリフ時代に関する記述として、誤りを含むものはどれか。

a．カリフは全員クライシュ族から選出された。

b．征服地に治安の維持と徴税を担うアミールが任命された。

c．ビザンツ帝国からシリアやエジプトを奪った。

d．フスタートやコルドバなどの軍営都市が築かれた。

③ウマイヤ朝に関する記述として、誤りを含むものはどれか。

a．西ゴート王国を滅ぼした。

b．ダマスクスを首都とした。

c．行政用語をペルシア語に統一した。

d．独自の貨幣を鋳造した。

④シーア派に関する記述として、誤りを含むものはどれか。

a．アリーとその子孫にのみ政治的指導権を認める勢力である。

b．モロッコのイドリース朝は最初のシーア派王朝とされる。

c．西北イランに成立したブワイフ朝はバグダードを占領した。

d．ファーティマ朝は十二イマーム派を信奉した。

⑤アッバース朝に関する記述として、誤りを含むものはどれか。

a．タラス河畔で唐の軍隊を撃退した。

b．イスラーム教徒が西アジアの総人口の多数派を占めるようになった。

c．非ムスリムにのみハラージュが課されるようになった。

d．マムルークと呼ばれる軍事奴隷を導入した。

⑥セルジューク朝に関する記述として、誤りを含むものはどれか。

a．トゥグリル=ベクがカリフからスルタンの称号を認められた。

b．トルコ系の人々が官僚の中核であった。

c．主要都市にマドラサを設立し、スンナ派の学問を振興した。

d．宰相ニザーム=アルムルクの主導でイクター制を整備した。

地理

（60分）

〔Ⅰ〕ヨーロッパに関する以下の設問に答え、最も適当な記号を1つ選んでマークしなさい。

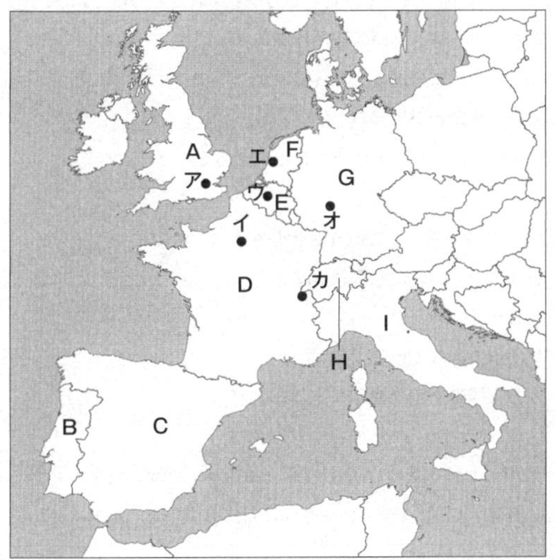

（1）下の写真は、地図中のA国、D国、E国、F国のいずれかの首都でみられる案内板であり、その国の公用語である2つの言語で書かれている。写真が示すのはどれか。

a．A国　　b．D国　　c．E国　　d．F国

（2） ヨーロッパにおける国どうしの結びつきに関する説明として誤りを含むものはどれか。

a．マーストリヒト条約によって、ヨーロッパ連合（EU）が発足した。

b．エラスムス計画によって、EU域内の大学間における人的交流が促進された。

c．シェンゲン協定によって、協定加盟国間の移動の際の入国審査が省略された。

d．共通通貨ユーロが導入され、中央銀行がストラスブールに設置された。

（3） 地図中のB国およびC国に関する説明として誤りを含むものはどれか。

a．B国ではおもにカトリックが信仰されている。

b．B国はかつてアジアに植民地をもっていた。

c．C国はぶどうの生産量が世界第1位である。

d．C国の公用語は国際連合の公用語のひとつである。

（4） 地図中のH国に関する説明として誤りを含むものはどれか。

a．山地にカールやモレーンがみられる。

b．国際連合に加盟していない。

c．直接民主制を取り入れている。

d．フランスから国際列車が乗り入れている。

（5） 下の表は、4か国における農作物の生産量（2019年）を示したものである。表中のa～dは、地図中のA国、D国、G国、I国のいずれかに対応している。A国はどれか。

	小麦	米	とうもろこし	いも類
a	40,605	83	12,845	8,560
b	23,063	0	3,665	10,602
c	16,225	—	—	5,252
d	6,739	1,493	6,279	1,338

—はデータがないことを示す。単位：千t。『世界国勢図会』2021/22年版による。

(6) 下の表は、4か国から日本への輸出上位5品目とその金額（2020年）を示したものである。表中のa～dは、地図中のD国、F国、H国、I国のいずれかに対応している。I国はどれか。

	a		b		c		d	
第1位	たばこ	193,326	医薬品	154,713	医薬品	321,431	機械類	115,816
第2位	機械類	146,929	機械類	134,105	時計・同部品	183,262	医薬品	45,105
第3位	バッグ類	100,725	ぶどう酒	91,332	機械類	88,279	肉類	20,122
第4位	医薬品	99,183	航空機類	80,097	科学光学機器	59,587	チーズ	12,229
第5位	衣類	85,009	バッグ類	62,122	有機化合物	41,445	科学光学機器	11,761

単位：百万円。『日本国勢図会』2022/23年版による。

(7) 下の表は、世界における空港別乗降旅客数（2019年）のうち、地図中の4つの都市ないしその近郊に所在する空港について示したものである。表中のa～dは、都市ア、イ、エ、オのいずれかに対応している。都市エはどれか。

	国際旅客・国内旅客の合計	国際旅客のみ
a	80,888	76,044
b	76,150	69,823
c	71,707	71,680
d	70,556	63,068

単位：千人。『世界国勢図会』2021/22年版による。

(8) 地図中の都市イ、ウ、カに本部がおかれている国際機関の組み合わせとして正しいものはどれか。

	イ	ウ	カ
a	国連教育科学文化機関(UNESCO)	国連難民高等弁務官事務所(UNHCR)	ヨーロッパ連合(EU)
b	国連教育科学文化機関(UNESCO)	ヨーロッパ連合(EU)	国連難民高等弁務官事務所(UNHCR)
c	国連難民高等弁務官事務所(UNHCR)	国連教育科学文化機関(UNESCO)	ヨーロッパ連合(EU)
d	国連難民高等弁務官事務所(UNHCR)	ヨーロッパ連合(EU)	国連教育科学文化機関(UNESCO)
e	ヨーロッパ連合(EU)	国連教育科学文化機関(UNESCO)	国連難民高等弁務官事務所(UNHCR)
f	ヨーロッパ連合(EU)	国連難民高等弁務官事務所(UNHCR)	国連教育科学文化機関(UNESCO)

〔Ⅱ〕南アメリカに関する以下の設問に答え、最も適当な記号を１つ選んでマークしなさい。なお、地図中の経緯線は10度ごとにひかれており、「＋」は東京の対蹠点を示している。

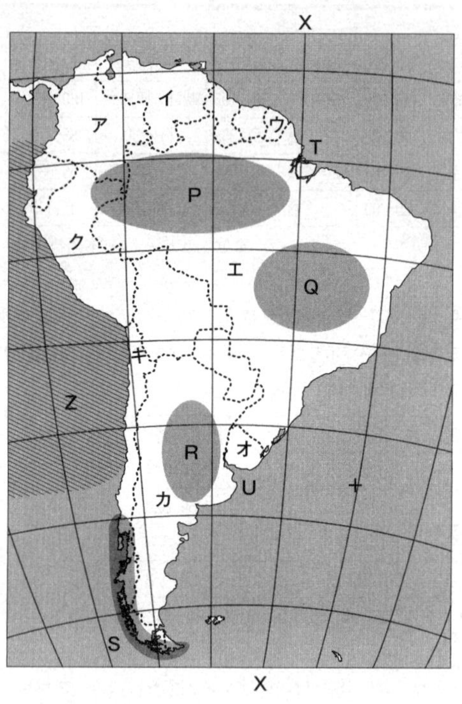

（1） 経線Ｘの経度として正しいものはどれか。

a．西経30度　　b．西経40度　　c．西経50度　　d．西経60度

（2） 大陸西部の海域Ｚとそれに面する陸域に関する説明として誤りを含むものはどれか。

a．寒流のペルー海流が流れる。

b．大陸棚が広がる浅い海域である。

c．アンチョビが大量に漁獲される。

d．海岸砂漠のアタカマ砂漠がある。

（3） 特徴的な自然環境がみられる地域Ｐ～Ｓに関する説明として正しいものはどれか。

a．地域Ｐにはサバナのセラードが広がり、大豆の生産がさかんである。

b．地域Ｑには湿潤な土地が広がり、エ国で最大の人口を有する都市が立地する。

c．地域Ｒには広大な平野が広がり、その西部は東部に比べて湿潤である。

d．地域Ｓにはフィヨルドが続いており、氷河によって形成された景観がみられる。

（4） 地図中のＴ・Ｕは大河川の河口部を示している。河口部Ｔ・Ｕに関する説明として誤りを含むものはどれか。

ａ．河口部Ｔの地形は鳥趾状三角州である。

ｂ．河口部Ｔには人口100万人以上の都市がある。

ｃ．河口部Ｕの地形はエスチュアリーである。

ｄ．河口部Ｕにはオ国、カ国の首都がある。

（5） 地図中の各国に関する説明として誤りを含むものはどれか。

ａ．イ国とエ国の宗教別人口ではいずれもカトリックの割合が最も高い。

ｂ．エ国とオ国はいずれも南米南部共同市場（メルコスール）の加盟国である。

ｃ．カ国とキ国ではいずれもメスチソの人口割合が最も高い。

ｄ．キ国とク国はいずれも環太平洋パートナーシップ（TPP）協定に署名している。

（6） 地域ウはヨーロッパのある国の領土である。その国はどれか。

ａ．イギリス　　ｂ．オランダ　　ｃ．スペイン　　ｄ．フランス

（7） 下の表は、４か国の家畜頭数（2019年）を示したものである。表中のａ～ｄは、ア国、オ国、カ国、ク国のいずれかに対応している。ク国はどれか。

	牛	豚	羊
a	54,461	5,129	14,774
b	27,240	4,081	1,561
c	11,401	128	6,557
d	5,600	3,259	11,262

単位：千頭。『世界国勢図会』2021/22年版による。

（8） 下の表は、４か国の貿易額（2015年・2020年）を示したものである。表中のａ～ｄは、ア国、イ国、エ国、キ国のいずれかに対応している。キ国はどれか。

		2015年	2020年
a	輸出	191,134	211,261
	輸入	178,832	168,469
b	輸出	64,087	73,485
	輸入	62,797	59,226
c	輸出	37,236	5,084
	輸入	40,146	9,434
d	輸出	35,606	30,112
	輸入	54,058	43,337

単位：百万ドル。『世界国勢図会』2017/18年版、2021/22年版による。

〔Ⅲ〕 以下の設問に答え、最も適当な記号を1つ選んでマークしなさい。

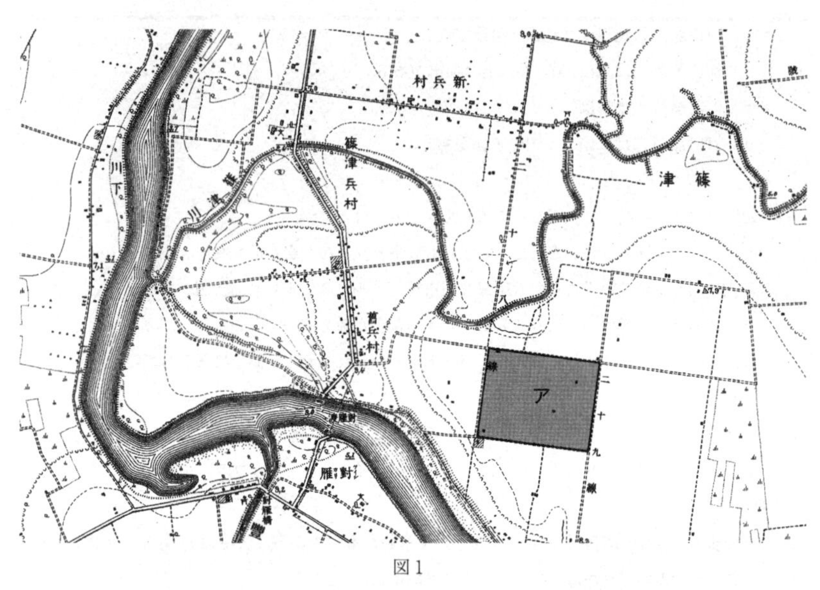

図1

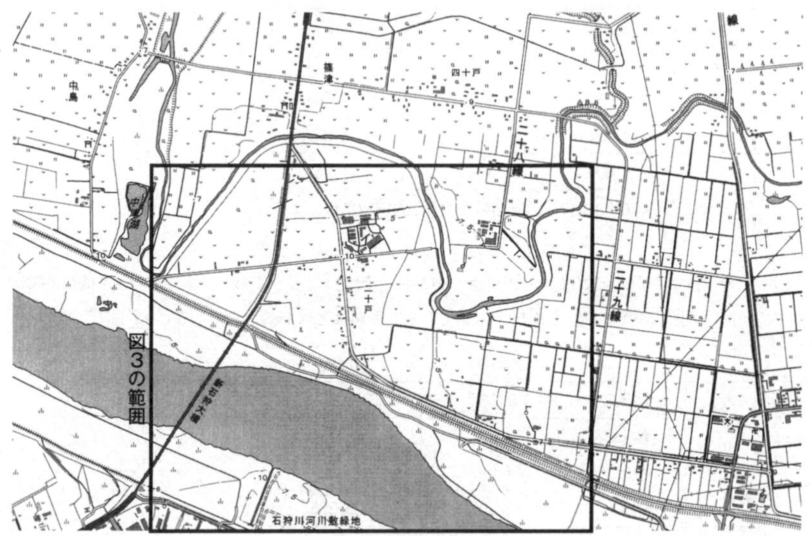

図2

編集部注：図1・図2は70%に縮小しています。

（1）　図1は参謀本部陸地測量部発行の2万5千分の1地形図「江別」(1916年測図、原寸、一部改変)、図2は国土地理院発行の2万5千分の1地形図「江別」(2020年調製、原寸、一部改変)である。図1と図2から読み取れることとして誤りを含むものはどれか。

a．河川の改修が進み、旧河道には河跡湖がみられる。

b．水田は図1では少ないが、図2では後背湿地に広く展開している。

c．図2にある「二十戸」や「四十戸」は屯田兵村に由来し、散村の形態がみられる。

d．「二十八線」や「二十九線」付近には当該地域特有の殖民区画がみられる。

（2）　図1の区画アは、東西を結ぶ一辺が約2cmである。区画アのおおよその面積はどれか。

a．約25 a　　b．約1 ha　　c．約25 ha　　d．約100 ha

（3）　図2にみられない地図記号はどれか。

a．記念碑　　b．寺院　　c．神社　　d．郵便局

図3

（4）　図3は、図2の一部の範囲を写した国土地理院の空中写真（2018年7月撮影、一部改変）である。図1～図3から読み取れることとして誤りを含むものはどれか。

a．図3の下部にある川は、中洲の形より、左から右へ流れていることがわかる。

b．図3の下部にある川の河川敷には、図2には描かれていない道路がある。

c．農地には、旧河道や等高線に合わせた区画がみられる。

d．農地の周辺には、直線状に並ぶ樹林がみられる。

（5）　地図の歴史に関する説明として誤りを含むものはどれか。

a．古代の日本では、仏教的な世界観にもとづく行基図が作成された。

b．中世のヨーロッパでは、キリスト教的な世界観にもとづく TO 図が作成された。

c．近世のヨーロッパでは、航海に適したメルカトル図法が開発された。

d．近世の日本では、伊能忠敬が実測図を作成し、近代の地図に継承された。

（6）　現行の２万５千分の１地形図の図法はどれか。

a．サンソン図法　　b．正距方位図法

c．モルワイデ図法　　d．ユニバーサル横メルカトル図法

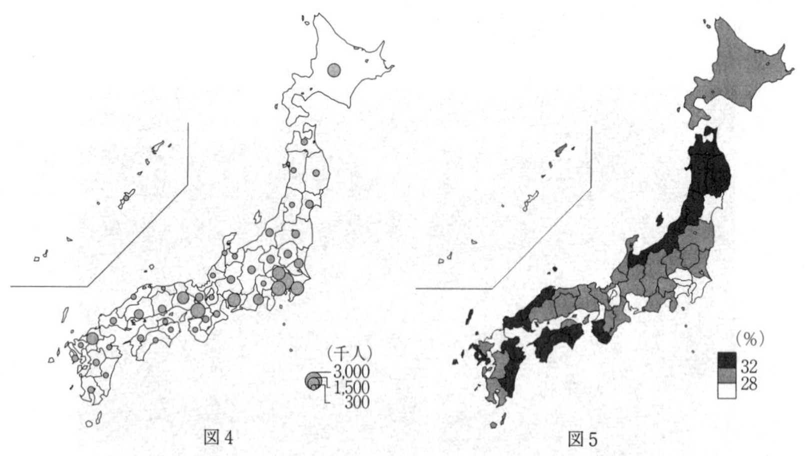

図４　　図５

（7）　図４と図５は、国勢調査（2020年）をもとに、都道府県別の65歳以上人口と、都道府県別の総人口に占める65歳以上人口の比率を示したものである。図４と図５の地図の種類の組み合わせとして正しいものはどれか。

	図４	図５
a	図形表現図	階級区分図
b	図形表現図	メッシュマップ
c	ドットマップ	階級区分図
d	ドットマップ	メッシュマップ

（8）　図４と図５から読み取れることを述べた以下の文の空欄Ｘ・Ｙに当てはまる語句の組み合わせとして正しいものはどれか。

65歳以上人口は非大都市圏より大都市圏で X 。

65歳以上人口の比率は非大都市圏より大都市圏で Y 。

	X	Y
a	多い	高い
b	多い	低い
c	少ない	高い
d	少ない	低い

〔Ⅳ〕以下の設問に答え、最も適当な記号を1つ選んでマークしなさい。

（1）下の表は、4種類の農作物の原産地と生産量第1位の国（2019年）を示したものである。それらの組み合わせとして正しいものはどれか。

	農作物	原産地	生産量第1位
a	キャッサバ	西アフリカ	ナイジェリア
b	小麦	西アジア周辺	中国
c	じゃがいも	アンデス地方	アメリカ合衆国
d	とうもろこし	中央アメリカ	ブラジル

『世界国勢図会』2021/22年版による。

（2）家畜に関する説明として誤りを含むものはどれか。

a．水牛はインドや東南アジアにおいて水田耕作や運搬に使われる。

b．黒毛和種は在来種と外国種の交配によってできた日本の肉牛品種である。

c．ホルスタイン種は牛乳を得ることを目的として飼育される牛の品種である。

d．ヤクはウシ科の家畜であり、アルプスでは夏季に高地牧場で飼育される。

（3）下の表は、4か国における5種類の食料品目の輸出入量を示したものである（2018年）。表中のa～dは、インド、オーストラリア、中国、フランスのいずれかに対応している。オーストラリアはどれか。

	a		b		c		d	
	輸入量	輸出量	輸入量	輸出量	輸入量	輸出量	輸入量	輸出量
穀物	4,295	33,723	22,403	5,461	621	20,946	363	19,989
野菜	4,306	1,984	489	14,370	385	210	51	2,798
果実	6,118	1,472	5,496	4,953	519	515	1,106	895
肉類	1,577	1,321	3,679	913	304	2,137	2	1,139
魚介類	2,100	450	11,671	8,137	620	68	78	1,747

単位：千t。『世界国勢図会』2021/22年版による。

（4）　世界の農業に関する説明として誤りを含むものはどれか。

a．南半球では北半球の端境期にあたる11月～２月が小麦の収穫期となっている。

b．アメリカ合衆国では企業的農業が発達しており、日本と比較して土地生産性が高い。

c．中国では肉類消費が拡大し、畜産飼料としてのとうもろこしの生産増加が著しい。

d．ベトナムでは市場開放政策に伴い、コーヒー園が拡大しコーヒー豆の輸出が増加している。

（5）　世界の林業に関する説明として誤りを含むものはどれか。

a．熱帯林のチーク材やラワン材は家具・建築用材に使われている。

b．アフリカの木材伐採量に占める薪炭材の割合は用材を上回っている。

c．木材のうち製材の輸出量はアメリカ合衆国が世界第１位である。

d．マレーシアは丸太の輸出を規制し、付加価値を高めた製材を輸出している。

（6）　日本の林業に関する説明として誤りを含むものはどれか。

a．古くから造林が行われてきており、人工林では広葉樹よりも針葉樹のほうが多い。

b．高度経済成長期以降の安価な外材輸入の増加によって国内林業は不振に陥った。

c．政府は木材生産増加を図る政策を進めているものの、国産材の生産減少が続いている。

d．木質バイオマスなどの新たな木材利用が森林資源の有効利用として注目されている。

（7）　水産業に関する説明として誤りを含むものはどれか。

a．アメリカ合衆国では、漁獲量よりも養殖業生産量が多い。

b．インドでは、内水面漁業よりも海面漁業での漁獲量が多い。

c．日本では、排他的経済水域の設定によって、遠洋漁業の漁獲量が減少した。

d．ノルウェーでは、プランクトンが豊富な浅い海域が好漁場となる。

（8）　下の表は、日本における養殖業の魚種別収穫量上位３県および全国に占める割合を示したものである（2019年）。表中のa～dは、うなぎ、かき類、のり類、ぶり類のいずれかに対応している。ぶり類はどれか。

	a		b		c		d	
1位	広島県	60	鹿児島県	42	鹿児島県	31	佐賀県	26
2位	宮城県	12	愛知県	26	愛媛県	15	兵庫県	22
3位	岡山県	10	宮崎県	17	大分県	15	福岡県	17

単位：%。『日本国勢図会』2022/23年版による。

〔Ⅴ〕以下の設問に答え、最も適当な記号を１つ選んでマークしなさい。

（1）下の表は、4か国における産業別人口の割合（2018年）を示したものである。表中のa～dは、インドネシア、チェコ、フランス、マレーシアのいずれかに対応している。チェコはどれか。

	第1次産業	第2次産業	第3次産業
a	29.6	22.3	48.1
b	10.7	27.2	62.2
c	2.8	37.5	59.7
d	2.5	20.3	77.2

単位：%。『データブック オブ・ザ・ワールド』2022年版による。

（2）下の図は、日本の4つの府県における第2次産業および第3次産業に従事する人口の割合（2017年）を示したものである。図中のa～dは、大阪府、高知県、富山県、長野県のいずれかに対応している。富山県はどれか。

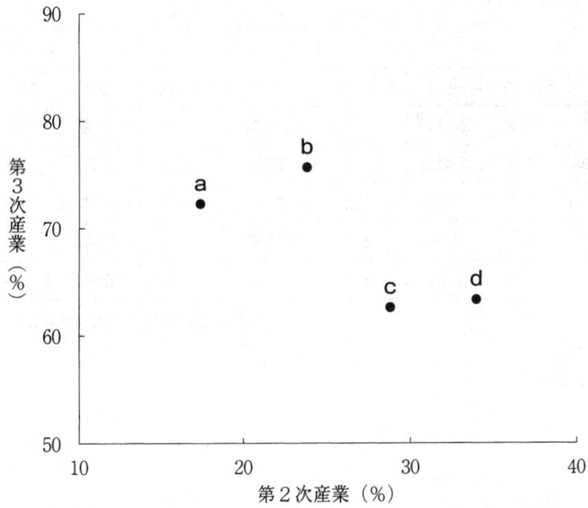

『データブック オブ・ザ・ワールド』2022年版による。

（3）工業の立地について、労働力指向と消費地指向の工業の組み合わせとして正しいものはどれか。

	労働力指向	消費地指向
a	繊維工業	ビール工業
b	繊維工業	セメント工業
c	乳製品工業	ビール工業
d	乳製品工業	セメント工業

（4）　産業関連施設の立地に関する説明として誤りを含むものはどれか。

a．コールセンターは、安価な労働力が得られる地域に立地する傾向にある。

b．出版社は、情報の集まる大都市に立地する傾向にある。

c．電子部品工場は、高度な知識をもつ労働力が得られる地域に立地する傾向にある。

d．データセンターは、災害のリスクが低い地域に立地する傾向にある。

（5）　下の表は、4か国における輸出上位5品目と全体の輸出額に占める割合（2019年）を示したものである。表中のa～dは、スリランカ、デンマーク、トルコ、フィンランドのいずれかに対応している。デンマークはどれか。

	a		b		c		d	
	品目	割合（%）	品目	割合（%）	品目	割合（%）	品目	割合（%）
第1位	機械類	15.2	機械類	23.0	機械類	22.5	衣類	45.6
第2位	自動車	14.3	医薬品	17.3	紙類	10.2	茶	11.0
第3位	衣類	9.1	衣類	4.2	石油製品	8.4	ゴム製品	5.5
第4位	繊維品	6.5	肉類	4.1	自動車	6.8	機械類	4.1
第5位	鉄鋼	6.4	魚介類	3.2	鉄鋼	6.6	繊維品	3.1

『世界国勢図会』2021/22年版による。

（6）　下の図は、4か国における国際観光収入と国際観光支出（2016年）を示したものである。図中のa～dは、カナダ、タイ、ドイツ、メキシコのいずれかに対応している。カナダはどれか。

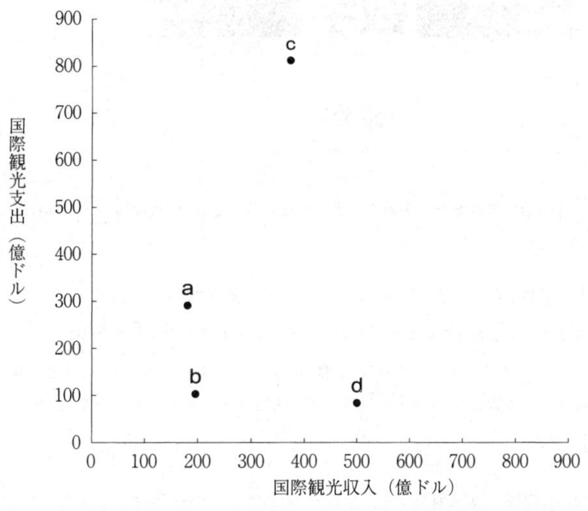

『平成30年版観光白書』による。

（7）　下の表は、日本の4つの都府県における外国人実宿泊者数、外国人1人あたり平均宿泊数、外国人延べ宿泊者数の出身国・地域とその割合（いずれも2017年）を示したものである。表中のa～dは、京都府、東京都、広島県、福岡県のいずれかに対応している。福岡県はどれか。

	実宿泊者数（万人）	平均宿泊数（泊）	出身国・地域とその割合	
			出身国・地域	割合（%）
a	955	1.99	中国	22
b	293	1.91	中国	23
c	218	1.47	韓国	50
d	73	1.30	ヨーロッパ	14

ヨーロッパはドイツ、イギリス、フランスの合計。『平成30年版観光白書』による。

（8）　観光を促進する要因とされる世界遺産に関する説明として誤りを含むものはどれか。

a．「古都京都の文化財」は日本で最初に登録された世界遺産のひとつである。

b．「白神山地」と「小笠原諸島」はいずれも自然遺産として登録されている。

c．「白川郷・五箇山の合掌造り集落」は岐阜県と富山県にまたがっている。

d．「琉球王国のグスク及び関連遺産群」の構成資産は沖縄県に所在している。

数学

（60分）

〔1〕 次の文章中の □ に適する式または数値を，解答用紙の同じ記号のついた □ の中に記入せよ．途中の計算を書く必要はない．

（1） a を実数とし，座標平面上の放物線 $C: y = x^2 - 3x + a$ を考える．

（i）C が x 軸と共有点をもたないとき，a の取りうる値の範囲は［ア］である．

（ii）C を原点に関して対称移動し，さらに x 軸方向，y 軸方向にともに 4 だけ平行移動して得られる放物線 C' の方程式は，$y =$［イ］である．また，C と C' が共有点を 1 つだけもつとき，$a =$［ウ］である．

（2） A，B の 2 チームが繰り返し対戦する．各試合において A が勝つ確率，A が負ける確率，引き分けとなる確率はそれぞれ $\frac{1}{2}, \frac{1}{4}, \frac{1}{4}$ であるとする．また，各試合の対戦の結果，勝った場合には勝ち点 3，負けた場合には勝ち点 0，引き分けた場合には勝ち点 1 が加算されるとする．ただし，すべての試合を開始する前の勝ち点は A，B ともに 0 点であるとする．

（i）3 試合対戦した直後において，A の勝ち点が 9 である確率は［エ］であり，A の勝ち点が 3 である確率は［オ］である．

（ii）4 試合対戦した直後において，A の勝ち点が 6 である確率は［カ］である．また，4 試合対戦した直後において，A の勝ち点が 6 であったとき，A が 1 敗もしていない条件付き確率は［キ］である．

〔2〕 次の文章中の □ に適する式または数値を，解答用紙の同じ記号のついた □ の中に記入せよ．途中の計算を書く必要はない．

（1） 関数 $y = \cos 4x - 2\cos 2x + 2\sin^2 x$ $\left(0 \leqq x \leqq \frac{\pi}{3}\right)$ を考える．$t = \cos 2x$ とおく．$0 \leqq x \leqq \frac{\pi}{3}$ のとき，t の取りうる値の範囲は［ア］である．したがって，y の最大値は［イ］，最小値は［ウ］である．

（2） $\triangle$OAB において，辺 AB を 1 : 2 に内分する点を C，辺 OA を 3 : 1 に外分する点を D，直線 OC，BD の交点を E とする．また，$\overrightarrow{OA} = \vec{a}$，$\overrightarrow{OB} = \vec{b}$ とおく．

（i）$\overrightarrow{OC}, \overrightarrow{OE}$ を $\vec{a}, \vec{b}$ を用いて表すと，$\overrightarrow{OC} =$［エ］，$\overrightarrow{OE} =$［オ］である．

（ii）直線 OB，AE の交点を F とする．$\overrightarrow{OF}$ を $\vec{b}$ を用いて表すと，$\overrightarrow{OF} =$［カ］である．また，$\triangle$BEF の面積は $\triangle$OAB の面積の［キ］倍である．

〔3〕 a, b, c, d を実数とし，$f(x)=x^3+ax^2+bx$，$g(x)=x^2+cx+d$ とする．2 つの曲線 $C_1: y=f(x)$ と $C_2: y=g(x)$ は，ともに，x 座標が 1 である点 A において直線 $y=4x-3$ に接しているとする．このとき，次の問いに答えよ．

(1) a, b, c, d の値を求めよ．

(2) 関数 $f(x)$ の極値を求めよ．

(3) 2 つの曲線 C_1，C_2 で囲まれた部分の面積を S とする．

(i) S の値を求めよ．

(ii) C_1 と C_2 の共有点のうち，点 A でない方を点 B とし，点 A と点 B の間に C_2 上の点 P をとる．線分 BP と C_2 で囲まれた部分の面積が $\frac{1}{12}S$ となるとき，点 P の x 座標を求めよ．

ニ　北の方は男君たちについて、式部卿宮が亡くなったら出家させるしかないと考えた。
ホ　姫君は、今は挨拶もせずに父と別れても、近い将来必ず再会できると信じていた。
ヘ　北の方たちが出立する前に、大将は彼女らを見送るため、いったん邸に帰ってきた。
ト　姫君は自分がいつも寄りかかっていた柱の割れ目に、和歌を書き記した紙を差し入れた。

問十三『源氏物語』と同じく平安時代に成立した物語を次のイ〜ホから一つ選び、その符号をマークしなさい。

イ　遠野物語　　ロ　狭衣物語　　ハ　伊曽保物語
ニ　曽我物語　　ホ　春雨物語

問六　傍線部⑩「なごりなき心」は誰の心を指すか。最も適当なものを次のイ～ホから一つ選び、その符号をマークしなさい。

イ　大将　ロ　式部卿宮　ハ　北の方　ニ　大臣たち　ホ　乳母

問七　傍線部⑪「乳母」の読みをひらがな三字で記しなさい。

問八　傍線部⑫「早う」は何を急かす言葉か。最も適当なものを次のイ～ホから一つ選び、その符号をマークしなさい。

イ　天気を見定めること

ロ　乳母と別れること

ハ　和歌を書き置くこと

ニ　邸を出立すること

ホ　涙を拭うこと

問九　傍線部⑬「かく思したる」とは姫君が、誰をどのように思うことか、記しなさい。

問十　傍線部⑭「かうがい」とはどのようなものか。最も適当なものを次のイ～ホから一つ選び、その符号をマークしなさい。

イ　整髪用具　ロ　筆記用具　ハ　調理用具

ニ　運搬用具　ホ　医療用具

問十一　傍線部⑮「か」を漢字一字で記しなさい。

問十二　問題文の内容と合致するものを次のイ～トから二つ選び、その符号をマークしなさい。

イ　兵衛督は身分が高いため、仰々しいことになるとして、姉妹である北の方を迎えには行かなかった。

ロ　大将邸をあとにするに際し、北の方に仕える女房たちはさほど悲しみを感じなかった。

ハ　北の方は大将邸を去る際、姫君についてはひとまずここに残していこうと考えた。

ークしなさい。

イ　多くの者がお仕えするわけにはまいりますまい。
ロ　どのくらい多くの者が仕えられますでしょうか。
ハ　どうしたら多くの者がお仕えできるでしょうか。
ニ　なんとか多くの者が仕えられるようにしていただきたい。
ホ　どこならば多くの者が仕えられますでしょうか。

問五　傍線部⑥「かたへ」、⑦「おのがじし」、⑨「心おく」の意味として最も適当なものを次のイ〜ホからそれぞれ一つずつ選び、その符号をマークしなさい。

⑥　かたへ
イ　兄弟達
ロ　一部の者
ハ　片側
ニ　下臈の女房
ホ　側近の侍女

⑦　おのがじし
イ　生まれつき
ロ　自分勝手に
ハ　自然と
ニ　めいめい
ホ　仲間同士

⑨　心おく
イ　たしなみのある
ロ　道理をわきまえた
ハ　気の許せない
ニ　気がきかない
ホ　不愉快にさせる

＊殿…大将。

問一　傍線部①「おの」、③「人」、⑧「みづから」は誰を指すか。最も適当なものを次のイ〜ホからそれぞれ一つずつ選び、その符号をマークしなさい（同じ符号を何回用いてもよい）。

イ　北の方　　ロ　式部卿宮　　ハ　大将　　ニ　姫君　　ホ　男君たち

問二　傍線部②「かく」は何を指すか。その説明として最も適当なものを次のイ〜ホから一つ選び、その符号をマークしなさい。

イ　大将が北の方から離れていったこと
ロ　大将が世間の物笑いの種となること
ハ　式部卿宮が北の方を迎えに来たこと
ニ　北の方の気分が平常に戻ったこと
ホ　北の方が夫との仲を嘆いていること

問三　傍線部④「あべかめれ」の文法的説明として最も適当なものを次のイ〜ホから一つ選び、その符号をマークしなさい。

イ　名詞＋動詞＋助動詞
ロ　名詞＋動詞＋助詞
ハ　名詞＋助動詞＋助動詞
ニ　動詞＋助動詞＋助動詞＋助動詞
ホ　動詞＋助動詞＋助動詞

問四　傍線部⑤「いかでかあまたはさぶらはん」の解釈として最も適当なものを次のイ〜ホから一つ選び、その符号をマもあべいかな。姫君は、となるともかうなるとも、おのれに添ひたまへ。なかなか、男君たちは、え避らず参(まう)で通ひ見えたてまつらんに、人の心とどめたまふべくもあらず、はしたなうてこそ漂はめ。宮のおはせんほど、型のやうにまじらひをすとも、*かの大臣たちの御心にかかれる世にて、かく⑨心おくべきわたりぞとさすがに知られて、*人にもなり立たむこと難し。さりとて、山、林にひきつづきまじらむこと、後の世までいみじきこと」と泣きたまふに、皆、深き心は思ひわかねど、うちひそみて泣きおはさうず。「昔物語などを見るにも、世の常の心ざし深き親だに、時に移ろひ人に従へば、おろかにのみこそはなりけれ。まして、型のやうにて、見る前にだに⑩なごりなき心は、懸かり所ありてももてないたまはじ」と、御⑪乳母どもさし集ひてのたまひ嘆く。

日も暮れ、雪降りぬべき空のけしきも心細う見ゆる夕べなり。「いたう荒れはべりなん。⑫早う」と御迎への君達そそのかしきこえて、御目おし拭ひつつながめおはす。姫君は、*殿いとかなしうしたてまつりたまふならひに、「見たてまつらではいかでかあらむ、いまなども聞こえで、また逢ひ見ぬやうもこそあれ」と思ほすに、うつぶし臥して、え渡るまじと思ほしたるを、(北の方は)「⑬かく思したるなむ、いと心憂き」など、こしらへきこえたまふ。ただ今も渡りたまはなんと、待ちきこえたまへど、かく暮れなむに、まさに動きたまひなんや。常に寄りゐたまふ東面の柱を人に譲る心地したまふもあはれにて、姫君、檜皮(ひはだ)色の紙の重ね、ただいささかに書きて、柱の乾(ひ)割れたるはさまに、⑭かうがいの先して押し入れたまふ。

今はとて宿⑮かれぬとも馴れきつる真木の柱はわれを忘るな

えも書きやらで泣きたまふ。

(注) *旅住み…この場合、式部卿宮邸に泊まること。
*かの大臣たち…光源氏や玉鬘の実父内大臣。
*人にもなり立たむこと…人並みに出世すること。

空欄Ⅲ

イ　等しく　　ロ　悪く　　ハ　多く　　ニ　重視　　ホ　検討

二

次の文章は、『源氏物語』「真木柱」巻の一節である。大将は式部卿宮の娘を北の方としていたが、時の有力者光源氏の養女玉鬘（たまかづら）と新たに結ばれ、自邸に寄りつかなくなる。それを聞き知った式部卿宮（「父宮」）は激怒する。これを読んで、後の問に答えなさい。

父宮聞きたまひて、「今は、しかかけ離れてもて出でたまふらむに、さて心強くものしたまふ、いと面（おも）なう人笑へなることなり。①おのがあらむ世の限りは、ひたぶるにしも、などか従ひくづほれたまはむ」と聞こえたまひて、にはかに御迎へあり。

北の方、御心地すこし例になりて、世の中をあさましう思ひ嘆きたまふに、②かくと聞こえたまへれば、「強ひて立ちとまりて、③人の絶えはてんさまを見はてて思ひとぢめむも、今すこし人笑へにこそあらめ」など思し立つ。御兄弟の君たち、兵衛督は上達部におはすればことごとしとて、中将、侍従、民部大輔など、御車三つばかりしておはしたり。さこそは④あべかめれとかねて思ひつることなれど、さし当たりて今日を限りと思へば、さぶらふ人々もほろほろと泣きあへり。「年ごろならひたまはぬ＊旅住みに、狭くはしたなくては、⑤いかでかあまたはさぶらはん。⑥かたへはおのおの里にまかでて、静まらせたまひなむに」などさだめて、人々⑦おのがじし、はかなき物どもなど里に払ひやりつつ、乱れ散るべし。

御調度どもは、さるべきはみなしたためおきなどするままに、上下泣き騒ぎたるは、いとゆゆしく見ゆ。君たちは、何心もなくて歩きたまふを、母君みな呼びすゑたまひて、「⑧みづからは、かく心憂き宿世、今は見はてつれば、この世に跡とむべきにもあらず、ともかくもさすらへなん。生ひ先遠うて、さすがに、散りぼひたまはんありさまどもの、悲しう

ロ　日本社会の学歴競争は経済力による機会格差はあるが、競争の基準は同じであるということ
ハ　日本社会の学歴競争は各所得階層において厳正に行われる競争であるということ
ニ　日本社会の学歴競争は大学の授業料が払えることを前提として行われる対等な競争であるということ
ホ　日本社会の学歴競争は教育に関する投資が行われなかったために生じた不公平な競争であるということ

問十　傍線部⑥「選択的な投資」の意味として最も適当なものを次のイ〜ホから一つ選び、その符号をマークしなさい。

イ　排他的な投資　　ロ　合理的な投資　　ハ　重点的な投資
ニ　包括的な投資　　ホ　一時的な投資

問十一　傍線部⑦「実力主義に基づく競争とも親和性が高い」とあるが、それはなぜか。最も適当なものを次のイ〜ホから一つ選び、その符号をマークしなさい。

イ　自助努力は実力主義と同じく、国家にとってきわめて都合の良い言葉だから
ロ　自助努力は実力のない人間が不公平な競争社会から離脱するための唯一の方法だから
ハ　自助努力は自力で競争社会を生き残ろうとする方法であり、実力主義と根本でつながる方法だから
ニ　自助努力はどのような境遇の差があろうと平等に行うことのできる方法だから
ホ　自助努力は実力主義と同じく、国益を生み出す最も効率的な方法だから

問十二　空欄Ⅰ、Ⅱ、Ⅲに入る言葉として最も適当なものを次のイ〜ホからそれぞれ一つずつ選び、その符号をマークしなさい。

空欄Ⅰ
イ　不利益　　ロ　不自然　　ハ　不公平　　ニ　有利　　ホ　有意義

空欄Ⅱ
イ　停滞　　ロ　沈黙　　ハ　逆転　　ニ　消滅　　ホ　炎上

ロ　受験競争の抱える問題の本質から目をそらして新しい取り組みのアラだけを論じているにすぎないから
ハ　教育の機会格差を縮めるように努力せよと主張しながら、受験においては教育格差を助長しようとしているから
ニ　かつては新制度を導入せよと主張していたにもかかわらず、民間試験を導入することには反対しているから
ホ　健全な競争社会を早く実現せよと主張しながら、不健全な受験競争に対して何も関心を示さないから

問六　空欄甲に入る漢字一字を記しなさい。

問七　空欄乙に入る四字熟語を次のイ～ホから一つ選び、その符号をマークしなさい。

イ　眉目秀麗　　ロ　放埓三昧　　ハ　自由奔放　　ニ　品行方正　　ホ　一騎当千

問八　傍線部④「その方が国全体でのインプット対アウトプット比を増やせる」とはどういうことか。最も適当なものを次のイ～ホから一つ選び、その符号をマークしなさい。

イ　大学教育を無償化することで、平凡な人材を優秀な人材にまで育成できるということ
ロ　大学教育を無償化して優秀な人材を育成することで、世界で活躍できる企業が出現するということ
ハ　総人口が少なく、それに比例して大学に進学する人材も少ないので、大学教育を無償化しても国家予算には影響しないということ
ニ　大学教育を無償化して国の支出が多少増加したとしても、無償化しない場合より国益を生み出す人材が効率よく育成できるということ
ホ　大学教育を無償化して最初から優秀な人材を集めることで、あまり優秀でない学生に教育を施す無駄を減らすことができるということ

問九　傍線部⑤「それは身の丈に合ったスタート地点からの同質的な競争だ」とはどういうことか。最も適当なものを次のイ～ホから一つ選び、その符号をマークしなさい。

イ　日本社会の学歴競争は中間的な学力の子に合わせて行われる均質な競争であるということ

自助努力は才能ある人に［Ⅰ］な考え方なので、平等を掘り崩す場合がある。しかし、平等だけを目的にすると人間集団から努力する意思が失われて［Ⅱ］する。そこで、平等主義の観点から自助努力の価値観を損なわない範囲で、つまり成功者に与える見返りをあまり［Ⅲ］しないことで才能を社会に還元させているのが日本の実状である。

（三浦瑠麗『日本の分断』より）

問一　傍線部ⓐ「セキララ」、ⓑ「ウルオう」、ⓒ「フクリ」、ⓓ「ホウガイ」のカタカナの部分を漢字にし、送り仮名も含めて記しなさい。

問二　次の一文が入るべき場所はどこか。最も適当なものを問題文の【a】〜【e】から一つ選び、その符号をマークしなさい。

これは日本のよい部分だと思う。

問三　傍線部①「身の丈」を言いかえた言葉として最も適当なものを問題文から抜き出しなさい。

問四　傍線部②「ホワイトカラー」の対義語として最も適当なものを次のイ〜ホから一つ選び、その符号をマークしなさい。

イ　ブラックカラー　　ロ　レッドカラー　　ハ　グリーンカラー
ニ　シルバーカラー　　ホ　ブルーカラー

問五　傍線部③「「身の丈に合った」という大臣発言を問題視する人が同時に新たな競争の導入に否定的なのは、矛盾でしかなくなってしまう」とあるが、それはなぜか。最も適当なものを次のイ〜ホから一つ選び、その符号をマークしなさい。

イ　新しい受験システムを不公平であると批判するなら、公平な条件下で行われる受験システムの導入を積極的に主張すべきだから大学の授業料を安くすることはどれだけの賛意を得ているのだろうか。「日本人価値観調査」によれば、大学の学費は完全に無償化すべきではない、と答えた人の割合は全体の58・2％に上り（無償化賛成は32・5％）、自民党を高く評価する層から低く評価する層まで、大きな意見の差は見られなかった。つまり現状、社会の多数は自民党政権が進めた低所得世帯向けの学費無償化は支持するけれども、全所得階層にまでそれを拡大したいとは思わないということのようだ。

【e】

北欧諸国のように大学教育を無償化する背景には、人口の限られた国家で人材を無駄にしないために、才能を発掘しそれに投資しようとする発想がある。④その方が国全体でのインプット対アウトプット比を増やせるからだ。しかし、日本人はそこまでの実力評価はしたがらない。日本の学校はクラスの中間的な学力の子に合わせた教育を行い、飛び級はできず、その結果として授業についていけない子にきめ細かな指導をする余力もない。

日本社会に学歴をめぐる競争は確かに存在する。だが、⑤それは身の丈に合ったスタート地点からの同質的な競争だ。仮に、競争のスタート地点をよりフェアなものとするため、公立教育にお金を突っ込むことが民意に大きく支持されていたならば、政府はこれまでにそうしていただろう。

日本は平等主義の観点から、勝者にさらにボーナスを加算することもしない。教育に関する投資がいかに国家として合理的であったとしても、「不公平だ」という声が出て給付は全体に拡大しがちだ。だから、日本では⑥選択的な投資は難しい。

言うなれば、日本の教育は「身の丈」と「実力主義」と「平等主義」の三つが組み合わされたものになっている。先の質問に答えるならば、分を知ることの対極は「実力と平等という相反する二つの要素を戦わせながら社会を変革し進歩させていくこと」になる。

これらの相克する三つの要素の配分のさじ加減を決めているのが、おそらく「自助努力」という価値観だろう。自助努力は身の丈の差を自分の努力で埋めることを求める考え方であり、⑦実力主義に基づく競争とも親和性が高い。そして、一部の批判の裏にあった反発は、競争そのものを忌避する気持ちだった。グローバル基準での英語能力をめぐる競争によって優劣がつくことや、慣れ親しんだセンター入試問題ではなく、新しいグローバルな基準を持ち込もうとすることに対する反発と言い換えてもいい。その気持ちはよくわかる。【c】しかし、競争を恐れれば、萩生田大臣発言のようにむしろ身の丈に合った環境で不平等を受け入れることに繫がってしまう。問題の本質から目をそらして、新しい取り組みのアラだけを論じることの問題点はそこにある。

グローバル化や英語教育に賛成するか反対するかは人それぞれあるだろう。しかし、いまの入試自体、既に公平な条件下で行われてはいないのに、あの大臣発言に寄せられたほどの強い世間の怒りは現状のシステムに対しては向けられない。では分を知ることの対極は一体何なのだろう。競争だろうか。それとも完全な平等だろうか。あれだけ発言が炎上しながらも、意外とこの点は掘り下げられていない。

日本人は実力主義や競争を信じている部分がある。例えば、東大受験は米国ハーバード大学のように人種やコネや社会貢献などが考慮の材料となる部分は皆無で、純粋にセンター試験（共通テスト）と第二次の筆記試験の点数で決まる。先生との関係など、社会的適合性が問題となるのは内申点が［甲］を利かせる高校受験までだ。つまり、どんなに［乙］でなくとも、仮に学校に適合できなくとも、一発逆転の可能性がある。【d】

しかし、実力一本勝負とはいえ、塾も行かずに通常の公立校の教育だけで学歴社会を勝ち抜くには相当な才能が必要である。つまり、学歴社会の勝者はもともと恵まれた条件を与えられた人であるか、公平でない条件のもとであっても競争を勝ち抜けるほどの抜きんでた才能を持つ人に限られるということになる。

学費はどうだろうか。国公立大学の学費は年間53万円程度と昔よりもずいぶんと高くなったが、それでも貸与奨学金は存在するし、米国はもちろん、英国並みの高い学費にはなっていない。日本では私学の学費もⓓホウガイではない。スウェーデンやノルウェーのように大学の学費が無料の国も存在するが、日本は中間的で、ほどほどの自己負担ということになっている。従って、大学合格者にだけ特別な優遇があるという社会というわけでもない。

実は、萩生田大臣発言に伴い、英語民間試験の導入に対して寄せられた様々な批判の中には異なる視点や価値観が混在している。【a】例えば、文科省の英語入試改革に対する批判の多くは、準備不足であることと「やり方」に集中している。必ずしもグローバル基準ではない民間試験の導入でベネッセコーポレーションなどの民間業者がⓑウルオうという問題もある。新制度を導入しようとすると、そこから排除されないためのロビイング活動が活発化し、結局はそういうことになりがちだ。執行面に関する批判だけならば、政策の練度不足のなかで拙速に強行しようとした挙句の失言、というだけで物事はもっと簡単に理解できただろう。

ところが、批判の中身を見てみると、制度導入そのものに対する反発も存在している。【b】

目立つのが、教育に「新自由主義的」な競争重視の考え方を持ち込んだという批判だ。それでは日本の受験競争は競争重視ではないのだろうか？　お隣の韓国ほどではないとはいえ、日本の受験環境は過熱している。日本は学歴社会であり、すでに教育格差は大きい。新卒一括採用の慣行と合わせて人生におけるセカンドチャンスを阻んでいる。大企業と中小企業の間で労働者が得られるⓒフクリ厚生の差は大きく、いまはやりのリモートワークができるのも、一部の大企業②ホワイトカラーばかりだ。

大臣が改革の主眼として掲げた「グローバル化に対応する英語能力」を育てるという課題について、批判者はどう思ったのだろうか。TOEFLやIELTSなどのグローバル基準での英語試験を入試に導入するのはよくないのか。

日本人の実用的な英語能力が比較劣位にあることは確かだろう。センター試験に英語の科目はあるのに、学校教育だけで英語を喋れるようにはまったくならない。英語で意思疎通できるような論理構築能力も身につかず、そういう能力を育てるためには、別途英会話スクールや個人レッスンなどの特別な教育にお金を払わなければならないのが現状だ。

競争が公平な条件の下に行われていないことを問題視する意見は、一見わかりやすい。けれども、それはすでに不平等な現状を社会が放置してきたことへの回答にはならない。③「身の丈に合った」という大臣発言を問題視する人が同時に新たな競争の導入に否定的なのは、矛盾でしかなくなってしまう。

国語

（七五分）

一

次の文章を読んで、後の問に答えなさい。

二〇一九年十月二十四日のテレビ放送における萩生田光一文科大臣による「①身の丈」発言は方々から批判を浴びた。大学入学共通テストへの英語民間試験の導入をめぐり、地域格差や経済格差が受験に当たって有利・不利を生むという指摘に対し、「自分の身の丈に合わせて頑張ってもらえば」といった発言だ。

炎上というのは興味深い。「英語民間試験」という現在入試や教育にかかわる人びとを除けば、熱した議論が行われるとは考えにくい問題に関して、なぜこれだけ炎上したのだろうか。

一つの原因は、日本における機会格差の現状をⓐセキララに指摘してしまったから、というものだろう。文化資本、つまり家に本がふんだんにあるような環境、親が学業や教養を身につけさせてくれるような環境で自然に育った人と、そうではない人の機会格差は大きいからだ。義務教育のあいだにその機会格差をなるべく縮められるよう、公立の小中学校の教育を充実させるべきなのに、日本はここが一番不足している。

ただし、ここで議論を止めてしまっては表向きのファクトを示すのにとどまる。日本に教育格差があるのならばそもそもなぜ是正されてこなかったのか。

解答編

英語

I　解答　A．(ア)―b　(イ)―b　(ウ)―c　(エ)―b　(オ)―a
(カ)―d　(キ)―d

B．(1)―a　(2)―c　(3)―c

C．a・d

◆全　訳◆

≪大恐慌後のアメリカの社会情勢≫

1920年代半ばから後半にかけて，アメリカはまさに好景気のさなかにあった。ハーバート=フーヴァーは1928年の選挙演説でアメリカ国民に対し，「今日のアメリカで，私たちはどの国の歴史にもかつてないほど，貧困に対する最終的な勝利に迫っています。もうすぐ…この国から貧困が一掃されている日を目にすることになるでしょう」と語った。彼はホワイトハウス入りを果たした。11カ月後の1929年10月24日のブラック・マンデー（暗黒の月曜日）に，地面が大きく割れ，アメリカ経済はそこに飲み込まれたのであった。

金持ちは，自分たちが突然一文無しになっているのに気づいた。労働者は自分たちに仕事が無いのに気づいた。物価は下落し，賃金は減り，工場は閉まり，失業率は急激に上昇した。ブラック・マンデー後の最初の2カ月で，失業者の数は50万人未満から400万人を超え，大恐慌が底を打った1933年までには，賃金労働者のほぼ3人に1人にあたる1500万人のアメリカ人が失業していた。ウォール街で取引される全株式の価値は，1929年の870億ドルから1933年には180億ドルへと急落した。その同じ4年間に，アメリカの国民総生産，つまり国内で生産されるすべての商品とサービスの価値総額は，29％下落した。

大恐慌に追い打ちをかけるかのように，中西部一帯が雨不足のためにダストボウルと化した。この危機はオクラホマとアーカンソーに最も大きな打撃を与えた。小規模農家は土地を捨てることを余儀なくされた。その大半が西のカリフォルニアへと向かったが，噂に聞いていた肥沃な谷で新たな生活を始めたいと願ってのことだった。1930年代後半には，オクラホマやアーカンソーから約35万人が家を離れてカリフォルニアに向かったと算出されている。ジョン=スタインベックは，自著『怒りの葡萄』の中で，そんなある一家の状況について記している。1939年に出版されたこの小説は，大恐慌時代の名著の一つなのだ。

スタインベックの小説は国家の社会的責任といった重要な問題を提起した。それというのも，著者は社会主義運動に共感を抱いていたからだ。大恐慌によって，アメリカ政府は富裕層，中間層，貧困層，恵まれない人々の間に格差を生んでいた社会問題や経済的不均衡を調査せざるを得なくなった。国家を大恐慌から抜け出させ，社会的平等を確立することになるであろう「ニューディール」政策を提唱したのが，1932年に大統領に選ばれたフランクリン=デラノ=ルーズベルトだった。資本主義では果たせなかった社会福祉を提供しようとして，数多くの政府機関が創設された。

社会主義の一形態がアメリカで確立されつつあったのと時期を同じくして，ヨーロッパ全土で社会主義が広がっていた。ソビエト連邦は1920年代から1930年代を通して共産主義的な人民政府を作り上げようとしていた。アメリカでは，労働組合がルーズベルト政権に対し，社会改革を行うよう圧力をかけた。アメリカでは，政府による社会改革への関与に賛同する人たちと，しない人たちとの間で分断が生じ始めた。この衝突は至る所にあらわれ，芸術にも及んだ。

1930年代，連邦政府は，大恐慌の間の国家の経済や社会の情勢に対処すべく，数多くの機関を設立した。画家，彫刻家，建築家たちがこれらの機関のあちこちに雇われ，全国で郵便局や裁判所や，他にも連邦政府のさまざまな建物の設計や装飾に携わった。写真では，1935年に設立された農業安定局（FSA）が思いがけない支援源となった。農業安定局は，農民や行き場を失った労働者の悲惨な生活や労働環境をアメリカ国民に知らしめることを約束していた。農業安定局は，写真がもつ力を認め，改革という大義名分のもと，6人の写真家を雇い入れた。その結果生まれたのが，農業安定局が後ろ盾となった約27万枚の写真であり，今ではそういう困難な時代の膨大な数のアメリカ人の生活が見てわかる記録となっている。

写真は，それ自体が強力な芸術の一形態であるだけでなく，社会改革を推進するための強力な武器にもなることがわかったのだ。

◀解　説▶

A. (ア)下線部は He went into the White House. という文の前置詞句が前に出た形。go into the White House という表現は，ホワイトハウスがアメリカ合衆国大統領が居住し，執務を行う場所であることから，そこに入るというのは「アメリカ合衆国の大統領になる」という意味になり，b の He became the president of the United States. が正解。

(イ) great classics とは「優れた古典」という意味だが，ここでは大恐慌時代の社会状況を描いた『怒りの葡萄』という小説が，great classics の一つだと述べられていることから判断して，選択肢の中では b の outstanding examples「極めて優れた例」が意味的に近い。

(ウ) be sympathetic to ～ は「～に共感して，～に賛成して」という意味。接続詞の for 以下には，スタインベックの『怒りの葡萄』という小説が重要な問題を提起したいきさつが述べられており，彼が大恐慌時代の社会主義運動に賛同してこの小説を書いたとわかるので，c の shared values with「～と価値観を共有した」が意味的に近い。

(エ) establish は「～を確立する」という意味であり，ここでは social equality「社会的平等」が目的語となっていることから判断して，選択肢の中では b の create「～を生み出す」が意味的に近い。

(オ) clash は「衝突」という意味であり，ここでは政府による社会改革への関与に賛同する人たちと，しない人たちとの間に分断が生じる中で起こる衝突のことであるから，a の conflict「対立，衝突」が意味的に近い。favor「好意」 reform「改革」 union「結合，団結」

(カ)下線部における unexpected source of support「思いがけない支援源」の具体的な内容については，後続の 2 文（The FSA undertook … hired six photographers.）に，農民や行き場を失った労働者の悲惨な生活や労働環境を国民に知らしめることを約束していた農業安定局が，改革のために 6 人の写真家を雇い入れた，と述べられていることから，d の The FSA unexpectedly asked some photographers to record the farmers' everyday life.「農業安定局は，意外にも何人かの写真家に，農民たちの日々の暮らしを記録するよう依頼した」が，意味的に近い。

(キ) in the cause of は「～のために，～という大義名分のもとに」という意味だが，後続の reform と合わせて，「改革という大義名分のもとに」という意味になっていることから，d の so as to support「～を支援するために」が意味的に近い。

B．(1)空所の後には the Depression was not enough「大恐慌では足りなかった」という文が続いていることから，前置詞の Despite「～にもかかわらず」や群前置詞の In addition to「～に加えて」は不適。また，このあと，雨不足によるダストボウル化というさらなる悪条件が述べられていることから判断して，a の As if「まるで～かのように」が正解。

(2) force は force *A* to *do* の形で「*A* に～することを余儀なくさせる」という意味になる。大恐慌がアメリカ政府に社会問題や経済的不均衡をどうすることを余儀なくしたかを考えると，c の review「～を調査する」が文脈上適切。ignore「～を無視する」，approve「～に賛同する」，praise「～を褒める」はいずれも文脈上不適。

(3)空所の後には「政府による社会改革への関与に賛同する人たちと，しない人たち」という正反対の立場の人たちが述べられていることから，c の divide between「～の間を分断する」が正解。stay with「～の所に泊まる」，connect to「～に結びつける」，close off「～を閉鎖する，～を遮断する」はいずれも文脈上不適。

C．a．「アメリカ国民は1929年の『ブラック・マンデー』後，困難な時代を生き抜くことを余儀なくされた」 第2段第1～4文（Rich people found … had no work.）には，ブラック・マンデー後の数年にわたるさまざまな厳しい社会状況が具体的に述べられており，一致。

b．「大恐慌の間に，アメリカ社会は知らないうちに突如として国民総生産を無くしていた」 第2段最終文（The value of …）のセミコロン以下には，大恐慌が起きた1929年から1933年の4年の間に，アメリカの国民総生産が29％下落したと述べられてはいるが，国民総生産が無くなったわけではないので，不一致。

c．「オクラホマとアーカンソーの小規模農家の大半は最終的に，大恐慌の後，ソビエト連邦で豊かな生活を築いた」 第3段第2～4文（This crisis hit … had heard about.）に，大打撃を受けたオクラホマとアーカンソーの小規模農家は土地を捨てざるを得なくなり，大半はカリフォルニアに向かったと述べられているが，ソビエト連邦に渡ったという記述はなく，不一致。

d.「アメリカが大恐慌を経験していた時，ソビエト連邦は共産主義政府を樹立しつつあった」 第5段第2文（The Soviet Union …）に，ソビエト連邦は1920年代から1930年代にかけて，共産主義的な人民政府を作り上げようとしていたと述べられており，アメリカで起きた1929年の大恐慌とその後の数年に及ぶ困難な時期と時期的に重なるので，一致。

e.「数多くの政府機関が，長期間まったく雨が降らないといった異常気象問題に対処する目的で設立された」 第4段最終文（Numerous government agencies …）や最終段第1文（In the 1930s, …）に，連邦政府が社会福祉を提供する目的や，大恐慌の間の国家の経済や社会の情勢に対処すべく，数多くの機関を設立したと述べられているが，異常気象問題への対処が目的とは述べられておらず，不一致。

f.「ルーズベルト大統領はもっぱら写真に関心があった」 第4段第3文（It was Franklin …）に，国家を大恐慌から脱却させ，社会的平等を確立すべく「ニューディール」政策を提唱したのが，大統領に選ばれたルーズベルトだと述べられており，写真に関心があったという記述はないので，不一致。

g.「農業安定局は，大恐慌の間のアメリカ国民の生活の目に見える記録となった約27万枚の写真を廃棄した」 最終段第5・6文（The FSA, recognizing … those difficult times.）に，農業安定局が6名の写真家を雇った結果が，大恐慌中の困難な時代の膨大な数のアメリカ人の生活の記録となっている約27万枚の写真だという内容が述べられており，不一致。

II 解答

A. (1)— c　(2)— a　(3)— b　(4)— c　(5)— d

B. (ア)— d　(イ)— b　(ウ)— d　(エ)— b　(オ)— d

C. c・d

D. 全訳下線部参照。

◆全　訳◆

≪タイタニック号沈没事故と国際遭難信号≫

1912年4月15日以来，アメリカとイギリスは，史上最も劇的で最も衝撃的な海難事故の一つである「タイタニック号の大惨事」をずっと話題にしてきた。すべての始まりは，1912年4月14日，午前0時の少し前のことで，リバプールからニューヨークに向かう初航海の途上，12ノットで疾走していた世界最新かつ最大で最も豪華な客船，4万5000トンのイギリス遠洋定期船タイタニック号は，ニューファンドランドのグランドバンクス沖95マイルの北大西洋で氷山に衝突したのである。

氷山は船の右側に300フィートの穴を開け，16ある防水区画のうちの5つを突き破った。その「不沈」船は4月15日午前2時20分に沈没したのである。アメリカの遠洋定期船カリフォルニア号は20マイル足らずの所にいたが，船の無線通信士が非番だったため，タイタニック号の遭難信号を受信していなかった。それでも，タイタニック号が沈没してから20分後，別の船，カルパチア号が現場に到着し，タイタニック号の乗客と乗員2,223人のうち706人を救助したのだが，残りの1,517人は氷のように冷たい海で溺死した。

1912年から1913年にかけて，タイタニック号の大惨事はもっぱら怒りを込めて語られたが，一般大衆が抗議の声をあげたのは，その船が多くの氷山のある海域を速い速度で進むよう命じられていたこと，船の乗客数の約半数分しか救命ボートのスペースがなかったこと，カリフォルニア号は遭難信号を聞くこともできただろうに，それをしなかったことがその理由だった。その大惨事に関する新聞記事や，その結果として行われた米国の調査，さらには1913年にロンドンで開催された第1回海上における人命の安全のための国際会議によって，多くのアメリカ人が「氷山帯，氷山パトロール，救命ボートの訓練」といった比較的新しい用語について語るようになっていた。その会議ではどの船にも乗客全員分の救命ボートのスペースがあること，航海ごとに救命ボートの訓練を実施すること，すべての船が2時間の無線監視を維持することを求める規則が定められた。また，その大惨事をきっかけとして，船に北大西洋航路における氷山の警告をする国際海氷パトロールが設立された。

また，タイタニック号の沈没によって，アメリカでは海上で使用される遭難信号についても議論がなされていた。モールス符号の文字である「SOS」が，1908年に国際遭難信号として採用されていたのは，単にそれが送信しやすく識別しやすいというだけの理由で，それらの文字が「save our ship（本船を救え）」とか「save our soul（我らを救え）」を表しているということで選ばれたわけではなかった。タイタニック号の大惨事のあと，新たなモールス符号の遭難信号「CQD」が導入され，アメリカ合衆国司法長官が，それは「come quick, danger（すぐに来い，危険状態）」という意味だと言ったが，この信号がSOSに取って代わることはなかった。ついでながら，後に登場した国際遭難信号「Mayday（メーデー）」はSOSに代わるものではなく，無線や電話で使われる音声遭難信号である。それはメーデーとは何の関係もなく，フランス語の「m'aidez」を借用したものであり，「助けて」という意味である。

◀解 説▶

A．(1)空所の後の duty に注目する。この後，無線通信士はタイタニック号の遭難信号を受信しなかった，という内容の文が続いていることから判断して，off duty「非番で」であれば，無線通信士が非番で信号を受信できなかったことになり，文脈上適切なので，c の off が正解。

(2)新聞がタイタニック号が沈没したことを書き立てたことで，政府としても調査に乗り出し，国際会議も開かれる結果となったという流れだと判断でき，a の resulting「結果として生じる」が正解。

(3)空所を含む文では「SOS」が遭難信号となった経緯が述べられていること，さらに空所の後の as からも，「～として採用された」となる b の adopted が正解。

(4)空所の前文と空所に続く文とのつながりを考える。新たな遭難信号としての「CQD」は SOS に取って代わることはなかったが，その後に登場した国際遭難信号の「Mayday」は音声遭難信号としては使われていると，付け加えて話を続けている。よって，2つの文を適切につなげる副詞である，c の Incidentally「ついでながら，ちなみに」が正解。accidentally「うっかり，偶然に」 immediately「ただちに，すぐ」 otherwise「さもないと」

(5)このあと，音声遭難信号の Mayday（メーデー）はフランス語からの借用語であると述べられていることから，May Day，つまり，労働祭となっている5月のメーデーとは関係がないはず。have nothing to do with ～は「～とは何の関係もない」という意味のイディオムであり，d の nothing が正解。

B．(ア) struck は strike「～にぶつかる」の過去形であり，d の hit が意味的に近い。タイタニック号が氷山に衝突して沈没したことからも判断はつくだろう。

(イ) raise a protest は「抗議する」という意味であり，b の making an objection「異議を唱える」が意味的に近い。favor「〜に賛意を示す」take back words「発言を撤回する」

(ウ)ここでは drills be held を含む that 節が動詞の require の目的語となっており，be の前には should が省かれている。この drill は「訓練」の意味で，下線部は hold drills「訓練を行う」の受動態であり，d の training will be conducted「訓練が行われる」が意味的に近い。

(エ) lead to 〜 は主語が原因となって，to 以下の結果に至る，という意味の英文で用いられる。The disaster はここではタイタニック号の沈没事故を指しており，下線部は「その大惨事をきっかけとして（〜が）設立された」という意味になるので，b の The accident also brought about the beginning が意味的に近い。bring about は「〜をもたらす，〜を引き起こす」という意味のイディオム。

(オ) stand for 〜 は「〜を表す，〜を意味する」という意味のイディオムであり，d の representing「〜を表す」が意味的に近い。

C．a．「タイタニック号は 1912 年 4 月 15 日に北大西洋で氷山に衝突した」 第 1 段第 2 文（It all began …）に，タイタニック号が氷山に衝突したのは 1912 年 4 月 14 日で午前 0 時の少し前だったと述べられており，不一致。

b．「タイタニック号の防水壁は 4 月 15 日午前 2 時 20 分の衝突では損傷は受けなかった」 第 2 段第 1 文（The iceberg tore …）に，氷山がタイタニック号の 16 の防水区画のうち，5 つを突き破り，船は 4 月 15 日午前 2 時 20 分に沈没したと述べられており，不一致。

c．「カルパチア号が到着する前に，タイタニック号はすでに氷のように冷たい海に沈んでいた」 第 2 段最終文（Twenty minutes after …）に，カルパチア号はタイタニック号が沈没してから 20 分後に現場に到着したと述べられており，一致。

d．「タイタニック号は最新のクルーズ船だったにもかかわらず，十分な数の救命ボートを搭載していなかった」 第 3 段第 1 文（During 1912 and …）中の 2 つ目の because 以下の節に，タイタニック号には乗客数の約半数分しか救命ボートのスペースがなかったと述べられており，一致。

e．「一般大衆の意見の高まりを受けて，海事用語の国際的な辞書が編纂された」 第3段第2文（Newspaper stories about …）に，タイタニック号の事故後，多くのアメリカ人がさまざまな海事用語について語るようになっていたという状況は述べられているが，辞書が編纂されたという記述はなく，不一致。

f．「モールス符号による新たな遭難信号が導入されたのち，その新たな信号はSOSに取って代わった」 最終段第3文（After the *Titanic* …）に，タイタニック号の事故後，「CQD」という新たな遭難信号が導入されたが，SOSに取って代わることはなかったと述べられており，不一致。

D．The Convention は直前文にある the first International Convention for the Safety of Life at Sea「第1回海上における人命の安全のための国際会議」を指す。draw up ～ は「～を作成する」という意味。直訳すると「その会議が～を作成した」だが，「その会議では～が作成された」とすると自然な訳になる。requiring 以下は rules を修飾する分詞句で，あとに続く that 節は require の目的語。要求や提案，主張などを表す動詞の後の that 節では should を用いるか，動詞は原形となるので have は原形となっている。lifeboat「救命ボート，救命艇」 passenger「乗客」

III　解答

A．(1)―c　(2)―d　(3)―c　(4)―b　(5)―a

B．b・e

C．全訳下線部参照。

◆全　訳◆

≪北米人の時間のとらえ方≫

西洋諸国の人々，特に，北米人は，時間とは何か本質的に固定されたもの，私たちの周りにあって，そこから逃れることはできないもの，まさに私たちが吸う空気のごとく，常に存在する環境の一部だと考える傾向がある。ひょっとすると時間は，他にも体験の仕方があるかもしれないなどというのは，不自然で変に思えるのだが，それは，時間はどこか他の国の人たちだとその扱いがいかに違うかがわかり始めた場合ですら，めったに修正されることのない感情である。西洋諸国の中にあっても，ある特定の文化では時間の全体的な重要性の位置づけは，私たちよりはるかに低い。例えば，ラテンアメリカでは，時間の扱いがかなり違う。ペルーでは「私たちの時間？ それともあなたがたの時間？」という表現をよく耳にするのである。

一般的に，北米人は時間とは未来へと延びる道やリボンのようなもので，人はそれに沿って前進すると考える。その道はすでに，(「一度に一つのこと」ということで) それぞれ別々にしておくべきいくつかの部分に分かれている。それをしない人は，常識がないということで見下される。少なくともラテンアメリカの一部の地域では，北米人は誰かと会う約束をしていたのに，他にも多くのことが同時進行しているのがわかると，自分がイライラしているのに気がつく。ペルー人で私の旧友の一人は，以前はその「ラテンアメリカ」方式で事業を営んでいた。これは，同じ時間に最大15人までの人が彼のオフィスにいるということだった。15分で終了していたかもしれない仕事が，丸一日かかることもあった。もちろん，彼も北米人がこれには困惑していることはわかったので，彼らが数分を予定していた場合は，その人たちがオフィスで過ごすのは1時間程度にしかならないように念を押していた。時間は不連続であり，予定を立てる必要があるという北米人の考えは，このラテンアメリカ方式とは相容れないものだったのだ。

私たち北米人は時間を細分化して，予定を立てているだけではなく，将来に目を向ける際には，そのとらえ方は制約を受けてもいる。私たちにとっての未来とは，予見可能な未来であり，何世紀という期間を含めているかもしれない南アジア文化の未来ではない。実際に，私たちの先の見通しは非常に短いので，公的な支援や資金を必要とする，60年とか100年という長さの事業計画を構築する妨げとなる。アメリカの産業界や政府で働いた経験のある人なら誰でも，次のようなせりふを耳にしたことはある。それは「皆さん，これは長期にわたります！ 5年とか10年です」だ。

北米人にとって，「長期」とは，10年，20年，2，3カ月，数週間，あるいは2，3日の，ほぼどれでもありうるのだ。しかしながら，南アジア文化圏の人たちは，「長期」といえば，何千年，あるいは果てしなく続く期間という観点から考えるのは至極現実的だと感じる。ある同僚は以前，自分たちの時間の考えを次のように言い表した。「時間とは暗い廊下と小部屋のある博物館のようなものだ。人はその見物客で，真っ暗な博物館内を歩いていきながら，通りすがりに，それぞれの場に光をかざす。神がその博物館の管理者で，神のみがそこにあるものすべてを知っている。一生は一つの小部屋を表すのだよ」と。

◀解　説▶

A．(1)空所の直後の time は空所に入る動詞の目的語，lower in overall importance は補語と判断できる。西洋人の時間のとらえ方について述べた英文であり，c の rank なら rank O C の形で「O を C に位置づける」という意味になり，文脈上も適切。

(2)北米人は時間を road（あるいは ribbon）ととらえており，along which「それに沿って」人がどういう動作をするかを考えると，d の progresses「前進する」が正解。

(3)第2段第4文（In at least …）で，時間のとらえ方が異なるラテンアメリカの一部の地域では，北米人は find themselves annoyed「自分がイライラしているのに気づく」と述べられていることから判断する。ここでも，北米人がラテンアメリカ式の仕事のやり方に接して，どういう状態になっているかを考えると，c の disturbed「困惑して」が適切。

(4)第2段では，北米人とラテンアメリカ人との時間のとらえ方の違いから生じる問題点が述べられていることから判断して，北米人の時間に関わる考えはラテンアメリカ方式とは合わないことがわかるので，b の inconsistent with「～と相容れない，～と合わない」が正解。

(5)後続文において，walking through the museum in the dark「真っ暗な博物館内を歩いていく」と述べられていることから判断して，corridors「廊下」はいくつもあって暗いはずであり，a の dark が正解。

B．a．「北米人は，時間を何か自分で制御できるものと考える傾向がある」 第1段第1文（People of the …）には，北米人は時間とは何か本質的に固定されたものと考える傾向があると述べられており，固定されたものということは自分では制御できないと考えられるので，不一致。

b．「ラテンアメリカ人よりもむしろ北米人の方が，時間を未来につながる道やリボンだと考える」 第2段第1文（As a rule, …）に，北米人は時間を未来へと延びる道やリボンと考えると述べられており，一致。

c．「ラテンアメリカ人は，誰かと会う約束をしていて，一つのことだけが進んでいるとわかると喜ぶ」 第2段第4文（In at least …）には，北米人は誰かと会う約束をしていたのに，他にも多くのことが同時進行しているのがわかると，イライラすると述べられてはいるが，ラテンアメリカ人が一つのことだけが進行していることがわかると喜ぶという記述はないので，不一致。

d.「南アジア人にとっての未来とは，予見可能な未来であり，北米人のそれに対するとらえ方とは異なる」 第3段第1文（Not only do …）から，筆者は北米人だとわかる。続く第2文（The future to …）では，私たち，すなわち，北米人にとっての未来とは予見可能な未来だと述べられており，南アジア人にとっての話ではないので，不一致。

e.「北米人にとっての『長期』とは，2，3日から10年，20年の何でもありうる」 最終段第1文（For North Americans …）に，北米人にとって，「長期」とは，10年，20年，2，3カ月，数週間，あるいは2，3日の，ほぼどれでもありうると述べられており，一致。

f.「時間とは，私たちが何年も管理しなければならない博物館のようなものだ」 最終段第3～5文（A colleague once … is in it.）に，時間とは博物館のようなもので，神がその博物館の管理者だと述べられており，不一致。

C. itは形式主語で真主語はto think以下のto不定詞句。think of～は「～のことを考える」という表現で，この後のin terms of～「～という観点から」というイディオムが入った前置詞句につながっている。long timeは例として挙がっている期間の長さから，「長時間」ではなく「長期（間）」という訳が適切。never-ending「果てしなく続く，際限のない」

Ⅳ　解答

(1)—b　(2)—d　(3)—a　(4)—c　(5)—a　(6)—b
(7)—d　(8)—a　(9)—b　(10)—c

◀解　説▶

(1)「日本の平均給与はここ20年にわたって減少している」 over the past 20 years「この20年間で，過去20年にわたって」という過去から現在までの期間を表す語句があることから，現在完了時制のbのhave decreasedが正解。

(2)「彼女は新しい仕事に専念することにした」 devote *oneself* to～は「～に専念する，～に没頭する」という意味のイディオムであり，dの

herself が正解。

(3)「タケダ氏はその新しい役職にまさに適任だ」 be qualified for ～は「～に適任である，～にふさわしい」という表現であり，a の for が正解。

(4)「ダイワ・モータースとの契約は今週末で終了となる」 contract「契約」が主語で，空所の後に時期が述べられていることから判断して，c の expire「期限切れとなる，終了する」が正解。

(5)「海に囲まれているので，沖縄は穏やかな気候だ」 接続詞も主語もないことから分詞構文だと判断はつく。surround は「～を囲む，～を取り巻く」という意味の他動詞。空所の後の by からも判断はつくが，主語は沖縄であることから受動態の分詞構文の形であり，この前に Being が省かれた形の，a の Surrounded が正解。

(6)「彼はニューヨーク経由でボストンに行った」 空所を挟んで 2 つの地名があることから判断して，文脈にふさわしい前置詞句となる b の by way of「～経由で」が正解。

(7)「燃料価格は危機に反応して上昇するだろう」 in response to ～は「～に反応して」という意味のイディオム。空所の前に be があることから，ここでは他動詞の raise「～を上げる」が受動態で用いられて「上昇する」という意味になっていると判断でき，d の raised が正解。

(8)「支払いは現金払いかカード払いが可能だ」 in cash「現金で」と by credit card「クレジットカードで，カード払いで」の二者択一となっており，made の後の either に注目すると，either *A* or *B* で「*A* か *B* かどちらか」という意味になる a の or が正解。

(9)「我々はあなたが求めるどんな役職でも用意するつもりだ」 空所の後に無冠詞の名詞が続いていることから判断して，複合関係形容詞としてのはたらきをもつ b の whatever「どんな～でも」が正解。

(10)「あなたのご注文は遅くとも 3 月 26 日には発送されます」 空所の後に日付が続いていることから判断して，c の no later than「遅くとも～には」が正解。no better than ～「～も同然で」 no less than ～「～ほども多くの」 no more than ～「～しか，わずか～」

V　解答

A．（２番目・８番目の順に）⑴－ g ・ b　⑵－ f ・ d
B．never know what will happen in life

◀解　説▶

A．正しく並べ替えた英文とポイントはそれぞれ次の通り。

⑴(You have to) live <u>an</u> active life in order to <u>stay</u> (healthy.)

選択肢の中から in order to *do*「～するために」というイディオムを見つければ，この後に stay healthy が続くと判断はつく。不定冠詞の an に注目すると，live an active life「活動的な生活をする」というつながりもわかるだろう。

⑵(A natural disaster is) said <u>to</u> visit us when it is <u>forgotten</u> (, and it actually does we least expect it.)

「～だと言われる」は be said to *do* の形で表現できるので，is said to のあとに visit が続き，さらに visit は他動詞で目的語が必要なので，「やってくる」を「私たちを訪れる」と考えて，us が続く。あとは「忘れた頃に」という部分を，接続詞の when に続けて，a natural disaster を受けた代名詞の it を主語とする受動態の形で，it is forgotten とすればよいとわかるだろう。

B．「人生には何が起こるか分からない」という問題文だが，主語が we と指定されていることから，「分からない」を「私たちが知ることは決してない」と考えて，we never know と表現する。「人生には何が起こるか」は，know の目的語となる疑問詞節の形で表現するとよい。これから先のことなので時制としては未来。「人生には」は「人生において，存命中に」と考えて，in life とするとよい。この部分全体を「人生が何をもたらすか」と考えて，what life will bring のように表現することも可能。

VI　解答

⑴－ b　⑵－ b　⑶－ a　⑷－ d　⑸－ b　⑹－ a
⑺－ d　⑻－ d　⑼－ c　⑽－ d

◆全　訳◆

≪温泉でくつろぐ二人の会話≫

アニアと友人のサラが温泉でくつろいでいる。

アニア：これってほんとにクールじゃない？

サラ　：いいえ，かなり熱いわ。

アニア：私の言ってることわかるでしょ。私たち，一日歩きどおしだったし，それに，雨も降ったから，私はもうへとへとになったけど，今は，もう！　ほんとに気持ちいいし，ゆったりできる。もう信じられない。ほんと，クールだわ。

サラ　：うん，そうね，あなたの言う通り，確かにゆったりできるわね。二人であの峠を越えたときは，もう無理って思ったもの，でしょ？

アニア：ええ，かなり急だったし，濡れてて，滑りやすかったし。でもわらじを履くべきだっていうのは誰の考えだったかしら？

サラ　：私たちが，そう，正真正銘のお遍路さんになるのを望んだのは，確かあなただったわよね？

アニア：それはそうだけど，私は白衣とすげ笠と杖を使うのはいいわねって言っただけ。やるなら徹底的にやりたがったのはあなたよ。

サラ　：よく言われるでしょ，ローマではローマ人のようにせよ（郷に入りては郷に従え），って。

アニア：その通りだけど，私たちは四国にいるのよね？　それに，他のお遍路の人たちはみんなランニングシューズとかブーツを履いてるわ。だから，私も明日はそうするつもり。

サラ　：他のものもやめるの？

アニア：もちろんそんなことしないわ。私はそういうもの身につけると，なんていうか，れっきとしたやり方してるって気がするもの。

サラ　：それに，あなたなら気にせずいただくわよね？　地元の方たちが，お疲れ様って，私たちに食べ物やお菓子を出してくださったら。

アニア：もちろんよ，このお接待という伝統は素晴らしいものだし，それに聞いてくれる？　私も，その伝統を守り続けて，持ち帰りたいとも思ってるの。

サラ　：そうね，私もそうしたいと思うわ。実際，私はお遍路のすべてが好きだもの。ほんとにクールだわ。

◀解　説▶

(1) coolには「涼しい，冷たい」以外に，「いい，素敵だ」という意味がある。このあと，サラにhotという言葉で返され，それに対してアニアは温泉がいかに素晴らしいかを述べて，coolという語をもう一度用いていることから，サラがcoolを温泉の湯の温度と誤解したことが読み取れる。アニアは「いい」の意味で用いているので，bのIsn't this so cool? が正解。

(2)サラが自分の言ったcoolの意味をお湯の温度と誤解していると気づいたアニアの発言としては，You know what I mean. で「私の言っていることわかるでしょ」という意味になるbのknowが正解。

(3)サラは，アニアが温泉がcomfortable and relaxing「気持ちいいし，ゆったりできる」と言ったのに対し，okayと返し，このあともit *is* relaxingと答えていることから，アニアの意見に同意したと判断でき，aのagreeが正解。

(4)アニアは第2発言（You know what …）で，歩きどおしでへとへとだと文句を言っており，straw sandals「わらじ」を履くべきだと提案した側ではないと推察できる。Whose idea was it?「それは誰の考えだったかしら？」は実は相手の考えだったことを非難めかして述べる発言であり，dのwhoseが正解。

(5)アニアは衣装をお遍路にふさわしいものにするのには賛成しており，わらじを履くことも提案したサラに苦言を呈したと判断できる。go all the wayには「徹底的にやる，行くところまで行く」という意味があり，ここでは，全身，お遍路さんらしくするという意味だとわかるので，bのgoが正解。他の選択肢から，消去法でも正解に至ることはできるだろう。

(6) When in Rome, do as the Romans (do). は「郷に入りては郷に従え」という意味の有名な諺で，aのdoが正解。ここでは，このあとアニアが「でも，私たちは今，四国にいるのよ」と返しているが，これはローマと四国で地名の対比をした発言と判断できる。

(7)直後にrunning shoes or bootsが続いており，空所にはこれらを「履いている」という動詞が入るはずで，dのwearingが正解。

(8)アニアが，自分はわらじからランニングシューズかブーツに履き替えるつもりだと述べたのを受けて，the other things「他のもの」，つまり他の衣装も着るのをやめるつもりなのかを尋ねたものと判断でき，give up ～で「～をやめる」という意味になるdのupが正解。

(9)アニアは*osettai* tradition「お接待という伝統」は素晴らしいと述べており，その伝統を守り，帰国してから自分もそういう伝統を受け継いでいきたいという意味でbring it back home「それを持ち帰る」と述べていると判断できる。したがって，keep it alive で「それを存続させる」という意味になる c の keep が正解。

⑽ might as well は「～したい」という意味で，この後には，直前のアニアの発言の，I want to 以下の行為が省かれていると判断できる。このことからもサラが四国でのお遍路の体験を大いに気に入っていることがわかるので，whole ～ で「～のすべて，～まるごと」という意味になる d の whole が正解。

❖講　評

2023年度の学部個別日程試験も例年通り，読解問題3題，文法・語彙問題1題，文法・語彙問題（語句整序）および英作文1題，会話文問題1題の計6題という構成であった。

3題の読解問題については，Ⅰはすべて選択式の同意表現・空所補充・内容真偽，Ⅱは選択式の空所補充・同意表現・内容真偽と記述式の英文和訳，Ⅲは選択式の空所補充・内容真偽と記述式の英文和訳という構成であった。同意表現問題では，例年通り，語句だけでなく英文と文意が同じ英文を問う問題も出題されているが，いずれも標準的な問題であった。Ⅳの文法・語彙問題およびⅤの語句整序は語彙・熟語・構文力・文法力が幅広く問われる問題である。Ⅴの記述式の英作文は，1文目と2文目の文頭部分が与えられており，「人生には何が起こるか分からない」という部分のみの英訳で平易。Ⅵの会話文は10カ所の空所補充問題となっており，主に会話の流れを正しく追う力と，語彙・熟語力を問う問題となっている。相手の誤解を解こうとしていたり，皮肉が込められていたりする表現や，会話文独特の熟語力を問う問題もあり，やや難度が高くなっている。

全体としては設問形式に大きな変化はなく，3題の長文読解問題に時間がかかるので，時間配分が難しいものの，バランスのよい学力が問われる標準的な問題と言える。

日本史

I 解答

1―エ　2―エ　3―ウ　4―エ　5―ア　6―イ
7―エ　8―イ　9―イ　10―ウ

◀解　説▶

≪原始～近代の小問集合≫

1．a．誤文。倭の奴国は2度の朝貢を行い，その初回に光武帝より金印を受けた。b．誤文。『日本書紀』中の任那は朝鮮半島南部の弁韓地域をさす。527年に勃発した磐井の乱以前の512年に大伴金村が百済に任那の4県を割譲し，大伴氏衰退のきっかけとなったとされる。

2．a．誤文。財政管理に関わる三蔵は斎蔵，内蔵とあと一つは正蔵ではなく大蔵である。また吉備氏は渡来人系の氏族ではない。b．誤文。冠位十二階制定後も姓は使用され，天武天皇の時代には八色の姓として再編成されている。

3．a．誤文。乙巳の変で殺害されたのは蘇我蝦夷とその子入鹿である。b．正文。

4．a．誤文。『御堂関白記』は藤原道長自身が記した日記である。b．誤文。中宮定子は藤原道隆の娘である。

6．a．正文。b．誤文。中先代の乱を破ったのは鎌倉将軍府の武力ではなく，鎮圧のために関東に下った足利尊氏である。

7．a．誤文。1441年の嘉吉の土一揆では一揆勢の要求が通り，初めて幕府から徳政令が発布された。b．誤文。加賀の一向一揆において，本願寺と対立した守護富樫政親の敗死後新たな守護に擁立されたのは富樫氏の一族であった。

8．a．正文。b．誤文。旗本・御家人はともに石高1万石未満の将軍直属の家臣で，両者の違いは旗本は御目見得（将軍への謁見）が許されるが，御家人は許されない点である。

9．a．正文。b．誤文。天保の改革において物価引下げのため1841年株仲間の解散が命じられたが，効果はなく流通の混乱を招いたため1851年に再興令が出された。勘定所御用達は寛政の改革の際設けられた，幕府に協力的な豪商の組織である。

10.　a．誤文。桂太郎は内務大臣（内務省の長官）ではなく内大臣（内大臣府の長）の地位にあった。内大臣は天皇を補佐し政治に関わってはならないとされていたので，首相就任が問題化した。b．正文。

Ⅱ　解答

A．1―ア　2―ウ　3―ウ　4―ア　5―エ
B．6―ア　7―エ　8―エ　9―ウ　10―ア

◀解　説▶

≪古代～現代の政治・社会≫

2．ウが正しい。ア．誤文。藤原仲麻呂に擁立されたのは淳仁天皇。明正天皇は，江戸時代初期の後水尾天皇と，天皇に嫁いだ徳川秀忠の娘東福門院和子の間に生まれた娘であり，徳川秀忠の孫である。イ．誤文。日本で最初の条坊制に基づく都城は，持統天皇により 694 年に遷都が行われた藤原京である。エ．誤文。孝謙天皇の父は聖武天皇である。

3．ウが正しい。武士や貴族の結婚は，男子が女子のもとに通う妻問婚から，院政期頃には女子が男子の家に入る嫁入婚に変化する。また武家社会では，相続時の所領の細分化を防ぐために嫡子単独相続の制度や，本人限りが相続し死後は所領を返還する一期分の制度が取られた。

4．アが正しい。イ．誤文。建礼門院は平清盛の娘，高倉天皇の中宮であるが，天皇からの荘園群は相続していない。ウ．誤文。東福門院は徳川秀忠の娘，和子であり，皇女（天皇の娘）ではなく後水尾天皇の中宮である。二人の間の皇女は紫衣事件で後水尾天皇が退位した後，明正天皇となった。

5．エが正しい。ア．誤文。方違は外出の際，悪い方角を避けるため，前日から良い方角に宿泊すること。イ．誤文。院政期，法王は自らの乳母の女性やその近親者を厚遇し，しばしば荘園などを与えた。ウ．誤文。行基が行った活動の集団には女性も含めて広い階層が参加していた。

6．アが誤っている。男子が誕生しない，また誕生しても後継に相応しくない，といった場合には，婿養子を迎えたり，女子が家督を相続したりすることも認められ，血族男子以外の相続も可能であった。

7．エが正しい。アの松平定信は徳川吉宗の孫で徳川家斉の老中，イの酒井忠清は徳川家綱の老中，ウの堀田正俊は徳川綱吉の老中で，問題文の人物の経歴に合致しない。

8．エが誤っている。皇室典範によって，皇統の男系男子が皇位を継ぐことが定められ，女性は皇位の継承から排除された。

9．ウが正しい。ア．誤文。岩倉使節団の女子留学生5名に山川菊栄は含まれない。山川菊栄は大正期の社会主義活動家である。イ．誤文。1900年，紡績業など繊維産業の労働者の88％が女性であった。

10．アが誤っている。1946年4月，女性参政権を認めた初の衆議院議員選挙が実施され，議員定数466人のうち女性議員は39人が当選した。

Ⅲ　解答

A．1―ウ　2―エ　3―ア　4―ウ　5―ア
B．6―ウ　7―エ　8―ウ　9―エ　10―ア

◀解　説▶

≪古代・近世の政治≫

Aの史料は，奈良時代の基本史料『続日本紀』から，「藤原朝臣良継」が777年に死亡した際，その経歴を記した部分である。史料中に「天平十二年（740年），兄廣嗣が謀反」とあることから，この良継という人物は740年に九州で大規模な反乱を起こした式家の藤原広嗣の弟であることがわかる。

1．難問。ウが誤っている。式家の藤原百川は良継の弟であって従兄弟ではない。

2．エが正しい。良継は式家の藤原広嗣を兄とし，空欄bの第二子とあるので，父は式家の祖，宇合。アの藤原不比等は宇合ら藤原四子の父，イの藤原房前は北家の祖にあたる。

3．アが誤っている。阿倍仲麻呂は740年の藤原広嗣の乱に関わっていない。717年に留学生として入唐，帰国できず唐の長安で死亡している。

4．ウが誤っている。空欄dの人物は，藤原広嗣の乱後「男三人，並に参議に任せら」れた（＝息子3人が参議に任命された）ように，政界で大きな権力を握り，「太師」（＝太政大臣）となっていた人物なので，藤原仲麻呂であると判断できる。仲麻呂は南家武智麻呂の息子であり，光明皇后は父武智麻呂の妹なので叔母にあたる。

5．アが異なっている。「［　d　］謀反して近江に走れり。即日に詔を奉けたまはりて…これを討ちき」とあり，謀反を起こし近江へのがれた［　d　］＝仲麻呂を「詔」=「勅命」をうけてから討滅した，とある。

Bの史料『徳川実紀』は19世紀前半に成立した徳川幕府の公式史書であり，年代は享保六年，史料中に「月毎に…匭函を置かる事さだめらる」とあるので享保の改革時の目安箱設置に関する内容と判断できる。

7．エが正しい。目安箱は月3回，幕府最高司法機関である評定所前に設置された。

8．ウが合致しない。「うたへ出るものの居里姓名」を「注し出すべし」=「訴え出る者の居所や名前を記入して提出せよ」とあり，匿名での投書は禁止されていた。アの内容は「うたふべきを，［ g ］(奉行所) いまだいひ出ず，あるは裁許のをはらざる間に申出べからず」=「訴えるべきことを奉行所にまだ言い出ず，或は裁断の終わらない間に申し出てはならない」の部分に，イの内容は「みづからの利をもとめ，…あらぬ事を書出しなどせば，…その者をめしとり，刑に行はるる事もあるべし」=「私利を求めて，ありもしない虚偽を書いて提出するなどしたら，その者を捕えて処罰することもある」の部分に，エの内容は「捨文などする事はきんずべし」=「無記名の文書や密告書などを禁止する」の部分に，それぞれ合致する。

10．アが正しい。史料Bの目安箱設置を命じた将軍は8代徳川吉宗。7代徳川家継の死去後，紀伊藩主から将軍職についた。エは5代徳川綱吉の説明文である。

Ⅳ **解答**

A．1―ウ　2―エ　3―ア　4―イ　5―エ

B．6―イ　7―イ　8―ア　9―ウ　10―エ

◀解　説▶

≪近代～現代の政治・経済≫

1．ウが正しい。ア．誤文。デフレ政策により米価，繭価は暴落し，定額金納の地租や増税の負担が大きく，多くの自作農が土地を手放して小作農に転落した。イ．誤文。徹底した歳出削減策が取られたが，軍事費は減額されなかった。エ．誤文。西南戦争の戦費調達に不換紙幣が，また，多数設立された国立銀行から不換銀行券が大量に発行されたため激しいインフレーションが起こっていた。

2．エが正しい。大阪紡績会社は1883年開業した初の大規模機械紡績会社である。創立に尽力したのは渋沢栄一。アの鐘淵紡績会社，イの東洋紡績会社，ウの富士紡績会社は，企業の集中，合併が進む中で形成された大

紡績会社である。

3．アが正しい。イ．誤文。ガラ紡は簡単な紡績機械で，機械製大紡績の普及に圧倒され，1890年代には衰退していった。ウ．誤文。日清戦争頃から綿糸輸出が急増したのはアメリカ・イギリスではなく中国・朝鮮である。エ．誤文。19世紀末にも輸出総額の約30％は生糸の輸出が占め，総額の約13％の綿糸の輸出を上回り，生糸が外貨獲得の主力商品であった。

4．イが正しい。ア．誤文。鉄道は官営事業払下げの対象とはならず，鉄道国有法の制定により，国家による買収が進められた。ウ．誤文。鉄道国有法が公布されたのは，1906年第2次西園寺公望内閣においてである。エ．誤文。青森・下関間の鉄道連絡が実現したのは1901年であり，日露戦争（1904～05年）後ではない。

5．エが正しい。アの高島炭鉱，イの佐渡金山，ウの長崎造船所は，すべて三菱に払い下げられた。

6．イが正しい。ア．誤文。特需景気による恩恵はサービス関連の産業にも及び，1950～53年の朝鮮戦争の期間にサービス産業の契約高は，大幅に増加している。ウ．誤文。政府主導の計画造船により1956年にアメリカではなくイギリスを抜いて日本の造船量は世界第1位となった。エ．誤文。工業生産と実質国民総生産は神武景気の時期（1955～57年）以前の1951年には戦前の水準を超えていた。

7．イが正しい。ア．誤文。神武景気は1955～57年に31カ月間，岩戸景気は1958～61年に42カ月間，いざなぎ景気は1966～70年に57カ月間継続したとされ，後の大型景気の方が長期にわたった。ウ．誤文。戦後初の赤字国債は，オリンピック景気後の反動不況の時期に，1965年佐藤栄作内閣で発行された。

8．アが正しい。イ．誤文。1960～70年代の石炭から石油へのエネルギー転換を促進したのは，アメリカからではなく中東諸国からの安価な原油であった。ウ．誤文。政府は1962年全国総合開発計画で産業・人口の大都市集中を避け，地域間格差の是正を図ったが実現せず，太平洋ベルト地帯への集中はその後も進行した。エ．誤文。化学肥料や農薬，農業機械の普及などにより農業生産力が向上し，さまざまな要因によって農家所得も増加した。

10．エが正しい。池田勇人内閣は1960年に10年後の1970年までに国民総生産（GNP）と１人当たり国民所得を２倍にする国民所得倍増計画を打ち出した。経済成長は順調に進み，1967年に目標は達成された。

❖講　評

時代別では中世からの出題が少なく，他は現代史も含めてほぼ均等。分野別では政治・経済史の比重が高く，外交・文化史の出題が非常に少なかった。出題レベルは全体として教科書を中心とする標準的な内容である。

Ⅰは例年出題される正誤判定の問題である。８．ａなどやや詳細な知識が問われるが，全般的にはほぼ教科書レベルの標準的内容である。しかし，うろ覚えだと迷うものがやはり非常に多い。まず，問題文を正確に読み取り，思い込みによるケアレスミスを防いで確実に得点したい。

Ⅱは古代～現代における女性の政治・社会的地位に視点を置いて問うた出題である。１・４・５・９・10は誤文または正文が一文だけと限られていない形式の正誤判定の出題で判断に迷うものがあるが，まず誤文の判定がしっかりできるように，教科書本文以外の脚注などもよく読んで正確に理解し，記憶しておきたい。

Ⅲは史料Ａ・Ｂともに受験生には初見の史料と思われる。Ａは「天平十二年（740年）」「兄廣嗣が謀反」，Ｂは「享保六年」「匭函を置かる」がキーワードとなって，それぞれ奈良時代の政争と享保の改革の目安箱設置に関する史料と判断できる。１は難問であり，５や８は史料の内容の読み取りを求められるが，他の設問の内容は標準的レベルである。時間配分にも配慮して対応しよう。

Ⅳは近代～現代の経済を中心とする出題である。３・６・７などはいささか詳細な知識が問われ迷う問題であるが，全体としては標準的レベルである。教科書をしっかり読み込み，経済の変化については統計的資料にも注目して広い知識を身につけておきたい。

世界史

Ⅰ　解答

イ―a　ロ―c
①―d　②―b　③―c　④―d　⑤―a　⑥―b

◀解　説▶

≪古代オリエント世界≫

①d．誤文。ヒクソスがエジプトに侵入したのは中王国時代末期。

②b．誤文。リディア王国は前7世紀からアナトリア南西部に栄えたインド=ヨーロッパ語系の国で，前6世紀にアケメネス朝のキュロス2世によって滅ぼされた。前4世紀に成立したプトレマイオス朝とは時代が異なる。

③c．誤文。シュメール人の都市国家の代表例はウル，ウルク，ラガシュなど。テーベはナイル川中流東岸に位置し古代エジプトの中王国・新王国時代の中心地である。

④d．誤文。新バビロニアが滅ぼしたのはユダ王国。イスラエル王国を滅ぼしたのはアッシリアである。

⑤a．誤文。ゾロアスター教でアーリマンは暗黒神・悪神とされる。最高神で善神はアフラ=マズダである。

⑥b．誤文。アッシリアの王は，政治・軍事・宗教を自ら管理して強大な権力を持った。

Ⅱ　解答

イ―b　ロ―d
①―c　②―b　③―a　④―d　⑤―c　⑥―c

◀解　説▶

≪宗教改革と宗教戦争≫

①c．誤文。ルターを保護したのはザクセン選帝侯フリードリヒ。

②b．誤文。カルヴァンはローマ=カトリック教会の教皇を頂点とする教会制度とルター派の司教制度を否定した。信徒が選んだ長老が牧師を補佐するカルヴァン派の教会制度を長老主義という。

③a．誤文。国王至上法（首長法）を制定してイギリス国教会を成立させたのはテューダー朝のヘンリ8世。

④d．誤文。スコットランドでのカルヴァン派の呼称はプレスビテリアン。ゴイセンはネーデルラントにおけるカルヴァン派の呼称である。

⑤c．誤文。イエズス会の創設者はスペインのイグナティウス=ロヨラ。

⑥c．誤文。アンリ4世はユグノー（新教徒）側の指導者だったが，国王即位後にカトリック（旧教）に改宗すると，ナントの王令を発布して新教徒に対して信仰の自由を認めた。

Ⅲ　解答

イ—c　ロ—c

①—b　②—d　③—c　④—c　⑤—a　⑥—b

◀解　説▶

≪ウクライナをめぐるロシア・東欧関連史≫

①b．誤文。ロシア十月革命の際には社会革命党（エス=エル）の左派もソヴィエト政権に参加している。ボリシェヴィキの一党支配が成立するのは1918年1月に開かれた憲法制定会議閉鎖後のことである。この会議はロシア十月革命後に実施された普通選挙の後に開催されたが，社会革命党が第一党となったため，レーニンが武力で解散させた。

②ソヴィエト社会主義共和国連邦結成に参加した最初の4カ国はロシア・ザカフカース・ベラルーシ（白ロシア）・ウクライナである。

③難問。c．誤文。ベッサラビアは黒海西岸に面する地域。ロシア帝国が19世紀初めにオスマン帝国に服属していたモルダヴィア公国から獲得し，ウィーン議定書でその領有が認められていたが，クリミア戦争の講和条約であるパリ条約でロシア帝国はベッサラビア南部をモルダヴィア公国に返還している。

④やや難。c．誤文。ナチス=ドイツはチェコスロヴァキアを解体し，西側のチェコ（ベーメン・メーレン）は保護国ではなく保護領とした。東側のスロヴァキアは保護国としている。

⑤a．誤文。ジュネーヴ4巨頭会談は米英仏ソ首脳の会談であり，ドイツは参加していない。

⑥b．誤文。ネップ（新経済政策）では穀物の自由市場での販売や小企業の私的営業の自由などが認められた。

Ⅳ 解答

イ－b　ロ－a
①－c　②－a　③－c　④－a　⑤－d　⑥－a

◀解　説▶

≪古代～近代における朝鮮半島の歴史≫

①c．誤文。高句麗へ3回の遠征を行ったのは隋の煬帝。

②a．誤文。百済は4世紀半ばに馬韓が統一されて建てられた。

③やや難。c．誤文。崔氏は高麗の実権を掌握し武臣（武人）政権を築いた一族で，軍団の三別抄を率いてモンゴル帝国の侵攻に抵抗した。

④a．誤文。訓民正音（ハングル）は朝鮮王朝（李朝）第4代国王の世宗が制定した朝鮮文字である。

⑤やや難。d．誤文。クディリ朝は10世紀にジャワ島で建国され13世紀まで続いた王朝で，明（1368～1644年）とは時代が異なる。

⑥a．誤文。釜山・元山・仁川の3港が開港されたのは天津条約ではなく1876年の日朝修好条規（江華条約）。

Ⅴ 解答

イ－c　ロ－d
①－b　②－d　③－c　④－d　⑤－c　⑥－b

◀解　説▶

≪イスラーム世界の拡大≫

①b．誤文。イスラーム教ではノア・アブラハム・モーセ・イエスなども預言者とされる。ムハンマドは唯一の預言者ではないが，最後にして最高の預言者とされる。

②d．誤文。フスタートは正統カリフ時代にナイル河口に建設された軍営都市（ミスル）だが，コルドバはイベリア半島南部の都市で，ウマイヤ朝がイベリア半島に進出して西ゴート王国を滅ぼした711年以降にイスラーム世界に組み込まれ，756年以降は後ウマイヤ朝の都として繁栄した。よって正統カリフ時代とは時代が異なる。

③c．誤文。ウマイヤ朝はアラブ人が特権階級として異民族を支配する「アラブ帝国」であり，公用語はアラビア語である。

④d．誤文。ファーティマ朝はシーア派王朝だが，十二イマーム派ではなくイスマーイール派を信奉した。

⑤c．誤文。アッバース朝でハラージュ（地租）はムスリム・非ムスリム

を問わず土地を持つ者に課された。

⑥b．誤文。セルジューク朝は統治面においてイラン（ペルシア）系の官僚を登用した。セルジューク朝の軍事や税制を整備し，スンナ派諸学振興のために各地にニザーミーヤ学院と呼ばれる学院（マドラサ）を設立した宰相ニザーム=アルムルクもイラン系である。

❖講　評

Ⅰ　古代オリエント諸文明の基本知識を中心に，②ではヘレニズム諸国が問われた。いずれも基礎的知識があれば対応できる問題ばかりなので得点差が生じにくい大問と言える。

Ⅱ　宗教改革と宗教戦争についてのオーソドックスな出題である。西欧各地の宗教改革とカトリック教会の対抗宗教改革に関する内容の基本的理解が問われた。各国の宗教戦争について重要人物や重要事件を正確に押さえたい。

Ⅲ　リード文はウクライナを中心としているが，実際は 20 世紀前半のロシアを中心とする出題。重要人物や重要事件について細部に至るまで理解しておきたい。③のベッサラビアと④のチェコスロヴァキアに関する問題は難度が高いが，消去法などを活用して正解にたどり着いてほしい。

Ⅳ　古代から近代までの朝鮮半島史を中心に問われた。③崔氏は文官ではなく武人政権を築いた一族で，知識としては難問だが，ほぼ同じ問題が 2022 年度 2 月 7 日実施分〔5〕に出題されている。⑤もやや難だが，消去法と明とクディリ朝の年代を考えて解答したい。

Ⅴ　イスラーム教の誕生からアッバース朝の滅亡までのイスラーム世界が出題されている。出題範囲は 2022 年度 2 月 3 日実施分〔4〕とほぼ同じで，教科書レベルの基本的事項の確実な学習で解答できる。

地理

I　解答

(1)— c　(2)— d　(3)— c　(4)— b　(5)— c　(6)— a
(7)— c　(8)— b

◀解　説▶

≪ヨーロッパの地誌≫

(1) c が正解。E国はベルギーである。公用語はオランダ語（フラマン語）とフランス語（ワロン語）とドイツ語の三つが設定されているが，首都のブリュッセルは，オランダ語（フラマン語）とフランス語（ワロン語）が併用されていることで知られる。

(2) d が誤文。中央銀行が設置されているのはドイツのフランクフルトである。ストラスブールはヨーロッパ連合（EU）の議会が設置されているフランスの都市である。

(3) c が誤文。B国はポルトガル，C国はスペインである。ぶどうの生産量は中国が世界最大である。b について，ポルトガルは東南アジアの東ティモールや，東アジアのマカオなどをかつて植民地支配していた。d について，スペイン語は英語，フランス語，ロシア語，アラビア語，中国語とともに国際連合の公用語である。

(4) b が誤文。H国のスイスは永世中立の立場を示す国であるが，2002年に国際連合に加盟した。ヨーロッパ連合（EU）には加盟していない。

(5) c が正解。米の生産量が突出している d はI国（イタリア）。国土面積から考えて小麦の生産量の多い a と b はD国かG国と予想できるのでA国（イギリス）は c となる。a について，とうもろこしの生産量が多いためD国（フランス），よって b はG国（ドイツ）である。

(6) a が正解。表のバッグ類はこの場合ブランド品であるため，I国（イタリア）は a か b と予想される。ぶどう酒が含まれる b はD国（フランス）なので，I国は a である。肉類やチーズが含まれる d は畜産が盛んなF国（オランダ），c はH国（スイス）である。

(7) c が正解。旅客のほぼすべてが国際旅客であるため，都市エはオランダのアムステルダムでスキポール空港を示している。a は都市ア（ロンドン，ヒースロー空港)，bは都市イ（パリ．シャルル・ド・ゴール空港)，dは都市オ（フランクフルト．フランクフルト空港）である。

(8) bが正解。都市イはパリ，都市ウはブリュッセル，都市カはジュネーブをそれぞれ示している。ジュネーブにはUNCTAD（国連貿易開発会議)，WTO（世界貿易機関)，WHO（世界保健機関）などの本部も設置されている。

II 解答

(1)―c　(2)―b　(3)―d　(4)―a　(5)―c　(6)―d
(7)―d　(8)―b

◀解　説▶

≪南アメリカの地誌≫

(1) cが正解。東京は東経140度なのでその対蹠点は西経40度であり，Xは西経50度となる。南アメリカ大陸のほぼ中央部を南北に西経60度が通過することは知っておきたい。

(2) bが誤文。海域Zには，海岸線に沿うようにペルー（チリ）海溝の地形がみられ，水深の深い地形が形成されている。この海域では寒流のペルー（フンボルト）海流が南から北に向けて流れ，アンチョビ（カタクチイワシ）の漁獲が多いことで知られる。

(3) dが正解。aについて，地域Pのアマゾン川流域にはセルバと呼ばれる熱帯林が広がっている。bについて，地域Qは熱帯草原のカンポが広がり農牧業が盛んな地域ではあるが，エ国（ブラジル）において人口最大の都市は，海岸部に位置するサンパウロである。cについて，地域Rには温帯草原のパンパが広がる。内陸部である西部の方が降水量は少ない。

(4) aが誤文。鳥趾状三角州はアメリカ合衆国のミシシッピ川河口部に形成されているものが代表的である。河口部Tにはみられない。

(5) cが誤文。カ国（アルゼンチン）は白人の占める割合が高いことで知られておりメスチソの割合は低い。

(6) dが正解。地域ウはフランス領のギアナを示している。

(7) dが正解。アンデス山脈の位置するク国（ペルー）では羊の飼育が盛んなのでaかd。aは羊よりも牛の飼育が主なので，dがク国。aはカ国（アルゼンチン)，bはア国（コロンビア)，cはオ国（ウルグアイ）である。

(8) b が正解。a は南アメリカで最大の経済規模を誇るエ国（ブラジル）。キ国（チリ）は世界一の銅産出国であり貿易も盛んなので b である。c はイ国（ベネズエラ），d はア国（コロンビア）である。

III 解答

(1)― c　(2)― c　(3)― d　(4)― a　(5)― a　(6)― d
(7)― a　(8)― b

◀解　説▶

≪地形図読図・地図の利用≫

(1) c が誤文。図 2 中の「二十戸」や「四十戸」の集落は，道路に沿うように家屋が並んでいることから，散村ではなく集村形態の一つである路村である。

(2) c が正解。図 1 は 2 万 5 千分の 1 の縮尺の地形図であり，地図上の 2 cm は実際の 500 m を示す。よって区画アの面積は約 250000 m^2 となり，つまりは約 25 ha である。

(3) d が正解。郵便局の地図記号は図 2 中にはみられない。

(4) a が誤文。図 3 中の中州は左側に砂が堆積していることから，川は右から左に流れていると考えられる。

(5) a が誤文。行基図とは中世から江戸初期にかけて日本で作られた地図の総称を指し，その名は奈良時代の僧侶である行基に由来するものではあるが，実際に行基が作成したものではなく，仏教的世界観に基づくとも言えない。

(6) d が正解。現在，日本において国土交通省国土地理院から発行されている地形図の図法はユニバーサル（国際）横メルカトル図法である。

(7) a が正解。図 4 は絶対的な統計データを円の大きさによって表現した図形表現図であり，図 5 は相対的な統計データを行政界ごとに色分けなどの手法により表現した階級区分図である。

(8) b が正解。図 4 から，65 歳以上人口数は東京や大阪などの大都市圏で多いことが読み取れる。さらに図 5 からは，65 歳以上の比率が大都市圏で低いことが読み取れる。

Ⅳ 解答

(1)― b　(2)― d　(3)― c　(4)― b　(5)― c　(6)― c
(7)― a　(8)― c

◀解　説▶

≪世界と日本の農林水産業≫

(1) b が正解。a のキャッサバは，中南米地域が原産地である。c のじゃがいもは，中国が世界最大の生産国である。d のとうもろこしは，メキシコ地方が原産地であり，アメリカ合衆国が世界最大の生産国である。

(2) d が誤文。ヤクはチベット地方からインド北西部・パキスタン北東部にかけてみられる家畜であり，アルプスではみられない。

(3) c が正解。オーストラリアでは広大な農地を利用した穀物や肉類の生産が盛んであり，またそれらの輸出量が輸入量を大きく上回っているので，c がオーストラリアである。a はフランス，b は中国，d はインドである。

(4) b が誤文。アメリカ合衆国の農牧業は新大陸の企業的経営に分類される。一般的に企業的農業においては粗放的な経営が多く，土地生産性も低くなりやすい。しかし，アメリカ合衆国の農業は日本よりも土地生産性が高いことが知られている。それは企業的農業だからというわけではなく，アメリカ合衆国特有の適地適作によるものである。

(5) c が誤文。製材の輸出量はロシアが世界最大である。次いでカナダ，スウェーデンである。(FAOSTAT 2019 年)

(6) c が誤文。日本の木材需要のうち輸入木材が多くの割合を占めているのは確かであるが，国産材の生産量は 2000 年以降に微増傾向を示している。

(7) a が誤文。アメリカ合衆国の漁獲量は世界 6 位であり（FAO Yearbook 2019 年），漁獲量に対して養殖業生産量の割合は著しく低い。漁業生産量に占める養殖業生産量の割合はわずか 9.3％程度である。

(8) c が正解。a はかき類，b はうなぎ，d はのり類である。

Ⅴ 解答

(1)― c　(2)― d　(3)― a　(4)― c　(5)― b　(6)― a
(7)― c　(8)― a

◀解　説▶

≪世界の産業≫

(1) c が正解。一般に経済成長とともに主要な産業は第 1 次産業から第 3 次産業へと移行する。よってｄはフランス，ｃはチェコ，ｂはマレーシア，ａはインドネシアである。

⑵ｄが正解。富山県は第２次産業従事者の比率が高い都道府県の一つである。ａは高知県，ｂは大阪府，ｃは長野県である。

⑶ａが正解。繊維工業は多くの労働力を必要とするので，基本的に安価な労働力が入手しやすい地域で立地することが多い。ビール工業は，原料の多くを占めるのが普遍原料の水であり，どこでも入手しやすい原料だからこそ，製品の輸送費を最も安価にするために消費地（大都市）立地型になりやすい。

⑷ｃが誤文。電子機械工業は部門によって立地傾向に違いがみられる。研究開発部門は高度な知識を持つ労働者の確保のしやすさや，関連産業からの最新の情報の入手などを背景に大都市部に立地することが多いが，部品の製造部門は，良質の工業用水や空気を求めて地方に立地することが多い。

⑸ｂが正解。デンマークは畜産や漁業が盛んである。ａはトルコ，ｃはフィンランド，ｄはスリランカである。

⑹ａが正解。国際観光支出が国際観光収入を上回るのは経済的に豊かな国々であるので，ｃはドイツ，ａはカナダである。ｂはメキシコ，ｄはタイである。

⑺ｃが正解。ａは東京都，ｂは京都府，ｄは広島県である。

⑻ａが誤文。「古都京都の文化財」が世界遺産に登録されたのは1994年である。日本で最初に世界遺産に登録されたのは「法隆寺地域」「姫路城」「白神山地」「屋久島」の四つであり1993年のことである。

❖講　評

Ⅰはヨーロッパの地誌に関する出題だった。各国の自然環境，各国の結びつき，農業，貿易など幅広い知識力が求められる。

Ⅱは南アメリカの地誌に関する出題だった。地形などの自然環境，農牧業，貿易など幅広い知識力が求められる。

Ⅲは地形図の読図・地図の利用に関する出題だった。地形図読図に関しては集落形態，面積計算，地図記号の読み取りなどが出題された。地図の利用に関しては，地図の利用や統計地図の表現法などが出題された。全体的に基礎的知識力の定着を求める内容である。

Ⅳは世界と日本の農林水産業に関する出題だった。農作物，畜産物，林業，水産業など幅広い知識力が求められる。

Ⅴは世界の産業に関する内容が中心だった。国家間の産業別人口の比較，日本国内の都道府県別の産業別人口の比較，工業立地，各国の輸出上位品目などが出題された。

数学

1

解答 (1)ア．$a>\frac{9}{4}$　イ．$-x^2+5x-a$　ウ．4

(2)エ．$\frac{1}{8}$　オ．$\frac{7}{64}$　カ．$\frac{1}{8}$　キ．$\frac{1}{4}$

◀解　説▶

≪放物線の対称移動・平行移動，２つの放物線の位置関係，反復試行の確率，条件付き確率≫

(1)(i)　$x^2-3x+a=0$ の判別式を D とおくと

$$D=9-4a$$

放物線 C が x 軸と共有点をもたない a の値の範囲は，$D<0$ より

$$9-4a<0$$

ゆえに　$a>\frac{9}{4}$　(→ア)

(ii)　放物線 C を原点に関して対称に移動させた放物線の方程式は

$$-y=(-x)^2-3(-x)+a$$

より　$y=-x^2-3x-a$

さらにこの放物線を x 軸正方向に４，y 軸正方向に４だけ平行移動した放物線 C' の方程式は

$$y-4=-(x-4)^2-3(x-4)-a$$

よって　$y=-x^2+5x-a$　(→イ)

C と C' が共有点を１つだけもつとき

$$x^2-3x+a=-x^2+5x-a$$

すなわち，$x^2-4x+a=0$ はただ１つの実数解をもつ。

したがって，この２次方程式の判別式を D' とおくと

$$D'/4=4-a=0$$

よって　$a=4$　(→ウ)

(2)　ＡがＢに勝つ，負ける，引き分けることをそれぞれ「○」，「×」，「△」で表すことにする。

(i)　AとBが3回対戦したとき，Aの勝ち点が9となるのは

○○○

となる場合であるから，その確率は　$\left(\frac{1}{2}\right)^3=\frac{1}{8}$　(→エ)

また，Aの勝ち点が3となるのは

○××とその並べ替え，または，△△△

となる場合であるから，その確率は

$${}_3C_1\left(\frac{1}{2}\right)\left(\frac{1}{4}\right)^2+\left(\frac{1}{4}\right)^3=\frac{7}{64}\quad(\to オ)$$

(ii)　AとBが4回対戦したとき，Aの勝ち点が6となるのは

○○××，○△△△とそれぞれの並べ替え

となる場合であるから，その確率は

$${}_4C_2\left(\frac{1}{2}\right)^2\left(\frac{1}{4}\right)^2+{}_4C_1\left(\frac{1}{2}\right)\left(\frac{1}{4}\right)^3=\frac{1}{8}\quad(\to カ)$$

Aの勝ち点が6となり，かつ，Aが1敗もしていないのは

○△△△とその並べ替え

となる場合であるから，その確率は，${}_4C_1\left(\frac{1}{2}\right)\left(\frac{1}{4}\right)^3=\frac{1}{32}$ である。

よって，Aの勝ち点が6であったとき，Aが1敗もしていない条件付き確率は

$$\frac{\frac{1}{32}}{\frac{1}{8}}=\frac{1}{4}\quad(\to キ)$$

2　解答

(1)ア．$-\frac{1}{2}\leqq t\leqq 1$　イ．2　ウ．$-\frac{9}{8}$

(2)エ．$\frac{2}{3}\vec{a}+\frac{1}{3}\vec{b}$　オ．$\frac{6}{7}\vec{a}+\frac{3}{7}\vec{b}$　カ．$3\vec{b}$　キ．$\frac{12}{7}$

◀解　説▶

≪三角関数，倍角公式，最大・最小，平面ベクトルの図形への応用，線分の内分点・外分点，線分比と面積比≫

(1)　$y=\cos 4x-2\cos 2x+2\sin^2 x$

$$=(2\cos^2 2x-1)-2\cos 2x+(1-\cos 2x)$$
$$=2\cos^2 2x-3\cos 2x$$

$t=\cos 2x$ とおくと，$0\leqq x\leqq\dfrac{\pi}{3}$ のとき

$$-\frac{1}{2}\leqq t\leqq 1 \quad (\to ア)$$

このとき

$$y=2t^2-3t=2\left(t-\frac{3}{4}\right)^2-\frac{9}{8}$$

$t=-\dfrac{1}{2}$ のとき $y=2$，$t=\dfrac{3}{4}$ のとき $y=-\dfrac{9}{8}$，$t=1$ のとき $y=-1$ であるから

y の最大値は 2　($\to$イ)，最小値は $-\dfrac{9}{8}$　($\to$ウ)

(2)(i)　Cは線分ABを1：2に内分する点であるから

$$\overrightarrow{OC}=\frac{2\vec{a}+\vec{b}}{3}=\frac{2}{3}\vec{a}+\frac{1}{3}\vec{b} \quad (\to エ)$$

次にEは，直線OC上の点であるから実数 s を用いて

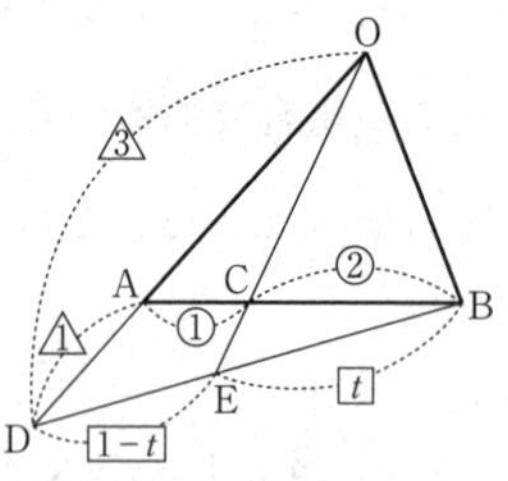

$$\overrightarrow{OE}=s\overrightarrow{OC}=\frac{2}{3}s\vec{a}+\frac{1}{3}s\vec{b} \quad \cdots\cdots①$$

と表される。また，Eは線分DB上の点であるから実数 t を用いて BE：ED$=t：(1-t)$ とおくと

$$\overrightarrow{OE}=t\overrightarrow{OD}+(1-t)\overrightarrow{OB}$$

ここで，Dは線分OAを3：1に外分する点であるからOD：OA$=3：2$ である。したがって，$\overrightarrow{OD}=\dfrac{3}{2}\vec{a}$ より

$$\overrightarrow{OE}=\frac{3}{2}t\vec{a}+(1-t)\vec{b} \quad \cdots\cdots②$$

$\vec{a}\neq\vec{0}$，$\vec{b}\neq\vec{0}$，$\vec{a}\not\parallel\vec{b}$ であるから，①と②の係数を比較して

$$\frac{2}{3}s=\frac{3}{2}t,\ \frac{1}{3}s=1-t$$

ゆえに　　$s=\dfrac{9}{7}$，$t=\dfrac{4}{7}$

よって　　$\overrightarrow{\mathrm{OE}}=\dfrac{6}{7}\vec{a}+\dfrac{3}{7}\vec{b}$　（→オ）

(ii)　F は 2 直線 OB，AE の交点であるから，実数 k，l を用いて

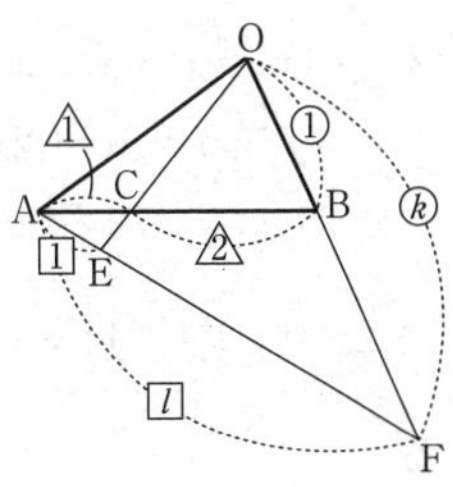

$$\overrightarrow{\mathrm{OF}}=k\vec{b}\quad\cdots\cdots③$$

$\overrightarrow{\mathrm{AF}}=l\overrightarrow{\mathrm{AE}}$ より　　$\overrightarrow{\mathrm{OF}}=(1-l)\vec{a}+l\overrightarrow{\mathrm{OE}}$

$$\overrightarrow{\mathrm{OF}}=(1-l)\vec{a}+l\left(\frac{6}{7}\vec{a}+\frac{3}{7}\vec{b}\right)$$

$$=\left(1-\frac{1}{7}l\right)\vec{a}+\frac{3}{7}l\vec{b}\quad\cdots\cdots④$$

$\vec{a}\neq\vec{0}$，$\vec{b}\neq\vec{0}$，$\vec{a}\not\parallel\vec{b}$ であるから，③と④の係数を比較して

$$1-\frac{1}{7}l=0,\quad k=\frac{3}{7}l$$

ゆえに　　$l=7$，$k=3$

よって　　$\overrightarrow{\mathrm{OF}}=3\vec{b}$　（→カ）

このとき，AE：AF＝1：7，OB：OF＝1：3 より

$$\mathrm{AF}:\mathrm{EF}=7:6,\quad \mathrm{OB}:\mathrm{BF}=1:2$$

したがって

$$\frac{\triangle\mathrm{BEF}}{\triangle\mathrm{OAB}}=\frac{\triangle\mathrm{BEF}}{\triangle\mathrm{ABF}}\cdot\frac{\triangle\mathrm{ABF}}{\triangle\mathrm{OAB}}=\frac{\mathrm{EF}}{\mathrm{AF}}\cdot\frac{\mathrm{BF}}{\mathrm{OB}}=\frac{6}{7}\cdot\frac{2}{1}=\frac{12}{7}$$

ゆえに，△BEF の面積は△OAB の面積の $\dfrac{12}{7}$ 倍である。（→キ）

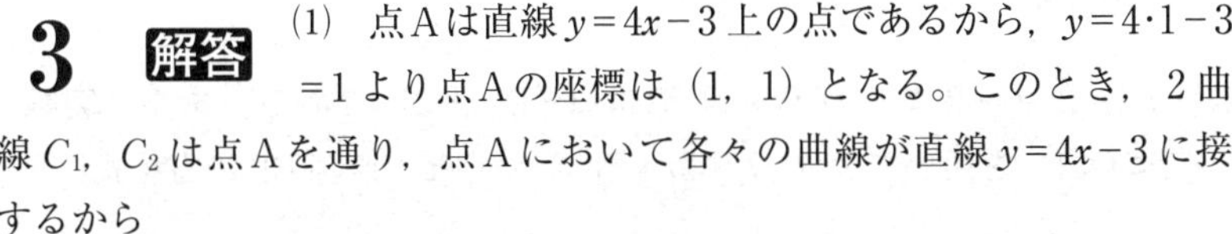

3　解答

(1)　点 A は直線 $y=4x-3$ 上の点であるから，$y=4\cdot1-3=1$ より点 A の座標は（1，1）となる。このとき，2 曲線 C_1，C_2 は点 A を通り，点 A において各々の曲線が直線 $y=4x-3$ に接するから

$$f(1)=1,\quad g(1)=1,\quad f'(1)=4,\quad g'(1)=4$$

ここで，$f'(x)=3x^2+2ax+b$，$g'(x)=2x+c$ により

$$f(1)=1+a+b=1,\quad g(1)=1+c+d=1,$$

$$f'(1)=3+2a+b=4,\quad g'(1)=2+c=4$$

したがって

$a+b=0,\ c+d=0,\ 2a+b=1,\ c=2$

よって　$a=1,\ b=-1,\ c=2,\ d=-2$　……(答)

(2)　$f(x)=x^3+x^2-x$ である。このとき

$$f'(x)=3x^2+2x-1=(3x-1)(x+1)$$

したがって，$f(x)$ の増減は右表のようになり，$f(-1)=1,\ f\left(\frac{1}{3}\right)=-\frac{5}{27}$ である。

x	…	-1	…	$\frac{1}{3}$	…
$f'(x)$	+	0	−	0	+
$f(x)$	↗	極大	↘	極小	↗

よって，$f(x)$ は，極大値1　$(x=-1)$，極小値 $-\frac{5}{27}$ $\left(x=\frac{1}{3}\right)$ をとる。

……(答)

(3)(i)　$f(x)=x^3+x^2-x,\ g(x)=x^2+2x-2$ である。このとき

$$f(x)-g(x)=x^3+x^2-x-(x^2+2x-2)=x^3-3x+2=(x-1)^2(x+2)$$

であるから，2曲線 $C_1,\ C_2$ の共有点の x 座標は1と -2 である。

$-2\leqq x\leqq 1$ において，$(x-1)^2(x+2)\geqq 0$ ゆえに，$f(x)\geqq g(x)$ である。

よって，求める面積 S は

$$S=\int_{-2}^{1}\{f(x)-g(x)\}dx=\int_{-2}^{1}(x-1)^2(x+2)\,dx$$

$$=\int_{-2}^{1}(x-1)^2(x-1+3)\,dx$$

$$=\int_{-2}^{1}\{(x-1)^3+3(x-1)^2\}dx$$

$$=\left[\frac{(x-1)^4}{4}+(x-1)^3\right]_{-2}^{1}$$

$$=\frac{27}{4}$$　……(答)

(ii)　$g(-2)=-2$ より点Bの座標は $(-2,\ -2)$ である。また，実数 t $(-2<t<1)$ を用いて $\mathrm{P}(t,\ t^2+2t-2)$ とおくと，直線BPの方程式は

$$y=\frac{t^2+2t-2-(-2)}{t-(-2)}\{x-(-2)\}-2=t(x+2)-2\quad(t+2\neq 0)$$

このとき，$t(x+2)-2-(x^2+2x-2)=-(x-t)(x+2)$ より

$-2\leqq x\leqq t$ において $-(x-t)(x+2)\geqq 0$ であるから

$$t(x+2)-2-g(x)\geqq 0$$

したがって，線分BPと放物線 C_2 で囲まれた部分の面積を T とおくと

$$T=\int_{-2}^{t}\{t(x+2)-2-(x^2+2x-2)\}dx=-\int_{-2}^{t}(x-t)(x+2)dx$$
$$=\frac{1}{6}(t+2)^3$$

これが，$T=\frac{1}{12}S=\frac{1}{12}\cdot\frac{27}{4}=\frac{9}{16}$ となるとき

$\frac{1}{6}(t+2)^3=\frac{9}{16}$ より　　$(t+2)^3=\left(\frac{3}{2}\right)^3$

すなわち　　$t+2=\frac{3}{2}$

ゆえに　　$t=-\frac{1}{2}$

よって，点Pの x 座標は　　$-\frac{1}{2}$　……(答)

◀解　説▶

≪3次関数と2次関数の共通接線と係数決定，関数の増減・極値，曲線で囲まれた図形の面積≫

(1)　微分法を用いた関数の係数決定である。$f'(1)=g'(1)=4$ であることに着目すればよい。

(2)　3次関数の極大値・極小値を求める基本問題である。

(3)　2曲線 C_1，C_2 は x 座標が1である点Aで接するので $f(x)-g(x)$ は $(x-1)^2$ を因数にもつ。また，面積問題であるから2曲線 C_1，C_2 の上下関係はしっかり押さえておくこと。なお，面積を求める際の定積分計算を楽にするために，(i)では $\int_{\alpha}^{\beta}(x-\alpha)^n dx=\frac{(\beta-\alpha)^{n+1}}{n+1}$，(ii)では $\int_{\alpha}^{\beta}(x-\alpha)(x-\beta)dx=-\frac{1}{6}(\beta-\alpha)^3$ が利用できるようにしておきたい。

❖講　評

1　空欄補充形式で例年「数学Ⅰ・A」からの出題である。

(1)は「数学Ⅰ」の2次関数からの出題で，対称移動，平行移動と放物線の位置関係に関する内容である。(2)は「数学A」の確率からの出題で，独立試行の反復と条件付き確率であった。しっかり解ける学力を養っておくこと。

2　空欄補充で，例年「数学Ⅱ・B」からの出題である。

(1)は「数学Ⅱ」の三角関数の最大・最小に関する内容である。(2)は「数学B」のベクトルに関する問題であり，関西学院大学では頻出問題といえる。

3　「数学Ⅱ」の微・積分法からの出題で記述式となっている。どの設問も基本的な問題であるが，(3)(i)の計算の良し悪しで差がつくと思われる。

難問が出るということはないので，典型的な問題をしっかり演習しておくこと。また，日頃から計算の工夫を怠らないようにしておきたい。

記の連続は珍しいが、冷静に判断したい。問四は願望を伴わない場合の「いかでか」の訳出が問われている。問五は例年頻出の語意の選択問題であった。普段から重要語については覚えるようにしておきたい。⑦「おのがじし」は「己」の漢字を類推したうえで文脈判断できたかが鍵。問八は周辺部分の内容を緻密に読解できたかが問われている。むやみに傍線部から遠い部分を検討するのではなく、まずは傍線部分の周囲を検討したい。問十一は和歌の解釈に関わる問いである。特に、「枯る」と「離る」は掛詞になっていることが多いので、これを機に掛詞を一覧して覚えておくとよいだろう。問十二は本文全体から根拠を見出しながら、選択肢を吟味する必要がある。問十三は文学史の問い。文学史は別日程でも出題されており、さほど難易度は高くないものの覚えているかどうかによって差がつく問題でもあるので、対策しておきたい。

が適当。よって正解は「離」。

問十二　イは第三段落冒頭の内容に合致するので正しい。ロは傍線部④を含む文の「さぶらふ人々もほろほろと泣きあへり」と合致しないので誤り。ハは傍線部⑧の二文後の内容に合致しないので誤り。ニは傍線部⑨の次の文で、出家することに対する危惧が書かれていることに合致しないので誤り。ホは傍線部⑫と⑬の間の姫君の発言内容と合致しないので誤り。へは、大将が「帰ってきた」とは書かれていないので誤り。トは傍線部⑭を含む文の内容に合致するので正しい。以上から、正解はイ・ト。

問十三　イの『遠野物語』は柳田国男の説話集であり、明治時代の作品。ロの『狭衣物語』は平安時代の作り物語。作者未詳。ハの『伊曽保物語』は安土桃山時代の仮名草子。『イソップ物語』の翻訳であるが、訳者未詳。ニの『曽我物語』は鎌倉時代の軍記物語。作者未詳。ホの『春雨物語』は上田秋成の読本であり、江戸時代の作品。

❖講　評

例年通り現代文一題と古文一題の出題でマークセンス方式・記述式の併用であった。

一の現代文は、三浦瑠麗の評論からの出題。比較的最近の入試改革等に関するニュースから話を展開し、教育における問題点に触れたものであり、具体例も豊富であるため読み易かっただろう。問一・問四・問六・問七は漢字・カタカナ語・慣用句に関する基礎的な出題。例年、関西学院大学の現代文は漢字や語彙に関する出題が多いことが特徴である。問九は、傍線部⑤の直後の「仮に」以降の内容が、傍線部と対比になっていることに気づけたかが鍵。問十は実質的に「選択的」の語意を問う問題。

二の古文は、紫式部『源氏物語』からの出題。主要な登場人物は多くないが、主語の転換も多く、明記されていない主語も多いため、難解に感じたかもしれない。問一・問六は指示する人物の判別問題。一般に敬語を手掛かりに判別することも多いが、今回は文脈判断が有効であった。問三は見落としがちな撥音便無表記に気づけたかが鍵。撥音便無表

問五　⑥「かたへ」は〝片方〟〝一部〟〝かたわら〟〝仲間〟といった意味がある。ここでは、大勢の女房のうち父宮邸に付き従うことができない者のことを言っているので、〝一部（の者）〟と取るのが適当。
⑦「おのがじし」は「己がじし」と書き、〝各自それぞれ〟の意。
⑨「心おく」は〝用心する〟〝気兼ねする〟〝気にかける〟の意。ここでは、北の方とその子どもたちが光源氏方からどのように思われているかを考慮し、ハ「気の許せない」が正解。

問六　「なごりなし」とは、〝執着しない〟という意味である。傍線部⑩のような心の持ち主は、傍線部⑩を含む文の前文における「心ざし深き親」と対比されている。つまり、世間一般における愛情深い親でさえ…、ましてや子どもに愛情を注がない親は…ということであるので、この文章においてそれに該当するのは大将だとわかる。よって正解は、イ。

問八　傍線部⑫の直前に〝とても荒れそうだ〟といった内容の「君達」の発言がある。ここでいう〈荒れる〉とは、さらに前の文を根拠に、天気の話であるとわかる。つまり、北の方と姫君を迎えに来た「君達」が、天候が荒れる前に大将邸を出立するようにせかしているのである。よって正解はニ。なお、傍線部⑫の直後の「そそのかし」も傍線部⑫と同じく出立をせかすことを言っている。

問九　「かく」は〝このように〟という意味の指示語であるので、直前の指示内容を確認する。すると、姫君の発言に、父親である大将に別れも告げないまま会えなくなることへの危惧を述べている部分が該当する。そのような感情は、大将に対する愛情によってもたらされるものである。これを指定に合う形式で答えるとよい。

問十　「かうがい」は「笄」と書く。髪をかき上げるのに使用した細長い棒状の道具であり、髪掻きともいう。よって、イ「整髪用具」が正解。

問十一　「かれ」が一語であり、終止形は「かる」である。「かる」と読む動詞には、「離る」「借る」「枯る」などがあるが、ここでは姫君が慣れ親しんだ家を離れることへの寂しさを和歌に託すという場面であるので、「離る」と書くの

◀解 説▶

問一 ①「おの」は「己」と表記する。〝わたし〟の意。ここでは発言主である父宮（＝式部卿宮）のことである。よって正解はロ。

③父宮の、このまま辛抱して留まっているのは物笑いなことだという発言を受けて、北の方が確かにこのまま大将の訪れが絶えるのを待つのも物笑いなことだと納得している場面であるので、「人」は大将のことを指す。

⑧一人称であるので、発言主である「母君」を指している。「母君」とは、大将邸の子どもたちの母親である北の方のことである。

問二 「かく」は指示語であり、指示内容は直前の父宮の発言内容である。父宮は、北の方から心が離れた大将にいつまでも従っているべきではないと諭し、迎えをよこしている。よって指示内容は北の方を迎えに来たということである。イは父宮の発言の前半部分に合致するが、それだけでは不十分である。父宮の発言の意図は、北の方を連れ帰ることである。

問三 「あべかめれ」は「あんべかんめれ」と読み、撥音便無表記が二箇所で起きている。「あん」はラ行変格活用動詞「あり」の連体形「ある」の撥音便。「べかん」は助動詞「べし」の連体形「べかる」の撥音便。「めれ」は助動詞「めり」の已然形。傍線部④の直前に係り結びをつくる係助詞「こそ」があるため、已然形で結んでいるのである。

問四 「いかで（か）」は、下に願望や意志の語を伴う場合には強い願望の意を表し〝どうにかして〟〝ぜひとも〟と訳す。また、下に推量の語を伴う場合には疑問や反語の意を表し〝どうして…か（いや、そんなことはない）〟と訳す。ここは、下に推量の助動詞「ん（＝む）」を伴っているので、後者で訳す。ただし、正解選択肢のイでは、反語の後半部分だけが訳出されているので注意。なお、「あまた」は「数多」と書き、〝多く〟の意。「さぶらふ」は「候ふ」と書き、本動詞で用いる場合は、謙譲語と丁寧語の意味があるが、文脈的にここでは謙譲語〝お仕えする〟と取るのが適当。

盾がなくなってしまう）だろう。父宮が（生きて）いらっしゃる間は、型通りに宮仕えをするとしても、あの大臣たち（＝光源氏や玉鬘の実父である内大臣）の思い通りの世であるので、（子どもたちは）このように用心すべき一族の者だとやはり知られて、人並みに出世することが難しい。そうはいっても、山や林に入って（出家して）しまうことは、将来まで大変なことだ」と（北の方が）泣きなさるので、（子どもたちは）皆、深い意味はわからないが、顔をしかめて泣いていらっしゃる。「昔の物語などを見ても、世間一般の愛情の深い親でさえ、時間とともに変わって人の影響を受けるので、（愛情が）疎かになるのだなあ。まして、（大将殿は）形ばかりの親のようで、（子どもが）見ている前でさえ執着しない（大将殿の）心では、（子どもたちが）頼りにすることがあったとしても（大将殿は）大切に世話なさらないだろう」と、めのとたちは集まって嘆いておっしゃる。

日も暮れ、雪が降りそうな空模様も心細く見える夕べである。「ひどく荒れそうでございます。早く（参りましょう）」と（北の方や姫君を）お迎えしに来た（北の方の兄弟の）方々がせかし申し上げて、目をぬぐいながら物思いにふけっていらっしゃる。姫君は、大将殿がいつもとてもかわいがり申し上げなさるので、「（父である大将を）見申し上げなくてはどうして出立できようか（、いやできまい）、今（出立します）などとも申し上げずに、またお会いしないようなことになるかもしれない」とお思いになると、うつ伏せで倒れ伏して、（父宮邸に）移ることはできまいとお思いになっているのを、（北の方は）「このようにお思いになるのは、たいそうつらい」などと、なだめ申し上げなさる。ただ今にも（大将に）お帰りになってほしいと、（姫君は）待ち申し上げなさるが、このように（日が）暮れてしまうときに、（大将は玉鬘のもとからこちらへ）どうして移動なさるだろうか（、いや、それはないだろう）。いつも寄りかかって座りなさる東面の柱を人に譲る心地がしなさるのも悲しくて、姫君は、檜皮色の紙を重ねたものに、ただちょっと書いて、柱が乾いて割れているすき間に、こうがい（＝髪掻き）の先で押し入れなさる。

今は（もう）といって（この）家を離れてしまうが、（私が）慣れ親しんだ真木の柱は私を忘れるな

（姫君は）書ききることもできずに泣きなさる。

なのに、そのように（北の方は）気丈に辛抱していらっしゃる（ことは）、たいそう面目なく世間の笑いものになることだ。私（＝父宮）が生きている間は、一途に、どうして（大将に）従って気落ちしていらっしゃることがあろうか（いや、そうすることはないだろう）」と（娘である北の方に）申し上げなさって、すぐにお迎えがある。

北の方は、お気持ちが少し平常になって、夫婦の仲を情けなく思い嘆きなさると、（父宮が）このように申し上げなさったので、「無理に（ここに）留まって、人（＝大将）の（訪れが）すっかり絶える様子を見終えて（大将への思いを）断念することも、またさらに笑いものだろう」などと（父宮の迎えに応じることを）決心なさる。

（北の方の）ご兄弟の方々は、兵衛督は上達部でいらっしゃるので仰々しいといって（迎えに行かず）、中将、侍従、民部大輔など、お車を三台ほどで（お迎えに）いらっしゃった。そのように（＝いずれは別れが来ることに）きっとなるだろうとかねてから（北の方にお仕えする人々は）思っていたことではあるが、目前にして今日が最後だと思うと、（北の方に）お仕えする人々も涙をはらはらと流して泣き合った。「長年慣れてもいらっしゃらない旅先での滞在（＝父宮邸でのお泊まり）に、狭くて体裁が悪いので、どうして多くの者がお仕えするだろうか（、いや、多くの者がお仕えするわけにはまいるまい）。（お仕えする人々のうち）一部の人はおのおの（自分の）実家に下がって、落ち着きなさってから」などと定めて、人々はそれぞれに、ちょっとしたものなどを実家に引き払いつつ、散っていくはずだ。

調度品などは、必要なものはみな荷造りなどしているうちに、（身分の）高い人も低い人も泣き騒いでいるのは、とてもひどく見える。お子たちは、とくに感慨もなく歩き回りなさるのを、母君（＝北の方）が皆呼んで座らせなさって、「私は、このようにつらい宿命を、今は見きわめてしまったので、この世に生きながらえるにふさわしくもなく、なんとでも生きていこう。（子どもたちには）将来があって、そうはいっても、散り散りになりなさるような状況が、悲しくもあるものだ。姫君（＝北の方の娘）は、どうなろうとも、私（＝北の方）に付き従いなされ。かえって、男君（＝北の方の息子）たちは、（父である大将を）避けることはできないで（この大将邸に）参上して（父に）お会いするとしても、人（＝大将）が（あなたたちへの）関心をとどめなさるはずもなく、どっちつかずの状態になってしまう（＝将来の後ろないような方策が空欄Ⅲ周辺で言及される。成功者に与える見返りを「多く」しないことが、「有利」にならない方策であるので、正解はハ。

二

出典　紫式部『源氏物語』〈真木柱〉

解答

問一　①―ロ　③―ハ　⑧―イ

問二　ハ

問三　ホ

問四　イ

問五　⑥―ロ　⑦―ニ　⑨―ハ

問六　イ

問七　めのと

問八　ニ

問九　大将を愛しく思うこと。

問十　イ

問十一　離

問十二　イ・ト

問十三　ロ

◆全　訳◆

父宮は聞きなさって、「今は、そのように（大将の心が）離れて（別居の意志を）はっきり表明していらっしゃるようる、環境による「機会格差」のことである。傍線部⑤の後半「同質的な競争」とは、競争自体は同じ条件で公平に行われるということである。これらを総合すると、〈人によってスタート地点は異なる不平等性はあるが、ひとたびスタートすればそれ以降の競争は公平に同じ条件で行われる〉といった意味だとわかる。これらを踏まえて正解はロ。ハとやや迷うが、「各所得階層において」という部分が不適。所得階層が同じであっても、親の教育にかける金銭や機会提供などその他の条件によってもスタート地点の不平等さは生まれうる。

問十　傍線部⑥にある「選択的な投資」とは、一部に限定して行う投資のことである。これを言い換えたものが、ハ「重点的な投資」である。なお、傍線部⑥を含む文の前の文にある「給付は全体に拡大しがちだ」という表現が、傍線部⑥の「選択的な投資」の逆の内容になっていることも解答にあたって手掛かりになるだろう。

問十一　傍線部⑦直前に「自助努力は身の丈の差を自分の努力で埋めることを求める考え方であり」とある。すなわち、スタート地点の格差を、自分の努力によって埋めるということである。実力主義に基づく競争においては、努力次第で競争に打ち勝つことができるという考え方が「自助努力」の考え方であるので、「親和性が高い」、すなわち〝相性が良い〟〝受け入れられやすい〟のである。したがって正解はハ。イは「きわめて都合の良い」、ロは「唯一の方法」、ホは「最も効率的な」が不適切。ニは「平等に行うことのできる方法」という説明ならば、「実力主義」ではなく「平等主義」との親和性が高くなるはずである。

問十二　Ⅰ　空欄Ⅰの直後に「平等を掘り崩す場合がある」とある。平等性が失われるのは、「才能ある人」にとってどのようなときかを考えると、ニ「有利」が正解。才能ある人だけが有利になるということは、逆に才能のない人にとって不利になるという不平等が生じるのである。

Ⅱ　空欄Ⅱの直前で述べられているように、「人間集団から努力する意思が失われ」たときにどのような現象が起きるかを考えるとよい。イ以外を入れると、文意が通らない。

Ⅲ　空欄Ⅰとも関連するが、才能のある人に有利にしてしまうと平等性が失われるわけだから、逆に「有利」にならという主張に対して問題視する人であり、言い換えると公平な条件下、実力主義的に競争を推し進めようと考えている人である。そのような、公平性を担保された中で競争を進めようと考えているはずの人が、新たな競争の導入に反対することは、矛盾しているというのが筆者の主張である。これを説明しているのが、イ。

問六　「幅を利かせる」（幅を利かす）とは〝威張ること〟〝思い通りに振る舞うこと〟を表す言葉。「幅」とは、〝影響力〟といった意味を指す。ここでは、高校受験において内申点が影響を与えているということを言っているのである。

問七　空欄乙の直前に「つまり」という換言の接続語があるため、空欄乙を含む一文は直前の一文の換言表現であることがわかる。空欄乙の直前一文では、社会的適合性が問題になるのは高校受験までであると述べられており、裏を返すと、高校受験以降は人間関係などといった個人の社会的適合性は問題にならないということである。つまり、社会的適合性の低い人でも、実力主義においては受験の際にそれが影響しないということである。ここで再び空欄乙を含む文を見ると、〈乙でない生徒も大学受験では一発逆転して評価されることがある〉と言っているのだから、乙でない生徒というのは、社会的適合性が低い人と同義である。すなわち、空欄乙に入るのは、社会的適合性が高い人であり、これを表すポジティブイメージの四字熟語を選択肢から探すと、ニの「品行方正」が当てはまる。

問八　傍線部④に指示語「その方が」が含まれているので、解答根拠箇所はこの直前部分であることがわかる。直前一文を読むと、大学教育を無償化することで限られた人口を無駄にせず才能を発掘し、人材を育成することができるという内容が読み取れる。すなわち、ここで言う「インプット」とは、国家としてかかる労力や費用のことであり、「アウトプット」とは結果として得られる国家としての利益のことである。俗にいう〈コストパフォーマンス〉〈費用対効果〉とはこのことである。これらを踏まえて、正解はニ。

問九　傍線部⑤の次の文に、「仮に、競争のスタート地点をよりフェアなものとするため」とあることから、傍線部⑤における「身の丈に合ったスタート地点」とは、フェアではない、生まれた段階で各人によって格差の存在するスタート地点のことであることがわかる。ここでの、格差の存在するスタート地点というのは、第三段落でも言及されてい認めることでもあるためである。批判の中には、制度導入そのものに対するものもあり、教育に競争重視の考え方を持ち込むことへの批判が目につく。それは現在の競争が公平な条件下で行われていないことを問題視するものだが、競争を恐れれば、むしろ不平等を受容することになる。日本人は実力主義を信じる部分があるが、平等主義の観点から、それが極端に行われることはない。日本の教育では「身の丈」と、その対極にある「実力主義」と「平等主義」という、合わせて三つの要素が混交しており、そのさじ加減を決めるのが「自助努力」という価値観である。

▲解　説▼

問二　脱文に「これ」という指示語が含まれていることに注目する。脱文の前の文が、筆者にとって日本の良い部分だと感じられるような何らかの事柄であるはずである。【a】は日本の良い部分には関係ないし、【b】・【c】はいずれも「反発」というネガティブなイメージの内容であるため矛盾する。【d】は「学校に適合できなくとも、一発逆転の可能性がある」というポジティブなイメージの内容であり、これを日本の良い部分だと主張するのは矛盾しないため、これが正解。なお、【e】も日本の良い部分には関係ないため誤り。

問三　「身の丈に合った」とは、辞書的には〝無理をせず、力相応に対処すること。分相応〟といった意味である。これをもとに全文から探すと、空欄甲を含む段落の前の段落の一文目に「分」とあることに気付くので、これが正解。なお、直後の「を知る」まで含めて「分を知る」や、さらに後の「こと」まで含めて「分を知ること」としてしまうと、「身の丈」の言い換えではなく「身の丈に合った」の言い換えとなってしまうため、不可。

問四　「ホワイトカラー」とは〝事務系の仕事に従事する労働者〟といった意味。〝白い襟〟という意味で、白のワイシャツを着る仕事を指す。これと対義であるのは、「ブルーカラー」であり、〝工場や建設現場などで働く肉体労働に従事する労働者〟という意味である。そのような作業員・技術者の作業服の襟が青いことに由来する。

問五　問三でも触れたように、「身の丈に合った」とは、〝無理をせず、分相応である〟という意味である。傍線部③における「『身の丈に合った』という大臣発言を問題視する人」というのは、このような〈無理をして競争しなくてよい〉

国語

一

出典　三浦瑠麗『日本の分断－私たちの民主主義の未来について』〈第3章　「分を知る」をとるか「進歩」をとるか〉（文春新書）

解答

問一　ⓐ赤裸々　ⓑ潤う　ⓒ福利　ⓓ法外

問二　d

問三　分

問四　ホ

問五　イ

問六　幅

問七　ニ

問八　ニ

問九　ロ

問十　ハ

問十一　ハ

問十二　Ⅰ－ニ　Ⅱ－イ　Ⅲ－ハ

◆要　旨◆

大学入学共通テストへの英語民間試験の導入をめぐる「身の丈」発言は方々から批判を浴びた。「機会格差」の存在を

//////////////////// ・memo・ ////////////////////

2022年度

問題と解答

■学部個別日程：２月３日実施分

問題編

▶試験科目・配点

教　科	科　　　目	配　点
外国語	コミュニケーション英語Ⅰ・Ⅱ・Ⅲ，英語表現Ⅰ・Ⅱ	200点
選　択	日本史Ｂ，世界史Ｂ，地理Ｂ，「数学Ⅰ・Ⅱ・Ａ・Ｂ」のうちいずれか１科目選択	150点
国　語	国語総合，現代文Ｂ，古典Ｂ（いずれも漢文を含む）	150点

▶備　考

- 学部個別日程のうち，２月３日実施分（文・法学部）を掲載。
- 「数学Ｂ」は「数列，ベクトル」から出題する。

英語

(90分)

〔Ｉ〕次の英文を読み、下記の設問（Ａ～Ｃ）に答えなさい。

History books often refer to "the New World" to talk about the lands now called North and South America. That term reflects (ア)a European perspective. That part of the world was not new to the people who had lived there for thousands of years when the Europeans arrived. It was home.

Human societies (イ)originated in Africa. About two hundred thousand years ago, its people began leaving Africa to move around the globe. Around fifteen thousand years ago, they began to occupy seven areas.

Three of the seven areas were on the land masses that are currently called the Americas. They are the Valley of Mexico and Central America, the South Central Andes in South America, and eastern North America.

By the end of the 1500s, approximately forty million people were in North America, including Mexico. Central Mexico alone (ウ)supported some thirty million, and the total population of the Americas was about one hundred million people. For comparison, at that time, the population of Europe was about seventy million. Scientists attribute the significantly larger population in the Americas to a relatively disease-free society whose use of herb-based medicine, (エ)surgery, and regular bathing kept disease away from the communities.

Indigenous peoples* sustained their populations not only by adapting to their specific natural environments but also by changing their environments to meet their needs. This is regarded as being stewards of the land. A steward is someone who is responsible for the careful management of (オ)resources so that the needs of a group can be met, both in the present and in the future. Someone who exploits the resources for gain only in the present, leaving them ruined for future use, would not be considered a steward.

By the time the European invasions began, Indigenous peoples had (カ)occupied and made changes to every part of the Americas.

Let's take a quick look at two of the ways in which Indigenous peoples managed their lands and resources prior to the European invasions. We will specifically consider the use of fire for agriculture and hunting, and the creation of roadways that spanned the continent.

One main tool for shaping nature was fire. Indigenous communities regularly used fire in multiple ways that changed the North American landscape. For example, Indigenous farmers of the Northeast always carried flints to start fires, as needed. They used controlled fires to help clear space in the forest for growing corn and other crops. Instead of the dense forests and wilderness Europeans depicted in literature and art, the real American landscape included corn and berry fields that (キ)contributed to the food supply.

They used fire to clear space for other purposes too. Most Indigenous peoples of the Americas, unlike the people of Europe, Africa, and Asia, did not domesticate animals for a ready supply of meat and skin. Instead they created special hunting places to attract deer, bear, and other animals. One strategy for doing this was to burn the bushes in forests. In the following springtime, animals were drawn to the young plants that sprouted. Hunters killed what the community needed for supplies of meat and skin.

The Indigenous peoples also left permanent traces on the land with systems of roads that tied their nations and communities together across the entire continents of the Americas. These were not just hunting paths that followed animal trails or routes that peoples could easily follow during seasonal migrations. They were well-traveled roads that tracked major rivers, like the Mississippi and the Rio Grande. Some followed seacoasts. One ran along the Pacific Coast from an urban area in western Mexico all the way to northern Alaska.

When Europeans arrived in North America, they often seemed unaware that many conditions that were useful to them were the result of Indigenous peoples' careful management of the land. Some early settlers (ク)remarked that, in many places, they could easily have driven carriages between the trees. Others commented about large open spaces in the forests, some with well-kept gardens and corn fields. Although the Europeans did not seem to recognize it, Indigenous peoples had been making roads and clearing spaces to make trading, hunting, and agriculture easier for thousands of years. North America, in 1492, was not a virgin wilderness. It was a network of Indigenous nations.

*Indigenous people：先住の民族、先住民

設　問

A. 本文中の下線部（ア～ク）が文中で表している内容に最も近いものを、それぞれ下記（a～d）の中から１つ選び、その記号をマークしなさい。

出典追記：An Indigenous Peoples' History of the United States for Young People by Roxanne Dunbar-Ortiz, Beacon Press

（ア） a European perspective

a．a common understanding among Europeans

b．a European way of life

c．a part of the European continent

d．a view of typical European villages

（イ） originated

a．elaborated b．eliminated c．embarrassed d．arose

（ウ） supported

a．classified b．hosted c．resisted d．targeted

（エ） surgery

a．careful calculations b．family involvement

c．medical procedures d．scientific education

（オ） resources

a．assets b．human relations

c．cultural events d．information sources

（カ） occupied

a．destroyed b．lost c．settled d．sold

（キ） contributed to

a．increased b．demanded c．exhausted d．stopped

（ク） remarked

a．complained b．doubted c．feared d．noted

B．本文中の二重下線部 two of the ways について、筆者が論じている２つの方法とは何と何か。以下の（a～g）の中から２つ選び、その記号を各段に１つずつマークしなさい。ただし、その順序は問いません。

a．fights against Europeans b．fireworks for ceremonies

c．forest burning d．railroad systems

e. river shipping
f. road building
g. territorial invasions

C. 次の英文（a～g）の中から本文の内容と一致するものを2つ選び、その記号を各段に1つずつマークしなさい。ただし、その順序は問いません。

a. "The New World" was referred to as Europe by Indigenous peoples in North and South America.
b. Human beings began to leave the Americas about two hundred thousand years ago, and finally arrived in all the seven continents of the world.
c. The population of the Americas in the 1500s was much smaller than that of Europe.
d. Indigenous peoples in the Americas had shaped landscapes before the Europeans started to live there.
e. Indigenous peoples in the Americas hunted animals but did not eat them.
f. Indigenous peoples sometimes ran along the Pacific Coast from western Mexico to Alaska in a few days.
g. Upon arrival, the Europeans did not clearly recognize that the American continents had been well developed by Indigenous peoples.

〔Ⅱ〕次の英文を読み、下記の設問（A～D）に答えなさい。

For the longest time, the crucial importance to health of just moving around was hardly (　1　). But in the late 1940s a doctor at Britain's Medical Research Council, Jeremy Morris, became convinced that the increasing occurrence of heart attacks and disease was related to levels of activity, and not just to age or stress, as was almost universally thought at the time. Because Britain was still recovering from the war, (ア)research funding was tight, so Morris had to think of a low-cost way to conduct an effective, large-scale study. While traveling to work one day, it (　2　) to him that every double-decker bus* in London was a perfect laboratory for his purposes because each had a driver, who spent his entire working life sitting, and a conductor who (イ)was on his feet constantly. In addition to moving about from side to side, conductors climbed an average of six hundred steps per shift. Morris could hardly have (　3　) two more ideal groups to compare. He followed thirty-five thousand drivers and conductors for two years and found that the drivers—no matter how healthy—were twice (　4　) likely to have a heart attack as the conductors. It was the first time that anyone had demonstrated a direct and measurable link between exercise and health.

As well as strengthening bones, exercise boosts your immune system, reduces the risk of getting cancer, and even improves mood. As has been noted many times, there is probably not a single organ or system in the body that does not benefit from exercise. If someone invented a pill that could do for us all that a moderate amount of exercise achieves, it would instantly become the most successful drug in history.

And how much exercise should we get? That's not easy to say. The more or less common belief that we should all walk ten thousand steps a day—that's about five miles—is not a bad idea, but (ウ)it has no special basis in science. Clearly, any movement is likely to be beneficial, but the notion that there is a universal magic number of steps that will give us health is a myth. The ten-thousand-step idea is often attributed to a single study done in Japan in the 1960s, though (エ)it appears that also may be a myth. In the same way, the recommendations on exercise given by the US Centers for Disease Control (CDC)**—namely, 150 minutes per week of moderate activity—are based not on the ideal amount needed for health, because no one can say what that is, but (　5　) what the CDC's advisers think people will perceive as realistic goals.

What can be said about exercise is that most of us are not getting nearly enough. Only about 20 percent of people manage even a moderate level of regular activity. Many get almost none at all. Today, the average American walks only about a third of a mile a day—and that's walking of all types, including around the house and workplace. Modern hunter-gatherers, by contrast, average about nineteen miles of walking to (オ)secure a day's food, and it is reasonable to assume that our distant ancestors would have done about the same.

*double-decker bus：2階建てバス
**the US Centers for Disease Control (CDC)：米国疾病管理センター

設　問

A．本文中の空所（1～5）に入れるのに最も適当なものを、それぞれ下記（a～d）の中から1つ選び、その記号をマークしなさい。

（1）	a．appreciated	b．appreciating	c．healed	d．healing
（2）	a．arrived	b．happened	c．occurred	d．persisted
（3）	a．cured	b．devised	c．exercised	d．lectured
（4）	a．as	b．less	c．greater	d．so
（5）	a．because	b．for	c．on	d．say

B．本文中の下線部（ア～オ）が文中で表している内容に最も近いものを、それぞれ下記（a～d）の中から1つ選び、その記号をマークしなさい。

（ア） research funding was tight
a．more targeted research was expected
b．financial support for researchers was limited
c．they were in need of research that would help them make more money
d．the officials were paying closer attention to large-scale studies

（イ） was on his feet
a．operated in short shifts
b．stayed on the same level
c．was standing
d．worked with shoes on

（ウ） it has no special basis in science
a．the idea does not offer any basic understanding of the scientific specialty
b．the belief is not specially designed for scientists

出典追記：The Body : A Guide for Occupants by Bill Bryson, Doubleday

c. the bad idea is not related to any special area of science

d. there is no scientific evidence to support the belief

(エ) it appears that also may be a myth

a. it looks like there can exist another myth

b. that does not seem true either

c. the achievement could possibly be called a miracle

d. the Japanese researchers apparently misinterpreted the result

(オ) secure

a. keep in a safe

b. get hold of

c. invest for the future

d. make into a meal

C. 次の英文（a～f）の中から本文の内容と一致するものを２つ選び、その記号を各段に１つずつマークしなさい。ただし、その順序は問いません。

a. In his extended research, Morris recorded all the activities of the drivers and conductors that he observed on his way to work.

b. Exercise tends to work positively on one organ at one time.

c. Quite a few people believe that everyone should walk ten thousand steps a day.

d. Research proved that the CDC's recommendation is a reachable target for most Americans.

e. The distance walked by modern hunter-gatherers is much greater than that walked by Americans nowadays.

f. Probably, our ancestors were never as active as modern hunter-gatherers.

D. 本文中の二重下線部 the notion の内容を具体的に表すように、次の空所を日本語で埋めなさい。答えは記述式解答用紙の所定欄に記入しなさい。

[　　　　　　　　　　　　　　　　]という考え

〔Ⅲ〕次の英文を読み、下記の設問（A～C）に答えなさい。

All newborn babies are helplessly immature and dependent on their parents. Unlike some animals, which can stand within hours of birth and become independent within months, a human baby needs constant care. Over the following months and years, this new individual acquires the ability to walk, talk, and play, to make friends, and to start to understand the world. The time at which children acquire these skills may vary, but all healthy children go through the same (1).

Despite nine months in the mother's body, a newborn's brain and body systems are not all fully developed and ready to function. The reason is that the baby needs to be born before the head becomes too large. A newborn baby's movements are uncontrolled and shaky at first. As the brain develops, these movements become more (ア)deliberate. The skeleton is also immature. Newborns can see but their color vision is poor and most things seem (2) focus for the first few days. Hearing is better developed than vision.

In the first few weeks of life, babies need a (3) supply of nutrients for the tremendous rate of growth that takes place. Large amounts of protein and fat are particularly important for the brain and nervous system to develop and work properly. Breast milk—which consists of about 90 percent water and 10 percent protein, fat, sugar, vitamins, and minerals—meets all the nutritional needs of a newborn. As a baby grows, milk (4) cannot meet all its energy needs, and by six months most babies are starting to eat solid food. Types of first solid food vary from one culture to another, but, by age three, most children are eating a diet similar to their parents', no matter the culture.

Children grow rapidly in their first year of life—faster than they ever will again. A baby can be expected to grow by about 25-30cm in the first year, a (イ)massive one-third increase from birth. During the first year, the brain almost triples in weight, reaching nearly 1kg. As the brain rapidly develops, nerve cells become connected to one another. Even if parents give intensive training in a particular area, a child will not respond until the network of nerve cells is in place. Once it is in place, however, children benefit (5) parental support and stimulation. This is particularly true of speech. Children are immensely (6) about words—it is thought that 3-year-olds can learn 10 new words a day.

From around the age of 1 year, a child's personality becomes (ウ)apparent. Some children are confident and bold, others are more timid. Some children are restless and some are calm. A young child's personality is partly genetic in (7) and partly molded by the environment. The emotional attachment between children and their parents is of vital importance. Children who experience a loving, secure attachment, are more likely to be happy and self-confident than are children who grow up in an unloving, critical, or tense environment.

設 問

A. 本文中の空所（1～7）に入れるのに最も適当なものを、それぞれ下記（a～d）の中から1つ選び、その記号をマークしなさい。

(1)	a. ideas	b. measure	c. speed	d. stages
(2)	a. all to	b. in the	c. on such	d. out of
(3)	a. concentrated	b. creative	c. financial	d. negative
(4)	a. aboard	b. alone	c. already	d. aside
(5)	a. from	b. for	c. of	d. to
(6)	a. generous	b. famous	c. curious	d. previous
(7)	a. official	b. order	c. ordinary	d. origin

B. 本文中の下線部（ア～ウ）の文中での意味に最も近いものを、それぞれ下記（a～d）の中から1つ選び、その記号をマークしなさい。

(ア) deliberate

a. intended　b. invented　c. unconscious　d. unreliable

(イ) massive

a. selective　b. huge　c. minor　d. physical

(ウ) apparent

a. clear　b. magical　c. uniform　d. valid

C. 本文中の二重下線部 by age three, most children are eating a diet similar to their parents', no matter the culture を日本語に訳しなさい。答えは記述式解答用紙の所定欄に記入しなさい。

出典追記：Human : The Definitive Guide to Our Species by Nigel Ritchie and Robert Winston, Dorling Kindersley

〔Ⅳ〕次の英文（1～10）の空所に入れるのに最も適当なものを、それぞれ下記（a～d）の中から1つ選び、その記号をマークしなさい。

（1）It is obvious (　　　　) the earth is not flat.

a. in which　　b. on which　　c. that　　d. what

（2）The medical system in this country should be reformed right now, (　　　　) party wins the next election.

a. how　　b. however　　c. which　　d. whichever

（3）(　　　　) the most frequently asked customer questions this week was "Is butter sold out?".

a. According to　　b. Among　　c. Within　　d. Without

（4）What do you (　　　　) is the matter with this plan?

a. give　　b. have to　　c. keep　　d. think

（5）The more I learned about the history of the country, (　　　　) I found it.

a. more interested　　b. more interesting

c. the more interested　　d. the more interesting

（6）The scientists were astonished at the speed (　　　　) the polar ice was melting.

a. from　　b. from which　　c. with　　d. with which

（7）Fortunately, we managed to rescue the man; (　　　　) he might have died.

a. otherwise　　b. therefore　　c. unless　　d. yet

（8）She left the office a while ago (　　　　) she could have dinner with her family.

a. and that　　b. as far as　　c. so that　　d. until

（9）I remember (　　　　) this movie when I was younger.

a. watch　　b. to watch

c. watching　　d. that I will watch

（10）Never have I seen a photo more (　　　　) than this!

a. bored　　b. excited　　c. favorite　　d. impressive

〔V〕 次の設問（A、B）に答えなさい。

設 問

A．次の日本文（1、2）に相当する意味になるように、それぞれ下記（a～h）の語句を並べ替えて正しい英文を完成させたとき、並べ替えた語句の最初から3番目と7番目に来るものの記号をマークしなさい。

（1） このことから、嗅覚に関してまだ不明な点が多くあるといえる。

One consequence of this is that (　　　　　　　　) know about smell.

a．a　　b．deal　　c．don't　　d．great

e．is　　f．that　　g．there　　h．we still

（2） 会長が自分の利益よりも他人の利益を優先するのはそれが初めてではなかった。

That was not the first time (　　　　　　　　) own.

a．ahead　　b．her　　c．interests of　　d．of

e．others　　f．put　　g．the　　h．the president

B．次の日本文に相当する意味になるように英文の空所を埋めなさい。答えは、空所に入れる部分のみを記述式解答用紙の所定欄に記入しなさい。

50年前はインターネットがなかったので、電話番号を見つけるのに現在より時間がかかった。

Fifty years ago, without (　　　　　　　　　　　　).

〔Ⅵ〕次の会話文を読み、空所（1～10）に入れるのに最も適当なものを、それぞれ下記（a～d）の中から1つ選び、その記号をマークしなさい。

Two colleagues are having a casual conversation at a coffee shop.

Thomas: So, Jack, what ideas do you have about the future of our society?

Jack: (　1　)

Thomas: Well, for example, what changes do you think we will see in how people live or in how they communicate?

Jack: Uhm, this sounds like a pretty serious discussion to have (　2　) a cup of coffee, but I like it! I think about this every once in a while.

Thomas: Really? I would love to hear your thoughts.

Jack: Well, certainly, our world is changing rapidly, especially when it comes to technology.

Thomas: Yeah, I agree. For example, the idea of virtual friends.

Jack: Sure! That's one of them. To relieve stress or overcome loneliness, some people may turn to electronic friends or robotic pets for comfort.

Thomas: (　3　) I heard from my Japanese friend, Taku, that his grandmother has a robot friend at home. It seems to help her not feel so lonely.

Jack: Exactly. Just like children have imaginary friends, adults can also share their lives with virtual friends.

Thomas: I really worry that this will make people interact (　4　) with each other in the real world, but I understand the advantages of having a computer-generated friend.

Jack: Yeah, it will be really interesting to see how this all plays out in the future.

Thomas: For sure. Other than robot friends, I think that gaming will also play a huge role in our lives.

Jack: Definitely! We can already see how gaming has grown in popularity amongst young kids and adults. So many young people have found fame as online gamers.

Thomas: That's right. I have heard of gamers that make a living (　5　) playing games. It's amazing how they can sit at home all day and practice their hobby for a living.

Jack: I know. (　6　) While we have to work hard to support ourselves, all those young kids are simply enjoying life from the comfort of their sofas while making lots of money.

Thomas: Hahaha! That's true. But I am sure that for them to become so good at gaming, they had to invest a lot of time and effort, just like other people do in their studies and careers. (7)

Jack: Yeah, I guess so. In a way, I (8) them for turning their passion into a profession. It is probably not as easy as it seems.

Thomas: True. I guess that, in the end, we just need to do what makes us happy, or else we are wasting our lives.

Jack: That's it! That's the most important thing. Maybe the future society you asked about is already here. Thanks for letting me share my thoughts!

Thomas: (9) I truly enjoyed this conversation. But to tell you the truth, I'm getting a bit hungry. How about (10)?

Jack: Sounds good.

(1) a. How do you do? b. What exactly do you mean?
c. When do you care? d. Who said so?

(2) a. on b. over c. toward d. upon

(3) a. How could you? b. No way!
c. That's right! d. Why so?

(4) a. properly b. less and less
c. little by little d. tightly

(5) a. out of b. sort of c. so to d. up to

(6) a. Hobby is my life! b. Why do you think so?
c. Remember that story? d. It doesn't seem fair!

(7) a. Won't you see? b. What do they do?
c. Why aren't you? d. Don't you think?

(8) a. admire b. apologize c. confirm d. insist

(9) a. How come? b. No worries!
c. See you! d. Still here!

(10)　a. feeling a bite　　b. grabbing a bite

c. using a bite　　d. seeing a bite

日本史

(60分)

〔Ⅰ〕次の1～10の文章について、a・bとも正しい場合はアを、aが正しくbが誤っている場合はイを、aが誤りでbが正しい場合はウを、a・bともに誤っている場合はエをマークしなさい。

1. a. 弥生時代前期の水稲農業では、湿田の比率が高く、灌漑用水や排水用の水路は設けられることがなかった。
   b. 弥生時代後期には、鉄製工具が石器を駆逐するが、これらの鉄製品は主に国内で産出する鉄鉱石を用いて作られた。

2. a. 前方後円墳が作られなくなる時期は、地域によって大きく異なり、ヤマト政権の統制が地方にまで及んでいなかったことがうかがわれる。
   b. ヤマト政権が地方豪族に与えた姓の中でも、造や首の姓は最有力者に限って名乗ることを許された。

3. a. 文武天皇と聖武天皇は父子であるが、彼らの皇后はともに藤原鎌足の娘であり、藤原氏が当時から外戚政策を重視していたことがわかる。
   b. 淳仁天皇は、藤原仲麻呂に擁立され即位したが、光明皇太后の死によって後ろ盾を失った仲麻呂が滅ぼされると、廃位されて淡路に流された。

4. a. 桓武天皇の時代には班田収授の励行を図るため、雑徭の半減や6年ごとの班田を12年ごとにする変更がなされたが、同時に公営田や官田を設けざるを得なかった。
   b. 令外官である勘解由使は国司交替の際の解由状の審査を任とし、追捕使は国司退任後に発覚した不正を追及した。

5. a. 源頼朝は、征夷大将軍となる前に、侍所、公文所、問注所を置いたが、侍所以外の長官には京都の公家を任じた。
   b. 北条時頼が設置した引付は、原告と被告の間の訴状・陳状のやりとりや、口頭での弁論を統括したが、判決を決定するのは評定衆であった。

6. a. 懐良親王をいただく菊池氏等の南朝勢力は長らく九州で勢力を伸ばしたが、九州探題に今川貞世が就くと、次第に劣勢となった。

b．南北朝の合体がなると、足利義満は有力守護大名の勢力削減に取りかかり、土岐康行、山名氏清、大内義弘らを挑発した末に討伐した。

7．a．南蛮貿易の魅力もあり、キリシタン大名は西日本一円に広がり、ヴァリニャーニの遣欧使節派遣の勧めに応じたのは九州や畿内を治める大名たちであった。

b．高山右近は、豊臣秀吉のバテレン追放令によって領地を失ったが、その後も信仰を捨てることなく、江戸幕府の禁教令により国外に追放された。

8．a．金地院崇伝は寺社統括を徳川家康の側近として行ってきた。彼の死後、その職務は寺社奉行が制度的に担うこととなった。

b．京都所司代は、朝廷や西国大名の監視を行うとともに、京都の司法・治安を管轄したので、京都には町奉行が置かれなかった。

9．a．田沼意次が鋳造させた南鐐二朱銀は、八片（八つ）で金一両と等価とされる方形の銀貨であり、銀遣いを金遣いに組み込むための施策として鋳造された。

b．父親に太上天皇の尊号を贈りたいという光格天皇の意向は、松平定信によって拒否された。その後、徳川家慶と定信との対立が生じることとなった。

10．a．田中義一内閣は、欧米に対して協調外交を維持したものの、パリ不戦条約については、天皇主権にそぐわないとして調印しなかった。

b．立憲政友会は、ワシントン海軍軍縮条約の成立を主導したが、ロンドン海軍軍縮条約の調印、批准の際には反対の側に立った。

〔Ⅱ〕 次の文章A・Bを読んで設問に答えなさい。もっとも適切な答えを一つマークしなさい。

A.　後白河法皇の時代は、空前の音楽全盛期だったといわれている。法皇は、笛とともに［　a　］と呼ばれた歌謡に夢中になり、多くの楽人たちも活躍した。その後、順徳天皇がまとめた［　b　］には天皇の修めるべき六つの芸能の第一に学問、第二に管絃があげられ、中世王権と音楽は密接な関係にあったことがわかる。

c後鳥羽上皇の時代を一つの画期に天皇家の音楽の中心は笛から琵琶へと移るが、d皇統が分裂すると、秘曲の伝授が皇統の正統性を示すと考えられ、両統の天皇のあいだで、音楽への関心が高まった。後醍醐天皇は琵琶だけでなく、笛の伝授をうけるなど貪欲に管絃の道を学び、自身の権威を高めようとしたのである。

しかし室町幕府が成立すると、状況は変化する。e南北朝の合一を果たした足利義満は笙を愛好するなど音楽の世界も主導し、求心力を発揮した。その一方、天皇家の音楽への関心は徐々に低下していった。豊臣家を滅亡させたのちに発せられたf「禁中並公家諸法度」第一条には天皇のつとめとして学問があげられるが、管絃の項目は見られなくなるのである。

【設　問】

1．空欄a・bに該当する語句の組合せとして正しいものを下記より選びなさい。

ア．a：今様・b：『梁塵秘抄』　　イ．a：今様・b：『禁秘抄』

ウ．a：催馬楽・b：『梁塵秘抄』　　エ．a：催馬楽・b：『禁秘抄』

2．下線部cに関連して、彼が上皇になった後に新設された直属軍として正しいものを下記より選びなさい。

ア．北面の武士　　イ．西面の武士　　ウ．滝口の武士　　エ．奉公衆

3．下線部dに関連して、後嵯峨天皇以降に天皇になった順番として正しいものを下記より選びなさい。

ア．亀山天皇－後深草天皇－後宇多天皇

イ．後宇多天皇－亀山天皇－後深草天皇

ウ．後深草天皇－亀山天皇－後宇多天皇

エ．亀山天皇－後宇多天皇－後深草天皇

4．下線部eに関連して、この時に南朝の天皇からその座を譲り受けた北朝の天皇として正しいものを下記より選びなさい。

ア．光明天皇　　イ．後光厳天皇　　ウ．称光天皇　　エ．後小松天皇

5．下線部fに関連して、この法令には、公家社会における天皇家の政治的役割を相対化させる幕府

の狙いを象徴する条文が含まれている。その条文の説明として正しいものを下記より選びなさい。

ア．天皇は音楽をしっかりと学ばなければならない。

イ．天皇の子供である親王と三公とよばれた三大臣の席順は後者を上位とする。

ウ．天皇がみだりに僧侶に対して、紫衣の着用を許可してはならない。

エ．武家の官位は朝廷とは別枠で設定する。

B．　1877年にエジソンにより発明された蓄音機は、その2年後に東京帝国大学で機械工学を教えていたイギリス人ユーイングにより国内でも試作され、人々を驚かせた。1888年に g 在米日本公使だった人物から録音された音声がアメリカから日本へもたらされると、そのメッセージは枢密院議長伊藤博文、文部大臣森有礼以下、鹿鳴館に集まった約200名の人々のまえで再生され、大いに話題となった。

このように注目を集めた蓄音機は1892年に h 国産化が開始、1907年から円盤のかたちをしたレコードが作成されて普及の度合いを強めたが、政治家たちは情報の伝達手段としてこの新しい技術に注目した。

1928年にはじめて i 普通選挙が実施された際、首相である田中義一は「国民ニ告グ」と題したレコードを作成し、立憲民政党もこの動きに対抗して総裁浜口雄幸のレコードを作り各地に送った。またこの選挙後に組閣した立憲民政党は、j 政策趣旨をレコードに吹き込んで配布しており、蓄音機の普及を背景に政治の世界でも新しいメディアが積極的に用いられた。折しも k 1925年にはラジオ放送が開始され、世の中は機械から出る音で満たされ始めていた。音の近代化がなされたのである。

【設　問】

6．下線部gに関連して、この人物は第二次伊藤博文内閣で外相を務め、日清戦争開戦直前に条約改正に成功するなど外交で活躍した。この人物として正しいものを下記より選びなさい。

ア．岩倉具視　　イ．陸奥宗光　　ウ．青木周蔵　　エ．小村寿太郎

7．下線部hに関連して、同じ頃、国産の力織機が開発された。その開発者として正しい人物を下記より選びなさい。

ア．岩崎弥太郎　　イ．豊田佐吉　　ウ．臥雲辰致　　エ．渋沢栄一

8．下線部iに関連して、普通選挙実施前後の状況として誤っているものを下記より選びなさい。なお、すべて正しい場合は「エ」をマークしなさい。

ア．合法的な無産政党である労働農民党が結成されたが、党内の対立から社会民衆党と日本労農党が分離・独立した。

イ．この時の普通選挙では無産政党勢力から8名の当選者が誕生し、この状況を背景にして日本共

産党が公然と活動を始めた。

ウ．最高刑を死刑とするなど、治安維持法の改正が図られたが、議会では法案が成立しなかったために、緊急勅令によって改正された。

9．下線部 j に関連して、この時、立憲民政党が行った経済政策として正しいものを、下記より選びなさい。

ア．金輸出禁止　　イ．金解禁　　ウ．金輸出再禁止　　エ．金禄公債証書の発行

10．下線部 k に関連して、1925年から1930年代の説明として正しいものを下記より選びなさい。なお、すべて誤っている場合は「エ」を選びなさい。

ア．満州事変が始まるとラジオ放送のニュースに注目が集まり、契約者数が100万人を突破した。

イ．映画の上映が始まり、弁士の解説付きで上映された映画はトーキーと呼ばれ、好評を博した。

ウ．ラジオ放送で人気だったのは野球中継であり、ラジオ放送開局と同じ年に発足した職業野球などが人気を集めた。

〔Ⅲ〕次の史料A～Cを読んで設問に答えなさい。もっとも適切な答えを一つマークしなさい。なお史料は省略したり、書き改めたところがあります。

A．　己が高徳を恃み、賎形の沙弥を刑ちて現に悪死を得る縁

勝宝応真聖武太上天皇、大誓願を発し、天平元年己巳の春二月八日を以て、左京の元興寺に大法会を備けて、三宝を供養す。太政大臣正二位長屋の親王に勅して衆僧に供する司に任ず。時に一の沙弥有り。濫しく供養を盛る処に就きて、鉢を捧げて飯を受く。親王見て牙册を以て沙弥の頭を罰つ。頭破て血を流す。沙弥頭をなで血をのごひて、うらめしみ哭きて忽ちみえず、去ゆく所を知らず。時に法会の衆道俗ひそかにささめきて言はく、凶し善くあらずといふ。逕ること二日うらやみねたむ人有りて、天皇に讒ぢて奏さく、長屋、社稷を傾けむことを謀り、将に国位を奪はむとすとまをす。爰に天心いかり、軍兵を遣してたたかふ。（中略）親王薬を服して自害す。

（『日本霊異記』[a]）

【設　問】

1．史料Aは説話であるため、所々で史実と異なるところがある。下記の説明で誤っているものを選びなさい。

ア．史料の通り、この事件は聖武天皇の時に起こった。

イ．史料の通り、元興寺は平城京の左京にある。

ウ．史料では太政大臣長屋の親王とあるが、左大臣長屋王が正しい。

エ．史料の通り、盧舎那仏の開眼供養会に関連する出来事である。

2．史料Aの直後に起こった出来事を下記より選びなさい。

ア．光明立后　イ．藤原広嗣の乱　ウ．恭仁京遷都　エ．三世一身法発令

3．下線部aの史料の作者を下記より選びなさい。

ア．行基　イ．道鏡　ウ．道昭　エ．景戒

B．b高倉殿ニ附従奉ル侍ノ一人モナシ、牢ノ如クナル屋形ノ荒テ久シキニ、警固ノ武士ヲスヘラレ、事ニ触タル悲耳ニ満テ、心ヲ傷シメケレハ、今ハ浮世ノ中ニ存命テモ、ヨシヤ命モ何カハセント思フニ、我身サヘ用ナキ物ニ歎給ヒケルカ。幾程ナク其年ノ観応三年壬辰二月二十六日、忽ニ死去シ給ヒケリ。（中略）実ニハ鴆毒ノ故ニ逝去シ給ヒケリトソ耳語ケル。去々年ノ秋ハ［　c　］、上杉ヲ亡ホシ、去年ノ春ハ禅門、［　c　］ヲ誅セラレ、今年ノ春ハ禅門、又怨敵ノ為ニ毒ヲ飲テ、失給ヒケルコソ哀ナレ。（『太平記』）

【設　問】

4．下線部bは、後文で「禅門」と記されている人物である。これに該当する人物を下記より選びなさい。

ア．足利尊氏　イ．足利直義　ウ．後醍醐天皇　エ．一休宗純

5．空欄cに該当する人物を下記より選びなさい。

ア．北条高時　イ．新田義貞　ウ．高師直　エ．北畠親房

6．史料Bの伝える騒動について正しいものを下記より選びなさい。

ア．この騒動は、幕府における得宗専制に対する御家人の不満が背景にある。

イ．この騒動は、天皇が京都を脱出したことから始まった。

ウ．この騒動は、「上杉」の死去をもって終結した。

エ．この騒動では、室町幕府内部の2つの勢力と南朝勢力の3者が離合集散を繰り返した。

C．d余はペルリ提督に命じて、余が陛下と陛下の政府とに対して極めて懇切の情を抱き居ること、及び余が提督を遣したる目的は、合衆国と日本とが友交を結び、相互に商業的交通を結ばんことを陛下に提案せんがために他ならずと、陛下に確言せしめんとす。（中略）

余はペルリ提督に命じて、陛下に他の事を告げしむ。吾が船舶にして毎年カリフォルニアより支那に赴くもの多く、又吾が人民にして、日本沿岸に於て［　e　］に従事するもの甚だ多し。荒天の際には、吾が船舶中の一艘が貴国沿岸に於て難破することも屢々なり。かかる場合には悉く、吾等が他の船舶を送りてその財産及人民を運び去るまでは吾が不幸なる人民を親切に遇し、

その財産を保護せられんことを願ひ又期待するものなり。余はこのことを熱望するものなり。

余はペルリ提督に命じて、陛下に次の事を告げしむ。(中略) 願はくは吾が汽船及びその他の船舶が日本に停船して、石炭、食糧及び水の供給を受くることを許されよ。

(『ペルリ提督日本遠征記』土屋喬雄・玉城肇訳)

【設　問】

7．下線部ｄに該当するアメリカ大統領を下記より選びなさい。

ア．ハリス　イ．パークス　ウ．ワシントン　エ．フィルモア

8．空欄ｅに該当するものを下記より選びなさい。

ア．捕鯨　イ．探検　ウ．金の採掘　エ．奴隷売買

9．史料Ｃで「余」が望んでいることに該当しないものを下記より選びなさい。

ア．日本との修好　イ．日本との貿易

ウ．遭難米国民の送還　エ．食糧・水・石炭の供給

10. 史料Ｃに関連して、誤っているものを下記より選びなさい。

ア．ペリー来航以前にも、アメリカは通商を要求する使節を送った。

イ．ペリーは浦賀に来航する前に小笠原諸島や琉球に立ち寄っていた。

ウ．幕府が頑強に受け取りを拒否したため、ペリーは国書を渡せなかった。

エ．ペリーは翌年武力を背景に条約締結を迫り、幕府はそれに屈して和親条約を締結した。

〔Ⅳ〕次の文章Ａ・Ｂを読んで設問に答えなさい。もっとも適切な答えを一つマークしなさい。

Ａ.　日清戦争が日本の勝利に終わり、清国の弱体化が明らかになると、aイギリス、フランス、ドイツ、ロシアなど列強は競って清国に進出し、その勢力範囲を設定していった。三国干渉以降、中国東北部に進出したロシアに対し、b朝鮮半島における権益が脅かされることを望まなかった日本は、イギリスと同盟してロシアに対抗する道を選んだ。1904年、c桂太郎内閣はロシアと開戦した。戦局を優位に進めながら、国力の面からも長期にわたって戦争を継続することを望まなかった日本は、dアメリカに調停を依頼し、ポーツマスで講和条約が調印された。eポーツマス条約で得た諸権益の確保は日露戦争後の日本の国是となった。

【設　問】

1．下線部ａに関連し、日清戦争後の列強の勢力範囲設定に関する説明として誤っているものを下記より選びなさい。なお、すべて正しい場合は「エ」をマークしなさい。

ア．イギリスがいち早く九龍半島を租借すると、これに対抗してドイツは山東半島の膠州湾・威海衛を租借した。

イ．ロシアは遼東半島の旅順・大連を租借し、さらに大連までの鉄道敷設権を獲得した。

ウ．アメリカは、清に対する進出競争に加わらなかったものの、門戸開放・機会均等を提案し、他方でハワイを併合、フィリピンを植民地化した。

2．下線部ｂに関連し、19世紀末から20世紀初頭にかけて朝鮮半島に関連して生じた出来事に関する説明として誤っているものを下記より選びなさい。

ア．日朝修好条規以降、開化路線をとる閔妃一族は、当初清国に同調したが、壬午事変後は日本に接近した。

イ．東学の信徒を中心とした農民蜂起が起き、朝鮮政府が清国に出兵を要請すると、日本もこれに対抗して出兵したので、農民は急いで朝鮮政府と和解を図った。

ウ．日露戦争が開戦すると、日本は韓国と日韓議定書を結び、韓国内における日本の軍事行動の自由と軍事上必要な地点の収容権を確保した。

エ．日露戦争後に締結された第２次日韓協約により、日本は韓国の外交権を取得し、統監府を設置した。

3．下線部ｃに関連し、桂太郎の首相在任時に生じた出来事ではないものを下記より選びなさい。

ア．韓国併合

イ．治安警察法制定

ウ．第２次日英同盟協約締結

エ．第一次護憲運動

4．下線部dに関連し、ポーツマス会議における仲介役を務めた人物Aと、ロシア全権Bの組合せとして、正しいものを下記より選びなさい。

ア．A：フランクリン・ローズヴェルト　B：ウィッテ

イ．A：フランクリン・ローズヴェルト　B：レザノフ

ウ．A：セオドア・ローズヴェルト　B：ウィッテ

エ．A：セオドア・ローズヴェルト　B：レザノフ

5．下線部eの内容として誤っているものを下記より選びなさい。

ア．沿海州・カムチャッカ沿岸における漁業権

イ．旅順・大連を含む遼東半島の租借権

ウ．長春・旅順間の鉄道とその支線、付属の炭鉱などの経営権

エ．北緯50度以南のサハリン島の割譲

B．$_f$対日占領を早期に終わらせる動きを加速させたアメリカは、単独講和を想定して準備を進めたが、日本国内には全交戦国との全面講和を主張する声もあった。そうした中、1951年9月に開催された$_g$サンフランシスコ講和会議において、日本全権であった吉田茂は、参加国のうち48か国代表との間で$_h$サンフランシスコ平和条約に調印した。また、平和条約と同日に調印された$_i$日米安全保障条約とそれに伴う［ j ］により、アメリカ軍が引き続き日本に駐留し基地を使用することが認められた。その後吉田内閣はアメリカの再軍備要求を受けて1952年には警察予備隊を保安隊に改組し、1954年にはアメリカと［ k ］を結び、自衛隊を発足させて防衛庁を設置した。

【設 問】

6．下線部fに関連し、単独講和、全面講和に関連する記述として誤っているものを下記より選びなさい。なお、すべて正しい場合は「エ」をマークしなさい。

ア．対日講和を急いだアメリカは、国務省顧問のダレスが中心となり、単独講和及び講和後の米軍日本駐留を条件として、各国との交渉を進めた。

イ．日本社会党、日本共産党は全面講和論を支持し、論陣を張ったが、日本社会党は平和条約への可否等をめぐって左右両派に分裂した。

ウ．単独講和を選択した日本は主権を回復した一方、独立後の安全保障はアメリカに依存することとなった。

7．下線部gに関連し、①招請されなかった国、②参加したが調印しなかった国の組合せとして誤っているものを下記より選びなさい。

ア．①中華人民共和国　②インド

イ．①中華人民共和国　②ソ連

ウ．①中華民国　　②インド

エ．①中華民国　　②ビルマ

※設問７については，問題文に誤りがあったため，全員正解とする措置を取ったことが大学から公表されている。

8．下線部ｈに関連し、サンフランシスコ平和条約に関する記述として正しいものを下記より選びなさい。なお、すべて誤っている場合は「エ」をマークしなさい。

ア．日本は朝鮮の独立を承認し、台湾・澎湖諸島・千島列島・南樺太の領土権を放棄した。

イ．沖縄・奄美・小笠原の各諸島に対するアメリカの施政権継続を承認したが、沖縄以外は調印の二年後に返還された。

ウ．フィリピン・インドなどに対し、戦争被害による賠償金を支払うことを規定した。

9．下線部ｉに関連し、日米安全保障条約に関連する記述として誤っているものを下記より選びなさい。

ア．1951年締結の日米安全保障条約上は、アメリカが必要とすれば、日本のどの地域でも基地としての使用を要求することができた。

イ．1951年締結の日米安全保障条約では、在日米軍がその平和と安全に寄与する対象である「極東」の範囲は明確にされていない。

ウ．1959年に、社会党・総評を中心として安保条約改定阻止国民会議が結成されたが、日本共産党は路線の相違からこれに参加しなかった。

エ．1960年の条約改定時に大規模かつ激しい闘争が繰り返されたことを受け、アメリカのアイゼンハウァー大統領は予定されていた日本本土の訪問を中止した。

10．空欄ｊ・ｋに該当する語句の組合せとして正しいものを下記より選びなさい。

ア．ｊ：日米地位協定・ｋ：MSA 協定

イ．ｊ：MSA 協定・ｋ：日米地位協定

ウ．ｊ：日米行政協定・ｋ：MSA 協定

エ．ｊ：MSA 協定・ｋ：日米行政協定

世界史

(60分)

〔Ⅰ〕次の文中の［　　］に最も適当な語を語群から選び、また下線部に関する問いに答え、最も適当な記号1つをマークしなさい。

①キリスト教は、1世紀前半ローマの支配下にあったパレスティナで、イエスが始めた「神の国」運動から始まった。イエスは、当時の②ユダヤ教を批判したため、ユダヤ教の祭司らに訴えられ十字架刑に処せられた。しかしその後、神の子であるイエスは復活したという信仰が広まり、ここにキリスト教が誕生した。③使徒や弟子たちの伝道により、ローマ帝国の各地に教会がつくられ、その数は3世紀になると目立ちはじめた。その勢いは同世紀後半には当局も無視しえなくなり、国家による④迫害も起きるようになった。世俗の生活を捨て、信仰のために生涯を捧げる隠修士や修道者が現れたのはこの時期である。最初の修道者たちはエジプトの砂漠に出現し、その運動はシリアやヨルダンに広がっていった。彼らが持つ禁欲思想は、それまでの地中海世界の諸宗教に見られず、その背後には文明の基調に大きな変化が見られることから、この変化が生まれた古代末期から中世初期をひとつのまとまった時代として捉える見方もある。

6世紀前半、修道士の⑤ベネディクトゥスはローマ南方の［　イ　］に修道院を創設した。ローマ=カトリック教会は、このような修道院出身の修道士たちの活躍をたよりに、⑥ゲルマン諸族の布教に乗り出していった。まさにこの頃、キリスト教の［　ロ　］派にいち早く改宗したのがフランク王のクローヴィスであった。その後フランク王国はヨーロッパ世界の形成において重要な役割を果たしていくことになるのである。

[語　群]

イ	a．カノッサ	b．アッシジ	c．アナーニ	d．モンテ=カシノ
ロ	a．ネストリウス	b．アタナシウス	c．アリウス	d．カタリ

[問　い]

①キリスト教に関する記述として、誤りを含むものはどれか。

a．「キリスト」とはユダヤ教の「メシア」のギリシア語訳である。

b．『新約聖書』には福音書や使徒の書簡などが含まれる。

c．三位一体説の三位とは父なる神と子なるイエスと聖霊である。

d．教義を定めるための初の公会議は、エフェソスで開催された。

②ユダヤ教に関する記述として、誤りを含むものはどれか。

a．唯一神ヤハウェを信仰する。

b．指導者モーセは紅海を渡る際に十戒を授かったとされる。

c．ユダヤ教の聖典はキリスト教では『旧約聖書』とされる。

d．選民思想と救世主信仰を特徴とする。

③使徒や弟子たちに関する記述として、誤りを含むものはどれか。

a．ペテロは異邦人への布教活動で知られる。

b．弟子たちの宣教により、小アジアやギリシアなどに教会がつくられた。

c．弟子たちはイエスの十字架上の死は全人類を救済するための贖罪であると信じた。

d．ペテロの墓が後のサン=ピエトロ寺院の礎になったとされる。

④迫害に関する記述として、誤りを含むものはどれか。

a．ネロ帝はローマの大火に際してキリスト教徒を迫害した。

b．ディオクレティアヌス帝は大規模なキリスト教徒迫害を行った。

c．ユリアヌス帝は、皇帝崇拝を拒否するキリスト教徒を激しく弾圧した。

d．迫害を逃れたキリスト教徒が礼拝を行った地下墓所をカタコンベという。

⑤ベネディクトゥスが創設した修道会に関する記述として、誤りを含むものはどれか。

a．「清貧・純潔・服従」を戒律として定めた。

b．この修道会は「祈り、働け」を標榜した。

c．クリュニー修道院はベネディクトゥスの戒律への回帰を掲げた。

d．『神学大全』を著したトマス=アクィナスは、この修道会の修道士である。

⑥ゲルマン諸族に関する記述として、誤りを含むものはどれか。

a．ヴァンダル人はイベリア半島に王国を建てた。

b．ブルグンド人はガリア東南部に王国を建てた。

c．東ゴート人はイタリアに王国を建てた。

d．東ゴート人のテオドリック王はオドアケルを倒した。

〔Ⅱ〕次の文中の［　　］に最も適当な語を語群から選び、また下線部に関する問いに答え、最も適当な記号1つをマークしなさい。

①バラ戦争でヘンリ7世が勝利した結果、1485年に②テューダー朝が成立した。その子ヘンリ8世は王権の伸張を企図するとともに、③イギリス国教会を創設し修道院を解散した。この修道院領を手に入れ大地主として勃興したのがジェントリである。彼らは貴族とともにその後長くイギリスの支配者層を構成した。④ステュアート朝期には「王権と議会」と「王位と信仰」という問題が顕在化した。ジェントリが多くの議席をもつ庶民院と、専制政治をもくろむ国王との対立が深刻化したのである。共和政を求める［　イ　］派を率い政変を主導したのが、ジェントリ出身の⑤クロムウェルである。彼は1649年に国王を処刑し独裁体制を確立した。共和政による「大空位期」はクロムウェルの死後まで続く。1660年に王政が復活すると、カトリックへ接近する国王と国教会体制の堅持を求める勢力が対立した。1688年に議会はオランダによる介入を受け入れ、プロテスタントのオランダ総督夫妻がステュアート朝を継承した。その際、権利の章典によって「王権と議会」の問題は一応の決着を見た。「王位と信仰」については、イギリスは1701年の王位継承法でプロテスタントによる王位継承の意思を国内外に明示した。実際、アン女王の死でステュアート朝が幕を閉じると、プロテスタントのハノーヴァー選帝侯ゲオルクを国王に迎え⑥ハノーヴァー朝が成立した。彼とその子ジョージ2世の下でジェントリ出身の［　ロ　］が長期政権を実現する。彼が議会の支持を失って下野したことは、責任内閣制成立の契機のひとつと目される。

[語　群]

イ　a．長老　　b．水平　　c．開化　　d．独立

ロ　a．ピット　　b．ピール　　c．ウェリントン　　d．ウォルポール

[問　い]

①バラ戦争に関する記述として、誤りを含むものはどれか。

a．百年戦争終結後、ランカスター家とヨーク家が王位継承をめぐって争った。

b．ランカスター派は赤バラ、ヨーク派は白バラを記章にしたといわれている。

c．この戦争を収拾したのは、ヨーク派であった。

d．この戦争に参加した諸侯や騎士の多くが疲弊・没落した。

②テューダー朝期に関する記述として、誤りを含むものはどれか。

a．ヘンリ8世は、ウェストミンスター宮殿に国王直属の星室庁裁判所を整えた。

b．大地主が穀物増産のため村の共有地や小作地を大農場とする第1次囲い込みを進めた。

c．エリザベス1世は、救貧法の制定により貧民を救済し内政を安定させようとした。

d．ドレークが特許状で私掠を許可され、スペインの銀の輸送船を攻撃した。

③イギリス国教会に関する記述として、誤りを含むものはどれか。

a．国王至上法（首長法）によって、イギリス国王が国教会の長とされた。

b．ローマ教皇とは絶縁したが、教会の組織や儀式にカトリックの要素が残った。

c．ヘンリ８世の娘メアリ１世によって一般祈禱書が制定され、教義や制度が整備された。

d．統一法によって祈禱や礼拝が統一され、イギリス独自の教会体制が確立された。

④ステュアート朝期に関する記述として、誤りを含むものはどれか。

a．スコットランド王を兼ねるジェームズ１世は、カルヴァン派のピューリタンを厚遇した。

b．チャールズ１世による国教会制度の強制によって、スコットランドで反乱が起こった。

c．審査法が制定され、プロテスタントでも国教徒でなければ公職から排除された。

d．王権と国教会を擁護するトーリ党と、議会の権利を主張するホイッグ党が生まれた。

⑤クロムウェルに関する記述として、誤りを含むものはどれか。

a．短期議会を強制的に解散して、終身の護国卿に就任した。

b．ピューリタンを中心に統率された鉄騎隊を組織した。

c．スコットランドでチャールズ１世の子の軍隊を破った。

d．アイルランドを征服し、土地の没収を強行した。

⑥ハノーヴァー朝期に関する記述として、誤りを含むものはどれか。

a．カトリック教徒住民が多数を占めるアイルランドを正式に併合し連合王国に組み込んだ。

b．寛容法が制定されて、国教徒でないプロテスタントにも信教の自由が認められた。

c．ホイッグ党内閣の下で、第１回選挙法改正により腐敗選挙区が廃止された。

d．ロンドンで第１回万国博覧会が開催され、水晶宮で工業力が誇示された。

〔Ⅲ〕次の文中の[　　]に最も適当な語を語群から選び、また下線部に関する問いに答え、最も適当な記号1つをマークしなさい。

1800年時点のヨーロッパ東部を占めていたのは、ロシア帝国、オスマン帝国、オーストリア帝国、プロセイン王国という4つの国家のみであった。しかし、それから100余年を経た第一次世界大戦終結後には、まったく異なる情景が地図上に出現することになる。

最初に変動の兆しが見られたのはオスマン帝国領のバルカン半島である。ナポレオン戦争が終わるのと前後して、①セルビアがオスマン帝国宗主権下の自治公国として自立を開始する。さらにモルダヴィア・ワラキアの両公国では19世紀後半に統一の機運が高まり、②ルーマニア自治公国が成立した。すでに独立を承認されていたギリシアに加えて、これら諸国はロシア=トルコ戦争の講和条約である1878年の[　イ　]条約で独立を認められた。他方、ロシア帝国に支援された③ブルガリアは、同条約で大ブルガリア公国として自立を認められたものの、その後に結ばれた新たな条約で国土縮小を強いられ、オスマン帝国への貢納も義務づけられた。なお、ブルガリアが譲歩を迫られたのと同時期、半島西部ではオーストリア=ハンガリー帝国が[　ロ　]の統治権を獲得、20世紀初頭にはオスマン帝国の混乱に乗じてこれを併合した。

オスマン帝国を相手に勢力拡大を狙ったオーストリア=ハンガリー帝国とロシア帝国の領内でも民族自立の動きは続いており、第一次世界大戦を機に独立した例も見られる。オーストリア=ハンガリー帝国内で自立への意思を高めていた④チェコ人とクロアティア人は、近隣の同系民族とともに、チェコスロヴァキアとセルブ=クロアート=スロヴェーン王国としてそれぞれ独立を果たした。後者はのちに⑤ユーゴスラヴィアと改称する。18世紀に隣接諸国の手で分割されたポーランドも統一国家を回復し、ロシア帝国支配下に置かれてきた⑥フィンランドやバルト諸国もこの時期に独立を達成した。

[語　群]

イ　a．サン=ステファノ　b．カルロヴィッツ　c．パリ　d．ロンドン

ロ　a．ボスニア=ヘルツェゴヴィナ　b．アルバニア　c．モンテネグロ　d．マケドニア

[問　い]

①セルビアとセルビア人に関する記述として、誤りを含むものはどれか。

a．南スラヴ人に属する民族である。

b．9世紀頃にギリシア正教を受け入れた。

c．14世紀にコソヴォの戦いに勝利した。

d．コソヴォ紛争でNATO軍に空爆された。

②ルーマニアに関する記述として、誤りを含むものはどれか。

a．首都ブカレストにコミンフォルム本部が置かれていた。

b．連合国側に立って第二次世界大戦を戦った。

c．ワルシャワ条約機構の創立時からの加盟国であった。

d．東欧民主化が進展するなか、チャウシェスク大統領が処刑された。

③ブルガリアに関する記述として、誤りを含むものはどれか。

a．バルカン同盟に加わり、第1次バルカン戦争に参戦した。

b．第2次バルカン戦争では、オスマン帝国と同盟関係にあった。

c．19世紀後半に東ルメリア自治州を併合した。

d．第二次世界大戦後に人民共和国になった。

④チェコに関する記述として、誤りを含むものはどれか。

a．9世紀にモラヴィア王国が建てられた。

b．ベーメン（ボヘミア）の旧教徒による反乱が三十年戦争の発端となった。

c．音楽家スメタナの出身地である。

d．ヒトラーがベーメン・メーレン保護領を置いた。

⑤ユーゴスラヴィアとその指導者ティトーに関する記述として、誤りを含むものはどれか。

a．第二次世界大戦期に対独パルチザンが展開され、ほぼ自力で独立を達成した。

b．労働者の自主管理による独自の社会主義建設をめざした。

c．ソ連と異なる自立的路線を選択したため、コミンフォルムを除名された。

d．エジプトのナギブらと非同盟諸国首脳会議開催を呼びかけた。

⑥フィンランドに関する記述として、誤りを含むものはどれか。

a．中世以来、スウェーデンの統治下に置かれていた。

b．ナポレオン戦争期にロシアが獲得して大公国になった。

c．20世紀初頭に女性参政権が認められた。

d．ソ連=フィンランド戦争（冬戦争）でソ連からカレリア地方を奪った。

〔Ⅳ〕次の文中の［　　］に最も適当な語を語群から選び、また下線部に関する問いに答え、最も適当な記号1つをマークしなさい。

イスラームの拡大は、7世紀前半に①ムハンマドが②アラビア半島の［　イ　］に移住してイスラーム共同体を建設したことに始まる。③正統カリフ時代にはその領域はアラビア半島の外に広がっていく。最後の正統カリフの没後に成立した④ウマイヤ朝では、アラブ人が支配者層として特権を握り、征服地であらたに改宗した信徒たちの不満が増大した。その結果、ウマイヤ朝の支配を批判する人々を取り込んだアッバース家による革命運動によってウマイヤ朝は倒された。

一大帝国を築いた⑤アッバース朝では、イスラーム法による統治が実現し、民族による差別は解消された。各地に交通網が張り巡らされ、街道上の諸都市は政治や経済の拠点であるとともに、学問や芸術の中心地ともなった。しかし、地方政権の出現や、トルコ系遊牧民の流入が原因で、アッバース朝のカリフは統治者としての実権を失っていった。一方でセルジューク朝の宰相［　ロ　］が学院（マドラサ）を建設して以降、⑥ワクフと呼ばれる寄進制度が普及し、都市文化の繁栄をもたらした。

[語　群]

イ　a．イェルサレム　b．バビロン　c．メディナ　d．メッカ

ロ　a．ニザーム=アルムルク　b．アブド=アルマリク　c．イブン=ルシュド
　d．ラシード=アッディーン

[問　い]

①ムハンマドに関する記述として、誤りを含むものはどれか。
- a．多神教にかわり厳格な一神教を唱えた。
- b．イスラームでは唯一の預言者とされる。
- c．ハーシム家の出身である。
- d．布教前は商業に従事していた。

②アラビア半島に関する記述として、誤りを含むものはどれか。
- a．北部や中部ではアラブ系の遊牧民や農耕民が部族社会を形成していた。
- b．南西部のイエメンは早くから王国を形成した。
- c．6世紀後半には東部沿岸がインド洋と地中海を結ぶ貿易中継地点として栄えた。
- d．7世紀にはキリスト教やユダヤ教も信仰されていた。

③正統カリフに関する記述として、誤りを含むものはどれか。
- a．初代のアブー=バクルはウンマの合意により選ばれた。
- b．第2代のウマルはササン朝を滅亡させた。
- c．第3代のウスマーンは暗殺された。
- d．第4代のアリーはムハンマドの従弟である。

④ウマイヤ朝に関する記述として、誤りを含むものはどれか。

a．シリア総督が建国した。

b．行政用語がアラビア語に統一された。

c．ウマイヤ=モスクは現存する最古のモスクである。

d．トゥール・ポワティエ間の戦いでカール大帝に敗れた。

⑤アッバース朝に関する記述として、誤りを含むものはどれか。

a．マンスールが首都バグダードを建設した。

b．イラン系のムスリムが官僚に登用された。

c．灌漑農業が発達し、サトウキビの栽培が拡大した。

d．サーマーン朝の支配者をスルタンに任命した。

⑥ワクフに関する記述として、誤りを含むものはどれか。

a．イスラーム法にのっとった行為である。

b．モスクやマドラサなどが寄進された。

c．支配者や富裕な商人が寄進者となった。

d．賃貸アパートなどが信託財産とされた。

〔V〕次の文中の［　　］に最も適当な語を語群から選び、また下線部に関する問いに答え、最も適当な記号1つをマークしなさい。

長い歴史を有する中国の絵画は、五代から①宋の時代に大きな転換期を迎えた。後に花鳥画・山水画と呼ばれるジャンルの確立である。とくに山水画は②詩文や書道とともに士大夫の嗜(たしな)みと位置付けられた。その背景には、官僚・地主でもある士大夫が余暇に芸術を楽しむという生活様式や、③仏教の影響による内省的志向があると見られる。北宋末期には米芾(べいふつ)という才人が現れ、12世紀初めに、画家としても有名な皇帝の［　イ　］が宮中に画院を設置した際には米芾も招かれた。

④モンゴルの支配下では、士大夫の活躍の場が限られたなか、芸術に勤しんだ者も多く、宋の宗室だった趙孟頫(ちょうもうふ)や、元末の四大家が知られる。明が［　ロ　］を都として建国されると、多くの江南地方の文人が弾圧され、著名な画家たちも命を落とした。その後⑤永楽帝が宮廷の画院を再建し、これが明代絵画の主流となる。明代後期に江南地方の経済が再び繁栄すると、文徴明や董其昌らの文人画家が登場した。とくに董其昌は絶大な名声を博し、爛熟した⑥文化の風潮のなかで、時代の寵児となった。明の滅亡後も董其昌の画風は重んじられ、その作品は清朝の皇帝たちからも愛された。

［語　群］

イ　a．徽宗　　b．高宗　　c．神宗　　d．太宗

ロ　a．蘇州　　b．金陵　　c．杭州　　d．開封

[問　い]

①宋に関する記述として、誤りを含むものはどれか。

a．茶・塩・酒などの専売による利益が国家収入の多くを占めた。

b．石炭の利用が普及した。

c．江南で農地の開発が進み、「湖広熟すれば天下足る」と称された。

d．北宋後半には、新法党と旧法党が対立した。

②中国の詩文に関する記述として、誤りを含むものはどれか。

a．名文家の蘇軾は、『資治通鑑』を編纂した。

b．宋代には、民謡から発展した韻文である詞が流行した。

c．詩人の王維は、画家としても知られた。

d．柳宗元は唐宋八大家の一人に数えられる。

③仏教に関する記述として、誤りを含むものはどれか。

a．宋代には、各種の念仏結社が生まれた。

b．ダライ=ラマ5世は、ポタラ宮殿を建造した。

c．王重陽がおこした正一教では、儒教・仏教・道教の調和が説かれた。

d．宋代には、禅宗が士大夫の間に広がった。

④モンゴルに関する記述として、誤りを含むものはどれか。

a．モンゴル治下の中国で『西廂記』などの元曲が作られた。

b．オゴタイは金を滅ぼした。

c．フビライの即位に反対して、ハイドゥが反乱を起こした。

d．黄帽派の高僧パスパが新たな文字を作った。

⑤永楽帝に関する記述として、誤りを含むものはどれか。

a．自ら軍を率いてモンゴルに遠征した。

b．靖難の役に勝利して、帝位に即いた。

c．紫禁城を建設した。

d．中書省を廃止し、六部を皇帝に直属させた。

⑥明代の文化に関する記述として、誤りを含むものはどれか。

a．郷紳などの富裕な人々が、庭園の建設を行った。

b．徐光啓によって授時暦が編纂された。

c．王守仁が知行合一を説いた。

d．李時珍が『本草綱目』を著した。

(60分)

〔Ｉ〕ヨーロッパに関する地図をみて以下の設問に答え、最も適当な記号を１つ選んでマークしなさい。なお、図中の経緯線は10度ごとにひかれており、❶～❹は経緯線で囲まれた領域を示している。

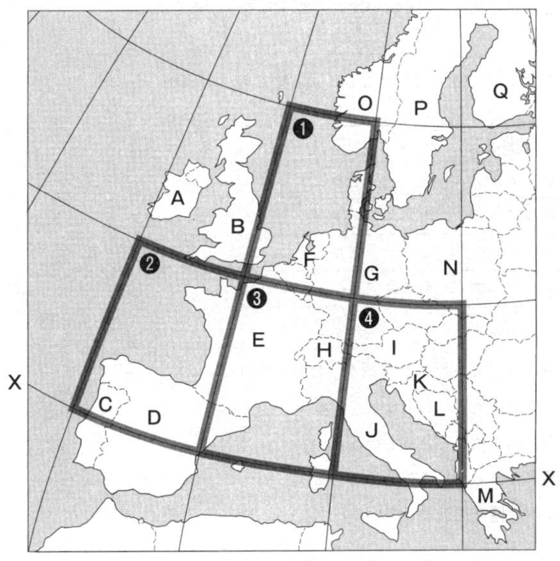

（1）図中の緯線Ｘの緯度として正しいものはどれか。

ａ．北緯20度　　ｂ．北緯30度　　ｃ．北緯40度　　ｄ．北緯50度

（2）図中の領域❶～❹に含まれるものの組み合わせとして誤りを含むものはどれか。

ａ．領域❶にはドッガーバンクと北海油田の一部が含まれる。

ｂ．領域❷にはリアス海岸とバルセロナが含まれる。

ｃ．領域❸にはアルプス山脈の一部とコートダジュールが含まれる。

ｄ．領域❹にはドナウ川の一部とバチカン市国が含まれる。

（3）図中の各国における国際組織への加盟に関する説明として正しいものはどれか。

a．A国とE国はいずれもNATO加盟国である。

b．G国とI国はいずれもNATO加盟国である。

c．J国とM国はいずれもEU加盟国である。

d．O国とP国はいずれもEU加盟国である。

（4）図中の各国における宗教人口に関する説明として正しいものはどれか。

a．A国とB国の宗教人口ではいずれもプロテスタントが最も多い。

b．C国とD国の宗教人口ではいずれもカトリックが最も多い。

c．M国とN国の宗教人口ではいずれもプロテスタントが最も多い。

d．P国とQ国の宗教人口ではいずれもカトリックが最も多い。

（5）図中のK国とL国の組み合わせとして正しいものはどれか。

	K国	L国
a	クロアチア	セルビア
b	クロアチア	ボスニア・ヘルツェゴビナ
c	スロベニア	セルビア
d	スロベニア	ボスニア・ヘルツェゴビナ

（6）図中のH国に関する説明として誤りを含むものはどれか。

a．ライン川が国境の一部をなしている。

b．立憲君主制の政体をとっている。

c．輸出額第1位の品目は医薬品である。

d．シェンゲン協定に加盟している。

（7）図中のQ国に関する説明として誤りを含むものはどれか。

a．国土の大半はDf気候区である。

b．国土には数多くの氷河湖がみられる。

c．北部はラップランドとよばれる。

d．輸出額第1位はパルプである。

（8） 下の表は、図中の4か国における輸出品目（上位5位まで）とその金額、輸出総額を示したものである（2018年）。表中のa～dは、B国、E国、F国、J国のいずれかに対応している。F国はどれか。

	a		b		c		d	
	品目	輸出額	品目	輸出額	品目	輸出額	品目	輸出額
1位	機械類	113,661	機械類	138,622	機械類	141,816	機械類	102,942
2位	自動車	54,647	石油製品	60,833	自動車	43,463	自動車	53,151
3位	航空機	51,999	自動車	25,719	医薬品	29,434	金（非貨幣用）	32,296
4位	医薬品	34,632	医薬品	22,711	衣類	25,721	医薬品	31,276
5位	精密機械	15,470	有機化合物	21,155	鉄鋼	22,113	原油	27,633
	計	568,536	計	555,921	計	549,907	計	490,840

単位：百万ドル。『世界国勢図会』2020/21年版による。

〔Ⅱ〕アフリカに関する地図をみて以下の設問に答え、最も適当な記号を1つ選んでマークしなさい。

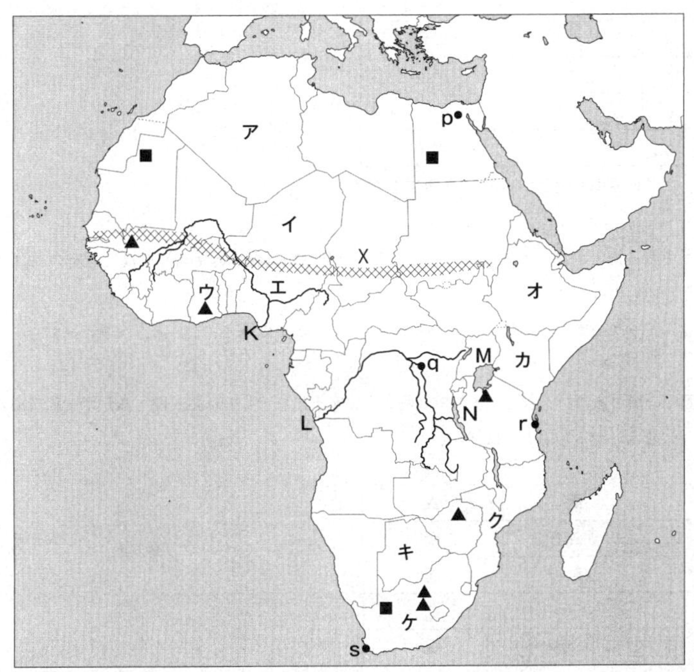

（1）図中の都市 p～s が属する気候区として誤っているものはどれか。

a．都市 p は BW 気候に属する。

b．都市 q は Af 気候に属する。

c．都市 r は Aw 気候に属する。

d．都市 s は Cfa 気候に属する。

（2）図中の河川 K・L、湖 M・N に関する説明として誤りを含むものはどれか。

a．河川 K は、河口部に広大なデルタを持つ。

b．河川 L は、最下流域にかけて緩やかな流れとなっている。

c．湖 M は、標高1000 m 以上の高地にある。

d．湖 N は、アフリカで最大水深の断層湖である。

（3）図中の X の地域で広く栽培されている農作物はどれか。

a．小麦　　b．米　　c．茶　　d．落花生

（4）図中のウ国、エ国、オ国、キ国とそれぞれの貿易輸出額における第1位の品目（2018年）の組み合わせとして誤っているものはどれか。

	国	品目
a	ウ	カカオ豆
b	エ	原油
c	オ	コーヒー豆
d	キ	ダイヤモンド

『世界国勢図会』2020/21年版による。

（5）図中のイ国、カ国、ケ国について、1人あたり GNI（国民総所得）の高い順番の並びとして正しいものはどれか。

a．イ→ケ→カ　　b．カ→ケ→イ　　c．ケ→カ→イ　　d．ケ→イ→カ

（6）図中の■と▲は、それぞれある鉱産物の主要産出地を示している。■と▲が示す鉱産物の組み合わせとして正しいものはどれか。

	■	▲
a	鉄鉱石	金
b	鉄鉱石	銅
c	ボーキサイト	金
d	ボーキサイト	銅

（7）　図中のア国とク国の旧宗主国の組み合わせとして正しいものはどれか。

	ア国	ク国
a	イタリア	イギリス
b	イタリア	ポルトガル
c	フランス	イギリス
d	フランス	ポルトガル

（8）　アフリカの民族問題に関する説明として誤りを含むものはどれか。

a．スーダンのダルフールでは、アラブ系政府と非アラブ系諸民族が対立した。

b．ソマリアでの民族間の内戦では、国連平和維持軍の介入があった。

c．南アフリカ共和国では、白人を優遇する極端な人種差別政策がとられていた。

d．ルワンダでの内戦では、少数民族であるフツの人々が大量に虐殺された。

〔Ⅲ〕次の（1）～（8）は世界の環境問題と地域問題に関する文である。A、Bがともに正しい場合にはaを、Aが正しくBが誤りの場合にはbを、Bが正しくAが誤りの場合にはcを、A、Bがともに誤りの場合にはdをマークしなさい。

（1）　A　エルニーニョは東部熱帯太平洋の海面水温が上昇する現象である。

B　ヒートアイランド現象は夜間よりも昼間に顕著に現れる。

（2）　A　酸性雨による被害は赤道付近の低緯度地域で顕著にみられる。

B　フロンは温室効果ガスでありオゾンホールの原因でもある。

（3）　A　ラムサール条約は多様な生態系を持つ湿地の保全を目的とする。

B　京都議定書は地球温暖化防止に関する文書である。

（4）　A　マレーシアではえび養殖場のためにマングローブ林が伐採されている。

B　サヘルの砂漠化の要因の一つは人口増による樹木の過伐採である。

（5）　A　国連環境計画の本部はナイロビにおかれている。

B　国連難民高等弁務官事務所の本部はジュネーブにおかれている。

（6）　A　カナダのケベック州分離独立運動ではイヌイットが運動の中心となった。

B　キプロス紛争ではトルコ系住民とギリシャ系住民が対立した。

（7）　A　シオニズム運動とはアラブ人によるイスラエルへの抵抗運動である。

B　公民権運動とはアメリカ合衆国の奴隷制度廃止まで行われた黒人差別反対運動である。

（8）　A　ニュージーランドの国会ではマオリに対する割り当て議席がある。

B　スペインにはバスク人の自治が認められている地域がある。

〔Ⅳ〕世界の島国に関する以下の設問に答え、最も適当な記号を１つ選んでマークしなさい。

（1）　インドネシアの説明として誤りを含むものはどれか。

a．首都はこの国で面積が最大の島に位置している。

b．パーム油の生産量が世界で最も多い。

c．住民の多くはイスラム教を信仰している。

d．東南アジア諸国連合（ASEAN）の原加盟国である。

（2）　フィリピンの説明として誤りを含むものはどれか。

a．国土のすべてが赤道以北に位置している。

b．棚田がユネスコ世界遺産に登録されている。

c．住民の多くはカトリックを信仰している。

d．バナナの輸出が世界で最も多い。

（3）　スリランカの説明として誤りを含むものはどれか。

a．インド洋の赤道以北に位置している。

b．人口が最大の都市では年降水量が2000ミリメートルを超える。

c．タミル語が公用語の１つとなっている。

d．日本にとって茶の輸入相手国の第１位である。

（4）　マダガスカルの説明として誤りを含むものはどれか。

a．モザンビークの沖合に位置している。

b．日本より面積が小さい。

c．人口は2000万人を超える。

d．フランス語を公用語としている。

（5）　アイスランドの説明として誤りを含むものはどれか。

a．国土のすべてが北緯60度以北に位置している。

b．最高峰の標高は2000メートルを超える。

c．首都では最暖月の平均気温が22℃を超える。

d．北大西洋条約機構（NATO）の加盟国である。

（6）マルタの説明として誤りを含むものはどれか。

a．地中海に位置している。

b．ヨーロッパ連合（EU）の加盟国である。

c．ギリシャ語を公用語としている。

d．住民の多くはカトリックを信仰している。

（7）パプアニューギニアの説明として誤りを含むものはどれか。

a．国土のすべてが赤道以南に位置している。

b．最高峰は標高が5000メートルを超える。

c．国土の一部はかつてドイツの植民地支配を受けていた。

d．首都の位置する島には隣国との国境が存在する。

（8）フィジーの説明として誤りを含むものはどれか。

a．太平洋の南回帰線以北に位置している。

b．かつてイギリスの植民地支配を受けていた。

c．ヒンドゥー教を信仰する住民が半数以上を占める。

d．首都に太平洋諸島フォーラムの本部がおかれている。

〔Ⅴ〕以下の設問に答え、最も適当な記号を１つ選んでマークしなさい。

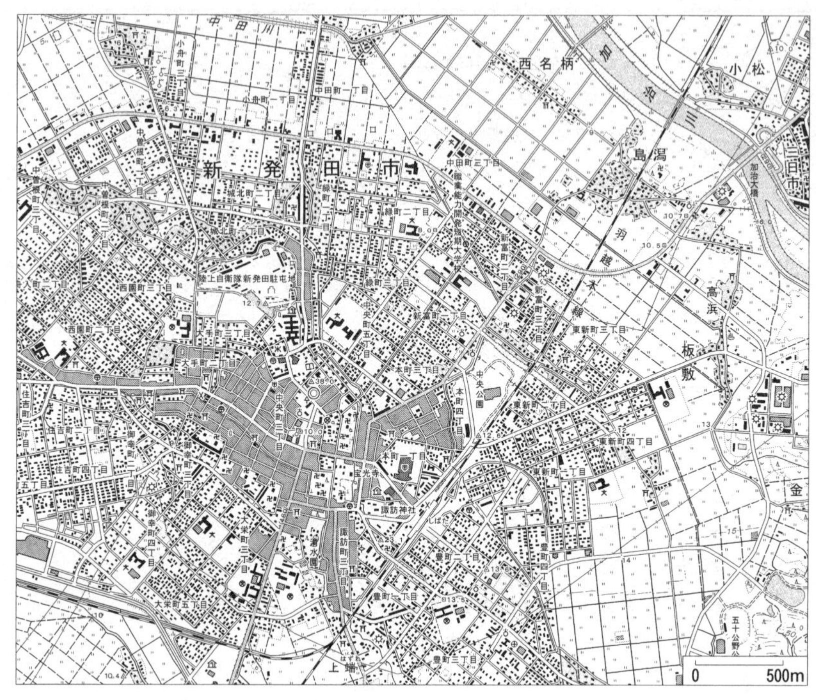

図１

国土地理院発行の２万５千分１地形図「新発田」(2010年発行) を一部改変。

(編集の都合上, 60％に縮小――編集部)

(1)　図１において、JR新発田(しばた)駅の半径500メートル以内にみられない地図記号はどれか。

a．警察署　　b．寺院　　c．税務署　　d．老人ホーム

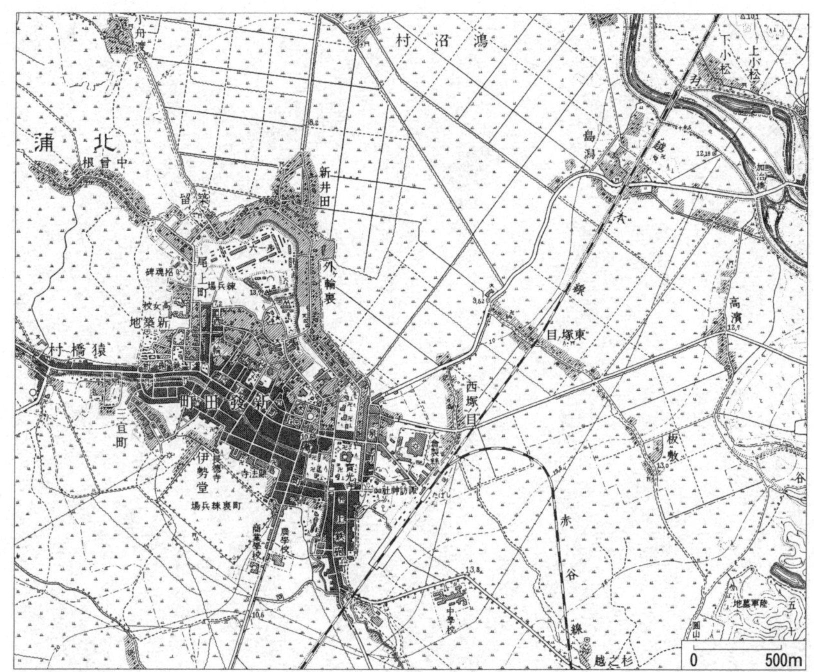

図２
国土地理院発行の２万５千分１地形図「新發田」(1934年発行) を一部改変。

(編集の都合上，60%に縮小――編集部)

（2） 図１と図２を比較して読み取れることとして誤りを含むものはどれか。

ａ．城址におかれていた軍隊の施設が、戦後は自衛隊の駐屯地となった。

ｂ．加治川では河川改修が行われ、加治大橋より下流側が分岐するようになった。

ｃ．図２にみられる赤谷線は廃線となり、図１で廃線跡は道路になっている。

ｄ．図の西側では市街地化が進み、西園町や住吉町などが新たに形成された。

図 3
国土地理院の空中写真（1975年 9 月11日撮影）を一部改変・縮小。

（3）　図 3 の空中写真から読み取れないものはどれか。

a．ため池　　b．旧河道　　c．後背湿地　　d．自然堤防

※設問（3）については，選択肢に正答が存在しなかったため，全員正解とする措置を取ったことが大学から公表されている。

（4）　空中写真に関する説明として誤りを含むものはどれか。

a．空中写真の撮影は人工衛星からのリモートセンシングによって行われる。

b．同一地域を異なった角度から撮影した空中写真を用いて実体視を行うことができる。

c．地理院地図では空中写真と地形図を重ね合わせて表示することができる。

d．災害発生時には民間企業が空中写真を撮影し、情報提供を行うことがある。

（5）　旧版地形図の利用に関する説明として誤りを含むものはどれか。

a．国土地理院の地方測量部で申請すれば旧版地形図を入手することができる。

b．旧版地形図の一部はインターネット上で閲覧することができる。

c．旧版地形図から土地利用を読み取り、防災に生かすことができる。

d．新版の地形図と比較することによって世帯数の変化を把握することができる。

（6）下の表は、4つの統計的指標の算出方法と単位を示したものである。a～dのうち誤りを含むものはどれか。

	指標	算出方法	単位
a	2015～2020年の人口増加率	$\frac{2020年人口-2015年人口}{2020年人口}\times 100$	%
b	生産年齢人口割合	$\frac{生産年齢人口}{全人口}\times 100$	%
c	2015～2020年の高齢化率の変化	2020年の高齢化率－2015年の高齢化率	ポイント
d	A地域の第1次産業就業者の特化係数	$\frac{A地域の第1次産業就業者構成比}{全国の第1次産業就業者構成比}$	—

（7）統計地図の作成に関する説明として誤りを含むものはどれか。

a．人口規模の違いをわかりやすく表現するためにカルトグラムを用いた。

b．人口の連続的な分布を表現するためにメッシュマップを用いた。

c．都道府県別の乗用車保有台数を表現するために階級区分図を用いた。

d．都市間のインターネット通信量を表現するために流線図を用いた。

（8）地理情報の収集・利用に関する説明として誤りを含むものはどれか。

a．GPSを利用する際、標高の高い地域ほど高精度の位置情報を得ることができる。

b．新旧の住宅地図を利用すれば、商店街の店舗構成の変化を調べることができる。

c．全国の地名に関するデータベースが作成されており、図書館等で利用可能である。

d．総務省統計局が整備する「e-Stat」を利用してウェブ上で統計地図を作成できる。

数学

(60分)

〔1〕 次の文章中の $\boxed{}$ に適する式または数値を，解答用紙の同じ記号のついた $\boxed{}$ の中に記入せよ．途中の計算を書く必要はない．

(1) a を実数とし，関数 $f(x)=ax^2+4ax+3a-2$ を考える．

(i) $a=-1$ のとき，$-5 \leqq x \leqq 0$ における $f(x)$ の最大値は $\boxed{\text{ア}}$ である．

(ii) 曲線 $y=f(x)$ が x 軸と共有点をもたない放物線であるとき，a の取りうる値の範囲は $\boxed{\text{イ}}$ である．

(iii) $-5 \leqq x \leqq 0$ を満たすすべての x に対して $f(x) \leqq 0$ が成り立つとき，a の取りうる値の範囲は $\boxed{\text{ウ}}$ である．

(2) p を素数，n を自然数とする．このとき，

$$\frac{1}{x}+\frac{1}{y}=\frac{1}{p^n} \text{ かつ } x<y \quad \cdots\cdots ①$$

を満たす自然数 x，y を考える．

(i) $p=3$，$n=1$ のとき，① を満たす自然数 x，y の値の組は $(x,y)=\boxed{\text{エ}}$ である．

(ii) $n=1$ のとき，① を満たす自然数 x，y の値の組は $(x,y)=\boxed{\text{オ}}$ である．

(iii) $n=2$ のとき，① を満たす自然数 x，y の値の組は全部で $\boxed{\text{カ}}$ 組ある．

(iv) 自然数 n に対して，① を満たす自然数 x，y の値の組は全部で $\boxed{\text{キ}}$ 組ある．

ただし，$\boxed{\text{エ}}$，$\boxed{\text{オ}}$ は $(a,\ b)$ の形で答えよ．

〔2〕 次の文章中の $\boxed{}$ に適する式または数値を，解答用紙の同じ記号のついた $\boxed{}$ の中に記入せよ．途中の計算を書く必要はない．

（1） a を正の実数とし，$a \neq 1$ とする．また，xy 平面上の円 $x^2+y^2+6ax-2ay+20a-10=0$ を C とする．このとき，円 C は a の値にかかわらず点 $\boxed{ア}$ を通り，中心は直線 $y=\boxed{イ}$ 上にある．ただし，$\boxed{ア}$ は $(p,\ q)$ の形で答えよ．また，円 C と円 $x^2+y^2=5$ が外接するとき，$a=\boxed{ウ}$ である．

（2） △OAB の辺 AB の中点を M，線分 OM の中点を N，直線 AN と辺 OB の交点を P とする．また，$\overrightarrow{\mathrm{OA}}=\vec{a}$，$\overrightarrow{\mathrm{OB}}=\vec{b}$ とする．$\overrightarrow{\mathrm{ON}}$ を $\vec{a}$，$\vec{b}$ を用いて表すと，$\overrightarrow{\mathrm{ON}}=\boxed{エ}$ であり，$\dfrac{\mathrm{AN}}{\mathrm{NP}}=\boxed{オ}$ である．$\mathrm{OA}=2$，$\mathrm{OB}=\mathrm{OM}=1$ のとき，内積 $\vec{a}\cdot\vec{b}=\boxed{カ}$ であり，△ONP の面積は $\boxed{キ}$ である．

〔3〕 $f(x)=x^2(x-3)$，$g(x)=-f(x)$，$h(x)=f(x-3)$ とする．このとき，次の問いに答えよ．

（1） 関数 $f(x)$ の極値を求めよ．

（2） 2 つの曲線 $y=f(x)$，$y=g(x)$ で囲まれた図形の面積 S を求めよ．

（3） （2）で面積を求めた図形のうち，曲線 $y=h(x)$ より下側の部分の面積 T を求めよ．

ハ　これだから命がけでお会いしに来たのです
ニ　これだからお会いするのは難しいのです
ホ　これだからもう遠くへは行けないのです

問十一　空欄Ⅱにあてはまる語を問題文から抜き出しなさい。

問十二　傍線部⑪「言の通はしをだにえせで」を現代語訳しなさい。

問十三　傍線部⑬「さやはあるべき」の「さ」が指し示す内容がわかるように、八字以内で次の空欄甲を補いなさい（句読点等も字数に含むものとする）。

親の意向に沿って［　甲　］こと

い。

イ　はるか彼方へ行ったとしてもお会いできません
ロ　雲の上にいるような嬉しい気持ちです
ハ　遠く離れた所であればお会いできないでしょうか
ニ　雲の通り道でならお会いできると聞きます
ホ　宮中にあってさえかなわないことです

問七　空欄Ⅰに動詞「いふ」を活用させて入れなさい。

問八　傍線部⑥「わが徳ぞ」の解釈として最も適当なものを次のイ～ホから一つ選び、その符号をマークしなさい。

イ　私が道理を説いたからですよ
ロ　私の言う通りでしょう
ハ　私に任せればいいのに
ニ　お礼は私のものですね
ホ　私のおかげですよ

問九　傍線部⑦「入りける」、⑩「逃ぐ」、⑫「寄せざりける」は誰の動作か。最も適当なものを次のイ～ホからそれぞれ一つずつ選び、その符号をマークしなさい（同じ符号を何回用いてもよい）。

イ　男　　ロ　雲居よりもはるかに見ゆる人
ハ　女の親　　ニ　女ども　　ホ　親族

問十　傍線部⑧「かかればなむ」の解釈として最も適当なものを次のイ～ホから一つ選び、その符号をマークしなさい。

イ　これだからやめた方がいいと申し上げたのです
ロ　これだから気をつけるようご注意したのです

ニ　ⓐ　すのこ　ⓑ　くつ

問三　傍線部①「いかで、一度にても、御文ならで、聞えしがな」の現代語訳として最も適当なものを次のイ～ホから一つ選び、その符号をマークしなさい。

イ　なぜ、たった一度でも、お手紙ではなく、話を聞いてくださらないのだろう
ロ　どうして、たった一度でも、お手紙ではなく、お話し申し上げられないのだろう
ハ　なんとかして、一度でもいいので、お手紙ではなく、お話し申し上げたい
ニ　どのようにすれば、一度だけでも、お手紙ではなく、お話し申し上げられるのだろう
ホ　どんな理由にせよ、一度だけでも、お手紙ではなく、話を聞いていただきたかったなあ

問四　傍線部②「の」と文法的に同じ用法のものとして最も適当なものを次のイ～ホから一つ選び、その符号をマークしなさい。

イ　日暮るるほど、例の集まりぬ。（『竹取物語』）
ロ　草の花は撫子。唐のはさらなり、大和のもいとめでたし。（『枕草子』）
ハ　いと清げなる僧の黄なる地の袈裟着たるが来て（『更級日記』）
ニ　祇園精舎の鐘の声、諸行無常の響きあり。（『平家物語』）
ホ　世の中に絶えて桜のなかりせば春の心はのどけからまし（『古今集』）

問五　傍線部③「かかる人」、⑤「おのれ」、⑨「わが子」が指す人物として最も適当なものを次のイ～ホからそれぞれ一つずつ選び、その符号をマークしなさい（同じ符号を何回用いてもよい）。

イ　男　ロ　雲居よりもはるかに見ゆる人
ハ　女の親　ニ　女ども　ホ　親族

問六　傍線部④「雲居にてだにもえ」の解釈として最も適当なものを次のイ～ホから一つ選び、その符号をマークしなさ

（注）＊この女ども…そばで仕える女房たちを指す。
＊迎へたる…そば仕えの女房たちが、相談するため、女の親戚（親族）を迎え入れた、ということ。
＊からむる…からめとる、つかまえる。

問一　傍線部㋐、㋑、㋒の意味として最も適当なものを次のイ～ホからそれぞれ一つずつ選び、その符号をマークしなさい。

㋐「気色見せむ」
イ　顔を見よう　　ロ　様子を見よう　　ハ　内情を知らせよう
ニ　姿かたちを見せよう　　ホ　恋心を打ち明けよう

㋑「かしがましき」
イ　口やかましい　　ロ　目はしがきく　　ハ　分別がある
ニ　恐れ多い　　ホ　見苦しい

㋒「さがなもの」
イ　不機嫌な人　　ロ　風流な人　　ハ　意地悪な人
ニ　徳の高い人　　ホ　ゆかりの人

問二　二重傍線部ⓐ「簀子」、ⓑ「沓」の読みの組み合わせとして最も適当なものを次のイ～ニから一つ選び、その符号をマークしなさい。

イ　ⓐ　みす　　ⓑ　たび
ロ　ⓐ　みす　　ⓑ　くつ
ハ　ⓐ　すのこ　　ⓑ　たび

れば、いかなるたよりして、㋐気色見せむと思ひて、からうじて、たよりをたづねて、ものいひはじめてけり。「①いかで、一度にても、御文ならで、聞えしがな」といふを、いかがはあべき。げに、よそにても、いはむことをや聞かましと思ひけるほどに、この女の親②の、わびしくさがなき朽嫗(くちおな)の、さすがにいとよくものの気色を見て、㋑かしがましきものなりければ、かく文通はすと見て、文も通はさず、責め守りければ、この男は、せめて、「対面に」といひければ、*この女ども、「『③かかる人の、制したまへば、④雲居にてだにもえ』などいひ聞かせよとてなむ、*迎へたる」といひければ、「今まで、などか⑤おのれにはのたまはざりつる。人の気色とらぬ先に、月見むとて、母の方に来て、わが琴弾かむ。それにまぎれて、簾のもとに呼び寄せて、ものは［Ⅰ］」とぞ、この、来たる親族(しぞく)たばかりける。

さて、この男来て、簾のうちにて、ものいひける。この友だちの女、「⑥わが徳ぞ」といひければ、「うれしきこと」など、男、女いひ語らふに、この、母の女の㋒さがなもの、宵まどひして寝にけるときこそありけれ、夜ふけければ、目さまして起き上りて、「あな、さがな。などて寝られざらむ。もし、あややある」といひければ、この男、ⓐ簀子のうちに、はひ入りて隠れにければ、のぞきて見るに、人もなかりければ、「おいや」などいひてぞ、奥へ⑦入りける。

その間に、男、いで来たれば、「よし、これを見たまへ。⑧かかればなむ。命あらば」などいひけるほどに、「あやしくも、いませぬるかな」といへば、男、帰りぬ。

たまさかに聞けと調ぶる［Ⅱ］の音のあひてもあはぬ声のするかな

といひたれば、この、琴弾きける友だちも、「はや返ししたまへ」といひけるほどに、親聞きつけて、「いづこなりし盗人の鬼の、⑨わが子をば、*からむる」といひて、いで走り追へば、ⓑ沓をだにもえ履きあへで、⑩逃ぐ。女どもは呼吸(いき)もせで、うつぶしふしにけり。

かかりけれど、いみじう制しければ、⑪言の通はしをだにえせで、ものいひけるたよりをも尋ねて、⑫寄せざりけるほどに、こと人にあはせてけり。

さりければ、男、親さあはすとも、⑬さやはあるべきとぞ、思ひ憂(う)じてやみにける。

(『平中物語』より)

ていること

ホ　顕微鏡の開発によって、従来不可解であった粘菌の動物性が、植物の本来持ち得ていた生命力の進化したものとして認識されてきたこと

問十二　傍線部H「エレガントなやり方」とあるが、こうした表現がとられている理由として最も適当なものを次のイ～ホから一つ選び、その符号をマークしなさい。

イ　粘菌が他の生命体を破壊していく際の動きが、相手の生命を奪い去るとともに、自らの死期を早めていくものとして機能していくから

ロ　近代に入ってから植物学の世界にあらわれた粘菌が、その一方で原生動物としての側面を、はっきりとした形態的特徴に基づいて露わにしたから

ハ　粘菌は「菌類」の一端に繋がることによって、他の生命を食いつぶす動物的な側面をよりいっそうきわだたせていくから

ニ　口や歯をもって獲物を食べる動物とは異なる食べ方を実践する粘菌の方が、見方によってはいっそう強靱な生命力を発現しているから

ホ　粘菌も他の生命の殺戮者としての性質を持つが、それは血なまぐさい争闘を繰り返す動物ほどあからさまにはあらわれていないから

二　次の文章を読んで、後の問に答えなさい。

この男、また、はかなきもののたよりにて、雲居よりもはるかに見ゆる人ありけり。ものいひつくべきたよりなかりけ

び、その符号をマークしなさい。

イ　原形体　ロ　食肉植物　ハ　バクテリア　ニ　固形体　ホ　原始動物

問九　傍線部E「指揮官のいない強力な軍隊のような」とはどういうことか。その説明として最も適当なものを次のイ～ホから一つ選び、その符号をマークしなさい。

イ　変形体となった粘菌が、微小でたやすくは発見できないということ

ロ　生存競争の激しい自然界の中にあって、粘菌が生きていくには苛酷な条件が待ち受けているということ

ハ　動物とも植物とも定めがたい粘菌は、その存在自体が生物のあらゆる系統から切り離されたものであるということ

ニ　変形体となった粘菌が自由に動きだし、獲物に出会うと手当たり次第にそれを食っていくということ

ホ　粘菌には他の生命体を食べる時と食べない時があって、その属性には一貫性が見られないということ

問十　傍線部F「あらゆるものごとにたいして「密教的」な感受性をもっていた彼は、その本質を、生物の不可視の内部空間にもとめようとしていた」とあるが、熊楠の「「密教的」な感受性」は彼をどのような考えに導いたと思われるか。傍線部F以降でそれを表わしている一文の冒頭の十字を抜き出しなさい（句読点等も字数に含むものとする）。

問十一　傍線部G「現代性」の説明として最も適当なものを次のイ～ホから一つ選び、その符号をマークしなさい。

イ　内側からも外側からも死の可能性に取り巻かれている生命体としての粘菌が、生命の活動全般が危機を迎えた現代を象徴していること

ロ　どの属に分類しようとしても、そこからはみだしてしまう性質を持つ粘菌が、現代の生物学がひとつの行き詰まりを迎えたことを示唆していること

ハ　他の生命の殺戮者といった、ミケトゾアとしての性質を持つ粘菌が、虐殺や紛争の無くならない現代の人間社会のありようを先取りして示していること

ニ　変形体時における粘菌の生態が、近代生物学が動物の体において新たに捉えた目に見えない力動と深い関連を持っ

ハ　〔(1)=い　(2)=え　(5)=う　(7)=あ〕
ニ　〔(1)=う　(2)=あ　(5)=え　(7)=い〕
ホ　〔(1)=う　(2)=い　(5)=あ　(7)=え〕
ヘ　〔(1)=え　(2)=い　(5)=あ　(7)=う〕

問六　空欄Ⅰ・Ⅱ・Ⅲに入る言葉として最も適当なものを次のイ～ホからそれぞれ一つずつ選び、その符号をマークしなさい。

Ⅰ
イ　不釣合
ロ　不自然
ハ　不完全
ニ　不可視
ホ　不統一

Ⅱ
イ　分解
ロ　分裂
ハ　情動
ニ　循環
ホ　行動

Ⅲ
イ　係累
ロ　混沌
ハ　論争
ニ　秩序
ホ　内部

問七　空欄①～⑤には、「植物」、「動物」のいずれかの言葉が入るが、その組み合わせとして最も適当なものを次のイ～へから一つ選び、その符号をマークしなさい。

イ　〔①・②・③=植物　④・⑤=動物〕
ロ　〔①・③・⑤=植物　②・④=動物〕
ハ　〔①・④・⑤=植物　②・③=動物〕
ニ　〔①・⑤=植物　②・③・④=動物〕
ホ　〔①・③=動物　②・④・⑤=植物〕
ヘ　〔①・④=動物　②・③・⑤=植物〕

問八　傍線部D「アミーバ状に偽足をのばしてとりこむには無之候」は何について述べたものか。次のイ～ホから一つ選

イ　人跡　　ロ　人力　　ハ　人傑　　ニ　人後　　ホ　人世

問二　傍線部ⓐ「ホショク」、ⓑ「キョウカイ」、ⓒ「ゲンセン」を漢字で記しなさい。

問三　次の一文が入るべき場所はどこか。最も適当なものを問題文の【イ】～【ホ】から一つ選び、その符号をマークしなさい。

粘菌は動物であると断定することによって、別の難しい問題が発生してくることを、熊楠もよく承知していたはずなのだ。

問四　傍線部B「けしからぬ」と同じ意味になるように、次の空欄乙に漢字二字の熟語を入れなさい。

乙を逸している。

問五　傍線部C「熊楠が添えたスケッチ」とあるが、熊楠が観察したミケトゾアの変化の過程が羽山蕃次郎宛書簡では、(1)、(2)といった番号を用いて説明されているとともに、それに対応するスケッチも描かれている。熊楠のスケッチの空所(1)・(2)・(5)・(7)にあてはまるものは、次のあ～えのどれか。その組み合わせとして最も適当なものをイ～ヘから一つ選び、その符号をマークしなさい。

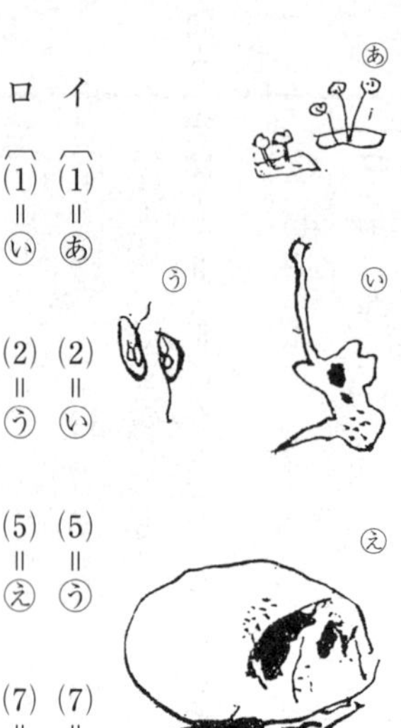

イ　〔(1)＝あ　(2)＝い　(5)＝う　(7)＝え〕
ロ　〔(1)＝い　(2)＝う　(5)＝え　(7)＝あ〕

となってきたのだった。

だから、熊楠は、粘菌の動物としての側面を、強調したのである。もしも、それを菌類に分類して、植物化してしまうとすると、この生物がもっているなまなましい^{G}「現代性」は、失われてしまうのではないか。この生物の存在そのものが重要なのは、それを分類学上のどこに位置づけるかなどという、「古典主義的関心」にあるのではない。生物形態の内部の空間に、目で見ることはできないが、それによって生命の活動が統一を得ているにちがいない、ひとつの力の場が実在するにちがいない。西欧の近代生物学は、そのことを動物の体を通して、探究している。ところが、そのことを、弱肉強食めいたイメージがまとわりついている動物ではなく、ひとつの植物が、もっと^{H}エレガントなやり方でしめしているとしたらどうだろう。それが、粘菌なのだ。現代の生命探究にとって、粘菌のもつ重要性は、まさにそこにある。だからこそ、それは「動物」と言わなければならないのだ。粘菌のもつ動物性こそが、この生物の現代性と魅惑のⓒゲンセンなのであるから。

（中沢新一「解題　森の思想」より）

（注）＊隠花植物…種子植物以外の植物の総称。生殖器官として花を持たない。
＊ナチュラリスト…野外における生物およびその他の自然物に強い関心を抱き、それを愛好し、あるいは観察、研究しようとする人。
＊キングダム…生物分類学上の一単位。
＊原形体…「変形体」と同じ。
＊「粘菌は依然原生動物で押し通すべし」…問題文中の平沼大三郎宛書簡とは別の平沼宛書簡中の言葉。

問一　傍線部A「未踏」を用いた次の四字熟語の空欄甲に入れるのに最も適当な言葉はどれか。次のイ～ホから一つ選び、その符号をマークしなさい。

甲 未踏

虫（固形体）を流動体に化してすいとるなり。故に実に流動体となりたる虫や肉をすいとるばかりで、虫や肉を口に入れ、もしくはDアミーバ状に偽足をのばしてとりこむには無之候。今粘菌の原形体は固形体をとりこめて食い候。このこと原始動物にありて原始植物になきことなれば、この一事また粘菌が全くの動物たる証に候。

（平沼大三郎宛書簡）

熊楠は、粘菌がE指揮官のいない強力な軍隊のような変形体をつくりだし、バクテリアのような他の生命体を破壊し、殺して食べるという点を強調して、この生物はあきらかに動物であると、断定しているわけである。この熊楠の表現は、とてもニュアンスに富んでいる。彼とて、ミケトゾアが菌的な生物であることを認めているのであり、菌類をかりに植物界から分離させたとしても、それが動物でないことは、もっとはっきりしている。粘菌は、菌類と原生動物のⓑキョウカイ的な生物であるか、それとも、菌類とも原生動物とも別な独立したグループをかたちづくっている生物なのか、どちらかなのである。【　ニ　】だから、*「粘菌は依然原生動物で押し通すべし」と主張するとき、熊楠は言葉の表面で語られていることとは、別のことを表現したがっているのではないかと、私たちには予想されるのである。

熊楠が生物の研究に興味をもったのは、それをとおして生命の深い本質にまで、至りたいと考えていたからだ。そして、Fあらゆるものごとにたいして「密教的」な感受性をもっていた彼は、その本質を、生物の不可視の内部空間にもとめようとしていたのである。これは一方では、新しい「動物学化された」生物学が、その主要な関心を植物から動物に移行させることによって、遂行しようとしていた課題にも、共通性をもっている。【　ホ　】当時の生物学には、機能とか構造という言葉を使って表現された、生気論的な傾向がつきまとっている。生物の眼に見える形態的特徴にもとづいて、生命の本質を考えるのではなく、不可視の内部空間に活動しているはずの、ひとつの統一的な原理を、新しい生物学は、発見しようとしていた。そのために、新しい生命の学にとっては、分類のためにみごとな［Ⅲ］を差し出してくれる植物よりも、他の生命の殺戮者であり、内側からも外側からも、死の可能性にとりかこまれている動物こそが、より重要な存在た生物界を動物と植物に二分する、当時の常識的な分類の考え方にしたがえば、粘菌は〔　①　〕だと断定しながら、その〔　②　〕めいた行動に疑惑をいだいていた人から、いや粘菌は「〔　③　〕のように」食べているのではなく、やり方はちょっとユニークすぎるが、それでも菌のように分解しているのにすぎないのだから、これはもっとはっきり〔　④　〕としての性格を出すために、「粘る菌」と命名したほうがいいと考える人まで、十九世紀の半ば頃までは、粘菌は〔　⑤　〕としてあつかわれていた。ところが、顕微鏡による研究がさらに進むと、変形体の状態で粘菌がおこなっている行動を、分解者としての行動であるとは、ちょっと主張できないような雰囲気になってきた。それでも、論争はまだ続いていた。粘菌をミケトゾアと呼んで、原生動物と菌の中間的な生物とし、さらには菌界を独立した*キングダムとして設定して、植物から分離したとしても、粘菌の進化の系統上の位置は、あいかわらず謎のままだったからである。【　ロ　】

ところが粘菌のあつかいをめぐって、生物学界が迷っている時期に、熊楠はすでに粘菌は動物であると、はっきり確信していたのだ。

熊楠は、粘菌が動物であると断定できる理由を、つぎの二つの点に求めている。ひとつは胞子の中から出てきたアメーバ状のものが、たがいに寄り集まって変形体（プラスモディウム）をつくるという粘菌特有の［Ⅱ］パターンは、原生動物にはみられても、植物界にはみることができない（藻や下等植物の中には胞子からアメーバ状のものが出てくることはあっても、それが移動集合して、大きな変形体をつくるということはない）、という点であるが、やはり重要なのは、粘菌がⓐホショクをおこなうという第二の点だ。【　ハ　】

文久三年（一八六三年）露人シェンコウスキは初めて粘菌の*原形体は固形体をとり食うを観察致し候。これは小生等毎（つね）に見るところにて、主としてバクテリアを食い、食った滓（かす）は体外へひり出し候……いわゆる食肉植物なるものあり、葉や茎に触れた虫や肉を消化し食うなり。食うというも口はなし。葉や茎より特種の胃液ごとき汁を出し、それで肉や

Mycetozoa（ミケトゾア）と申す一群、およそ三百種ばかりあり。これははなはだ[B]けしからぬものにて、(1)のごとく幼時は水中を動きまわり、トンボがえりなどし、追い追いは相集まりて(2)のごとく痰（たん）のようなものとなり、アミーバのごとくうごきありき、物にあえばただちにこれを食らう。然るのち、それぞれ好き好きにかたまり、(3)より(7)に至るごとくいろいろの菌状のものとなり、いずれもたたくときは煙を生ず。これは砕けやすくして保存全きことは望むべからず。しかし［ I ］でもよし。紙につつみ保存下されたく候。(7)のごときは、饅頭のごとき形にてははなはだ大なるものにあり。Fries（フリース）以下この類を菌なりと思い、植物中に入れしが、近年は全く動物なることという説、たしかなるがごとし。

（羽山蕃次郎宛書簡）

〔[C]熊楠が添えたスケッチ〕

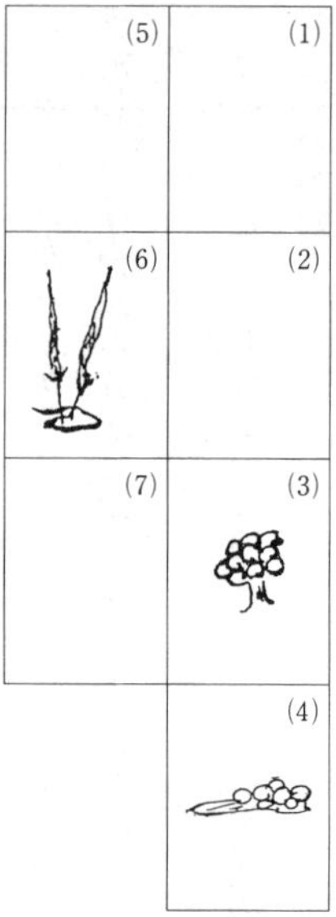

(1)	(5)
(2)	(6)
(3)	(7)
(4)	

生命の本質が、外側に可視的構造となってあらわれることのない、より「密教的な」隠花植物に関心をもっていた熊楠は、その中でも、とりわけ粘菌に早くから注目している。しかも、この書簡からもわかることは、彼が粘菌に関心をもったのは、それがたんに隠花植物であるからという理由だけではなく、むしろその生物が同時に動物でもあるためなのだ。

【　イ　】

この当時には、粘菌が植物か動物かという論争が、真っ盛りだった。フリースのように粘菌はあきらかな菌であり、ま

国語

（七五分）

一　次の文章を読んで、後の問に答えなさい。

南方熊楠（みなかたくまぐす）は、植物学のアマチュアとして出発したが、二十代の前半、自分の関心の方向を見定める頃には、すでにその関心を＊隠花植物と粘菌に、集中するようになっている。

熊楠の学問的修業時代、西欧の＊ナチュラリストたちの関心は、隠花植物に集中しはじめていた。この領域は、いまだにA未踏の分野であり、顕微鏡の開発とともに、アマチュアとプロとを問わず、ここは先端の研究分野となっていたのである。熊楠は、鋭敏にそういう動向を察知していたとみえる。アメリカに滞在している間の、野外での彼の採集目標は、もうすでにはっきりと隠花植物に注がれていた。そればかりか、彼は早くも、粘菌に深い関心をいだいている。粘菌という生物の研究が、どんな世界を開くことになるのか、彼はもうその頃から、かなり明確に理解していたように思われるのだ。そのことは、南方が在米時代の二十五歳頃、同郷の羽山藩次郎へ書き送った隠花植物採集依頼の書簡から、はっきりわかる。熊楠はそこでこう書いている。

また貴君も医学の下ごしらえと、ちょっと生物学も御学習のこと、定めて御知りならんが、右菌類に似たもので

解答編

英語

I **解答**　A．(ア)―a　(イ)―d　(ウ)―b　(エ)―c　(オ)―a　(カ)―c　(キ)―a　(ク)―d

B．c・f

C．d・g

◆全　訳◆

≪南北アメリカ大陸の歴史≫

歴史書では，現在，南北アメリカと呼ばれている土地について語るのに「新世界」という言い方をしていることが多い。その用語はヨーロッパ人の視点を反映するものだ。世界のその地域は，ヨーロッパ人が到達する何千年も前からそこに住んでいた人たちにとっては，新しいというものではなかった。そこは生活の場だったのだ。

人間社会はアフリカに端を発している。約20万年前，そこにいた人たちがアフリカから出て行くようになり，世界中を移動した。約1万5千年前，その人たちは7つの地域に定住し始めた。

その7つの地域のうちの3つが，現在，アメリカ大陸と呼ばれている広大な土地にあった。それらは，メキシコ渓谷から中央アメリカにかけてと，南アメリカの中央アンデス南部と，北アメリカ東部である。

1500年代の末までに，メキシコを含む北アメリカにはおよそ4千万人の人々がいた。中央メキシコだけでも約3千万人の生活の場となっており，アメリカ大陸の総人口は約1億人だった。ちなみに，当時，ヨーロッパの人口は約7千万人だった。自然科学者たちは，アメリカ大陸の人口が他よりかなり多いのは，比較的病気のない社会であったおかげだとしており，そこでは薬草をベースにした薬，外科的処置，そして規則的な入浴を駆使して地域社会に病気が入り込まないようにしていたのだ。

先住民は，地域特有の自然環境に適応するだけでなく，必要に応じてその環境を変えることによって人口を維持した。このことから，その地にはスチュワードがいるとされている。スチュワードとは，当面だけでなく将来にわたって，ある集団に必要なものがまかなえるように，さまざまな資源を注意深く管理することに責任をもつ人のことである。目先の利益を得るために資源を不当に使い，それらの資源が将来使いものにならない状態にしてしまうような人なら，スチュワードとは見なされないだろう。

ヨーロッパ人の侵略が始まるまでに，先住民はアメリカ大陸の全土に定住し，その地を作り変えていたのである。

先住民が，ヨーロッパ人の侵略に先立って，自分たちの土地や資源を管理していたやり方のうちの2つをすこし見てみよう。具体的には，農業と狩猟への火の使用と，大陸に広がる道路の創設について考察することになる。

手つかずの自然を作り変えるための主な手段の一つが火だった。先住民の社会では，しばしば北アメリカの景観を変えてしまうようないくつものやり方で火を使っていた。たとえば，北東部にいた先住民の農民たちは，必要に応じて火をつけるために，いつも火打ち石を持ち歩いていた。彼らは，トウモロコシや他の作物を育てるために，森の中に空き地を作る一助として，管理下に置いた火事を利用した。実際のアメリカの風景の一部は，ヨーロッパ人が文学や絵画で描写した密林や荒野ではなく，食料供給をもたらすトウモロコシやベリーの栽培地だったのだ。

彼らは他の目的でも，空き地を作るために火を利用した。アメリカ大陸の先住民の大部分は，ヨーロッパやアフリカやアジアの人々と違って，手っ取り早く肉や皮を供給するために動物を飼い慣らすということはしなかった。その代わりに，シカやクマや他の動物たちを引き寄せるために特別な狩猟場を造った。これをするための戦略の一つが森の中の茂みを焼き払うことだった。その後の春の時期には，動物たちは芽を出した若草に引かれて集まってきた。猟師たちは肉と皮を供給する目的で，地元で必要な分を殺したのである。

先住民は同様に，アメリカ大陸の全土にわたって民族や地域社会をつなぐ道路網によって，その地に永続的な足跡も残した。これらは単に，動物の足跡をたどる狩猟用の道とか，さまざまな人たちが季節ごとの移動中に簡単にたどることのできる経路であっただけではない。それらは，ミシシッピ川やリオグランデ川のような主要河川沿いの，人通りの多い道だった。中には海岸に沿った道もあった。その一つは，メキシコ西部の都市部から太平洋岸沿いに，はるばるアラスカ北部までつながっていた。

ヨーロッパ人が北アメリカにやって来たとき，自分たちにとって有益な状況の多くが，先住民たちが入念に土地を管理した結果だとは気づいていないことが多かったようだ。初期の入植者の中には，多くの場所で，木々の間を楽々と馬車を走らせることも可能だっただろうと述べた人もいた。森の中にいくつも広い空き地があって，その一部には手入れの行き届いた庭やトウモロコシ畑があったという話をする人もいた。ヨーロッパ人たちにはわからなかったようだが，先住民は，取引や狩猟や農業をもっとやりやすくするために，何千年にもわたって道路を建設し，空き地を造っていたのだ。北アメリカは，1492年の時点で，手つかずの荒野などではなかった。そこは，先住民の国々がつながり合った場所だったのである。

◀解　説▶

A．(ア) a European perspective における perspective は「視点，見方」という意味で，この部分は「ヨーロッパ人の物事の見方」という意味になり，a の a common understanding among Europeans「ヨーロッパ人の間での共通の理解」が意味的に近い。b と c には perspective に相当する語がなく，d は European villages「ヨーロッパの村」という部分が不適。

(イ) originated は「起源があった，端を発した」という意味であり，d の arose「生じた，起こった」が意味的に近い。elaborated「精巧になった」，eliminated「～を取り除いた」，embarrassed「～を当惑させた」はいずれも意味が異なる。

(ウ) supported は「～(の生活)を支えた」という意味だが，ここでは Central Mexico が主語であり，supported some thirty million で「約3千万人が暮らしていた」という内容。選択肢の中では b の hosted「～をもてなした，～を泊めた」が意味的に近い。classified「～を分類した」，resisted「～に抵抗した」，targeted「～を標的にした」はいずれも意味が異なる。

(エ) surgery は「外科的処置」という意味であり，c の medical procedures「医療処置」が意味的に近い。careful calculations「慎重な計算」，family involvement「家族参加」，scientific education「科学教育」

はいずれも意味が異なる。

(オ) resources は「資源，資産」という意味であり，a の assets「資源，資産」が意味的に近い。human relations「人間関係」，cultural events「文化的催し」，information sources「情報源」はいずれも意味が異なる。

(カ) occupied はここでは「～に居住した」という意味で用いられており，c の settled「～に定住した」が意味的に近い。destroyed「～を破壊した」，lost「～を失った」，sold「～を売却した」はいずれも意味が異なる。

(キ) contributed to には「～に寄与した，～を提供した」などの意味があるが，ここでは目的語が the food supply「食料供給」であり，選択肢の中では a の increased「～を高めた，～を増やした」が意味的に近い。demanded「～を要求した」，exhausted「～を使い果たした」，stopped「～を止めた」はいずれも意味が異なる。

(ク) remarked は「～だと述べた」という意味であり，d の noted「～と言及した」が意味的に近い。complained「不満を言った」，doubted「～を疑った」，feared「～を恐れた」はいずれも意味が異なる。

B．先住民が自分たちの土地や資源を管理した2つの方法については，第7段第2文（We will specifically …）で「火の使用」と「道路の創設」について考えていくと述べている。その上で第8・9段（One main tool … meat and skin.）で，森林に火をつけて空き地を作る方法，そして第10段（The Indigenous peoples …）では，大陸全土に道路を張り巡らせるという方法の詳細を説明している。したがって，c の forest burning「森林を焼き払うこと」と，f の road building「道路建設」が正解。

C．a．「『新世界』は，南北アメリカの先住民がヨーロッパのことを指す言葉だった」 第1段第1文（History books often …）に，歴史書では，現在，南北アメリカと呼ばれている土地について「新世界」という言い方がなされていると述べられており，不一致。

b．「人類は約20万年前にアメリカ大陸から出て行くようになり，最終的に世界の7つの大陸のすべてに到達した」 第2段第2文（About two hundred …）に，約20万年前，アフリカにいた人たちがそこから出て行くようになり，世界中を移動したと述べられており，出て行ったのはアメリカ大陸からではないので不一致。

c．「1500年代のアメリカ大陸の人口は，ヨーロッパの人口よりはるかに少なかった」　第4段第1～3文（By the end … about seventy million.）に，1500年代末までには，アメリカ大陸の総人口は約1億人であったのに対し，ヨーロッパの人口は約7千万人だったと述べられており，不一致。

d．「アメリカ大陸の先住民は，ヨーロッパ人がそこに住み始める前に，あちこちの風景を形成していた」　第6段（By the time …）に，ヨーロッパ人の侵略が始まるまでに，先住民はアメリカ大陸の全土に定住し，その地を作り変えていたと述べられており，一致。

e．「アメリカ大陸の先住民は，動物を狩ったが，それらを食べることはなかった」　第9段最終文（Hunters killed what …）に，猟師たちは肉と皮を提供するために，地域で必要な分を殺したと述べられており，肉は食べたことがわかるので，不一致。

f．「先住民は時に，数日間でメキシコ西部からアラスカまで，太平洋岸沿いに走ることがあった」　第10段最終文（One ran along …）に，その一つは，メキシコ西部の都市部から太平洋岸沿いに，はるばるアラスカ北部までつながっていたと述べられている。主語の One は One of the roads のことであり，run は道路などが「及ぶ，つながる」という意味で，先住民が走ったわけではないので，不一致。

g．「到達してすぐ，ヨーロッパ人が，アメリカ大陸は先住民によって十分に開拓されていたことをはっきり認識したわけではなかった」　最終段第1文（When Europeans arrived …）に，ヨーロッパ人が北アメリカにやってきたとき，有益な状況の多くが先住民たちの入念な土地管理の結果だと気づいていないことが多かったと述べられており，一致。

Ⅱ　解答

A．(1)―a　(2)―c　(3)―b　(4)―a　(5)―c

B．(ア)―b　(イ)―c　(ウ)―d　(エ)―b　(オ)―b

C．c・e

D．私たちを健康にする普遍的で魔法のような歩数がある（という考え）

◆全　訳◆

≪理想的な運動量と現実とのギャップ≫

非常に長きにわたって，ちょっと動き回るだけでも健康にとって極めて重要であることが，正しく理解されることはほとんどなかった。しかし，1940年代後半に，イギリス医学研究審議会の医師，ジェレミー＝モリスは，心臓発作と病気の発症の増加は，活動のレベルに関連しており，当時はほぼ例外なくそう考えられていたように，単に年齢とかストレスに関連しているだけというわけではないと確信するようになった。イギリスはまだ，戦争からの復興途上にあったので，研究資金が十分になかったことから，モリスは効果的で大規模な研究を行うためには，費用のかからない方法を考えなければならなかった。ある日，通勤途中に，彼はロンドンの2階建てバスにはどれも，それぞれに，現役の間はずっと座って過ごす運転手と，ずっと立ちっぱなしの車掌がいるので，彼の目的にかなう完璧な実験室だということを思いついた。車掌は左右に動いているのに加えて，勤務時間ごとに平均して600回，階段を昇っていた。モリスは，これ以上に比較するのにぴったりな2つの集団を考え出すことなど，まずできなかっただろう。彼は2年にわたって3万5千人の運転手と車掌を追跡調査して，運転手は，どんなに健康でも，車掌より2倍，心臓発作を起こす可能性が高いことを発見した。誰であれ，運動と健康との関係を直接，測定できる形で示したのはそれが初めてのことだった。

運動は，骨を増強するだけでなく，免疫系統を活性化し，ガンになるリスクを減らし，気分の改善さえしてくれる。何度も言われてきたことだが，身体の組織であれ系統であれ，どれひとつとして運動することで恩恵を受けない部分など，おそらくないだろう。もし誰かが，適度な量の運動がもたらす全てを，私たちにもたらしてくれるような錠剤を発明したら，それは即座に歴史上最も成功を収める薬となるだろう。

では，私たちはどれくらい運動すればいいのだろう？　その答えは簡単には出せない。私たちはみな1日に1万歩——つまり，約5マイル——歩くべきだという，おおむね一般的な考え方は，悪い考えではないが，それには特にこれといった科学的根拠はない。確かに，どんな運動でもやれば効果はありそうだが，私たちを健康にしてくれる普遍的で魔法のような歩数があるという考えは誤った通念だ。1万歩という考えは，多くの場合，1960 年代に日本で行われた，たった1つの研究がもとになっているが，それもまたどうやら誤った通念かもしれない。同様に，米国疾病管理センター（CDC）が運動に関して推奨していること——つまり，週に150分の適度な運動——は，健康に必要とされる理想的な量など，いかほどのものかは誰にもわからないわけだから，その量を基準にしているのではなく，みんなが現実的な目標と認めるだろうとCDCのアドバイザーたちが思う量を基準にしたものなのである。

運動に関して言えるのは，私たちの大半が十分というには程遠い量しかやっていないという点である。適度なレベルの規則的な活動ですら，どうにかやれているのは約20パーセントの人だけだ。多くはほぼ何もやっていない。現在，平均的なアメリカ人は1日に約3分の1マイルしか歩いていない――しかも，自宅や職場まわりを含む，あらゆるタイプの歩行でその数値なのである。対照的に，現代の狩猟採集民は1日分の食料を確保するために，平均すると約19マイル歩いているのだから，私たちの遠い祖先ならほぼ同じくらい歩いただろうと想定するのは理にかなっている。

◀解　説▶

A．(1)空所を含む文の主語は the crucial importance であり，空所の前の hardly から，この文が否定文であることもわかる。したがって，極めて重要だということが正しく理解されていない，という文脈と判断でき，aの appreciated が正解。

(2)空所の前後の it と to him that ～ という形に注目すると，It occurred to him that ～ で「～という考えが彼の頭に浮かんだ，彼は～だと思いついた」という意味になる，cの occurred が正解。

(3)第1段第4文（While traveling to …）で，モリスは自分の説を裏付けるための調査対象として2階建てバスの運転手と車掌を思いついており，研究資金のなかった彼にはこの2つの集団ほど比較対照するのに理想的な集団は考え出せなかっただろうという文脈だと判断できるので，bの devised「～を考え出した」が正解。

(4)空所を含む文の that 節内の主語は the drivers で，直前の twice という語と，この文の最後にある as the conductors に注目すると，この文が運転手と車掌を比較して述べているとわかり，twice as ～ as … の形で「…の2倍～」という意味になるaの as が正解。

(5)空所を含む文の主語は the recommendations on exercise で，前半の are based not on ～ と，空所直前の but に注目すると，文の述部が not *A* but *B*「*A* ではなく *B*」という表現を含み，are based not on ～ but on … で「～ではなく，…に基づいている」という意味になっているとわかるので，cの on が正解。

B．(ア) research funding was tight における tight は「(予算などが) 厳しい，余裕がない」という意味で，この部分は「研究資金が十分になかった」という意味であり，b の financial support for researchers was limited「研究者のための財政支援は限られていた」が意味的に近い。

(イ) was on his feet の on *one's* feet は「立っている状態で」という意味であり，c の was standing「立っていた」が意味的に近い。

(ウ) it has no special basis in science は「それには特にこれといった科学的根拠はない」という意味であり，it は文の主語の The more or less common belief を指す。したがって，d の there is no scientific evidence to support the belief「その考えを立証する科学的証拠はない」が意味的に近い。

(エ) it appears that also may be a myth の myth はここでは「誤った通念」という意味で用いられており，that は The ten-thousand-step idea を指す。したがって，この文は「それもまたどうやら誤った通念かもしれない」という意味になるので，b の that does not seem true either「それもまた本当だとは思えない」が意味的に近い。

(オ) secure は「～を確保する」という意味であり，b の get hold of ～「～を手に入れる」が意味的に近い。

C． a．「モリスは，その広範な研究において，自分が通勤途中に観察した，運転手と車掌の活動をすべて記録した」 第1段第4～7文（While traveling to … as the conductors.）に，モリスが通勤途中，2階建てバスの運転手と車掌を比較することを思いついたことと，2年にわたって，この2つのグループの人たちの健康状態を追跡調査した経緯が述べられているが，通勤途中に観察した活動のすべてを記録したとは述べられておらず，不一致。

b．「運動は1回につき1つの組織にプラスに作用する傾向がある」 第2段第2文（As has been …）に，身体の組織や系統のどれひとつとして運動することで恩恵を受けない部分などないと述べられているが，運動するたびにひとつの組織だけが恩恵を受けるという意味ではないので，不一致。

c．「かなり多くの人が，みんなが1日に1万歩歩くべきだと思い込んでいる」 第3段第3文（The more or …）に，私たちはみな1日に1万歩歩くべきだというのがおおむね一般的な考え方だと述べられており，一致。

d.「研究は，米国疫病管理センターが推奨することは，ほとんどのアメリカ人にとって到達可能な目標であることを証明した」 第3段最終文（In the same …）には米国疫病管理センターは1週間に150分の運動を推奨しているとあるが，それは同センターのアドバイザーが，人々が現実的な目標だと思うだろうと考えて定めた目標であると述べられており，それが研究で証明されたわけではないので不適。

e.「現代の狩猟採集民が歩く距離は，今日のアメリカ人が歩く距離よりはるかに多い」 最終段第4文（Today, the average …）には，現在，平均的なアメリカ人は1日に約3分の1マイルしか歩いていないと述べられているのに対し，同段最終文（Modern hunter-gatherers, by …）の前半には，現代の狩猟採集民は平均すると約19マイル歩いていると述べられていることから，距離数的には約60倍であり，一致。

f.「おそらく，私たちの祖先は決して現代の狩猟採集民ほど活動的ではなかっただろう」 最終段最終文（Modern hunter-gatherers, by …）の後半には，前半部分の現代の狩猟採集民が平均して約19マイル歩いているという内容を受けて，私たちの遠い祖先もほぼ同じことをしただろうと述べられており，不一致。

D. the notion の具体的な内容は，この直後の同格の that 節に述べられているので，この部分をまとめることになる。節中の that will 以下は a universal magic number of steps を先行詞とする関係代名詞節。universal「普遍的な，あらゆる状況に対応する」 magic「魔法の」 give us health は直訳すると「私たちに健康を与える」だが，「私たちを健康にする」という訳がわかりやすい。

Ⅲ **解答**

A. (1)—d (2)—d (3)—a (4)—b (5)—a (6)—c (7)—d

B. (ア)—a (イ)—b (ウ)—a

C. 全訳下線部参照。

◆全 訳◆

≪人間の幼児の発達過程≫

生まれたばかりの赤ちゃんはみな，どうしようもないほど未熟で，親が頼りだ。生まれて数時間以内に立ちあがり，数カ月で独り立ちできる動物もいるが，それとは違って，人間の赤ちゃんはひっきりなしに世話をする必要がある。その後の数カ月から数年をかけて，この新入りの１人の人間は，歩き，話し，遊び，友だちをつくり，世の中を理解するようになる能力を身につける。子供たちがこれらの技能を身につける時期は人それぞれかもしれないが，健康な子供たちはみな，同じ段階を経る。

母親の胎内に９カ月いたにもかかわらず，新生児の脳と体の系統は全部が全部，十分に発達してすぐにも機能できる状態にあるわけではない。なぜなら，赤ちゃんは頭が大きくなりすぎないうちに生まれる必要があるからだ。生まれたばかりの赤ちゃんの動きは，最初は制御できておらず，ぐらつく。脳が発達するにつれ，これらの動きはもっと意図的なものとなる。骨格も同様に未成熟である。新生児は最初の数日は，目は見えてはいるが，色覚は不十分で，ほとんどのものに焦点が合っていないようだ。聴覚は，視覚よりは発達している。

人生の最初の数週間に，赤ちゃんはその時期に起こる猛烈な速度の成長のために，中身の濃い栄養補給を受ける必要がある。多量のタンパク質と脂肪が，脳や神経系統が発達し，正常に機能するために特に重要である。母乳は，約 90 パーセントの水分と 10 パーセントのタンパク質，脂肪，糖分，ビタミン，ミネラルから構成されており，新生児に必要な栄養分を全て充たしている。赤ちゃんの成長にともない，ミルクだけではエネルギーの必要量を充たすことができなくなるので，６カ月までには，ほとんどの赤ちゃんが固形食を食べ始めている。最初の固形食のタイプは文化によってさまざまだが，3歳になるまでに，ほとんどの子供は，どの文化であっても，大人の食事と同じような食事をとるようになっている。

子供は生まれて最初の１年間で急速に――その後二度とないほどの速さで――成長する。赤ちゃんは最初の１年間で約 25 から 30 センチメートルは成長するものと考えられるが，それは生誕時からすると３分の１相当という非常に大きな増加である。最初の１年間の間に，脳は重さがほぼ３倍になり，１キログラム近くに達する。脳の急速な発達にともない，神経細胞も互いに連携するようになる。たとえ親がある特定の領域を集中的に訓練しても，子供は，神経細胞のネットワークの準備が整った状態になるまでは，反応を示さないだろう。いったんその準備が整うと，子供は親の手助けや刺激から恩恵を受ける。これは特に発話について言えることである。子供は言葉に対して非常に好奇心旺盛で―― 3 歳児は 1 日に新たに 10 の言葉を覚えることができると考えられている。

1 歳ごろから，子供の個性がはっきりしてくる。自信たっぷりで自由奔放な子もいれば，もっと内気な子もいる。落ち着きのない子もいれば，落ち着いた子もいる。幼い子供の個性はある程度は本来，遺伝的なものだが，環境によって形成される部分もある。子供と親の間の感情的な愛着心は極めて重要である。愛情深い，しっかりした愛着というものを受ける子供は，愛情がなく，文句ばかり言われ，張り詰めた環境で育つ子供より幸せで，自分に自信をもつようになる可能性が高い。

◀解　説▶

A．⑴空所を含む文の前文（Over the following …）に walk, talk など，子供の発達段階に応じてできるようになる行為があがっており，空所直前の go through ～ は「～を経験する」という意味であることから，子供はみなそういう段階を経るという文脈と判断でき，d の stages が正解。

⑵直前に新生児は，目は見えるものの，色覚は不十分と述べられており，たいていのものはあまりよく見えていないと判断できるので，out of focus「焦点が合っていなくて」という意味になる d の out of が正解。

⑶直後に tremendous rate of growth という表現があり，ものすごい速度で成長する新生児にはそれに応じた栄養が必要と考えられるので，a の concentrated「高濃度の，中身の濃い」が正解。

⑷空所を含む文の後半に，赤ちゃんは生後 6 カ月になる頃には固形食を食べ始めると述べられていることから，成長にともない，ミルクだけではエネルギーの必要量を充たせないという文脈と判断でき，b の alone が正解。

⑸空所の前の benefit と直後の parental support and stimulation「親の手助けや刺激」に注目すると，benefit from ～で「～から恩恵を受ける」という意味になる a の from が正解。

⑹この直後で，3 歳児は 1 日に 10 の言葉を覚えると述べられていることから，言葉に対してどういう状態かを考えると，be curious about ～ で「～に対して好奇心が旺盛である，～を知りたがっている」という意味になる c の curious が正解。

⑺この文では子供の性格を決定づける要因について述べられており，直前の genetic「遺伝的な」に注目すると，遺伝は生まれもつ要因であること

から，in origin「元来は」という意味になる d の origin が正解。

B．(ア) deliberate は「意図的な，故意の」という意味であり，a の intended「意図された」が意味的に近い。invented「発明された」，unconscious「無意識の」，unreliable「頼りにならない」はいずれも意味が異なる。

(イ) massive は「非常に大きな，大量の」という意味であり，b の huge「非常に大きな」が意味的に近い。selective「選択的な」，minor「小さい，少ない」，physical「身体の」はいずれも意味が異なる。

(ウ) apparent は「明らかな，明白な」という意味であり，a の clear「明らかな，明白な」が意味的に近い。magical「摩訶不思議な」，uniform「統一された」，valid「有効な」はいずれも意味が異なる。

C．by age three の by は「～までに」という意味で期限を表す。diet「食事」は eat a diet で「食事をとる」という意味になる。similar to ～「～と同じような」以下，parents' までは diet を修飾する語句で，parents' は parents' diet のこと。no matter the culture の no matter は複合関係代名詞や複合関係副詞が no matter＋疑問詞の形をとったもので，ここでは what と may be が省略されており，「どの文化であろうとも，どの文化でも」という意味になる。

Ⅳ　解答

(1)―c　(2)―d　(3)―b　(4)―d　(5)―d　(6)―d
(7)―a　(8)―c　(9)―c　(10)―d

◀解　説▶

(1)「地球が平らではないのは明らかだ」 It は形式主語であり，obvious「明らかな」が補語の場合，真主語として that 節が続くことから，c の that が正解。a と b は obvious が先行詞になれないので不適。d の what は後続文中で文の要素になれないので不適。

(2)「この国の医療制度は，どちらの政党が次の選挙で勝利しようとも，直ちに改革すべきだ」 空所の直後に無冠詞の party「政党」が続いていることから，選択肢の中では複合関係形容詞として用いることができ，コンマの後では「どちらの～が…するとしても」という意味の譲歩を表す副詞節となる d の whichever が正解。c の which も関係形容詞として用いることはできるが，先行詞が必要であり，不適。

(3)「今週，最も頻繁に尋ねられた客からの質問の一つが，『バターは売り切れですか？』だった」 この文は前置詞句が文頭にあり，主語である“Is butter sold out?”と was が倒置された形となっている。b の Among だと「～の中に」という意味で，“Is ～?” 以下が客からの質問の 1 つだったことになり，これが正解。

(4)「あなたはこの計画のどこが問題だと思いますか」 この文は，What is the matter with ～?「～のどこが問題なのか」という疑問文が空所に入る動詞の目的語となる間接疑問文であり，話し相手の考えを尋ねていると判断できるので，d の think が正解。

(5)「その国の歴史について学べば学ぶほど，ますますそれが面白くなった」 文全体が The 比較級～，the 比較級…「～すればするほど，ますます…」という構文になっており，後半部分は I found it interesting「それが面白いと思った」という文の補語である interesting が前に出た形であり，d の the more interesting が正解。interested は「興味があって」という意味で，人が興味をもっているときに用いるので，不適。

(6)「科学者たちは極地圏の氷が溶けていく速さに驚いた」 空所の前の the speed は with the speed of ～の形で「～のスピードで」という表現となることから，後続文とのつながりを考えると，the polar ice was melting with that speed の with 以下が with which の形で前に出て関係代名詞節となっていることがわかり，d の with which が正解。

(7)「幸運にも，私たちはどうにかその男性を救助することができた。さもなければ，彼は死んでいたかもしれない」 空所の後続文が might have died という仮定法過去完了の帰結節で用いられる時制である点に注目する。a の otherwise「さもなければ」であれば条件節の役割ができ，文脈上も適切なので，これが正解。

(8)「彼女は家族と夕食をとるために，少し前に会社を出た」 空所の後の節には could が用いられており，退社したのは家族と食事をするためと考えられるので，so that S can *do* の形で「S が～できるように，S が～するために」という意味の目的を表す節となる c の so that が正解。

(9)「私はもっと若かったころ，この映画を観た覚えがある」 remember という動詞は to 不定詞が続くと「～することを覚えている，忘れず～する」，動名詞が続くと「～したことを覚えている」という意味になる。映画を観たのは過去の話なので，c の watching が正解。

⑽「私はこれほど感動的な写真をこれまで見たことがない！」 空所には photo を形容する語が入り，d の impressive「感動的な，素晴らしい」であれば，文脈上も適切。bored「退屈した」と exited「興奮した」は物に対して用いる語としては不適。favorite「大好きな」は名詞の前に置くか，名詞として用いるので不適。

V 解答

A.（3番目・7番目の順に）⑴―a・h ⑵―g・d

B. the Internet, it took longer to find a phone number than today

◀解 説▶

A. 正しく並べ替えた英文とポイントはそれぞれ次の通り。

⑴ (One consequence of this is that) there is a great deal that we still don't (know about smell.)

空所には文全体の補語となる that 節が続く形となっており，その文が there is 構文である点，主語の a great deal「多量」の後に，この語を先行詞とする that で始まる関係代名詞節が続いているという点がポイント。We still don't know a great deal about smell という文が浮かべば関係代名詞節の構成がわかるだろう。

⑵ (That was not the first time) the president put the interests of others ahead of her (own.)

put *A* ahead of *B*「*B* よりも *A* を優先する」というイディオムを利用した文であることに気づけば，*A* が the interests of others, *B* が her own つまり her own interests だとわかる。この interests は「利益」という意味で用いられている。

B.「インターネットがなかったので」という部分は，文ではなく，前置詞句で表現する形であり，without の後に the Internet と続けるだけでよい。「インターネット」は定冠詞が必要で，大文字で始める点にも注意する。「～するのに…より時間がかかった」は比較構文となっているので，it took longer to *do* ～ than … の形となる。「電話番号を見つけるのに」という部分は to find a phone number,「現在より」は than today や than at present とするとよいだろう。

Ⅵ　解答

(1)― b　(2)― b　(3)― c　(4)― b　(5)― a　(6)― d
(7)― d　(8)― a　(9)― b　(10)― b

◆全　訳◆

≪仮想現実についての会話≫

２人の同僚が喫茶店でざっくばらんな会話をしている。

トーマス：で，ジャック，君は僕たちの社会の将来についてどんな考えをもってるの？

ジャック：一体どういうこと？

トーマス：まあ，例えば，人々の暮らしぶりとか，コミュニケーションのとり方とかにどんな変化があると思うの？

ジャック：うーん，これはコーヒーを飲みながらするにはかなり真剣な議論になりそうだけど，そういうの好きだよ！　この件については僕も折にふれて考えてるからね。

トーマス：ほんと？　ぜひ君の考えを聞きたいよ。

ジャック：そりゃ，確かに，今の世の中は急速に変化してる。特に科学技術に関して言うとね。

トーマス：そうそう，僕もそう思うよ。例えば，仮想の友人という考え方とか。

ジャック：もちろんさ！　それもその一つだよ。ストレスを軽減したり，孤独感を克服したりするために，電子工学の生んだ友人やロボットのペットに慰めを求める人もいるし。

トーマス：その通り！　僕の日本人の友人のタクから聞いた話だけど，彼のおばあちゃんはお家にロボットの友人がいるんだって。おかげであまり寂しさを感じなくてすんでるらしいよ。

ジャック：そうだね。子供たちに想像上のお友達がいるのと同じように，大人は仮想世界の友人と生活を共にすることもできるんだ。

トーマス：実のところ，このために人が現実の世界で互いにお付き合いすることがますます少なくなるのが心配だけど，コンピュータで生成された友人をもつ利点もわかるんだ。

ジャック：そうだね，こういうのがすべて将来どのようになっていくか，想像すると本当に面白いだろうな。

トーマス：確かに。ロボットの友人以外にも，ゲームも，僕たちの生活の中でとても大きな役割を果たすようになると思うよ。

ジャック：まったくだよ！　僕たちはもう，ゲームが幼い子供たちから大人の間でどれほど人気が高まっているか，目にすることができるからね。とても多くの若者がすでにオンライン・ゲーマーとして名声を博しているし。

トーマス：その通り。僕もゲームをして生計を立てているゲーマーの話を聞いたことがあるよ。一日中家に座り込んだまま，生活のために趣味の腕を磨くことができるなんて驚きだな。

ジャック：知ってる。そんなの公平には思えないよ！　僕たちは自活するために一生懸命働かなきゃならないのに，そういう若い子たちがみな，大金を稼ぎながら，ソファでくつろいだまま生活を楽しんでるだけってのはさ。

トーマス：ははは！　その通りだね。でも，きっと，そういう連中もゲームがそれほどうまくなるには，多くのお金と努力をつぎ込まなくてはならなかったと思うよ，他の人たちが勉強や仕事でやってるのとまったく同じようにね。君もそう思わないか？

ジャック：ああ，多分そうだろうね。ある意味，僕は彼らが情熱を仕事に活かしたことを素晴らしいと思うよ。それってたぶん，傍からそう思うほど簡単じゃないだろうからね。

トーマス：確かに。結局，僕たちは自分が楽しくなることをやる必要があるってだけのことじゃないかなって思うよ，でないと，人生を無駄にすごすことになるよ。

ジャック：その通りだよ！　それが一番大切なことさ。もしかすると，君が尋ねた未来の社会がもうすでに存在するのかも。僕の考えてることを話させてくれてありがとう！

トーマス：どういたしまして！　僕の方こそ，こういう話ができてほんとうに楽しかったよ。でも実を言うと，ちょっとお腹がすいてきた。軽く食事でもどう？

ジャック：それはいいね。

◀解　説▶

(1)トーマスは，この後の発言で，自分の最初の質問をさらに具体的に言い換えていることから，ジャックはトーマスの質問の真意を尋ねたと判断でき，bの What exactly do you mean?「一体どういうこと？」が正解。

⑵空所の後の a cup of coffee に注目すると，over a cup of coffee で「コーヒーを飲みながら」という意味になる，bの over が正解。

⑶ジャックが電子工学による友人やロボットのペットの話をしたのを受けて，トーマスも，友人の祖母にロボットの友人がいる話をしていることから，トーマスはジャックの話に同意したと判断でき，cの That's right!「その通り！」が正解。

⑷トーマスは仮想世界の友人をもつようになると，現実の世界で他の人たちとの交流が少なくなることを心配していると判断でき，「ますます少なく」という意味になるbの less and less が正解。

⑸空所直前の make a living は「生計を立てる」という意味だが，aの out of には「～によって，～から」という意味があり，この後に続く playing games が生計を立てる手段となることがわかるので，これが文脈上適切。

⑹このあと，ジャックは一生懸命働いてお金を稼ぐ人がいる一方で，若者が楽しくゲームをやって大金を稼いでいるという話をしていることから判断して，その状況に対する発言としては，dの It doesn't seem fair!「そんなの公平には思えないよ！」が適切。

⑺このあと，ジャックは Yeah, I guess so. と答えていることから，トーマスはジャックに同意を求めたと考えられ，dの Don't you think?「そう思わないか？」が正解。

⑻ジャックはトーマスの，ゲーマーも時間と労力をつぎ込んだ，と肯定的に捉える発言に同意しており，turning their passion into a profession「情熱を仕事に活かすこと」を理由に，ゲーマーをほめていると判断できるので，aの admire が正解。admire *A* for *doing*「*A*（人）が～したことを素晴らしいと思う」

⑼ジャックの Thanks for ～ という感謝の言葉に対する応答であり，bの No worries! は，お礼に対する発言としては「どういたしまして！」という意味になるので，これが正解。

⑽トーマスはこの直前にお腹が空いてきたと述べており，どうすることを提案したかを考える。grab a bite には「軽食をとる」という意味があるので会話の流れとして適切であり，How about *doing*?「～してはどうで

すか？」に続く形としては，b の grabbing a bite が正解。

❖講　評

2022 年度の学部個別日程試験も例年通り，読解問題 3 題，文法・語彙問題 1 題，文法・語彙問題（語句整序）および英作文問題 1 題，会話文問題 1 題の計 6 題という構成であった。

3 題の読解問題については，Ⅰはすべて選択式の同意表現・内容説明・内容真偽，Ⅱは選択式の空所補充・同意表現・内容真偽と記述式の内容説明，Ⅲは選択式の空所補充・同意表現と記述式の英文和訳という構成であった。同意表現問題では，例年通り，語句だけでなく英文と文意が同じ英文を問う問題が複数出題されており，やや難度の高いものもある。Ⅳの文法・語彙問題，及びⅤの語句整序は語彙・熟語・構文力，文法力が幅広く問われる問題である。Ⅴの記述式の英作文は，文頭部分が与えられており，「～するのに時間がかかる」という頻出表現が出題された。Ⅵの会話文は 10 カ所の空所補充問題となっており，主に文脈把握力と語彙・熟語力を問う問題となっている。

全体としては設問形式に大きな変化はなく，3 題の長文読解問題に時間がかかるので，時間配分が難しいものの，文法や語彙・熟語力を含め，バランスのよい学力が問われる標準的な問題と言える。

日本史

I 解答

1―エ　2―エ　3―ウ　4―エ　5―ア　6―イ
7―ウ　8―イ　9―イ　10―ウ

◀解　説▶

≪原始～近代の小問集合≫

1．a．誤文。前期の「湿田」も地下水位が高いため「排水用」の施設が設けられていた。b．誤文。弥生時代の「鉄製品」の原材料は国産ではなく，主に朝鮮半島からもたらされていた。

2．a．誤文。前方後円墳の造営終了期はほぼ各地で時期がそろっており，これはヤマト政権の強力な地方統制力の表れと考えられる。b．誤文。ヤマト政権から地方の有力豪族に与えられた姓は君であり，「造や首」は一般豪族に与えられた。

3．a．誤文。文武天皇の后の宮子は藤原氏の娘ではあるが皇后ではない。臣下の娘から皇后になったのは聖武天皇の皇后，光明子が最初である。また，宮子と光明子は藤原不比等の娘である。b．正文。

4．a．誤文。「公営田」の設置は 823 年，「官田」の設置は 879 年，桓武天皇よりも後の時代である。b．誤文。「追捕使」は 10 世紀以降各国の盗賊や叛徒を鎮圧するために設置された令外官である。

6．a．正文。b．誤文。「足利義満」に「土岐康行」が討たれたのは 1390 年,「山名氏清」が討たれたのは 1391 年で，いずれも 1392 年の南北朝合体以前である。

7．a．誤文。「ヴァリニャーニ」の勧めに応じたのは，九州の大友義鎮・有馬晴信・大村純忠の三大名。彼らの出資で天正遣欧使節が派遣された。b．正文。

8．a．正文。B．誤文。京都には「京都所司代」とは別に京都町奉行が設置されている。

9．a．正文。b．誤文。尊号一件において「松平定信」との対立が生まれたのは 11 代将軍徳川家斉である。

10．a．誤文。天皇主権の国家体制にそぐわないとして，批准の際は条文の一部を除外するが，「パリ不戦条約」そのものには1928年調印している。
b．正文。

Ⅱ　解答

A．1―イ　2―イ　3―ウ　4―エ　5―イ
B．6―イ　7―イ　8―エ　9―イ　10―ア

◀解　説▶

≪古代～近世・近代の政治・経済・文化≫

1．イが正しい。a．院政期に庶民に流行した歌謡を「今様」といい，貴族にも愛好された。後白河上皇の撰でまとめられた今様集が『梁塵秘抄』である。b．順徳天皇によって1221年ごろまとめられた有職故実書が『禁秘抄』。朝廷の政務や諸行事についての作法が説かれている。

3．ウが正しい。後嵯峨天皇のあと，持明院統の祖となった後深草天皇が即位し，次いで大覚寺統の祖となった亀山天皇が即位する。

4．エが正しい。北朝は光厳，光明，崇光，後光厳，後円融，後小松。南朝は後醍醐，後村上，長慶，後亀山，と皇位が継承され，1392年に後亀山天皇から後小松天皇に譲位する形式で，南北朝の合体が実現した。

5．イが正しい。設問文に「公家社会における」とあるため，寺院・武家にまつわる条文の説明であるウ・エは不適。

6．イが正しい。ウの「青木周蔵」はイギリスとの条約改正交渉を順調に展開したが1891年の大津事件で頓挫し，そのあとを引き継いだ陸奥宗光が1894年日英通商航海条約を締結，領事裁判権の撤廃に成功した。エの「小村寿太郎」は，1911年関税自主権回復に成功した第2次桂太郎内閣の外相である。

7．イが正しい。「豊田佐吉」の国産の小型力織機の普及で小型工場での生産が進んだ。ウの「臥雲辰致」は簡易紡績機であるガラ紡の発明者。エの「渋沢栄一」は1883年大阪紡績会社を設立，大規模経営に成功した。

8．すべて正文。田中義一内閣は普通選挙直後に共産党を一斉検挙する3・15事件をおこし，治安維持法を緊急勅令で改正，最高刑を死刑とした。また社会主義者・無政府主義者を取り締まる思想警察である特別高等課（特高）を道府県警察にも設置して取り締まりを強化した。

9．イが正しい。1917年以来，ア「金輸出禁止」策をとってきたが，1930年，浜口雄幸内閣は井上準之助蔵相の主導で「金解禁」を断行した。

しかし，世界恐慌の影響で失敗。次いだ犬養毅内閣で，1932年にウ「金輸出再禁止」が実施される。エの「金禄公債証書の発行」は明治政府が実施した，家禄廃止のための政策である。
10．ア．正文。イ．誤文。「トーキー」は1930年代から上映された弁士のいない有声映画である。ウ．誤文。「ラジオ放送開局」の1925年，同じ年に発足して人気を博したのは東京六大学野球である。

Ⅲ 解答

A．1―エ　2―ア　3―エ
B．4―イ　5―ウ　6―エ
C．7―エ　8―ア　9―ウ　10―ウ

◀解　説▶

≪古代・中世・幕末の政治・外交≫
Aの史料は，最古の仏教説話集『日本霊異記』に記載された説話である。その内容は，「天平元年，聖武天皇が元興寺で法会を実施した時，長屋の親王が無礼な沙弥の頭を叩いて怪我を負わせ，周囲は不吉なことだと噂した。二日後にねたむものが天皇に讒言して，長屋が社稷（国家）を傾けて皇位を狙おうとしているとし，攻められた親王は自害した」とある。人名や経緯から729年に起こった「長屋王の変」に関するものだと判断できる。
1．エが誤っている。法会は「元興寺」で実施されたもので，「盧舎那仏の開眼供養会」ではない。
2．ア．が正しい。天皇の正式の后である皇后は律令では皇族から選ばれることになっていたが，勢力拡大をねらう藤原四子が反対勢力の長屋王を退け，729年，藤原不比等の娘光明子を臣下の娘から初めて皇后に立てることに成功した。イ「藤原広嗣の乱」，ウ「恭仁京遷都」は740年。「三世一身法発令」は723年である。
3．エ．が正しい。ア「行基」は民間布教を進め弾圧を受けたが，のち大仏建造に関わり，イ「道鏡」は称徳天皇の寵愛を受け政治に関わり，ウ「道昭」は入唐し玄奘三蔵に学んだ，いずれも奈良時代の僧侶である。
Bの史料『太平記』は南北朝時代を描いた軍記物語である。出題部分の内容は，「孤立した高倉殿が我が身を嘆きつつ観応三年に毒によって死亡。その前々年には［ c ］が上杉を討ち，前年には禅門が［ c ］を討った」とあり，観応の頃の騒動すなわち「観応の擾乱」の人物の対立に関わる史料と推察できる。

4．イが正しい。「高倉殿」は「禅門」と同一人物で，禅門は対立する［　c　］を討ち，その翌年に自身が毒で死亡したとあり，選択肢の人物中「高倉殿」は足利直義と判断できる。

5．ウが正しい。［　c　］は「禅門」＝足利直義と対立し，直義の死の前年に討たれた人物なので，選択肢中の「高師直」である。

6．エが正しい。室町幕府内では，尊氏の弟直義派と，尊氏の執事高師直派が対立（観応の擾乱)。武力衝突に発展し直義の死後も，南朝勢力を交え三勢力が離合集散を繰り返した。

史料Cは『ペルリ提督日本遠征記』。開国を求めて幕末に来航したペリーの記録である。出題部分はアメリカ大統領フィルモアが国書で幕府に要求している内容が記されている。

8．ア．が正答。当時は灯火用の燃料として鯨油の需要が大きく，北太平洋での捕鯨業が盛んであった。

9．ウが該当しない。「余」が望んでいることは史料中に「余が提督を遣したる目的」として記されている。ア「日本との修好」は史料中の「合衆国と日本とが友交を結び」が，イ「日本との貿易」は「相互に商業的交通を結ばんこと」が，エ「食糧・水・石炭の供給」は「石炭，食糧及び水の供給を受くること」がそれぞれ該当する。ウ「遭難米国民の送還」は「吾等が他の船舶を送りてその財産及人民を運び去るまで」の保護を求めているにとどまり，日本に直接の送還行為を求めていないので，「余」の望みには該当しない。

10．ウ．誤文。ペリーは神奈川県横須賀市久里浜に上陸。大統領からの国書を提出した。幕府は国書を正式に受け取り，翌年の回答を約した。

Ⅳ 解答

A．1―ア　2―ア　3―イ　4―ウ　5―イ
B．6―エ　7―※　8―ア　9―ウ　10―ウ

※設問７については，問題文に誤りがあったため，全員正解とする措置を取ったことが大学から公表されている。

◀解　説▶

≪近代～現代の政治・外交≫

1．ア．誤文。山東半島の「威海衛」はドイツではなくイギリスの租借地

である。イ・ウ．正文。

2．ア．誤文。閔氏一族ははじめ日本に接近したが，「壬午事変」のあとは日本から離れ，清やロシアに接近した。

3．イの「治安警察法制定」は桂太郎内閣ではなく，1900 年第 2 次山県有朋内閣での出来事である。ア「韓国併合」は 1910 年第 2 次桂太郎内閣，ウ「第 2 次日英同盟」は 1905 年第 1 次桂太郎内閣，エ「第一次護憲運動」は第 3 次桂太郎内閣での出来事である。

4．ウが正しい。「フランクリン・ローズヴェルト」は太平洋戦争開戦時のアメリカ大統領。「レザノフ」は 1804 年来日したロシア使節である。

5．イが誤り。ポーツマス条約によって旅順・大連の租借権を得たが，「遼東半島」そのものの租借権を得たわけではない。

6．すべて正文。講和をめぐっては，ソ連など社会主義国を含む全交戦国との講和すなわち全面講和論と，アメリカ側だけとの単独講和論との対立があったが，サンフランシスコ平和条約はアメリカ主導，単独講和で調印された。

8．正答はア。ア．正文。第 2 条で「朝鮮の独立を承認」及び領土権を放棄する場所として「台湾・澎湖諸島・千島列島・南樺太」などが記載されている。イ．誤文。「奄美」は調印の 2 年後の 1953 年に返還されたが，「小笠原」が返還されたのは 1968 年であった。ウ．誤文。インドは条約案への不満から会議に出席せず，条約に調印していない。日本とインドの間には，1952 年日印平和条約が締結され，インドは賠償請求権を放棄している。

9．ウ．誤文。「安保条約改定阻止国民会議」は日本共産党も参加して結成されている。

10．ウが正しい。日米安全保障条約に基づき，翌 1952 年に「日米行政協定」が，さらに再軍備，自衛力増強の要求を受けて 1954 年に「MSA 協定」が締結された。「日米地位協定」は，1960 年の日米相互協力及び安全保障条約（新安保条約）に基づき締結された。

❖講　評

時代別では現代史も含めてほぼ均等な出題。分野別では文化史の出題が非常に少なく，政治・外交の比重が高かったが，出題レベルは全体として教科書を中心とする標準的な内容である。

Ⅰは例年出題される正誤判定の問題である。3．a，8．aなどいささか詳細な知識が問われるが，全般的にはほぼ教科書レベルの標準的内容であると言える。しかし，やはり語句や人物，歴史的経緯や背景についてうろ覚えだと迷うものが多い。広く確実な知識を身につけたい。

Ⅱは古代～近世・近代における音楽を軸に，政治や外交を問う形式の出題となっている。3の皇位継承順はいささか難問であろう。8や10は選択肢がすべて誤文または正文の可能性もある選択問題なので判断に迷うものがあるが，教科書本文以外の脚注などもよく読んで正確に理解し，記憶しておきたい。

Ⅲは史料A～Cともに出典やキーワードから「長屋王の変」「観応の擾乱」「ペリー来航」に関するものと判断できれば，設問の内容は標準的レベルである。9は設問の意図を正確に捉えて史料を読み取っていこう。

Ⅳは日露戦争前後とサンフランシスコ平和条約を中心に，政治・外交を問う出題である。8や9は迷う内容だが，全般的には標準的レベルと言える。

世界史

I　解答

イーd　ロ－b
①－d　②－b　③－a　④－c　⑤－d　⑥－a

◀解　説▶

≪古代キリスト教史≫

ロ．正解はb。他のゲルマン諸族がアリウス派であったのに対して，クローヴィスがいち早くアタナシウス派に改宗したことは，ローマ系住民との関係を良好にし，フランク王国発展の礎となった。

①d．誤文。キリスト教の教義を定めるための初の公会議（宗教会議）は，アタナシウス派を正統としアリウス派を異端とした325年のニケーア公会議である。エフェソス公会議（431年）はネストリウス派を異端とした。

②b．誤文。十戒は，モーセがヘブライ人たちを率いて紅海を渡りシナイ半島に到達したのち，民衆を山麓に残してひとりシナイ山に登り，その山頂で唯一神ヤハウェから授けられたとされる。

③a．誤文。異邦人（ユダヤ人以外の民族）への布教活動で知られるのはパウロ。彼は「異邦人の使徒」とよばれる。

④c．誤文。ユリアヌス帝（位361～363年）は，ミラノ勅令（313年）でキリスト教が公認された後に異教復興を企てたが失敗し，「背教者」とよばれた。皇帝崇拝の拒否を理由とする迫害はディオクレティアヌス帝が代表的。

⑤d．誤文。トマス=アクィナスは，ベネディクトゥスが創建したベネディクト修道会ではなく，ドミニコ修道会の出身である。

⑥a．誤文。ヴァンダル人が建国したのは，北アフリカ（現チュニジア）で，かつてのカルタゴの地である。

Ⅱ 解答

イ－d　ロ－d
①－c　②－b　③－c　④－a　⑤－a　⑥－b

◀解　説▶

≪15～19世紀のイギリス王朝≫

ロ．正解はd。ホイッグ党の首相ウォルポールは，議会の信任を失った際，国王の慰留にもかかわらず辞職した。これが内閣は国王ではなく議会に対して責任を負うという責任内閣制の始まりといわれる。

①c．誤文。バラ戦争は，ランカスター派のヘンリ7世が即位し，テューダー朝が成立して収束した。

②b．誤文。テューダー朝の時代に行われた第1次囲い込みは，牧羊を目的としていた。穀物増産のために行われたのは第2次囲い込みで，18世紀（ハノーヴァー朝の時代）に開始された。

③c．誤文。一般祈禱書が整備されたのは，ヘンリ8世の息子エドワード6世の時代である。

④a．誤文。ジェームズ1世（スコットランド王としてはジェームズ6世）は，イングランドにもスコットランドにもイギリス国教会を強制して，カルヴァン派のピューリタン（スコットランドではプレスビテリアン）を迫害した。

⑤a．誤文。短期議会（1640年）を強制的に解散したのはチャールズ1世である。クロムウェルが強制的に解散したのは長期議会。

⑥b．誤文。寛容法は1689年，ステュアート朝のウィリアム3世・メアリ2世のもとで制定された。国教徒でないプロテスタントにも信教の自由を認めたが，カトリックは除外された。

Ⅲ 解答

イ－a　ロ－a
①－c　②－b　③－b　④－b　⑤－d　⑥－d

◀解　説▶

≪19～20世紀の東ヨーロッパ諸民族≫

ロ．正解はa。ボスニア=ヘルツェゴヴィナは，1878年のベルリン条約でオーストリアが管理権（統治権）を獲得し，1908年の青年トルコ革命によるオスマン帝国の混乱に乗じてこれを併合した。

①c．誤文。コソヴォの戦い（1389年）は，オスマン帝国軍がコソヴォ

でバルカン諸国軍を破った戦いである。

②難問。誤文はｂ。ルーマニアは第二次世界大戦で枢軸国として参戦し，戦後のパリ条約（1947年）で連合国と講和している。

③やや難。誤文はｂ。ブルガリアは，第１次バルカン戦争（1912年）ではバルカン同盟の一員としてオスマン帝国と戦った。第２次バルカン戦争では，ブルガリアは領土分配の対立から他のバルカン同盟諸国（セルビア，モンテネグロ，ギリシア）およびオスマン帝国・ルーマニアと戦い，敗北した。

④ｂ．誤文。三十年戦争（1618～48年）は，オーストリア（ハプスブルク家）が属領ベーメン（ボヘミア）に対して旧教を強制したために，新教徒が反発して反乱を起こしたことが発端であった。

⑤ｄ．誤文。非同盟諸国首脳会議開催をティトーとともに呼びかけたのは，エジプトのナセルである。ナギブはナセルとともにエジプト革命を成し遂げたが，その後ナセルによって失脚させられた。

⑥難問。誤文はｄ。カレリア地方は，ソ連とフィンランドの国境地帯。ソ連＝フィンランド戦争（冬戦争：1939～40年）では，ソ連がフィンランドに侵攻し，カレリア地方を奪ってロシア領とした。

Ⅳ　解答

イ－ｃ　ロ－ａ

①－ｂ　②－ｃ　③－ｂ　④－ｄ　⑤－ｄ　⑥－ｂ

◀解　説▶

≪イスラームの拡大≫

ロ．正解はａ。ニザーム=アルムルクは，エジプトのシーア派王朝ファーティマ朝に対抗して，スンナ派のマドラサであるニザーミーヤ学院を，バグダードをはじめとする複数の都市に建設した。

①ｂ．誤文。イスラームでは，ユダヤ教のモーセ，キリスト教のイエスなども預言者として認めている。イスラームでは，ムハンマドは最後にして最大の預言者として位置づけられている。

②ｃ．誤文。６世紀後半，ビザンツ帝国とササン朝が国境地帯で抗争をくり返し，アラビア半島東部のペルシア湾を経由した交易は衰えた。その影響で，同半島西部沿岸のメッカを含むヒジャーズ地方が新たな貿易中継地点として繁栄することとなった。

③b．誤文。ササン朝は642年，第2代カリフであるウマルの時代（在位634～644年）にイスラーム軍にニハーヴァンドの戦いで敗れ，事実上崩壊した。ただ，ササン朝が最終的に滅亡したのは，ササン朝最後の王が殺された651年で，ウマルが滅ぼしたわけではない。

④d．誤文。トゥール・ポワティエ間の戦い（732年）でウマイヤ朝のイスラーム軍を破ったのはフランク王国の宮宰カール=マルテルである。

⑤d．誤文。アッバース朝が「支配者」を意味するスルタンの称号を与えたのはセルジューク朝の創始者トゥグリル=ベクが最初（1055年）である。サーマーン朝は999年に滅亡している。

⑥難問。誤文はb。支配者や富裕な商人がマドラサやモスクなど公共施設を建設し，それらを維持・管理するため土地や財産が寄進され，このような方法で寄進された財産や，財産を寄進する行為がワクフと呼ばれた。マドラサやモスクそのものを寄進する行為ではない。

V　解答

イーa　ロ－b

①－c　②－a　③－c　④－d　⑤－d　⑥－b

◀解　説▶

≪宋・元・明の文化と社会≫

ロ．正解はb。金陵は現在の南京である。南京は歴史的に多くの名称でよばれた。三国時代の呉の都としては建業，東晋・南朝時代の都としては建康，明建国時には金陵，太平天国の都としては天京と称される。

①c．誤文。宋代は，長江下流域が穀倉地帯となり，「蘇湖（江浙）熟すれば天下足る」といわれた。明代には，穀倉地帯が長江中流域に移動したため「湖広熟すれば天下足る」といわれた。

②a．誤文。蘇軾は唐宋八大家に数えられる名文家だが，『資治通鑑』は司馬光の著作。

③c．誤文。王重陽が，儒教・仏教・道教を融合して創設したのは全真教。

④d．誤文。パスパ文字を作ったパスパは，黄帽派（ゲルク派）ではなく，黄帽派登場以前のサキャ派。14世紀後半に登場したツォンカパが従来のチベット仏教を改革し，戒律の厳しい黄帽派を確立し，それまでのサキャ派からチベット仏教の主流となった。

⑤d．誤文。中書省を廃止し，六部を皇帝直属としたのは洪武帝。

⑥b．誤文。「授時暦」は元代に郭守敬によって作られた暦。明代の徐光啓は『崇禎暦書』を作成した。

❖講　評

Ⅰはキリスト教の成立からゲルマン民族の移動期までを範囲としている。誤文選択では，②のモーセが十戒を授かった場所，④のユリアヌス帝とキリスト教，⑤のトマス=アクィナスの出身修道会などは注意が必要である。重要人物や重要事件については細部に至るまで確認しておきたい。

Ⅱはテューダー朝，ステュアート朝，ハノーヴァー朝の3王朝にわたる時代について問われている。難問は見られない。各時代の王の事績，事件の原因と結果の因果関係などを確実に押さえておきたい。②囲い込みの目的，⑥寛容法の時期などにも十分に注意したい。

Ⅲは学習が薄くなりやすい東ヨーロッパと諸民族がテーマとなっており，難問もあり得点差が開きやすい。①のコソヴォの戦い，③のバルカン同盟などはオスマン帝国の動向と関連づけて理解することが重要である。⑥の「カレリア地方」など見慣れない用語も登場するが，消去法などを駆使して正解にたどり着いてもらいたい。

Ⅳはイスラームの誕生から，セルジューク朝までの初期イスラームの拡大時期を範囲としている。②アラビア半島の「東部沿岸」は，地図を想起しなければならない。③の正統カリフ・ウマルとササン朝滅亡は微妙な関係であるが，正確な年代を確認したい。⑥のワクフの内容を問う問題は難問であった。

Ⅴは中国史のオーソドックスな出題である。難問は見られず，標準的である。ただ，④のパスパのチベット仏教における位置づけは失点しやすいので注意が必要。文化史が目立つため，人物と業績は正確に答えられるよう準備が必要である。

地理

I　解答

(1)―c　(2)―b　(3)―c　(4)―b　(5)―b　(6)―b
(7)―d　(8)―b

◀解　説▶

≪ヨーロッパの地誌≫

(1)緯線Xは北緯40度を示している。地中海の中央部を東西に通過しており，スペインの首都マドリードや，トルコの首都アンカラ付近を通過する。

(2)b．誤文。リアス海岸はスペイン北西部のリアスバハス海岸にみられるが，バルセロナはスペイン北東の地中海岸に位置しており，②の範囲内ではなく③の範囲内に位置している。

(3)cが正解。J国のイタリアとM国のギリシャはともにEU加盟国である。A国のアイルランドはNATO加盟国ではない。I国のオーストリアもNATOには加盟していない。O国のノルウェーはEU加盟国ではない。

(4)bが正解。C国のポルトガルとD国のスペインはともにカトリック教徒が多い。A国のアイルランドはカトリック教徒が多い。M国のギリシャはギリシャ正教徒が人口の9割を占め，N国のポーランドはカトリック教徒が多い。P国のスウェーデンとQ国のフィンランドはともにプロテスタントが多くを占める。

(5)bが正解。K国のクロアチアとL国のボスニア・ヘルツェゴビナは，ともに旧ユーゴスラビアの構成国である。L国のボスニア・ヘルツェゴビナでは，独立をめぐり90年代に国内で激しい内戦が起こった。

(6)b．誤文。H国のスイスは連邦共和制の政体である。

(7)d．誤文。Q国のフィンランドにおける輸出額第1位は機械類であり，輸出額の24.2％を占める（2020年）。

(8)F国のオランダの輸出品目を示すのはbである。aはE国のフランス，cはJ国のイタリア，dはB国のイギリスである。

Ⅱ　解答

(1)—d　(2)—b　(3)—d　(4)—a　(5)—c　(6)—a
(7)—d　(8)—d

◀解　説▶

≪アフリカの地誌≫

(1)d．誤文。都市sは南アフリカ共和国のケープタウンを示しており，気候区はCs（地中海性気候）に属する。

(2)b．誤文。河川Lのコンゴ川では，下流部に急流の箇所がみられ，リヴィングストン滝があることでも知られる。河川Kはニジェール川である。湖Mのヴィクトリア湖は高原の上に位置しており，湖面標高は1134mである。湖Nのタンガニーカ湖はアフリカ大地溝帯に沿って形成された断層湖の一つであり，水深は−1471mである。

(3)dが正解。Xに含まれる地域の中では，ナイジェリアやセネガルで落花生の生産が多い。

(4)aが誤っている。ウ国のガーナにおける貿易輸出額第1位の品目は金であり，原油やカカオがこれに続く。エ国はナイジェリア。オ国はエチオピア。キ国はボツワナである。

(5)cが正解。2019年の1人当たりGNI（国民総所得）を比較すると，ケ国の南アフリカ共和国が6040ドル，カ国のケニアが1750ドル，イ国のニジェールが600ドルである。

(6)aが正解。南アフリカ共和国のヨハネスバーグは金鉱の産出地として知られる。銅鉱の産出は，コンゴ民主共和国からザンビアにかけての地域であり，カッパーベルトと呼ばれている。

(7)dが正解。ア国のアルジェリアは旧フランス領であり，ク国のモザンビークは旧ポルトガル領である。

(8)d．誤文。ルワンダは旧ベルギー領の国であり，多数派のフツ族による少数派ツチ族への大量虐殺が1994年に起こった。80万人〜100万人もの人々の命が奪われたといわれる。

Ⅲ 解答

(1)―b　(2)―c　(3)―a　(4)―a　(5)―a　(6)―c
(7)―d　(8)―a

◀解　説▶

≪世界の環境問題と地域問題≫

(1)Bが誤文である。都市部においては，夜間は排出された余剰熱が地表付近に集中しやすいため，夜間の方がヒートアイランド現象は顕著にみられる。

(2)Aが誤文である。酸性雨の原因物質である硫黄酸化物や窒素酸化物などは化石燃料の燃焼により発生するものであり，赤道付近の発展途上国よりも，中高緯度地域の先進国で被害が大きい。

(4)AとBともに正文。アフリカのサヘル地帯における砂漠化の要因は，自然的要因・人為的要因など様々であるが，人口増加に伴う薪炭材の需要量増加に伴う森林伐採のほか，過耕作や過放牧も大きな要因である。

(6)Aが誤文である。ケベック州はフランス系住民が多く居住する地域である。

(7)AとBともに誤文である。Aのシオニズム運動はユダヤ人による建国運動であり，これによりイスラエルが建国された。Bの公民権運動は，1950年代から60年代にかけてのものであり，黒人の公民権の適用と人種差別反対への取り組みである。なお，アメリカ合衆国の奴隷制度廃止は1865年である。

(8)AとBともに正文。スペインのバスク州ではバスク人の自治が認められており，州都はビトリア，中心都市はビルバオである。

Ⅳ 解答

(1)―a　(2)―d　(3)―d　(4)―b　(5)―c　(6)―c
(7)―b　(8)―c

◀解　説▶

≪世界の島国≫

(1)a．誤文。首都のジャカルタはジャワ島に位置しているが，ニューギニア島やボルネオ島やスマトラ島の方がジャワ島よりも面積が大きい。

(2)d．誤文。バナナの輸出が世界最多なのはエクアドルであり，これにグアテマラが続く（2019年）。

(3)d．誤文。日本における茶の輸入相手国は，主に中国である。

(4) b．誤文。日本の面積が約37.8万km^2であるのに対し，マダガスカル島の面積は約58.7万km^2であり，マダガスカル島の方が大きい。

(5) c．誤文。首都のレイキャビクは西岸海洋性気候に属しており，正確にはCfcに分類され，最暖月平均気温が22℃未満であり，さらに月平均気温が10℃以下の月が4カ月未満である。

(6) c．誤文。マルタの公用語はマルタ語と英語の二つである。

(7) b．誤文。パプアニューギニアにおける最高峰はウィルヘルム山であり，標高は4509mである。

(8) c．誤文。フィジーにおいて最も多くを占めるのはキリスト教徒の約65％であり，ヒンドゥー教徒の割合は約28％である。

V　解答

(1)—a　(2)—b　(3)—※　(4)—a　(5)—d　(6)—a
(7)—c　(8)—a

※設問(3)については，選択肢に正答が存在しなかったため，全員正解とする措置を取ったことが大学から公表されている。

◀解　説▶

≪地形図読図≫

(1) 2万5千分の1の地形図で表現されているので，地図上の2cmで実際の500mを表現している。警察署は駅の北西部にあるが，駅から半径500m圏外に位置していることが読み取れる。

(2) b．誤文。等高線の読み取りにより，加治川は南東から北西に向けて流れていることがわかる。この河川の改修は加治大橋の下流部でもみられ，河道がやや直線化されている。大規模な河川改修は加治大橋の上流部でもみられ，かつての加治橋は撤去されている。

(4) a．誤文。人工衛星から捉えたものは衛星画像と呼ぶが，上空600km以上の高さから捉えたものである。それに対して空中写真とは，上空300m～3000mの高さから，航空機やヘリコプターなどから捉えたものである。

(5) d．誤文。地形図においては表現された家屋は，省略されて表現されたものもあり，すべての家屋の分布を示したものではない。そのため地形図を用いて詳細な世帯数の変化を把握することはできない。

(6) aが誤っている。「2015年人口」を分母とすべきである。

(7) c．誤文。階級区分図は相対図に分類され，相対的な統計データの表現の際に用いられる手法である。乗用車保有台数という絶対的統計データの表現において用いることは適さない。

(8) a．誤文。GPS は人工衛星を用いて位置の測定を行っているものであり，標高の違いにおいて精度の違いはみられない。

❖講　評

Ⅰはヨーロッパの地誌に関する出題だった。各国の自然環境や産業，国際機構への加盟，宗教など幅広い知識力が求められる。

Ⅱはアフリカ地誌に関する出題だった。気候分布，河川や湖沼などの自然環境，鉱産資源，輸出貿易など基礎的知識を求めるものを中心に幅広い視野の学習が求められる。

Ⅲは世界の環境問題と地域問題に関する出題だった。幅広く詳細な知識力が求められる正誤問題である。

Ⅳは世界の島々に関する出題だった。世界各地の島々について，自然環境や産業，民族など幅広い知識力が求められる。

Ⅴは地形図や空中写真を用いた読図問題だった。基礎的知識を求めるものを中心にしながらも，地域調査の手法に関して，やや詳細な知識を求めるものもみられた。

数学

1 **解答** (1)ア．-1　イ．$-2<a<0$　ウ．$-2\leqq a\leqq\frac{1}{4}$

(2)エ．$(4,\ 12)$　オ．$(p+1,\ p^2+p)$　カ．2　キ．n

◀解　説▶

≪2次関数の最大・最小と不等式，自然数を解にもつ1次不定方程式≫

(1)　$f(x)=ax^2+4ax+3a-2=a(x+2)^2-a-2$

(i)　$a=-1$であるとき　$f(x)=-(x+2)^2-1$

よって，$-5\leqq x\leqq 0$における$f(x)$の最大値は-1　(→ア)

(ii)　曲線$y=f(x)$が放物線ならば　$a\neq 0$

このとき，2次方程式$f(x)=0$の判別式をDとおくと

$$\frac{D}{4}=(2a)^2-a(3a-2)=a(a+2)$$

曲線$y=f(x)$とx軸が共有点をもたないaの値の範囲は，$\frac{D}{4}<0$より

$$a(a+2)<0$$

ゆえに　$-2<a<0$　(→イ)

(iii)　$a>0$ならば，$f(-5)=8a-2$，$f(0)=3a-2$より，$-5\leqq x\leqq 0$において，つねに$f(x)\leqq 0$となる条件は　$8a-2\leqq 0$　かつ　$3a-2\leqq 0$

ゆえに　$0<a\leqq\frac{1}{4}$　……a)

$a=0$ならば，$f(x)=-2$であるから，つねに$f(x)\leqq 0$が成り立つ。

……b)

$a<0$ならば，$f(-2)=-a-2$より，$-5\leqq x\leqq 0$において，つねに$f(x)\leqq 0$となる条件は　$-a-2\leqq 0$

ゆえに　$-2\leqq a<0$　……c)

以上a)，b)，c)より，求めるaの値の範囲は

$$-2\leqq a\leqq\frac{1}{4}\quad(\to ウ)$$

(2)(i)　①に $p=3$, $n=1$ を代入すると　$\frac{1}{x}+\frac{1}{y}=\frac{1}{3}$

両辺に $3xy$ を掛けて整理すると

$xy-3x-3y=0$ より　$(x-3)(y-3)=9$ ……②

与えられた条件から，$y>x\geqq 1$ である。このとき，$y-3>x-3\geqq -2$ に注意して②を満たす $x-3$, $y-3$ の組を求めると

$(x-3,\ y-3)=(1,\ 9)$

よって　$(x,\ y)=(4,\ 12)$　(→エ)

(ii)　①に $n=1$ を代入すると　$\frac{1}{x}+\frac{1}{y}=\frac{1}{p}$

両辺に pxy を掛けて整理すると

$xy-px-py=0$ より　$(x-p)(y-p)=p^2$ ……③

与えられた条件から，$y>x\geqq 1$ である。このとき，$y-p>x-p\geqq 1-p$ $(>-p)$ に注意して③を満たす $x-p$, $y-p$ の組を求めると

$(x-p,\ y-p)=(1,\ p^2)$

よって　$(x,\ y)=(p+1,\ p^2+p)$　(→オ)

(iii)　①に $n=2$ を代入すると　$\frac{1}{x}+\frac{1}{y}=\frac{1}{p^2}$

両辺に p^2xy を掛けて整理すると

$xy-p^2x-p^2y=0$ より　$(x-p^2)(y-p^2)=p^4$ ……④

与えられた条件から，$y>x\geqq 1$ である。

このとき，$y-p^2>x-p^2\geqq 1-p^2(>-p^2)$ に注意して④を満たす $x-p^2$, $y-p^2$ の組を求めると

$(x-p^2,\ y-p^2)=(1,\ p^4)$, $(p,\ p^3)$

よって　$(x,\ y)=(p^2+1,\ p^4+p^2)$, $(p^2+p,\ p^3+p^2)$ の 2 組　(→カ)

(iv)　$\frac{1}{x}+\frac{1}{y}=\frac{1}{p^n}$ の両辺に p^nxy を掛けて整理すると

$xy-p^nx-p^ny=0$ より　$(x-p^n)(y-p^n)=p^{2n}$ ……⑤

与えられた条件から，$y>x\geqq 1$ である。

このとき，$y-p^n>x-p^n\geqq 1-p^n(>-p^n)$ に注意して⑤を満たす $x-p^n$, $y-p^n$ の組を求めると

$(x-p^n,\ y-p^n)=(1,\ p^{2n}),\ (p,\ p^{2n-1}),\ (p^2,\ p^{2n-2}),$

$\cdots\cdots,\ (p^{n-1},\ p^{n+1})$

よって

$(x,\ y)=(p^n+1,\ p^{2n}+p^n),\ (p^n+p,\ p^{2n-1}+p^n),\ (p^n+p^2,\ p^{2n-2}+p^n),$

$\cdots\cdots,\ (p^n+p^{n-1},\ p^{n+1}+p^n)$ の n 組 (→キ)

2

解答 (1)ア．$(-3,\ 1)$ イ．$-\dfrac{1}{3}x$ ウ．$\dfrac{2+\sqrt{2}}{4}$ (2)エ．$\dfrac{\vec{a}+\vec{b}}{4}$

オ．3 カ．$-\dfrac{1}{2}$ キ．$\dfrac{\sqrt{15}}{48}$

◀解 説▶

≪図形と方程式，２円の位置関係，平面ベクトルと内積≫

(1) $x^2+y^2+6ax-2ay+20a-10=0$ ……①

とおく。①を a について整理すれば

$x^2+y^2-10+2a(3x-y+10)=0$

この等式が a の値にかかわらず成り立つ条件は

$x^2+y^2-10=0$ ……②

$3x-y+10=0$ ……③

が同時に成り立つときである。②，③を連立して解くと

③より，$y=3x+10$ として②に代入し

$x^2+(3x+10)^2-10=0$

(左辺)$=10x^2+60x+90=10(x+3)^2$ であるから $(x+3)^2=0$

ゆえに $x=-3$

このとき $y=1$

よって，a の値にかかわらず円 C が通る定点は，$(-3,\ 1)$ (→ア)

円 C の中心の座標を $(X,\ Y)$ とおくと，①より

$(x+3a)^2+(y-a)^2=10(a-1)^2$

したがって $X=-3a,\ Y=a$

また，半径は $\sqrt{10(a-1)^2}=\sqrt{10}\,|a-1|$ である。

ここで，X と Y の関係は a を消去して $X=-3Y$

ゆえに $Y=-\dfrac{1}{3}X$

よって，円 C の中心 $(X,\ Y)$ が存在する直線の方程式は

$$y=-\frac{1}{3}x \quad (\to イ)$$

また，円 C と円 $x^2+y^2=5$ の中心間距離を L とおくと，L は原点と点 $(-3a,\ a)$ の 2 点間の距離であるから

$$L=\sqrt{(-3a)^2+a^2}=\sqrt{10a^2}=\sqrt{10}\,a$$

この 2 つの円が外接するとき，2 つの円の半径の和が L に等しく

$$\sqrt{10}\,|a-1|+\sqrt{5}=\sqrt{10}\,a \quad \cdots\cdots ④$$

が成り立つ。ここで，右図より $(-3a,\ a)$ は直線 $y=-\frac{1}{3}x$ 上の原点と定点 $(-3,\ 1)$ の間にあるから

$$0<a<1 \quad \cdots\cdots ⑤$$

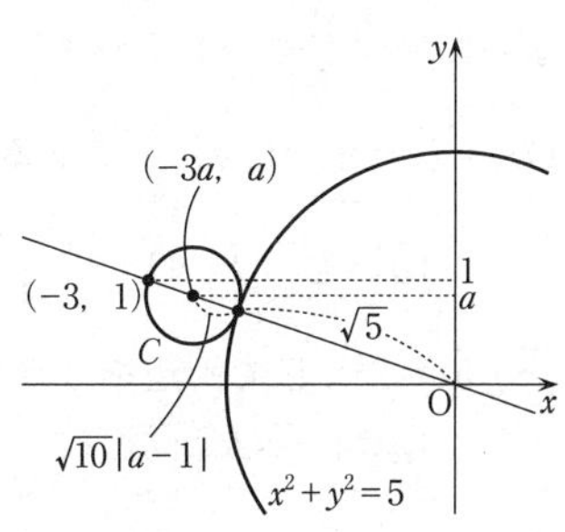

④，⑤より　　$-\sqrt{2}\,(a-1)+1=\sqrt{2}\,a$

よって　　$a=\dfrac{1+\sqrt{2}}{2\sqrt{2}}=\dfrac{2+\sqrt{2}}{4} \quad (\to ウ)$

別解　a の値については次のように求めることもできる。

円 $x^2+y^2=5$ と直線 $y=-\frac{1}{3}x$ の共有点のうち，$x<0$ である方の座標を求めると $\left(-\dfrac{3\sqrt{2}}{2},\ \dfrac{\sqrt{2}}{2}\right)$ である。この点と $(-3,\ 1)$，$(-3a,\ a)$ は上図のように同一直線上にあり，円 C と円 $x^2+y^2=5$ が外接するとき，$(-3a,\ a)$ は 2 点 $(-3,\ 1)$，$\left(-\dfrac{3\sqrt{2}}{2},\ \dfrac{\sqrt{2}}{2}\right)$ の中点だから

$$a=\frac{1}{2}\left(1+\frac{\sqrt{2}}{2}\right)=\frac{2+\sqrt{2}}{4}$$

(2)　M は線分 AB の中点，N は線分 OM の中点であるから

$$\overrightarrow{\mathrm{ON}}=\frac{1}{2}\overrightarrow{\mathrm{OM}}=\frac{\vec{a}+\vec{b}}{4} \quad (\to エ) \quad \cdots\cdots ①$$

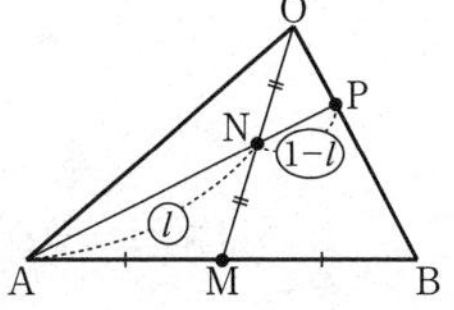

一方，P は直線 OB 上にあるから，実数 k を用いて，$\overrightarrow{\mathrm{OP}}=k\vec{b}$ と表せる。このとき実数 l を用いて，AN：NP$=l$：$(1-l)$ とおくと

$$\overrightarrow{ON} = (1-l)\overrightarrow{OA} + l\overrightarrow{OP} = (1-l)\vec{a} + kl\vec{b} \quad \cdots\cdots ②$$

$\vec{a} \neq 0$，$\vec{b} \neq 0$，$\vec{a} \not\parallel \vec{b}$ であるから，①と②の係数を比較して

$$1-l=\frac{1}{4},\ kl=\frac{1}{4}$$

これを連立して解いて　　$l=\dfrac{3}{4}$，$k=\dfrac{1}{3}$

ゆえに　　$\mathrm{AN : NP} = \dfrac{3}{4} : \left(1-\dfrac{3}{4}\right) = 3 : 1$

よって　　$\dfrac{\mathrm{AN}}{\mathrm{NP}} = 3$　（→オ）

$\mathrm{OA}=2$，$\mathrm{OB}=\mathrm{OM}=1$ であるとき

$$|\vec{a}|=2,\ |\vec{b}|=1,\ \left|\frac{\vec{a}+\vec{b}}{2}\right|=1$$

$|\vec{a}+\vec{b}|=2$ として両辺を 2 乗すると

$$|\vec{a}|^2+2\vec{a}\cdot\vec{b}+|\vec{b}|^2=4$$

よって　　$\vec{a}\cdot\vec{b} = -\dfrac{1}{2}$　（→カ）

$\mathrm{AN : NP} = 3 : 1$ より　　$\mathrm{AP : NP} = 4 : 1$

また，$\overrightarrow{OP} = \dfrac{1}{3}\vec{b}$ より　　$\mathrm{OB : OP} = 3 : 1$

ゆえに

$$\frac{\triangle \mathrm{OPN}}{\triangle \mathrm{OAB}} = \frac{\mathrm{NP}}{\mathrm{AP}}\cdot\frac{\mathrm{OP}}{\mathrm{OB}} = \frac{1\cdot 1}{4\cdot 3} = \frac{1}{12}$$

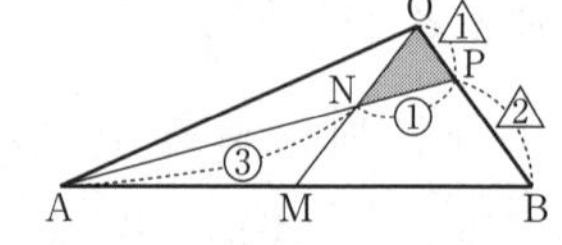

これと

$$\triangle \mathrm{OAB} = \frac{1}{2}\sqrt{|\vec{a}|^2|\vec{b}|^2-(\vec{a}\cdot\vec{b})^2} = \frac{1}{2}\sqrt{4\cdot 1-\left(-\frac{1}{2}\right)^2}$$

$$= \frac{\sqrt{15}}{4}$$

よって

$$\triangle \mathrm{ONP} = \frac{1}{12}\cdot\frac{\sqrt{15}}{4} = \frac{\sqrt{15}}{48} \quad (\text{→キ})$$

別解　(2)　(オ)

メネラウスの定理より

$$\frac{\mathrm{PO}}{\mathrm{BP}}\times\frac{1}{1}\times\frac{2}{1}=1$$

よって

$$\frac{\mathrm{PO}}{\mathrm{BP}}=\frac{1}{2}$$

再度，メネラウスの定理より

$$\frac{1}{1}\times\frac{\mathrm{NP}}{\mathrm{AN}}\times\frac{3}{1}=1$$

よって

$$\frac{\mathrm{AN}}{\mathrm{NP}}=3$$

3 解答

(1)　$f(x)=x^2(x-3)=x^3-3x^2$ より，

$f'(x)=3x^2-6x=3x(x-2)$ であるから，

$f(x)$ の増減は右表のようになる。

x	$\cdots$	0	$\cdots$	2	$\cdots$
$f'(x)$	$+$	0	$-$	0	$+$
$f(x)$	↗	極大	↘	極小	↗

このとき，$f(0)=0$，$f(2)=-4$ である。

よって，$f(x)$ の極値は，極大値 0 $(x=0)$，極小値 -4 $(x=2)$　……(答)

(2)　$g(x)=-f(x)$ より，2 曲線 $y=f(x)$ と $y=g(x)$ は x 軸に関して対称である。したがって，2 曲線の共有点は x 軸上にあるから，共有点の x 座標は $f(x)=0$ となる x の値を求めて，$x=0$，3 である。

このとき，$f(x)$ の増減から $0\leqq x\leqq 3$ において $f(x)\leqq 0$ であるから，この x の値の範囲において $g(x)\geqq 0$ である。

したがって，求める面積 S は右図の網かけ部分である。よって求める面積 S は

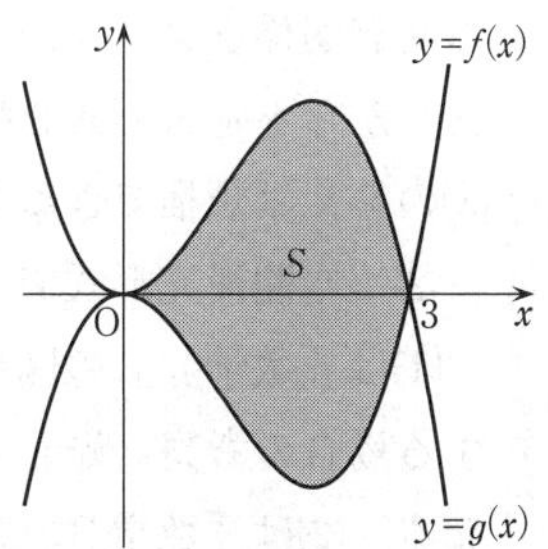

$$S=\int_0^3\{g(x)-f(x)\}\,dx=-2\int_0^3 f(x)\,dx$$

$$=-2\int_0^3(x^3-3x^2)\,dx=-2\left[\frac{x^4}{4}-x^3\right]_0^3$$

$$=\frac{27}{2}$$　……(答)

(3)　$h(x)=f(x-3)=(x-3)^2(x-6)$ より，曲線 $y=h(x)$ は曲線 $y=f(x)$ を x 軸方向に 3 だけ平行移動した曲線である。

このとき

$$h(x)-f(x)=(x-3)^2(x-6)-x^2(x-3)$$
$$=(x-3)(-9x+18)$$
$$=-9(x-3)(x-2)$$

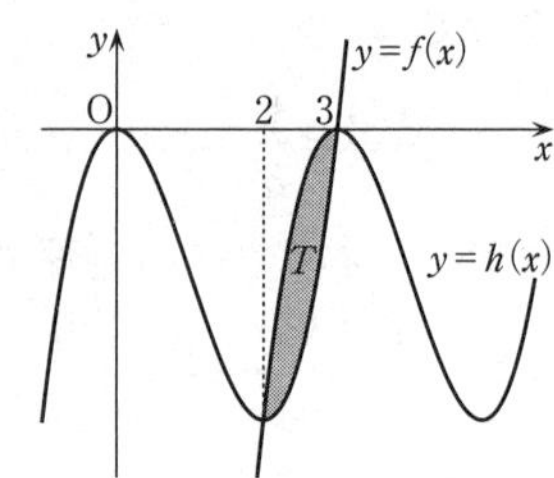

したがって，$2\leqq x\leqq 3$ において $h(x)-f(x)\geqq 0$ である。

よって，求める面積 T は

$$T=-9\int_2^3(x-2)(x-3)\,dx$$
$$=-9\cdot\left\{-\frac{1}{6}(3-2)^3\right\}=\frac{3}{2}\quad\cdots\cdots(答)$$

◀解　説▶

≪３次関数の増減と極値，グラフの移動，囲まれた図形の面積≫

(2)　曲線 $y=f(x)$ を x 軸に関して対称移動した曲線が $y=-f(x)=g(x)$ である。

(3)　曲線 $y=f(x)$ を x 軸方向に３だけ平行移動した曲線が $y=f(x-3)=h(x)$ である。また，面積計算では，$\int_\alpha^\beta(x-\alpha)(x-\beta)\,dx=-\frac{1}{6}(\beta-\alpha)^3$ が利用できる。

❖講　評

1　空欄補充形式で例年「数学Ⅰ・A」からの出題である。

(1)は「数学Ⅰ」の２次関数からの出題で，最大値・最小値と，x 軸との共有関係をグラフからつかみ，不等式を解く内容である。(2)は「数学A」から不定方程式を扱った整数問題の出題である。(ii)，(iii)の流れで，(iv)の答えは類推できると思うが学力の差が出る問題といえる。

2　空欄補充形式で，例年「数学Ⅱ・B」からの出題である。

(1)は「数学Ⅱ」の図形と方程式から，円の定点通過と２つの円が外接する場合の考察。難しくはないが，考察方法によって簡単にも煩雑にもなる。(2)は「数学B」のベクトルに関する問題である。関西学院大学では頻出問題といえる内容。しっかり解く必要がある。

3　「数学Ⅱ」の微・積分法からの出題で記述式となっている。どの設問も基本的で典型的な問題である。ケアレスミス等ないように解いておきたい問題である。

難問が出るということはなく，典型的な問題をしっかり演習しておくこと。また，日頃から計算の工夫を怠らないようにしておきたい。

基礎的な出題。問三は消去法的に前後関係を把握し読解するとよい。問五は書簡中の表現をもとに推測する、新傾向の問い。平易に見えるが、やや迷う。問六は空欄の前後を広く根拠としたい。問八はここでの話題が何かを押さえること。問九は比喩の具体化の問いである。比喩表現では、もともとの語義から発展させて考えるとよい。問十は「生物の不可視の内部空間」を換言した箇所を見つけたい。換言のための語彙力も同時に問われている。問十二は語のプラス、マイナスというイメージによる解答が効果的である。

二の古文は、『平中物語』からの出題。物語そのものの展開はわかりやすく、登場人物も少ないが、紛らわしい選択肢があるものや、和歌など、やや難解な設問があった。問一は例年同様語意の選択問題であった。普段から重要語については覚えるようにしておきたい。㋐「気色」は多義語。㋒「さがな」は「さがなし」を類推できたかが鍵。問三は願望を伴う場合の「いかで」の訳出と、「しがな」の意味が問われている。問四は頻出の同格の格助詞「の」についての識別問題。英語における同格の that と近い用法である。問五・問九は指示する人物や動作主の判別問題。一般に敬語を手掛かりに判別することも多いが、今回は文脈判断が有効であった。問六は「雲居」の解釈によってイ・ホで非常に迷うが、既出の部分も参考に判断したい。問八は一連の計略が、親族の女のおかげであることを理解できていれば平易。「徳」には「おかげ」の意もあることを確認したい。問十は省略部分を補う問で、難。指示内容を冷静に追いたい。問十一は和歌の空所補充の問題。縁語的に用いられた「聞け」「調ぶる」「音」といった語から類推したい。問十二は問六同様類推の副助詞「だに」と「え…ず」の打消表現に着目。問十三は最終的に男が「思ひ憂じてやみにける」となったことを踏まえて女の行動について批判的に捉えていることを理解したい。

ばいつかは一緒になることができるだろうと述べているのである。「命あらば」は女に誓うときの常套句である。なお、イ・ロは、制止したり注意した場面が本文中に存在しないため、誤り。

問十一「聞け」「調ぶる」「音」「あひてもあはぬ」といった表現から推測する。「調ぶ」は〝演奏する〟の意。本文中で演奏されているものは、琴である。ここでは、たまに「聞け」と言って演奏する琴の音の調子が合っているようでどこかずれているさまと、男と女が会えても邪魔が入り添い遂げられないさまを掛けている。

問十二　問六でも触れたように、「だに」は多くが下に打消を伴って、〝～さえ〟〝～すら〟と訳す、類推の副助詞である。程度の軽いもの（ここでは文通）を取り上げて、他にもっと程度の重いもの（ここでは直接会うこと）があることを類推させる用法である。「えせで」は「え～ず」の形をとった打消表現。これらを踏まえて、「文通さえもできないで」といった訳となる。なお、「言の通はし」は、文字通り訳すと〝会話〟といった意味になるが、先述のように〝だに〟が程度の低いものに言及したうえで程度の高いものについて類推させる用法をもつことを考慮すると、〝会話〟と比べこの男と女にとってより低次に置かれる〝文通〟といった解釈が妥当である。

問十三　傍線部⑬の直前に、「親さあはすとも」（＝親がそのように添わせようとしたとはいっても）とあり、これはさらに一文前の「こと人にあはせてけり」（＝他の男とめあわせてしまった）を受けた表現である。つまり、女の親が女を別の男にめあわせようとしたとはいっても、女がその意向に従って他の男と結ばれてしまったことに対して、疑問を呈しているのである。

❖講　評

例年通り現代文一題と古文一題の出題でマークセンス方式・記述式の併用であった。

一の現代文は、中沢新一編の南方熊楠の著作から、中沢の解題の出題。内容面では、熊楠の書簡といった具体的な資料とともに展開されていることもあり、難解ではなかっただろう。問一・問二・問四は漢字・熟語・慣用表現に関する

問六 「雲居」には〝遠く離れたところ〟〝宮中〟の意味がある。「だに」は多くが下に打消を伴って、〝～さえ〟〝～すら〟と訳す、類推の副助詞である。程度の軽いもの（ここでは遠く離れたところ）を取り上げて、他にもっと程度の重いもの（ここでは親の元）があることを類推させる用法である。「え」は「え…ず」の形をとった打消表現の言いかけの形。まとめると、遠く離れたところであってさえも会えないのに、まして親の近くにいては会えない、といった意味である。類推の意味を「…としても」の形で表現しているイが正解。類推の訳が明示されているホと非常に迷うが、「雲居」については本文冒頭でも言及があり、〝宮中〟の意で捉えると意味が通らなくなってしまうため、ここでは〝遠く離れたところ〟として捉えるべきである。

問七 意地の悪い、女の親のせいで直接会うことができない女と男のために、「来たる親族たばかりける」とあるように、女の親の気を引き付けている隙に簾越しに話させるという計略である。計略の内容を女に対して指示している場面であるため、命令形が適当。かつ、この一文に係助詞は存在しないため、係り結びも起きていない。よって正解は、「いへ」。

問八 問七でも触れたように、女の親族は、男と女のために計略をめぐらせ、実際にそれは成功した。そのため女の親族は自分のおかげだ、と言っているのである。「徳」には〝人徳〟と言った意味のほかにも〝おかげ〟という意味がある。

問九 ⑦眠れず胸騒ぎを感じた女の母が、誰もいないのを確認して奥の部屋に移動した場面である。
⑩逃げた直接の原因は、「いで走り追」ってきたからである。この主語は「親聞きつけて」とあるように女の親であるので、女の親に追われて逃げたのは男であると推測できる。
⑫男と女の逢瀬を制し、寄せ付けようとしなかったのは女の親である。

問十 女の親族の計らいで、男が出てくることができた場面である。「かかれば」が指す内容は、直前までの、男が女に会うための様々な苦労のことである。そのような苦労があることを認めつつ、一方で「命あらば」すなわち命があれもはるかに見ゆる人」、すなわち自分にははるか縁遠い存在に思われる女性に対してどのような方法で思いを伝えようかと悩んでいる文脈であるため、〝心情〟といった意味と捉えることができる。

㋑「かしがまし」は〝うるさい〟〝やかましい〟の意。

㋒「さがなもの」は〝たちのよくない者〟〝意地の悪い者〟の意。〝意地が悪い〟といった意味の「さがなし」の語幹に、「者」が付いた表現である。

問三　「いかで」は、下に願望や意志の語を伴う場合には強い願望の意を表し〝どうにかして〟〝ぜひとも〟と訳す。また、下に推量の語を伴う場合には疑問や反語の意を表し〝どうして…か（いや、そんなことはない）〟と訳す。ここは、傍線部①の文末に自己の願望を表す終助詞「しがな」が存在することから、前者で訳す。それまで文通はしていたという文脈であるから、何とかして手紙でなく直接会いたい、といった内容であるハが正解。なお、「聞え」は「きこゆ」の連用形であり、〝申し上げる〟という意味の謙譲語。

問四　傍線部②を含む一文の、「この女の親」と「わびしくさがなき朽嫗」は同一の人物を指していることから、この「の」は同格の格助詞であることがわかる。選択肢のハは「いと清げなる僧」と「黄なる地の袈裟着たる」人物は同一の人物を指していることからこれが正解。連体修飾語＋体言＋の＋連体形、といった形の場合、同格の格助詞「の」であり、〝〜である○○で、…である○○〟と訳す。一度簡単に名詞を提示しておき、「の」以降で再度詳細に説明を加えるような用法である。

問五　③男と女の面会を制しているのは、女の親である。よって正解はハ。

⑤「おのれ」は〝わたし〟の意。ここでは直前で女の親族が迎え入れられたと書かれていることから、親族が今までどうして相談してくれなかったのかと言っている場面であることがわかる。

⑨この発言は、「親聞きつけて」とあるように、女の親によるものである。よって、ここでいう「わが子」とは女のことを指す。

た親族は画策した。

そこで、この男は来て、簾の内で、話をした。この友達の女は、「私のおかげよ」と言ったので、「うれしいことだ」などと、男、女は言い語り合っていると、この、母親の性悪が、宵のうちから眠くなって寝ていたときはあったが、夜が更けたので、目を覚まして起き上がって、「ああ、性が悪いな。どうして眠れないのだろう。もしかして、何かわけがあるのか」と言ったので、この男は、簀子（すのこ）の下に、入って隠れたので、（女の母が外を）覗いて見ると、人もいなかったので、（女の母は）「おやおや」などと言って、奥（の部屋）に入っていった。

その間に、男は、出てきたので、「まったく、このありさまをご覧なさい。これだから（お会いするのは難しい）。（しかし）命があれば（いつかは会えるだろう）」などと言ったところ、（女が）「よくおかしなところ（＝縁の下）にも、いらっしゃったものだ」と言うと、男は、帰った。

たまに、聞けと言って弾く琴の音は、（調子が）合っているようでも、（調子が）合わない音も（混ざって）聞こえる

（ように、お会いできても、邪魔が入ってうまくいかないものですね）

と（男が）言ったところ、この、琴を弾いた友達も、「はやく返歌をなさいよ」と言っていたときに、（女の）親が聞きつけて、「どこの盗人の鬼が、わが子（＝女）を、からめとるのだ」と言って、走り出て追うと、（男は）沓（くつ）さえも履くことができずに、逃げてゆく。女房たちは呼吸もしないで、うつ伏していた。

こんなふうであったが（＝このように苦労して会おうと努力したが）、（女の親が）ひどく制したので、文通さえすることができずに、文使いの者も（女の親が）洗い出して、寄せ付けなかった間に、他の男にめあわせてしまった。

そこで、男は、親がそのように（他の男に）添わせようとするとはいっても、そのようで（＝親の意向通りに他の男と結婚してしまって）よいのだろうかと、思い悩んで（女に言い寄るのを）やめてしまった。

▲解　説▼

問一　㋐「気色」は「けしき」と読み〝様子〟〝表情〟〝機嫌〟〝意向、心情〟といった意味がある。ここでは、「雲居より

問六　イ
問七　いへ
問八　ホ
問九　⑦―ハ　⑩―イ　⑫―ハ
問十　ニ
問十一　琴
問十二　文通をすることさえもできずに
問十三　他の男と結婚する

◆全　訳◆

この男は、また、頼りないつてによって（知り合った）、（自分には）はるか縁遠い存在に思われる（女の）人がいた。言い寄って親しくなるつてがなかったので、どのような方法で、（自分の）気持ちを知らせようかと思って、やっとのことで、つてを探して、手紙のやりとりを始めたのだった。「どうにかして、一度でも（いいので）、お手紙ではなくて、（直接）お話し申し上げたい」と（男が）言うのを、（女は）どのようにすればよいだろうか。そうだな、物越しにでも、口説き文句を聞こうかなと思っていたときに、この女の親で、ぞっとするようなたちが悪い婆さんが、さすがにとてもよくものの気配を見て、口やかましい者であったので、このように文通すると見て、文通もさせず、文句を言って見張っていたところ、この男は、強引に、「対面して（お話ししたい）」と言ったので、（女に仕える）女房たちは、（女の親族に）「『このような人（＝女の親）が、制しなさっているのだから、（たとえ）遠く彼方に行ってさえも（会うことは）できない』などと（男に）言い聞かせてくださるようにと思って、（あなたを）お迎えしたのだ」と言ったところ、（女の親族は）「今まで、どうして私におっしゃらなかったのか。人（＝女の親）が気付かぬ先に、月を見ようと言って、女の母親の方に行って、私が琴を弾こう。それにまぎれて、簾（すだれ）のもとに（男を）呼び寄せて、話をしなさい」と、この、やって来ついては直後の「他の生命体を破壊し、殺して食べる」という表現からも、他の生命体をどんどん捕食していく様子のことを言っているとわかる。これらに言及している、ニが正解。

問十　傍線部Fにもあるように、「『密教的』な感受性」は、「その本質を、生物の不可視の内部空間にもとめ」るという考えに導いたのである。これと同様の箇所を探すと、傍線部Gを含む段落の四文目に「生物形態の内部の空間に、目で見ることはできないが」とあることからこの一文が正解。

問十一　ここでいう生物の「現代性」は、直後の「古典主義的関心」と対比的な存在として描かれており、それはすなわち傍線部Gを含む文の二・三文後の「目で見ることはできないが…実在するにちがいない。西欧の近代生物学は、そのことを動物の体を通して、探究している」と同様の内容である。これに言及している、ニが正解。

問十二「エレガント」とは〝上品〟〝優雅〟といった意味である。筆者は、他の生命を破壊する生命体ではありながらも、動物のような「弱肉強食」すなわちなまなましい生命同士の殺戮のイメージを伴わない、粘菌の〝上品〟なあり方のことをこのように表現しているのである。よって正解はホ。その他の選択肢はいずれも「エレガント」に関する言及がなされていない。特にイ・ロ・ハについては、ネガティブイメージであることによっても消去できる選択肢である。

二

出典　『平中物語』〈二十七〉

解答

問一　㋐―ホ　㋑―イ　㋒―ハ

問二　ニ

問三　ハ

問四　ハ

問五　③―ハ　⑤―ホ　⑨―ロ

を比較するとⓤがより適当であると推測できる。また次の文に、(3)から(7)は「いずれもたたくときは煙を生ず」とあることから(5)は煙を生じるような形である。また(3)や(4)、(6)と形状における共通点が見られることを根拠に、(5)にはⓐがより適当であると推測できる。よって正解はホ。

問六　Ⅰ　空欄Ⅰの直前は、〝完全な状態での保存は望めない〟、直後は〝紙に包んで保存してください〟といった意味であるため、〝不完全であっても構わない〟といった意味になると文意が通る。

Ⅱ　空欄Ⅱを含む文に、「それが移動集合して、大きな変形体をつくるということはない」とあることから、空欄Ⅱに入るのはそのような「移動」「集合」「変形体をつくる」といった動作を一般化した語であるとわかる。

Ⅲ　空欄Ⅲの直前に、「分類のためにみごとな」とあることから、空欄Ⅲの内容は「分類」に用いられるような存在であり、かつポジティブなイメージのものであることがわかる。よって、ニ「秩序」が正解。

問七　空欄②は、「〔②〕めいた行動」とあることから、一般に「行動」を取る存在である「動物」が適当。空欄①は、直後の「断定しながら」という逆接表現を根拠に、空欄②と対比されている「植物」が適当。空欄③は、「『〔③〕のように』食べている」とあるため、一般に「食べる」という動作を行う存在である「動物」が適当。空欄④・⑤は、「いや粘菌は『〔③〕のように』食べているのではなく」に続くので、③とは異なるもの、つまり「植物」が入ることがわかる。以上から正解はハ。

問八　傍線部Dを含む書簡文は「粘菌の原形体」について話題にしたものだが、二文目の「いわゆる食肉植物なるものあり」から傍線部までは、「食肉植物」についての説明。食肉植物が固形体を「とりこむ」のではない（傍線部Dの「無之候」は「これなくそうろう」と読み、〝…ではない〟の意味）と述べた上で、「今粘菌の…」以下でそれに対して粘菌の原形体は「とりこめて」いる、と言っている。

問九　まずは傍線部Eを「指揮官のいない」と「強力な軍隊」の二つに分け、二つの比喩表現を具体化する問題として処理する。「指揮官のいない」については、誰かに指図されることなく自由に、といった意味である。「強力な軍隊」におり、生物界では長らくそのいずれに属するか、また独立した存在であるかについて論争が続いていたが、熊楠は、粘菌が変形体を作ることや捕食を行うことを根拠として、それを動物であると断定していた。一九世紀以降の生物学においては、生物の可視的な形態的特徴に目を向けるのではなく、不可視の生物形態内部に存在するはずの一つの統一的な原理の発見が求められていた。それは、動物を通してよりもむしろ粘菌を通してこそ可能になるという意味で、粘菌のもつ重要性は高い。

◀解　説▶

問一　「人跡未踏」とは〝人がまだ誰も足を踏み入れていないこと〟の意。

問三　粘菌に関して動物と捉えるか、植物と捉えるかについて言及している箇所を探すと、イ・ロ・ニが該当する。このうち、イは粘菌を動物と断定することによる「問題」については前後で触れられていないので不適。ロは粘菌が植物や動物の中間的な生物であるか独立したものとしたとしても、進化の系統上の位置が謎であるという「問題」について言及はされているが、これは研究者の中での一般的な論争の内容であり、熊楠の指摘ではない。現に、熊楠に関する指摘は次段落で「ところが」という逆接の接続語を伴って行われているため、ロも不適。残るニは、熊楠による指摘に関する段落でもあるし、熊楠自身が粘菌を動物として扱う問題点についても理解しているという内容も含んだ段落であることから、ここに補うのが適当。

問四　「けしからぬ」は古語においては〝普通ではない・異様だ〟といった意味であり、同じく〝普通ではない・常識から外れている〟といった意味である「常軌を逸している」が適当である。「常軌」とは〝普通の方法、やり方〟といった意味。

問五　空欄Ⅰを含む文の二文後に、「(7)のごときは、饅頭のごとき形にてはなはだ大なるものにあり」とあることから、(7)には最も大きく饅頭に似ている㋓が適当。この時点で正解はイ・ホに絞られる。傍線部Bを含む一文に「(1)のごとく幼時は水中を動きまわり」とあることから、(1)は水中を動きやすい形状であることがわかる。これによって㋐と㋒

国語

一

出典　中沢新一「解題　森の思想」（南方熊楠著・中沢新一編『森の思想』河出文庫）

問一　イ
問二　ⓐ捕食　ⓑ境界　ⓒ源泉

解答

問三　ニ
問四　常軌
問五　ホ
問六　Ⅰ―ハ　Ⅱ―ホ　Ⅲ―ニ
問七　ハ
問八　ロ
問九　ニ
問十　生物形態の内部の空間
問十一　ニ
問十二　ホ

◆要　旨◆

南方熊楠は、二十代前半には早くも粘菌に深い関心を抱いていた。粘菌は隠花植物と同時に動物としての側面ももって

////////////////////// · memo · //////////////////////

教学社 刊行一覧

2025年版 大学赤本シリーズ

374大学556点
全都道府県を網羅

国公立大学（都道府県順）

全国の書店で取り扱っています。店頭にない場合は，お取り寄せができます。

1 北海道大学（文系−前期日程）
2 北海道大学（理系−前期日程） 医
3 北海道大学（後期日程）
4 旭川医科大学（医学部〈医学科〉） 医
5 小樽商科大学
6 帯広畜産大学
7 北海道教育大学
8 室蘭工業大学／北見工業大学
9 釧路公立大学
10 公立千歳科学技術大学
11 公立はこだて未来大学 総推
12 札幌医科大学（医学部） 医
13 弘前大学 医
14 岩手大学
15 岩手県立大学・盛岡短期大学部・宮古短期大学部
16 東北大学（文系−前期日程）
17 東北大学（理系−前期日程） 医
18 東北大学（後期日程）
19 宮城教育大学
20 宮城大学
21 秋田大学 医
22 秋田県立大学
23 国際教養大学 総推
24 山形大学 医
25 福島大学
26 会津大学
27 福島県立医科大学（医・保健科学部） 医
28 茨城大学（文系）
29 茨城大学（理系）
30 筑波大学（推薦入試） 医 総推
31 筑波大学（文系−前期日程）
32 筑波大学（理系−前期日程） 医
33 筑波大学（後期日程）
34 宇都宮大学
35 群馬大学 医
36 群馬県立女子大学
37 高崎経済大学
38 前橋工科大学
39 埼玉大学（文系）
40 埼玉大学（理系）
41 千葉大学（文系−前期日程）
42 千葉大学（理系−前期日程） 医
43 千葉大学（後期日程） 医
44 東京大学（文科） DL
45 東京大学（理科） DL 医
46 お茶の水女子大学
47 電気通信大学
48 東京外国語大学 DL
49 東京海洋大学
50 東京科学大学（旧 東京工業大学）
51 東京科学大学（旧 東京医科歯科大学） 医
52 東京学芸大学
53 東京藝術大学
54 東京農工大学
55 一橋大学（前期日程）
56 一橋大学（後期日程）
57 東京都立大学（文系）
58 東京都立大学（理系）
59 横浜国立大学（文系）
60 横浜国立大学（理系）
61 横浜市立大学（国際教養・国際商・理・データサイエンス・医〈看護〉学部）
62 横浜市立大学（医学部〈医学科〉） 医
63 新潟大学（人文・教育〈文系〉・法・経済科・医〈看護〉・創生学部）
64 新潟大学（教育〈理系〉・理・医〈看護を除く〉・歯・工・農学部） 医
65 新潟県立大学
66 富山大学（文系）
67 富山大学（理系） 医
68 富山県立大学
69 金沢大学（文系）
70 金沢大学（理系） 医
71 福井大学（教育・医〈看護〉・工・国際地域学部）
72 福井大学（医学部〈医学科〉） 医
73 福井県立大学
74 山梨大学（教育・医〈看護〉・工・生命環境学部）
75 山梨大学（医学部〈医学科〉） 医
76 都留文科大学
77 信州大学（文系−前期日程）
78 信州大学（理系−前期日程） 医
79 信州大学（後期日程）
80 公立諏訪東京理科大学 総推
81 岐阜大学（前期日程） 医
82 岐阜大学（後期日程）
83 岐阜薬科大学
84 静岡大学（前期日程）
85 静岡大学（後期日程）
86 浜松医科大学（医学部〈医学科〉） 医
87 静岡県立大学
88 静岡文化芸術大学
89 名古屋大学（文系）
90 名古屋大学（理系） 医
91 愛知教育大学
92 名古屋工業大学
93 愛知県立大学
94 名古屋市立大学（経済・人文社会・芸術工・看護・総合生命理・データサイエンス学部）
95 名古屋市立大学（医学部〈医学科〉） 医
96 名古屋市立大学（薬学部）
97 三重大学（人文・教育・医〈看護〉学部）
98 三重大学（医〈医〉・工・生物資源学部） 医
99 滋賀大学
100 滋賀医科大学（医学部〈医学科〉） 医
101 滋賀県立大学
102 京都大学（文系）
103 京都大学（理系） 医
104 京都教育大学
105 京都工芸繊維大学
106 京都府立大学
107 京都府立医科大学（医学部〈医学科〉） 医
108 大阪大学（文系） DL
109 大阪大学（理系） 医
110 大阪教育大学
111 大阪公立大学（現代システム科学域〈文系〉・文・法・経済・商・看護・生活科〈居住環境・人間福祉〉学部−前期日程）
112 大阪公立大学（現代システム科学域〈理系〉・理・工・農・獣医・医・生活科〈食栄養〉学部−前期日程） 医
113 大阪公立大学（中期日程）
114 大阪公立大学（後期日程）
115 神戸大学（文系−前期日程）
116 神戸大学（理系−前期日程） 医
117 神戸大学（後期日程）
118 神戸市外国語大学 DL
119 兵庫県立大学（国際商経・社会情報科・看護学部）
120 兵庫県立大学（工・理・環境人間学部）
121 奈良教育大学／奈良県立大学
122 奈良女子大学
123 奈良県立医科大学（医学部〈医学科〉） 医
124 和歌山大学
125 和歌山県立医科大学（医・薬学部） 医
126 鳥取大学 医
127 公立鳥取環境大学
128 島根大学 医
129 岡山大学（文系）
130 岡山大学（理系） 医
131 岡山県立大学
132 広島大学（文系−前期日程）
133 広島大学（理系−前期日程） 医
134 広島大学（後期日程）
135 尾道市立大学 総推
136 県立広島大学
137 広島市立大学
138 福山市立大学 総推
139 山口大学（人文・教育〈文系〉・経済・医〈看護〉・国際総合科学部）
140 山口大学（教育〈理系〉・理・医〈看護を除く〉・工・農・共同獣医学部） 医
141 山陽小野田市立山口東京理科大学 総推
142 下関市立大学／山口県立大学
143 周南公立大学 新 総推
144 徳島大学 医
145 香川大学 医
146 愛媛大学 医
147 高知大学 医
148 高知工科大学
149 九州大学（文系−前期日程）
150 九州大学（理系−前期日程） 医
151 九州大学（後期日程）
152 九州工業大学
153 福岡教育大学
154 北九州市立大学
155 九州歯科大学
156 福岡県立大学／福岡女子大学
157 佐賀大学 医
158 長崎大学（多文化社会・教育〈文系〉・経済・医〈保健〉・環境科〈文系〉学部）
159 長崎大学（教育〈理系〉・医〈医〉・歯・薬・情報データ科・工・環境科〈理系〉・水産学部） 医
160 長崎県立大学 総推
161 熊本大学（文・教育・法・医〈看護〉学部・情報融合学環〈文系型〉）
162 熊本大学（理・医〈看護を除く〉・薬・工学部・情報融合学環〈理系型〉） 医
163 熊本県立大学
164 大分大学（教育・経済・医〈看護〉・理工・福祉健康科学部）
165 大分大学（医学部〈医・先進医療科学科〉） 医
166 宮崎大学（教育・医〈看護〉・工・農・地域資源創成学部）
167 宮崎大学（医学部〈医学科〉） 医
168 鹿児島大学（文系）
169 鹿児島大学（理系） 医
170 琉球大学 医

2025年版　大学赤本シリーズ

国公立大学 その他

171 〔国公立大〕医学部医学科 総合型選抜・学校推薦型選抜※ 医 総推
172 看護・医療系大学〈国公立 東日本〉※
173 看護・医療系大学〈国公立 中日本〉※
174 看護・医療系大学〈国公立 西日本〉※
175 海上保安大学校／気象大学校
176 航空保安大学校
177 国立看護大学校
178 防衛大学校 総推
179 防衛医科大学校(医学科) 医
180 防衛医科大学校(看護学科)

※No.171〜174の収載大学は赤本ウェブサイト(http://akahon.net/)でご確認ください。

私立大学①

北海道の大学(50音順)

201 札幌大学
202 札幌学院大学
203 北星学園大学
204 北海学園大学
205 北海道医療大学
206 北海道科学大学
207 北海道武蔵女子大学・短期大学
208 酪農学園大学(獣医学群〈獣医学類〉)

東北の大学(50音順)

209 岩手医科大学(医・歯・薬学部) 医
210 仙台大学 総推
211 東北医科薬科大学(医・薬学部) 医
212 東北学院大学
213 東北工業大学
214 東北福祉大学
215 宮城学院女子大学 総推

関東の大学(50音順)

あ行(関東の大学)

216 青山学院大学(法・国際政治経済学部−個別学部日程)
217 青山学院大学(経済学部−個別学部日程)
218 青山学院大学(経営学部−個別学部日程)
219 青山学院大学(文・教育人間科学部−個別学部日程)
220 青山学院大学(総合文化政策・社会情報・地球社会共生・コミュニティ人間科学部−個別学部日程)
221 青山学院大学(理工学部−個別学部日程)
222 青山学院大学(全学部日程)
223 麻布大学(獣医、生命・環境科学部)
224 亜細亜大学
226 桜美林大学
227 大妻女子大学・短期大学部

か行(関東の大学)

228 学習院大学(法学部−コア試験)
229 学習院大学(経済学部−コア試験)
230 学習院大学(文学部−コア試験)
231 学習院大学(国際社会科学部−コア試験)
232 学習院大学(理学部−コア試験)
233 学習院女子大学
234 神奈川大学(給費生試験)
235 神奈川大学(一般入試)
236 神奈川工科大学
237 鎌倉女子大学・短期大学部
238 川村学園女子大学
239 神田外語大学
240 関東学院大学
241 北里大学(理学部)
242 北里大学(医学部) 医
243 北里大学(薬学部)
244 北里大学(看護・医療衛生学部)
245 北里大学(未来工・獣医・海洋生命科学部)
246 共立女子大学・短期大学
247 杏林大学(医学部) 医
248 杏林大学(保健学部)
249 群馬医療福祉大学・短期大学部
250 群馬パース大学 総推
251 慶應義塾大学(法学部)
252 慶應義塾大学(経済学部)
253 慶應義塾大学(商学部)
254 慶應義塾大学(文学部) 総推
255 慶應義塾大学(総合政策学部)
256 慶應義塾大学(環境情報学部)
257 慶應義塾大学(理工学部)
258 慶應義塾大学(医学部) 医
259 慶應義塾大学(薬学部)
260 慶應義塾大学(看護医療学部)
261 工学院大学
262 國學院大學
263 国際医療福祉大学 医
264 国際基督教大学
265 国士舘大学
266 駒澤大学(一般選抜T方式・S方式)
267 駒澤大学(全学部統一日程選抜)

さ行(関東の大学)

268 埼玉医科大学(医学部) 医
269 相模女子大学・短期大学部
270 産業能率大学
271 自治医科大学(医学部) 医
272 自治医科大学(看護学部)／東京慈恵会医科大学(医学部〈看護学科〉)
273 実践女子大学 総推
274 芝浦工業大学(前期日程)
275 芝浦工業大学(全学統一日程・後期日程)
276 十文字学園女子大学
277 淑徳大学
278 順天堂大学(医学部) 医
279 順天堂大学(スポーツ健康科・医療看護・保健看護・国際教養・保健医療・医療科・健康データサイエンス・薬学部) 総推
280 上智大学(神・文・総合人間科学部)
281 上智大学(法・経済学部)
282 上智大学(外国語・総合グローバル学部)
283 上智大学(理工学部)
284 上智大学(TEAPスコア利用方式)
285 湘南工科大学
286 昭和大学(医学部) 医
287 昭和大学(歯・薬・保健医療学部)
288 昭和女子大学
289 昭和薬科大学
290 女子栄養大学・短期大学部 総推
291 白百合女子大学
292 成蹊大学(法学部−A方式)
293 成蹊大学(経済・経営学部−A方式)
294 成蹊大学(文学部−A方式)
295 成蹊大学(理工学部−A方式)
296 成蹊大学(E方式・G方式・P方式)
297 成城大学(経済・社会イノベーション学部−A方式)
298 成城大学(文芸・法学部−A方式)
299 成城大学(S方式〈全学部統一選抜〉)
300 聖心女子大学
301 清泉女子大学
303 聖マリアンナ医科大学 医
304 聖路加国際大学(看護学部)
305 専修大学(スカラシップ・全国入試)
306 専修大学(前期入試〈学部個別入試〉)
307 専修大学(前期入試〈全学部入試・スカラシップ入試〉)

た行(関東の大学)

308 大正大学
309 大東文化大学
310 高崎健康福祉大学
311 拓殖大学
312 玉川大学
313 多摩美術大学
314 千葉工業大学
315 中央大学(法学部−学部別選抜)
316 中央大学(経済学部−学部別選抜)
317 中央大学(商学部−学部別選抜)
318 中央大学(文学部−学部別選抜)
319 中央大学(総合政策学部−学部別選抜)
320 中央大学(国際経営・国際情報学部−学部別選抜)
321 中央大学(理工学部−学部別選抜)
322 中央大学(5学部共通選抜)
323 中央学院大学
324 津田塾大学
325 帝京大学(薬・経済・法・文・外国語・教育・理工・医療技術・福岡医療技術学部)
326 帝京大学(医学部) 医
327 帝京科学大学 総推
328 帝京平成大学 総推
329 東海大学(医〈医〉学部を除く−一般選抜)
330 東海大学(文系・理系学部統一選抜)
331 東海大学(医学部〈医学科〉) 医
332 東京医科大学(医学部〈医学科〉) 医
333 東京家政大学・短期大学部 総推
334 東京経済大学
335 東京工科大学
336 東京工芸大学
337 東京国際大学
338 東京歯科大学
339 東京慈恵会医科大学(医学部〈医学科〉) 医
340 東京情報大学
341 東京女子大学
342 東京女子医科大学(医学部) 医
343 東京電機大学
344 東京都市大学
345 東京農業大学
346 東京薬科大学(薬学部) 総推
347 東京薬科大学(生命科学部) 総推
348 東京理科大学(理学部〈第一部〉−B方式)
349 東京理科大学(創域理工学部−B方式・S方式)
350 東京理科大学(工学部−B方式)
351 東京理科大学(先進工学部−B方式)
352 東京理科大学(薬学部−B方式)
353 東京理科大学(経営学部−B方式)
354 東京理科大学(C方式、グローバル方式、理学部〈第二部〉−B方式)
355 東邦大学(医学部) 医
356 東邦大学(薬学部)

2025年版　大学赤本シリーズ

私立大学②

357 東邦大学（理・看護・健康科学部）
358 東洋大学（文・経済・経営・法・社会・国際・国際観光学部）
359 東洋大学（情報連携・福祉社会デザイン・健康スポーツ科・理工・総合情報・生命科・食環境科学部）
360 東洋大学（英語〈3日程×3カ年〉）
361 東洋大学（国語〈3日程×3カ年〉）
362 東洋大学（日本史・世界史〈2日程×3カ年〉）
363 東洋英和女学院大学
364 常磐大学・短期大学 総推
365 獨協大学
366 獨協医科大学（医学部） 医

な行（関東の大学）

367 二松学舎大学
368 日本大学（法学部）
369 日本大学（経済学部）
370 日本大学（商学部）
371 日本大学（文理学部〈文系〉）
372 日本大学（文理学部〈理系〉）
373 日本大学（芸術学部〈専門試験併用型〉）
374 日本大学（国際関係学部）
375 日本大学（危機管理・スポーツ科学部）
376 日本大学（理工学部）
377 日本大学（生産工・工学部）
378 日本大学（生物資源科学部）
379 日本大学（医学部） 医
380 日本大学（歯・松戸歯学部）
381 日本大学（薬学部）
382 日本大学（N全学統一方式−医・芸術〈専門試験併用型〉学部を除く）
383 日本医科大学 医
384 日本工業大学
385 日本歯科大学
386 日本社会事業大学 総推
387 日本獣医生命科学大学
388 日本女子大学
389 日本体育大学

は行（関東の大学）

390 白鷗大学（学業特待選抜・一般選抜）
391 フェリス女学院大学
392 文教大学
393 法政大学（法〈Ⅰ日程〉・文〈Ⅱ日程〉・経営〈Ⅱ日程〉学部−A方式）
394 法政大学（法〈Ⅱ日程〉・国際文化・キャリアデザイン学部−A方式）
395 法政大学（文〈Ⅰ日程〉・経営〈Ⅰ日程〉・人間環境・グローバル教養学部−A方式）
396 法政大学（経済〈Ⅰ日程〉・社会〈Ⅰ日程〉・現代福祉学部−A方式）
397 法政大学（経済〈Ⅱ日程〉・社会〈Ⅱ日程〉・スポーツ健康学部−A方式）
398 法政大学（情報科・デザイン工・理工・生命科学部−A方式）
399 法政大学（T日程〈統一日程〉・英語外部試験利用入試）
400 星薬科大学 総推

ま行（関東の大学）

401 武蔵大学
402 武蔵野大学
403 武蔵野美術大学
404 明海大学
405 明治大学（法学部−学部別入試）
406 明治大学（政治経済学部−学部別入試）
407 明治大学（商学部−学部別入試）
408 明治大学（経営学部−学部別入試）
409 明治大学（文学部−学部別入試）
410 明治大学（国際日本学部−学部別入試）
411 明治大学（情報コミュニケーション学部−学部別入試）
412 明治大学（理工学部−学部別入試）
413 明治大学（総合数理学部−学部別入試）
414 明治大学（農学部−学部別入試）
415 明治大学（全学部統一入試）
416 明治学院大学（A日程）
417 明治学院大学（全学部日程）
418 明治薬科大学 総推
419 明星大学
420 目白大学・短期大学部

ら・わ行（関東の大学）

421 立教大学（文系学部−一般入試〈大学独自の英語を課さない日程〉）
422 立教大学（国語〈3日程×3カ年〉）
423 立教大学（日本史・世界史〈2日程×3カ年〉）
424 立教大学（文学部−一般入試〈大学独自の英語を課す日程〉）
425 立教大学（理学部−一般入試）
426 立正大学
427 早稲田大学（法学部）
428 早稲田大学（政治経済学部）
429 早稲田大学（商学部）
430 早稲田大学（社会科学部）
431 早稲田大学（文学部）
432 早稲田大学（文化構想学部）
433 早稲田大学（教育学部〈文科系〉）
434 早稲田大学（教育学部〈理科系〉）
435 早稲田大学（人間科・スポーツ科学部）
436 早稲田大学（国際教養学部）
437 早稲田大学（基幹理工・創造理工・先進理工学部）
438 和洋女子大学 総推

中部の大学（50音順）

439 愛知大学
440 愛知医科大学（医学部） 医
441 愛知学院大学・短期大学部
442 愛知工業大学 総推
443 愛知淑徳大学
444 朝日大学 総推
445 金沢医科大学（医学部） 医
446 金沢工業大学
447 岐阜聖徳学園大学 総推
448 金城学院大学
449 至学館大学 総推
450 静岡理工科大学
451 椙山女学園大学
452 大同大学
453 中京大学
454 中部大学
455 名古屋外国語大学 総推
456 名古屋学院大学 総推
457 名古屋学芸大学 総推
458 名古屋女子大学 総推
459 南山大学（外国語〈英米〉・法・総合政策・国際教養学部）
460 南山大学（人文・外国語〈英米を除く〉・経済・経営・理工学部）
461 新潟国際情報大学
462 日本福祉大学
463 福井工業大学
464 藤田医科大学（医学部） 医
465 藤田医科大学（医療科・保健衛生学部）
466 名城大学（法・経営・経済・外国語・人間・都市情報学部）
467 名城大学（情報工・理工・農・薬学部）
468 山梨学院大学

近畿の大学（50音順）

469 追手門学院大学 総推
470 大阪医科薬科大学（医学部） 医
471 大阪医科薬科大学（薬学部） 総推
472 大阪学院大学 総推
473 大阪経済大学 総推
474 大阪経済法科大学 総推
475 大阪工業大学 総推
476 大阪国際大学・短期大学部 総推
477 大阪産業大学 総推
478 大阪歯科大学（歯学部）
479 大阪商業大学 総推
480 大阪成蹊大学・短期大学 総推
481 大谷大学 総推
482 大手前大学・短期大学 総推
483 関西大学（文系）
484 関西大学（理系）
485 関西大学（英語〈3日程×3カ年〉）
486 関西大学（国語〈3日程×3カ年〉）
487 関西大学（日本史・世界史・文系数学〈3日程×3カ年〉）
488 関西医科大学（医学部） 医
489 関西医療大学 総推
490 関西外国語大学・短期大学部 総推
491 関西学院大学（文・法・商・人間福祉・総合政策学部−学部個別日程）
492 関西学院大学（神・社会・経済・国際・教育学部−学部個別日程）
493 関西学院大学（全学部日程〈文系型〉）
494 関西学院大学（全学部日程〈理系型〉）
495 関西学院大学（共通テスト併用日程〈数学〉・英数日程）
496 関西学院大学（英語〈3日程×3カ年〉） 新
497 関西学院大学（国語〈3日程×3カ年〉） 新
498 関西学院大学（日本史・世界史・文系数学〈3日程×3カ年〉） 新
499 畿央大学 総推
500 京都外国語大学・短期大学 総推
502 京都産業大学（公募推薦入試） 総推
503 京都産業大学（一般選抜入試〈前期日程〉）
504 京都女子大学 総推
505 京都先端科学大学 総推
506 京都橘大学 総推
507 京都ノートルダム女子大学 総推
508 京都薬科大学 総推
509 近畿大学・短期大学部（医学部を除く−推薦入試） 総推
510 近畿大学・短期大学部（医学部を除く−一般入試前期）
511 近畿大学（英語〈医学部を除く3日程×3カ年〉）
512 近畿大学（理系数学〈医学部を除く3日程×3カ年〉）
513 近畿大学（国語〈医学部を除く3日程×3カ年〉）
514 近畿大学（医学部−推薦入試・一般入試前期） 医 総推
515 近畿大学・短期大学部（一般入試後期） 医
516 皇學館大学 総推
517 甲南大学 総推
518 甲南女子大学（学校推薦型選抜） 新 総推
519 神戸学院大学 総推
520 神戸国際大学 総推
521 神戸女学院大学 総推
522 神戸女子大学・短期大学 総推
523 神戸薬科大学 総推
524 四天王寺大学・短期大学部 総推
525 摂南大学（公募制推薦入試） 総推
526 摂南大学（一般選抜前期日程）
527 帝塚山学院大学 総推
528 同志社大学（法、グローバル・コミュニケーション学部−学部個別日程）

2025年版　大学赤本シリーズ

私立大学③

529 同志社大学(文・経済学部－学部個別日程)
530 同志社大学(神・商・心理・グローバル地域文化学部－学部個別日程)
531 同志社大学(社会学部－学部個別日程)
532 同志社大学(政策・文化情報〈文系型〉・スポーツ健康科〈文系型〉学部－学部個別日程)
533 同志社大学(理工・生命医科・文化情報〈理系型〉・スポーツ健康科〈理系型〉学部－学部個別日程)
534 同志社大学(全学部日程)
535 同志社女子大学 総推
536 奈良大学 総推
537 奈良学園大学 総推
538 阪南大学 総推
539 姫路獨協大学 総推
540 兵庫医科大学(医学部) 医
541 兵庫医科大学(薬・看護・リハビリテーション学部) 総推
542 佛教大学 総推
543 武庫川女子大学 総推
544 桃山学院大学 総推
545 大和大学・大和大学白鳳短期大学部 総推
546 立命館大学(文系－全学統一方式・学部個別配点方式)／立命館アジア太平洋大学(前期方式・英語重視方式)
547 立命館大学(理系－全学統一方式・学部個別配点方式・理系型3教科方式・薬学方式)
548 立命館大学(英語〈全学統一方式3日程×3カ年〉)
549 立命館大学(国語〈全学統一方式3日程×3カ年〉)
550 立命館大学(文系選択科目〈全学統一方式2日程×3カ年〉)
551 立命館大学(IR方式〈英語資格試験利用型〉・共通テスト併用方式)／立命館アジア太平洋大学(共通テスト併用方式)
552 立命館大学(後期分割方式・「経営学部で学ぶ感性＋共通テスト」方式)／立命館アジア太平洋大学(後期方式)
553 龍谷大学(公募推薦入試) 総推
554 龍谷大学(一般選抜入試)

中国の大学(50音順)

555 岡山商科大学 総推
556 岡山理科大学 総推
557 川崎医科大学 医
558 吉備国際大学 総推
559 就実大学 総推
560 広島経済大学
561 広島国際大学 総推
562 広島修道大学
563 広島文教大学 総推
564 福山大学／福山平成大学
565 安田女子大学 総推

四国の大学(50音順)

567 松山大学

九州の大学(50音順)

568 九州医療科学大学
569 九州産業大学
570 熊本学園大学
571 久留米大学(文・人間健康・法・経済・商学部)
572 久留米大学(医学部〈医学科〉) 医
573 産業医科大学(医学部) 医
574 西南学院大学(商・経済・法・人間科学部－A日程)
575 西南学院大学(神・外国語・国際文化学部－A日程／全学部－F日程)
576 福岡大学(医学部医学科を除く－学校推薦型選抜・一般選抜系統別日程) 総推
577 福岡大学(医学部医学科を除く－一般選抜前期日程)
578 福岡大学(医学部〈医学科〉－学校推薦型選抜・一般選抜系統別日程) 医 総推
579 福岡工業大学
580 令和健康科学大学 総推

医 医学部医学科を含む
総推 総合型選抜または学校推薦型選抜を含む
DL リスニング音声配信　新 2024年 新刊・復刊

掲載している入試の種類や試験科目，収載年数などはそれぞれ異なります。詳細については，それぞれの本の目次や赤本ウェブサイトでご確認ください。

難関校過去問シリーズ

出題形式別・分野別に収録した
「入試問題事典」
20大学 73点
定価**2,310～2,640**円(本体2,100～2,400円)

先輩合格者はこう使った!
「難関校過去問シリーズの使い方」

61年，全部載せ!
要約演習で，総合力を鍛える

東大の英語

国公立大学

東大の英語25カ年[第12版] 改
東大の英語リスニング20カ年[第9版] DL 改
東大の英語 要約問題 UNLIMITED
東大の文系数学25カ年[第12版] 改
東大の理系数学25カ年[第12版] 改
東大の現代文25カ年[第12版] 改
東大の古典25カ年[第12版] 改
東大の日本史25カ年[第9版] 改
東大の世界史25カ年[第9版] 改
東大の地理25カ年[第9版] 改
東大の物理25カ年[第9版] 改
東大の化学25カ年[第9版] 改
東大の生物25カ年[第9版] 改
東工大の英語20カ年[第8版] 改
東工大の数学20カ年[第9版] 改
東工大の物理20カ年[第5版] 改
東工大の化学20カ年[第5版] 改
一橋大の英語20カ年[第9版] 改
一橋大の数学20カ年[第9版] 改
一橋大の国語20カ年[第6版] 改
一橋大の日本史20カ年[第6版] 改
一橋大の世界史20カ年[第6版] 改
筑波大の英語15カ年 新
筑波大の数学15カ年 新
京大の英語25カ年[第12版]
京大の文系数学25カ年[第12版]
京大の理系数学25カ年[第12版]
京大の現代文25カ年[第2版]
京大の古典25カ年[第2版]
京大の日本史20カ年[第3版]
京大の世界史20カ年[第3版]
京大の物理25カ年[第9版]
京大の化学25カ年[第9版]
北大の英語15カ年[第8版]
北大の理系数学15カ年[第8版]
北大の物理15カ年[第2版]
北大の化学15カ年[第2版]
東北大の英語15カ年[第8版]
東北大の理系数学15カ年[第8版]
東北大の物理15カ年[第2版]
東北大の化学15カ年[第2版]
名古屋大の英語15カ年[第8版]
名古屋大の理系数学15カ年[第8版]
名古屋大の物理15カ年[第2版]
名古屋大の化学15カ年[第2版]
阪大の英語20カ年[第9版]
阪大の文系数学20カ年[第3版]
阪大の理系数学20カ年[第9版]
阪大の国語15カ年[第3版]
阪大の物理20カ年[第8版]
阪大の化学20カ年[第6版]
九大の英語15カ年[第8版]
九大の理系数学15カ年[第7版]
九大の物理15カ年[第2版]
九大の化学15カ年[第2版]
神戸大の英語15カ年[第9版]
神戸大の数学15カ年[第5版]
神戸大の国語15カ年[第3版]

私立大学

早稲田の英語[第11版] 改
早稲田の国語[第9版] 改
早稲田の日本史[第9版] 改
早稲田の世界史[第2版] 改
慶應の英語[第11版] 改
慶應の小論文[第3版] 改
明治大の英語[第9版] 改
明治大の国語[第2版] 改
明治大の日本史[第2版] 改
中央大の英語[第9版] 改
法政大の英語[第9版] 改
同志社大の英語[第10版]
立命館大の英語[第10版]
関西大の英語[第10版]
関西学院大の英語[第10版]

DL リスニング音声配信
新 2024年 新刊
改 2024年 改訂

いつも受験生のそばに—赤本

大学入試シリーズ＋α
入試対策も共通テスト対策も赤本で

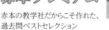

入試対策

赤本プラス

赤本プラスとは，**過去問演習の効果を最大にする**ためのシリーズです。「赤本」であぶり出された弱点を，赤本プラスで克服しましょう。

大学入試 すぐわかる**英文法** DL
大学入試 ひと目でわかる**英文読解**
大学入試 絶対できる**英語リスニング** DL
大学入試 すぐ書ける**自由英作文**
大学入試 ぐんぐん読める **英語長文**〔BASIC〕 DL
大学入試 ぐんぐん読める **英語長文**〔STANDARD〕 DL
大学入試 ぐんぐん読める **英語長文**〔ADVANCED〕 DL
大学入試 正しく書ける**英作文**
大学入試 最短でマスターする **数学Ⅰ・Ⅱ・Ⅲ・A・B・C**
大学入試 突破力を鍛える**最難関の数学**
大学入試 知らなきゃ解けない **古文常識・和歌**
大学入試 ちゃんと身につく**物理**
大学入試 もっと身につく **物理問題集**（①力学・波動）
大学入試 もっと身につく **物理問題集**（②熱力学・電磁気・原子）

入試対策

英検® 赤本シリーズ

英検®（実用英語技能検定）の対策書。
過去問集と参考書で万全の対策ができます。

▸過去問集（2024年度版）
英検®準1級過去問集 DL
英検®2級過去問集 DL
英検®準2級過去問集 DL
英検®3級過去問集 DL

▸参考書
竹岡の英検®準1級マスター DL
竹岡の英検®2級マスター CD DL
竹岡の英検®準2級マスター CD DL
竹岡の英検®3級マスター CD DL

CD リスニングCDつき　DL 音声無料配信
新 2024年新刊・改訂

入試対策

赤本プレミアム

赤本の教学社だからこそ作れた，過去問ベストセレクション

東大数学プレミアム
東大現代文プレミアム
京大数学プレミアム〔改訂版〕
京大古典プレミアム

入試対策

赤本メディカルシリーズ

過去問を徹底的に研究し，独自の出題傾向をもつメディカル系の入試に役立つ内容を精選した実戦的なシリーズ。

〔国公立大〕医学部の英語〔3訂版〕
私立医大の英語〔長文読解編〕〔3訂版〕
私立医大の英語〔文法・語法編〕〔改訂版〕
医学部の実戦小論文〔3訂版〕
医歯薬系の英単語〔4訂版〕
医系小論文 最頻出論点20〔4訂版〕
医学部の面接〔4訂版〕

入試対策

体系シリーズ

国公立大二次・難関私大突破へ，自学自習に適したハイレベル問題集。

体系英語長文　体系世界史
体系英作文　体系物理〔第7版〕
体系現代文

入試対策

単行本

▸英語
Q&A即決英語勉強法
TEAP攻略問題集 CD
東大の英単語〔新装版〕
早慶上智の英単語〔改訂版〕

▸国語・小論文
著者に注目! 現代文問題集
ブレない小論文の書き方 樋口式ワークノート

▸レシピ集
奥薗壽子の赤本合格レシピ

入試対策　共通テスト対策

赤本手帳

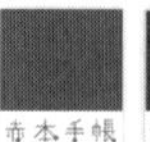
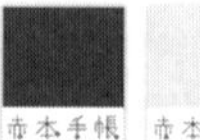

赤本手帳（2025年度受験用）プラムレッド
赤本手帳（2025年度受験用）インディゴブルー
赤本手帳（2025年度受験用）ナチュラルホワイト

入試対策

風呂で覚えるシリーズ

水をはじく特殊な紙を使用。いつでもどこでも読めるから，ちょっとした時間を有効に使える！

風呂で覚える英単語〔4訂新装版〕
風呂で覚える英熟語〔改訂新装版〕
風呂で覚える古文単語〔改訂新装版〕
風呂で覚える古文文法〔改訂新装版〕
風呂で覚える漢文〔改訂新装版〕
風呂で覚える日本史〔年代〕〔改訂新装版〕
風呂で覚える世界史〔年代〕〔改訂新装版〕
風呂で覚える倫理〔改訂版〕
風呂で覚える百人一首〔改訂版〕

共通テスト対策

満点のコツシリーズ

共通テストで満点を狙うための実戦的参考書。
重要度の増したリスニング対策は「カリスマ講師」竹岡広信が一回読みにも対応できるコツを伝授！

共通テスト英語〔リスニング〕 満点のコツ〔改訂版〕 新 DL
共通テスト古文 満点のコツ〔改訂版〕 新
共通テスト漢文 満点のコツ〔改訂版〕 新

入試対策　共通テスト対策

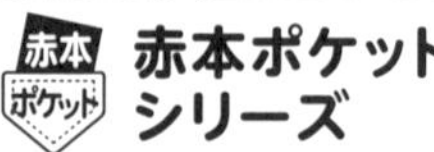

赤本ポケットシリーズ

▸共通テスト対策
共通テスト日本史〔文化史〕

▸系統別進路ガイド
デザイン系学科をめざすあなたへ

2025年版　大学赤本シリーズ　No. 491

関西学院大学（文学部・法学部・商学部・人間福祉学部・総合政策学部－学部個別日程）

2024年7月10日　第1刷発行
ISBN978-4-325-26550-4
定価は裏表紙に表示しています

編　集　教学社編集部
発行者　上原 寿明
発行所　教学社
〒606-0031
京都市左京区岩倉南桑原町56
電話　075-721-6500
振替　01020-1-15695
印　刷　太洋社